Fragile Demokratien

Public Memory

Eine Publikationsreihe des NS-Dokumentationszentrums München

Herausgegeben von Denis Heuring,
Paul-Moritz Rabe und Mirjam Zadoff
Band 2

Ausgehend von der Geschichte des Nationalsozialismus widmet sich die Reihe *Public Memory* der Theorie und Praxis von Erinnerungskultur. Autor*innen unterschiedlicher Disziplinen analysieren Medien und Methoden des Erinnerns, thematisieren globale Perspektiven und Diskurse und fragen nach der Bedeutung von historischer Erfahrung für aktuelle gesellschaftliche Entwicklungen.

FRAGILE DEMOKRATIEN

Was freie Gesellschaften bedroht – und was sie zusammenhält

Herausgegeben von Denis Heuring,
Paul-Moritz Rabe und Mirjam Zadoff

Wallstein Verlag

**NS-Dokumentationszentrum
München**

Eine Einrichtung der
Landeshauptstadt München

Bibliografische Information der Deutschen Nationalbibliothek
Die Deutsche Nationalbibliothek verzeichnet diese Publikation in der
Deutschen Nationalbibliografie; detaillierte bibliografische Daten
sind im Internet über http://dnb.d-nb.de abrufbar.

© Wallstein Verlag, Göttingen 2024
www.wallstein-verlag.de
Vom Verlag gesetzt aus der Chaparral und der Transat
Umschlaggestaltung nach einem Entwurf von Zeichen & Wunder, München
Druck und Verarbeitung: bookSolutions Vertriebs GmbH, Göttingen
ISBN 978-3-8353-5494-4

Inhalt

Denis Heuring, Paul-Moritz Rabe, Mirjam Zadoff
Resilient oder in Gefahr? Demokratien in Zeiten der Polykrise | **9**

I

Michael Wildt
Wie eine Gesellschaft kippt: Die Machteroberung der Nationalsozialisten | **19**

Mark Jones
Gewalt in der Weimarer Republik. Antisemitische Angriffe und Desinformation im Krisenjahr 1923 | **31**

Ronen Steinke
Wehrhafte Demokratie? Wie der deutsche Verfassungsschutz definiert, welche politischen Meinungen er ausgrenzt und bekämpft | **43**

Ruth Ben-Ghiat
Im Geiste Mussolinis: Giorgia Meloni und der demokratische Niedergang Italiens | **53**

Élise Julien
Die französische Demokratie zwischen konkurrierenden Erinnerungskulturen und der Instrumentalisierung des »Nationalromans« | **65**

Benjamin Zeeb
Asymmetrie, Ungleichgewicht und Desinformation: Die Schwachstellen der EU im Kampf gegen Autoritarismus | **77**

II

Çiğdem Akyol
Erdoğan gegen Atatürk: Der lange Kampf der türkischen Republik | **89**

Martin Schulze Wessel
Imperiale Hypothek: Russlands Weg in die Demokratie – und wieder zurück | **101**

Heike Paul
Der lange Schatten des amerikanischen Bürgerkriegs auf die heutige US-Demokratie | **111**

Noam Zadoff
Ethnonationalismus, Militarismus, Identitäten von Minderheiten und die Gefahren für Israels Demokratie | **123**

Tarunabh Khaitan
Der schleichende Tod der indischen Verfassung: Wie Narendra Modi seine Macht festigt und den Rechtsstaat aushöhlt | **137**

Pranish Desai
30 Jahre südafrikanische Demokratie: Konsolidierung inmitten der Vertrauenskrise | **151**

Claudia Zilla
Chiles Ringen um eine neue Verfassung | **163**

Alice Bota
Staatsfeind Medien: Wie Russland und Belarus unabhängigen Journalismus bekämpfen | **175**

III

Jan-Werner Müller
Rechtspopulismus als Bauherr: Über fragile Demokratien, Autokratie
und Architektur | **185**

Philipp Lorenz-Spreen
Digitalisierung und Demokratie: Der Einfluss sozialer Medien
auf politisches Verhalten | **195**

Felix Heidenreich
Creating Citizens – Wie entstehen demokratische Haltungen? | **205**

Mark Terkessidis
Diversität und Demokratie – Das politische Potential der Vielheit | **217**

Astrid Séville
»Wehrhaft« und »resilient«? Wie sich Demokratien verteidigen | **229**

Jonas Schaible
Wenn Demokratie zu verglühen droht | **239**

Autorinnen und Autoren | **251**

Denis Heuring, Paul-Moritz Rabe, Mirjam Zadoff

Resilient oder in Gefahr?
Demokratien in Zeiten der Polykrise

Im März 2023 richtete das NS-Dokumentationszentrum München in Zusammenarbeit mit der Bundeszentrale für politische Bildung und dem Goethe-Institut die internationale Tagung »Fragile Demokratien. 1923/1933/2023« aus. An drei Tagen diskutierten Expert*innen[1] aus Politik-, Geschichts-, Kultur-, Natur-, Wirtschafts- und Sozialwissenschaften gemeinsam mit zahlreichen Besucher*innen über den Zustand der Demokratie – in Vergangenheit und Gegenwart, in Deutschland und verschiedenen Regionen der Welt.[2] Den Anlass bildete zum einen die sich zum 90. Mal jährende Machtübernahme der Nationalsozialisten zwischen Januar und März 1933, und zum anderen der gescheiterte Umsturzversuch zehn Jahre zuvor, der sogenannte »Hitler-Putsch« vom 8. und 9. November 1923. Beide Ereignisse erinnern daran, dass Demokratien sowohl plötzlich als auch schleichend enden können, sowohl durch Gewalt als auch durch eine friedliche Übergabe der Macht an autoritäre Herrscherstrukturen, durch einen offenen Umsturzversuch wie durch die allmähliche Zersetzung des Systems von innen.

Wenn sich Geschichte ähnelt

Etwas mehr als ein Jahr ist seit der Tagung vergangen, und wenn die nun vorliegende Sammlung von Essays erscheint, ist die Sorge um die Demokratie akuter denn je. Tatsächlich hat sich in den Monaten, in denen wir an diesem Projekt gearbeitet haben, die Situation weiter zugespitzt. Während Deutschland im Frühsommer 2024 den 75. Geburtstag des Grundgesetzes feierte und damit an die aus dem Nationalsozialismus entstandene Verantwortung der Bundesrepublik erinnerte, könnte im Herbst zum ersten Mal eine in Teilen rechtsextreme Partei in Regierungsverantwortung auf Länderebene gelangen. Offizielle Prognosen[3] sowie die nationalen Ergebnisse der Wahlen zum EU-Parlament lassen mit Sorge nach Sachsen, Thüringen und Brandenburg blicken. Die AfD wurde zweitstärkste Partei in Deutschland; im Osten des Landes wurde sie mit Abstand stärkste Kraft.

Demonstration gegen Rechtsextremismus von ca. 100.000 Menschen in München, Ludwigsstraße, 21.1.2024, Foto: Picture alliance/ZUMAPRESS.com/Sachelle Babbar

Seit Ende 2023 gehen Hunderttausende Menschen in deutschen Städten für Demokratie und gegen Rechtsextremismus auf die Straße. Schockiert über das öffentlich gewordene Geheimtreffen von AfD-Politiker*innen, Neonazis und Unternehmer*innen in Potsdam, die Skandale um einen rechtsextremen Europaabgeordneten oder rassistische Gesänge in einer Nobel-Disko auf Sylt erinnern die Demonstrierenden immer wieder lautstark an die historische Verantwortung Deutschlands. Banner und Sprechchöre rufen die Erosion der Weimarer Demokratie und den Aufstieg der Nationalsozialsten ins Gedächtnis. Fotomontagen statten AfD-Politiker*innen mit Nazi-Attributen aus. Und auch wenn sich die Endphase der Weimarer Republik nicht mit dem aktuellen Zustand unserer Demokratie gleichsetzen lässt, so führen diese Analogien eines deutlich vor Augen: Die gegenwärtige Sorge um die Demokratie speist sich hierzulande nicht zuletzt aus dem Wissen um die deutsche Vergangenheit.

Auch wenn Historiker*innen immer wieder darauf hinweisen, dass alarmistische Vergleiche Gefahr laufen, zu vereinfachen und Differenzen aus dem Blick zu verlieren, ist die Sorge um unser demokratisches System nachvollziehbar. Denn dass ungeachtet der 80 Jahre zurückliegenden nationalsozialistischen Diktatur und ihrer Verbrechen, Politiker*innen im heutigen Deutschland wieder SA-Losungen im Mund führen[4], dass am Vatertag Männer in Wehrmachtsuniform[5] unterwegs sind, oder in einem Münchner Bierkeller der Hitlergruß[6] gezeigt wird, gehört zum beunruhigenden Zustand des Frühsommers 2024. Es muss wohl etwas dran sein an der Furcht vor den »echoes of history«, dem Widerhall der Geschichte, vor dem Mark Twain in dem ihm zugeschriebenen und zum geflügelten Wort gewordenen Ausspruch warnte: »History never repeats itself, but it does rhyme.«

Während Deutschland, das trotz oder wegen seiner Diktaturerfahrungen im 20. Jahrhundert noch immer zu einer der gefestigtsten Demokratien der Welt gehört, sich um seinen liberalen Rechtsstaat sorgt, sind anderenorts schon längst jene »Brandmauern« eingerissen worden, die man hierzulande noch zu stabilisieren versucht. In Italien regiert mit Georgia Meloni seit 2022 eine postfaschistische Politikerin, die auf europäischer Ebene Kompromisse eingeht, aber im eigenen Land bereits an einer Verfassungsänderung arbeitet, die das Parlament schwächen soll. In Frankreich reagierte Emmanuel Macron auf den klaren Sieg des rechtspopulistischen *Rassemblement National* bei den Europawahlen 2024 mit der Auflösung der Nationalversammlung; die Partei von Marine Le Pen landete bei den vorgezogenen Parlamentswahlen zwar hinter dem Linksbündnis *Nouveau Front Populaire* und Macrons *Ensemble* und verfehlte die angestrebte absolute Mehrheit. Doch angesichts der Wahlergebnisse ist damit zu rechnen, dass der Republik eine Phase der politischen Instabilität bevorsteht. In Ungarn, Viktor Orbáns »illiberaler Demokratie«, ein Begriff der auf Benito Mussolini (1883–1945) zurückgeht[7], werden rechtsstaatliche Prinzipien schon so lange ausgehöhlt, dass Europa sich längst daran gewöhnt hat – ein Umstand, der die demokratische Fragilität der EU auf erschreckende Weise veranschaulicht.

Blickt man noch etwas weiter, sieht es nicht besser aus: Der anfangs liberal agierende Recep Tayyip Erdoğan baute die Türkei in den vergangenen zwei Jahrzehnten Stück für Stück in ein autokratisches Präsidialsystem um. Der russische Präsident Vladimir Putin, auf den Deutschland zu Beginn seiner Amtszeit große Hoffnungen gesetzt hatte, hat sich in zaristischer Manier zum Alleinherrscher gemacht. Mit der völkerrechtswidrigen Annexion der Krim und dem Angriffskrieg auf die Ukraine bestätigte er seine neoimperialen Ambitionen. In Indien, der einst bevölkerungsreichsten Demokratie der Welt, nutzte Premierminister Narendra Modi seine beiden ersten Amtszeiten, um die Verfassung des Landes in den Dienst einer hindu-nationalistischen und minderheitenfeindlichen Politik zu stellen. Die Demokratieentwicklung auf dem afrikanischen Kontinent wird durch post- und neokoloniale Abhängigkeiten gebremst und erlebte jüngst aufgrund von Staatsstreichen und Putsch-Versuchen herbe Rückschläge. Und im Herbst

2024 kehrt mit Donald Trump möglicherweise der vielleicht einflussreichste Populist unserer Zeit an die Spitze der Demokratie zurück, die bis zu seiner ersten Amtszeit als die stabilste galt. Am 6. Januar 2021, als Trump seine Anhängerschaft zum Sturm auf das Kapitol ermutigte, bestätigte sich, was aufmerksame Kommentator*innen schon zuvor festgestellt hatten: Amerika war auf dem Weg zu einem »Weimerica«.[8] Heute herrscht – unabhängig vom tatsächlichen Wahlergebnis im November 2024 – die traurige Gewissheit, dass Millionen von US-Amerikaner*innen ihre Stimme bewusst einem verurteilten Kriminellen und skrupellosen Machtmenschen anvertrauen werden, der demokratische Prinzipien missachtet und sich dafür feiern lässt.

Vom »Ende der Geschichte« zum »Ende der Demokratie«?
Diese Entwicklungen mögen mitunter überraschen. Nach dem Ende des Kalten Kriegs und dem Kollaps der Sowjetunion war man in weiten Teilen der damaligen »westlichen Welt« von einem Siegeszug der Demokratie ausgegangen. Der Politikwissenschaftler Francis Fukuyama konstatierte damals das »Ende der Geschichte«, weil die Menschheit den »Endpunkt der ›ideologischen Evolution‹« erreicht habe.[9] Die liberale Demokratie kapitalistischer Prägung habe sich gegenüber alternativen Herrschafts- und Regierungsformen durchgesetzt.

30 Jahre später scheint sich diese hoffnungsvolle Spekulation zerschlagen, ja sogar in ihr Gegenteil verkehrt zu haben. Der weltweite und nachhaltige Siegeszug der liberalen Demokratien blieb aus. Stattdessen nähren aktuelle Messungen des globalen Demokratieniveaus die Sorge, dass wir eher dem allmählichen »Ende der Demokratie« entgegenblicken. Seit 2012 gibt es weltweit mehr Staaten, die sich autokratisieren, als Länder, die sich demokratisieren.[10] Laut Untersuchungen des schwedischen *V-Dem Institute* (*Varieties of Democracy*) leben heute 71 % der Weltbevölkerung, rund 5,7 Milliarden Menschen, in elektoralen oder geschlossenen Autokratien – also entweder in Systemen, in denen sich zwar unterschiedliche Parteien zur Wahl stellen können, der Wahlausgang jedoch durch unfaire Wahlbedingungen und eingeschränkte Grundrechte wie Meinungs-, Presse- oder Versammlungsfreiheit stark beeinflusst wird, oder in diktatorisch geführten Staaten, in denen demokratische Institutionen und Prozesse vollständig abgeschafft wurden.[11] Das *V-Dem Institute* stuft Nationen wie Ungarn, Russland oder die Türkei als elektorale Autokratien ein. Auf der langen Liste der geschlossenen Autokratien beziehungsweise Diktaturen stehen Nationen wie China, Iran, Nordkorea oder Libyen.

Lediglich ein Drittel der Weltbevölkerung besitzt hingegen demokratische Rechte und Freiheiten: 16 % leben heute in sogenannten elektoralen Demokratien – also in Ländern wie Argentinien, Südafrika oder, seit Kurzem, Israel –, und nur knapp 13 % in sogenannten liberalen Demokratien wie Deutschland, Chile oder Japan. Liberal sind diese Demokratien, weil sie dem Individuum das moralische Vorrecht gegenüber dem sozialen Kollektiv einräumen, die Gleichheit aller Menschen proklamieren und soziale Institutionen und politische Gestaltung in den Dienst des gesellschaftlichen Zusammenlebens stellen. Sie garantieren Bürger- und Freiheitsrechte und charakterisieren sich durch politische Gewaltenteilung, also durch ein ausbalanciertes Interagieren und gegenseitiges Kontrollieren von Exekutive, Legislative und Judikative, sowie durch eine vitale Zivilgesellschaft. Diese Staatsform, die Fukuyama als die »endgültige menschliche Regierungsform« und ein »nicht verbesserungsbedürftiges Ideal« bezeichnete[12], steht gegenwärtig einer politischen Realität gegenüber, die sich durch demokratische Erosion und autokratische Regression, also der weiteren Autokratisierung von Autokratien, auszeichnet.

Doch wie besorgniserregend sind die aktuellen Tendenzen? Läuten sie tatsächlich so etwas wie das »Ende der Demokratie« ein? Oder gehören antidemokratische Angriffe und systemische Fissuren schlicht zur modernen Demokratiegeschichte?

In der Tat erleben wir nicht die erste Autokratisierungsbewegung seit der Entstehung der modernen Demokratie, die spätestens im 19. Jahrhundert Prinzipien wie Volkssouveränität, Repräsentation und Freiheit gegen absolutistisch-feudale Herrschaftsvorstellungen durchgesetzt hatte. Allein im 20. und 21. Jahrhundert lassen sich drei größere Wellen ausmachen: Auf die kurze Demokratisierungsphase unmittelbar nach dem ersten Weltkrieg, die in Deutschland die Gründung der Weimarer Republik inklusive der Einführung des allgemeinen Wahlrechts mit sich brachte, folgte bald schon eine erste Autokratisierungswelle, die mit Mussolinis »Marsch auf Rom« 1922 begann und bis zur Niederlage der faschistischen Diktaturen im Jahr 1945 andauerte. Die nach dem Zweiten Weltkrieg einsetzende Phase der Demokratisierung erreichte ihren Zenit Anfang der 1960er Jahre und flachte dann wieder ab. Dafür baute sich eine zweite Autokratisierungswelle auf – sie zeigte sich beispielsweise in Form der vornehmlich linksgerichteten Militärdiktaturen in Lateinamerika –, die bis in die 1970er Jahre hineinreichte. Nach dem Demokratisierungsschub, der unter anderem durch das Ende der Diktaturen in Griechenland (1974), Portugal (1974) und Spanien (1975) eingeläutet wurde und sich durch den Zerfall der Sowjetunion (1991) weiter verstärkte, begann um die Jahrtausendwende eine dritte Welle der Autokratisierung, die bis heute andauert.[13]

Die unterschiedlichen Phasen der Demokratisierung und Autokratisierung lassen sich historisch betrachtet somit als dialektische Verläufe beschreiben, die von den jeweiligen systemischen Gegebenheiten sowie der Zufälligkeit der Ereignisse abhängen und eben keinen vermeintlichen Endpunkt in der ideologisch-systemischen Synthese der liberalen Demokratie finden. Bislang galt noch immer: Zwar können einzelne Demokratien sterben, die Demokratie an sich hat jedoch bis heute überlebt. Aber bleibt das auch weiterhin so?

Die amerikanischen Politikwissenschaftler Daniel Ziblatt und Steven Levitsky betitelten ihre viel beachtete Auseinandersetzung mit der demokratischen Regression der vergangenen Jahrzehnte mit »How Democracies Die« (2018), während der britische Historiker David Runciman für seine im selben Jahr erschienene Analyse den Titel »How Democracy Ends« wählte. Die Buchtitel verdeutlichen, dass die konkrete Beschäftigung mit den Herausforderungen, vor denen einzelne demokratische Staaten stehen, und die theoretischen Diskussionen über das Überleben der Demokratie beziehungsweise das Leben in einem möglicherweise postdemokratischen Zeitalter Hand in Hand gehen.[14] Die Sorge gilt heute nicht nur einzelnen Demokratien, sondern zugleich auch der Demokratie als Staatsform.

Das liegt nicht zuletzt daran, dass immer weniger eindeutig ist, was eigentlich unter Demokratie zu verstehen ist, wer sie verteidigt, und wer sie angreift. Während sich etwa die Feind*innen der Demokratie in den 1920er und 1930er Jahren in ihrem Anliegen, den Parlamentarismus durch Einparteiensysteme und »Führerkult« ersetzen zu wollen, offen zu erkennen gaben, ist es heute weitaus schwieriger, anti-demokratische Strategien und Figuren zu identifizieren. Wenn sich Politiker*innen wie Trump, Orbán aber auch die AfD-Spitzen hierzulande als die »wahren Demokraten« respektive »Volksvertreter« und damit als die eigentlichen »Verteidiger der Demokratie« inszenieren, wird der Begriff der »Herrschaft des Volkes« umgedeutet und ausgehöhlt. Zurück bleiben Bürger*innen, die weder zuverlässig zwischen Freund und Feind noch zwischen den unterschiedlichen Auslegungen der Demokratie unterscheiden können.

Zugleich gefährdet das populistische Denken alle Ebenen des demokratischen Zusammenlebens, indem es eine Weltsicht populär macht, die von verfeindeten Fronten und unüberwindbaren Gräben ausgeht. Egal, ob wir über Identität sprechen, über Kultur oder Außenpolitik, die Gegensätze scheinen unversöhnlich, ein Schwarz und Weiß, Pro und Kontra ohne Grautöne oder solidarische Momente. Hinzu kommt, dass liberale Gesellschaften sich mehr und mehr mit Streitpunkten beschäftigen, die von Populist*innen vorgegeben und in sozialen Medien verbreitet werden, während strukturelle Probleme aus dem Fokus zu geraten scheinen. Die systematische und verdeckte Beschlagnahmung der demokratischen Idee durch ihre Widersacher*innen scheint viel bedrohlicher als offene Umsturzversuche.

(Anti-)Fragile Demokratien als Zukunftsmodell

Lässt sich dennoch hoffen, dass sich die Demokratie auch diesmal gegen das ihr oft prophezeite Ende zur Wehr setzen kann? Beispiele wie Polen, wo sich die Bürger*innen bei der Wahl im Oktober 2023 ihre liberale, offene Gesellschaft zurückgeholt haben, oder Indien, wo Premierminister Modi im Juni 2024 die absolute Mehrheit verloren hat, nähren die Hoffnung, dass die Demokratien dieser Welt auf Angriffe zu reagieren wissen. Die größte Stärke der Demokratie, so sieht es etwa die Ökonomin Vanessa A. Boese, liegt in der systemimmanenten Anpassungsfähigkeit.[15] Die gelebte Demokratie ist kein unveränderlicher Idealzustand, sondern stets flexibel und in der Lage, auf Krisen und Herausforderungen zu reagieren. Gerade angesichts drängender globaler Zukunftsfragen – von der Klimakrise, über Migration, soziale Gerechtigkeit, wirtschaftliche Stabilität bis zur Digitalisierung der Arbeits- und Lebenswelt und den weltweiten kriegerischen Konflikten – bieten Autokratien, die den Status quo innerhalb der eigenen Grenzen mit aller Macht zu erhalten versuchen, keine wirklichen Lösungsansätze. Demokratien, so Boese, seien im Gegensatz zu Autokratien nicht nur von universalem Wert sind – als ideales politisches Ökosystem für die Entfaltung des in die Gemeinschaft eingebundenen Menschen (*zoon politikon*) –, sondern haben auch instrumentelle und strukturelle Vorteile. So sind beispielsweise Wirtschaftswachstum und Armutsbekämpfung in demokratischen Staaten im Durchschnitt erfolgreicher als in Autokratien, was sich wiederum positiv auf die politische Stabilität auswirkt. Von einer prosperierenden Marktwirtschaft, in der ein wachsender Mittelstand nach rechtsstaatlicher Stabilität und politischer Teilhabe verlangt, geht häufig eine nachhaltig demokratisierende Wirkung aus. Zwar zeigen Länder wie China oder Singapur, dass rasanter ökonomischer Aufschwung nicht immer einen demokratischen Unterbau benötigt, doch in der Gesamtschau scheitern die allermeisten Autokratien daran, breiten gesellschaftlichen Wohlstand zu gewährleisten – ganz zu schweigen von Strukturen sozialer Absicherung.[16]

Auch um die Gesundheitsversorgung ist es in Demokratien in der Regel besser bestellt als in autokratischen Systemen. Während der Corona-Pandemie etwa, einer globalen Krise unvorhersehbaren Ausmaßes, starben mehr Menschen in autokratisch regierten Staaten als in demokratischen, obwohl jene oft rigoroser, schneller und weitreichender auf die Notlage reagierten als die an parlamentarische Abstimmungen und Bürgerrechte gebundenen Länder. Ein Vergleich zwischen der strikten Vorgehensweise Chinas und dem liberalen, auf bürgerlicher Verantwortung basierenden Umgang in westeuropäischen Staaten führt dies vor Augen.[17]

Demokratien stärken das friedliche Miteinander innerhalb und außerhalb ihrer Grenzen. Sie bekämpfen sich in der Regel nicht gegenseitig, sondern versuchen im Verbund nach friedlichen Lösungen zu suchen. Empirisch gesehen sind daher Regionen umso sicherer, je mehr Demokratien sich dort befinden.[18] Darüber hinaus begünstigen Demokratien den inneren Zusammenhalt, ein Zusammenhalt, der sich in liberalen Gesellschaften gerade deshalb verfestigt, weil er nicht gegeben ist, sondern immer wieder neu ausgehandelt werden muss. Versteht man, im Sinne Hannah Arendts, Politik als das stete Miteinander-Reden und Miteinander-Handeln von Menschen zum Zwecke einer Verbesserung des Allgemeinwohls[19], dann bietet die Demokratie die besten systemischen Voraussetzungen dafür, die sich wandelnden Interessenlagen und divergierenden Bedürfnisse in Einklang zu bringen und einen immer wieder neuen und tragfähigen Konsens herzustellen. Die Pluralität und Heterogenität von Sichtweisen und Menschen fungiert damit als Motor des demokratischen Fortschritts. Gerade aus den Unterschieden entwickeln sich Strategien, mit Unvorhergesehenem und Unbekanntem umzugehen.

Mit Blick auf die Dynamik, Flexibilität und Anpassungsfähigkeit der Demokratie spricht der libanesische Wirtschaftswissenschaftler Nassim Nicholas Taleb deshalb bewusst nicht von stabilen oder robusten Systemen, sondern von anti-fragilen.[20] Demokratien seien glücklicherweise *kein* robustes Bollwerk, sondern ein flexibles Konstrukt, das permanent auf veränderte Realitäten reagiert, Widersprüche aushält und das durchaus durch dosierte Erschütterungen gestärkt werden kann. Demokratien entwickeln Widerstandskraft und Handlungsfähigkeit allerdings nur dann, wenn sie von den in ihnen lebenden Bürger*innen nicht als starre oder vollendete Form, sondern als nie endender Versuch verstanden werden, sich mit den Bedürfnissen, Herausforderungen und Widersacher*innen ihrer Zeit auseinanderzusetzen. Je besser es Demokratien gelingt, die immer wieder neue Zusammensetzung des *démos*, die damit einhergehende Neuordnung der Interessenlagen sowie den vielstimmigen Umgang mit künftigen Herausforderungen zum integrativen Bestandteil zu machen, desto stabiler bzw. anti-fragiler werden sie – und desto länger wird ein Ende auf sich warten lassen.

Der vorliegende Band »Fragile Demokratien« versammelt Beiträge internationaler Expert*innen aus verschiedenen Disziplinen. Aus unterschiedlichen inhaltlichen Perspektiven aber auch mit ihren verschiedenen biographischen und kulturellen Prägungen diskutieren die Autor*innen Entwicklungen, Herausforderungen und Chancen für demokratische Staatsformen. Sie blicken dabei auf verschiedene Länder und Regionen der Welt und liefern historische ebenso wie gegenwartsorientierte Analysen. Diese Sammlung erhebt, das versteht sich von selbst, keinen Anspruch auf Vollständigkeit. Die Essays geben lediglich Einblicke in die Komplexität und Vielfalt des Themas. Trotz des eingeschränkten Rahmens haben wir uns um einen möglichst multiperspektivischen, interdisziplinären und globalen Zugriff bemüht. Die Buchkonzeption soll zum Gegenstand passen. Demokratien sind schließlich nicht gleich Demokratien, weder im synchronen noch im diachronen Vergleich. Jede Demokratie hat ihre eigene Entstehungsgeschichte und ist von landesspezifischen Konstellationen geprägt. Bei all ihrer Verschiedenheit stehen demokratische Staatsformen aber nicht selten vor ähnlichen Herausforderungen. Sie beeinflussen sich in ihren Entwicklungen gegenseitig und können füreinander, im Positiven wie im Negativen, Vorbild- oder Modellcharakter haben. Die vorliegenden Beiträge gehen daher auch übergreifenden Fragestellungen nach: Welche Faktoren schwächen Demokratien? Ab wann sind Demokratien nicht nur herausgefordert, sondern bedroht? Was müssen Demokrat*innen tun, um sich gegen anti-demokratische, autoritäre oder faschistische Tendenzen zu wappnen? Und wie kann eine (bessere) demokratische Zukunft aussehen?

Auf sechs Beiträge mit dem Schwerpunkt auf der Geschichte und Gegenwart der deutschen und europäischen Demokratien (I) folgen acht Essays, die anhand internationaler Fallbeispiele zeigen, mit welchen spezifischen Herausforderungen einzelne Demokratien zu kämpfen haben beziehungsweise wo – wie im Falle von Russland – dieser Kampf schon verloren scheint (II). Der dritte Abschnitt versammelt sechs Beiträge, die weniger auf Länder denn auf Themenbereiche ausgerichtet sind und zeigen, dass die Gegenwart und Zukunft der Demokratien nicht zuletzt davon abhängt, wie sie auf globale Herausforderungen – von der fortschreitenden Digitalisierung bis zur Klimakrise – reagieren (III).

Wir bedanken uns bei allen Autor*innen für die produktive und vertrauensvolle Zusammenarbeit und freuen uns, ihre jeweilige Perspektive auf den Zustand der Demokratie(n) mit den Leser*innen dieses Buches teilen zu können.

München, im Juli 2024

Anmerkungen

1 Die Herausgeber*innen dieses Sammelbandes haben es den Autor*innen freigestellt, ob und wie sie gendern.

2 Vgl. Fragile Demokratien – Fragile Democracies: 1923/1933/2023, Internationale Tagung vom 22. bis 24. März 2023, NS-Dokumentationszentrum München; Informationen zu den Konferenzinhalten sowie mitgefilmte Beiträge finden sich unter: https://www.nsdoku.de/fragile-demokratien [aufgerufen am 7.6.2024].

3 Vgl. zum Beispiel URL: https://www.wahlrecht.de/umfragen/landtage/index.htm [aufgerufen am 4.6.2024].

4 Vgl. »Höcke wegen NS-Parole zu Geldstrafe verurteilt«, in: Tagesschau, 14.5.2024, URL: https://www.tagesschau.de/inland/innenpolitik/hoecke-verurteilt-100.html [aufgerufen am 7.6.2024].

5 Vgl. »Polizei ermittelt wegen öffentlicher Auftritte in Wehrmachts-ähnlichen Uniformen und Fahrzeugen am Vatertag«, in: Deutschlandfunk, 11.5.2024, URL: https://www.deutschlandfunk.de/polizei-ermittelt-wegen-oeffentlicher-auftritte-in-wehrmachts-aehnlichen-uniformen-und-fahrzeugen-am-104.html [aufgerufen am 7.6.2024].

6 »›Sieg Heil‹-Rufe in Münchner Traditionslokal«, in: SZ Online, 12.6.2024, URL: https://www.sueddeutsche.de/muenchen/muenchen-polizei-augustiner-keller-hitlergruss-sieg-heil-lux.78fj02RU1Chi5TLVBq8UYg [aufgerufen am 12.6.2024].

7 Vgl. Agnes Heller: Von Mussolini bis Orban: Der illiberale Geist, in: Blätter für deutsche und internationale Politik, August 2017, URL: https://www.blaetter.de/ausgabe/2017/august/von-mussolini-bis-orban-der-illiberale-geist [aufgerufen am 7.6.2024].

8 Vgl. etwa Roger Cohen: Trump's Weimar America, in: The New York Times, 14.12.2015, URL: https://www.nytimes.com/2015/12/15/opinion/weimar-america.html [aufgerufen am 4.6.2024]; Niall Ferguson: »Weimar America?« The Trump Show is No Cabaret, in: Bloomberg, 6.9.2020, URL: https://www.bloomberg.com/view/articles/2020-09-06/trump-s-america-is-no-weimar-republic [aufgerufen am 4.6.2024].

9 Vgl. Francis Fukuyama: Das Ende der Geschichte. Wo stehen wir?, München 1992, zit. nach Herfried Münkler: Die Zukunft der Demokratie, Wien 2022, S. 33 f.

10 Vgl. Vanessa A. Boese: Demokratie in Gefahr?, in: APuZ. Zeitschrift der Bundeszentrale für Politische Bildung, Zustand der Demokratie, 2021/26–27, S. 24–31, hier: S. 29.

11 Vgl. V-Dem Institute: Democracy Report 2024. Democracy Winning and Losing at the Ballot, URL: https://www.v-dem.net/documents/43/v-dem_dr2024_lowres.pdf [aufgerufen am 1.6.2024].

12 Vgl. Fukuyama 1992, zit. nach Münkler 2022, S. 34.

13 Vgl. zum Beispiel Boese 2021, S. 28 f. [aufgerufen am 6.5.2024] sowie Anna Lührmann/Staffan A. Lindberg: A Third Wave of Autocratization is Here: What is New about It?, in: Democratization 2019/7, S. 1095–1113.

14 Vgl. Colin Crouch: Postdemokratie, Berlin 2008.

15 Vgl. Boese 2021, S. 31.

16 Ebd.

17 Vgl. Seraphine F. Maerz u.a.: Worth the scrifice? Illiberal and authoritarian practices during Covid-19, in: V-Dem Working Paper 2020/110, URL: https://www.v-dem.net/media/publications/wp_110_final.pdf [aufgerufen am 7.6.2024] sowie Boese 2021, S. 30.

18 Vgl. Boese 2021, S. 31.

19 Vgl. Hannah Arendt: Was ist Politik?, München 2003.

20 Vgl. Nassim Nicholas Taleb: Antifragile. Things That Gain from Disorder, New York 2012.

Michael Wildt

Wie eine Gesellschaft kippt: Die Machteroberung der Nationalsozialisten

Demokratien entstehen nicht aus dem Nichts; sie verschwinden auch nicht einfach, sondern werden zerstört. Die erste deutsche Demokratie gründete sich auf Kriegsmüdigkeit und dem Wunsch nach Frieden auf der einen Seite und der Unwilligkeit des wilhelminischen Regimes abzutreten andererseits. Die Revolution im November 1919, die den Kaiser und die Fürsten innerhalb weniger Tage entmachtete, war der Aufbruch in eine neue Zeit. Am 12. November, einen Tag nach der Unterzeichnung des Waffenstillstandsabkommens, veröffentlichte der Rat der Volksbeauftragten einen Aufruf an das deutsche Volk. Darin wurden neben der Aufhebung des Belagerungszustandes und einer Amnestie für politische Straftaten die Vereins- und Versammlungsfreiheit, das Zensurverbot, die Meinungs- und Religionsfreiheit als Grundrechte verkündet sowie demokratische Wahlen nach gleichem, geheimem, direktem, allgemeinem Wahlrecht eingeführt. Erstmals in der deutschen Geschichte konnten nun auch Frauen wählen und gewählt werden.

1919 – Demokratischer Aufbruch mit Widerständen
Die Ergebnisse der Wahlen zur Nationalversammlung am 19. Januar 1919 waren eindeutig: Die Sozialdemokraten wurden mit fast 38 % der Stimmen die größte Fraktion, zusammen mit den Unabhängigen (USPD) kamen sie auf über 45 %. Für das katholische Zentrum und die linksliberale Deutsche Demokratische Partei entschieden sich jeweils nahezu 20 %. Aber die rechte, republikfeindliche Deutschnationale Volkspartei errang immerhin 10 % der Stimmen. Die Aufbruchsstimmung war nicht allgemein. Es gab nicht wenige, deren Herz an der Monarchie hing und die die neue deutsche Demokratie ablehnten. Vor allem glaubten viele, dass das deutsche Heer nur besiegt werden konnte, weil es von Juden, Sozialdemokraten und Bolschewisten im Innern verraten worden sei. Das böse Wort von den »Novemberverbrechern« machte sich breit. Und die Angst im Bürgertum vor dem »bolschewistischen Chaos«, vor der kommunistischen Machtübernahme war groß.

Die Juristin und Frauenrechtlerin Dr. Anita Augspurg wirbt für eine öffentliche Wahlkampfveranstaltung am 11. Januar 1919 – und kämpft um die Gunst der Wählerinnen, Plakat: Münchner Stadtarchiv (DE-1992-PL-00573)

Und die junge Republik hatte schwere Bürden zu tragen: Demobilisierung der Soldaten, Bekämpfung der Inflation, Umstellung der Wirtschaft auf Friedensproduktion und vor allem die Bezahlung der drückenden Reparationslast, nicht zuletzt die Versuche von links, die Revolution weiterzutreiben, und von rechts, mit Gewalt die Staatsmacht an sich zu reißen. Diese Krisen bewältigte die Republik erstaunlich gut: Nach dem rechtsterroristischen, antisemitischen Mord an Außenminister Walther Rathenau (1867–1922) im Juni 1922 bäumten sich die republikanischen Kräfte auf, demonstrierten massenweise gegen die rechte Gefahr, und im Parlament wurde ein Republikschutzgesetz verabschiedet.

Auch die tiefe Krise 1923 mit der Besetzung des Ruhrgebiets durch französische und belgische Truppen, der Hyperinflation und wiederum einem rechten Staatsstreichversuch in Berlin und dem offenen nationalsozialistischen Putsch im November in München bewältigte die Republik wider Erwarten gut. Die parlamentarische Demokratie blieb erhalten, die Währung wurde stabilisiert, der sogenannte Hitler-Putsch niedergeschlagen. Aber die Spaltungen in der deutschen Gesellschaft, die das Jahr 1923 weiter aufbrechen ließ, verschwanden nicht. Wer sein ganzes Sparguthaben in der Inflation verloren hatte, besaß kaum noch Vertrauen in die Ordnungskräfte der liberalen Marktwirtschaft und die Kontrollmacht der Politik. Oberflächlich herrschte wieder Stabilität und Ordnung, aber, so der kluge Beobachter und Publizist Sebastian Haffner (1907–1999) 1939 im Rückblick auf diese Jahre, »bereitete sich damals, vollkommen unsichtbar und unregistriert, jener ungeheure Riß vor, der heute das deutsche Volk in Nazis und Nichtnazis spaltet«.[1] Unausweichlich war diese Entwicklung dennoch nicht.

Adolf Hitler (1889–1945), damals noch österreichischer Staatsbürger, hätte als Putschist gegen die verfassungsmäßige Ordnung zwingend ausgewiesen werden müssen, was der ihm zugeneigte Münchner Richter allerdings nicht anordnete. Hitler konnte sogar den Gerichtssaal als Propagandabühne nutzen, um seine Niederlage umzudeuten als den heroischen Versuch, nicht zu reden, sondern zu handeln, und um sich als Mann der Tat zu stilisieren. Nur zu einer kurzen Haft verurteilt, nutzte Hitler diese Zeit, um sein politisches Programm auszuarbeiten.

Nachdem die Nationalsozialistische Deutsche Arbeiterpartei (NSDAP) nach dem gescheiterten Putsch zunächst verboten war und rechtsextreme Parteien bei den Wahlen zum Reichstag 1924 nur eine kleine Minderheit blieben, erstarkten die Nationalsozialisten wieder in der zweiten Hälfte der 1920er Jahre. Sie gewannen Zustimmung in ländlichen Gebieten, vor allem in Ostpreußen und Schleswig-Holstein, unter Beamten und insbesondere in der akademischen Jugend an den Universitäten.

Von der Wirtschafts- zur Gesellschaftskrise

Die Wirtschaftskrise, insbesondere die Frage, wie sie zu bewältigen sei, entzweite selbst die Parteien, die die Republik politisch trugen. Die SPD als verlässlichste republikanische Kraft schied im März 1930 aus der Regierung aus. Die bürgerlichen Parteien glaubten, nun ohne parlamentarische Mehrheit, nur gestützt auf die Notverordnungsmacht des Reichspräsidenten, regieren zu können. Doch der Notplan bedeutete die Entmachtung des Parlaments, der Herzkammer der Demokratie, das nun mehr und mehr zur bloßen Agitationsbühne verkam. Statt mit einer gemeinsamen gesellschaftlichen Anstrengung der ökonomischen Krise Herr zu werden, wie es beispielsweise in den USA gelang, bot die Notverordnungspolitik von oben ein klägliches Bild angesichts der realen Not in der Gesellschaft.

Bei den Reichstagswahlen im September 1930 wählten über sechs Millionen Wählerinnen und Wähler die NSDAP, die mit 18,3 % auf Anhieb zweitstärkste Partei nach der SPD wurde. Die Verschärfung der Wirtschaftskrise 1931/32 trieb den Nationalsozialisten weitere Stimmen zu. Es gab kaum einen Arbeiterhaushalt, der nicht unter der Krise litt, in dem nicht das eine oder andere Familienmitglied von Arbeitslosigkeit oder Kurzarbeit betroffen gewesen wäre. Vor dem Hintergrund solch angespannter sozialer Verhältnisse ging es in das Superwahljahr 1932, das von einer hohen Emotionalisierung der Politik bestimmt war.

Es begann im Frühjahr mit der Wahl des Reichspräsidenten. Die Nationalsozialisten stilisierten im Wahlkampf Adolf Hitler zum »Führer des jungen

Deutschlands« gegen das »sterbende System« von Weimar und den greisen Amtsinhaber Paul von Hindenburg (1847-1934). Zwei Wahlgänge brauchte es, bis Hindenburg mit Unterstützung der SPD die absolute Mehrheit gewann. An zweiter Stelle folgte Hitler mit fast 37 % der Stimmen. Die Wahlbeteiligung lag bei über 83 %, im ersten Wahlgang sogar über 86 %, was die enorme Politisierung in der Bevölkerung anzeigt. Zwei Wochen später waren die meisten Deutschen erneut zur Wahl aufgerufen. Am 24. April 1932 fanden Landtagswahlen in Preußen, Bayern, Württemberg, Hamburg und Anhalt statt, aus denen die NSDAP bis auf Bayern als stärkste Partei hervorging, wohingegen die Sozialdemokraten, die liberalen Parteien und die Deutschnationalen Stimmen verloren.

Ein wichtiges Element in der Propaganda der NSDAP bildete die Person Adolf Hitler. Dass es eine lange deutsche Tradition des »heroischen Führertums« gab und nach der Katastrophe des Ersten Weltkriegs erst recht nach einem willensstarken, weitsichtigen, tatkräftigen »Führer« verlangt wurde, kam der Inszenierung des Hitlerbildes durchaus entgegen. Zudem besaß er im Unterschied beispielsweise zum greisen Reichspräsidenten Hindenburg nicht nur den Vorteil, jung zu sein, sondern vor allem als ein »Mann aus dem Volk« zu gelten, als »einer von uns«, der zeigt, was »in uns steckt« – ein populistisches Argument, das sich auch in der Gegenwart auffindet.

Die politische Auseinandersetzung wurde zunehmend durch exzessive Gewalt bestimmt. Im Hamburger Stadtteil Altona kam es am 17. Juli 1932, als ein nationalsozialistischer Demonstrationszug provozierend durch die Arbeiterviertel marschierte, zu einer regelrechten Schießerei mit der Polizei, bei der 18 Menschen, zumeist Unbeteiligte, getötet wurden. Der sogenannte »Altonaer Blutsonntag« bildete den äußeren Anlass für die Reichsregierung unter dem rechtsreaktionären Franz von Papen (1879-1969), die amtierende preußische, sozialdemokratisch geführte Regierung für abgesetzt zu erklären – ein kalter Staatsstreich gegen die Demokratie und Rechtsstaatlichkeit im größten und wichtigsten Land des Deutschen Reiches, motiviert allein durch den Hass auf die Sozialdemokratie.

Während die liberalen und konservativen Parteien bei den Reichstagswahlen am 31. Juli 1932 dramatisch an Stimmen verloren, die SPD nur noch 21,6 % der Stimmen erhielt und die Kommunistische Partei Deutschlands (KPD) auf 14,3 % kam, war die NSDAP mit 37,3 % der Stimmen der eindeutige Wahlsieger. Aber Hitlers Ambitionen, Reichskanzler zu werden, wurden von Hindenburg nicht erfüllt, der erneut Franz von Papen zum Kanzler ernannte.

Innerhalb der NSDAP machte sich nach der gescheiterten Machtübernahme im August 1932 Enttäuschung breit. Gerade die SA, die die Erringung der Macht schon vor Augen gesehen hatte, ließ ihrem Hass freien Lauf. Aber die aufflammende Gewalt konnte nicht über die politische Sackgasse hinwegtäuschen, in die sich die NS-Führung unter Hitler manövriert hatte. Da sich keine parlamentarische Mehrheit fand, wurden im November 1932 Neuwahlen unvermeidlich. Die Enttäuschung in der Bevölkerung über die Unfähigkeit der Parteien, eine Lösung der politischen Krise zu finden, drückte sich aber kaum durch Verluste der NSDAP aus, die gegenüber der Juli-Wahl zwar um zwei Millionen Stimmen auf 33,1 % sank, aber deutlich stärkste Partei blieb.

Die politisch festgefahrene Lage änderte sich durch das neue Wahlergebnis nicht. Von Papen scheiterte mit seinem unverhohlenen Votum für eine diktatorische Lösung, die das Parlament gänzlich ausschalten sollte, nicht zuletzt an der Militärführung. Er trat Mitte November zurück. Sein Nachfolger, Reichswehrminister General Kurt von Schleicher (1882–1934), unternahm in der Folge einen vergeblichen Versuch, eine »Querfront« mit den Gewerkschaften und einem Teil der NSDAP zu bilden.

Hinter den Kulissen gab es indessen seit Anfang Januar 1933 wieder geheime Verhandlungen zwischen Hitler und von Papen. Und nach dem Scheitern Schleichers, der am 28. Januar zurücktrat, zeigte sich nun auch Hindenburg geneigt, einem Kabinett Hitler zuzustimmen, zumal von Papen und die Deutschnationalen unter Alfred Hugenberg (1865–1951) glaubten, die Nationalsozialisten »zähmen« zu können. Am 30. Januar 1933 wurde das neue Kabinett unter dem Reichskanzler Hitler vereidigt. Ein Großteil der politischen, wirtschaftlichen und militärischen Elite Deutschlands hatte sich längst von der Demokratie abgewandt und wollte eine autoritäre Führung, die vor allem die Linke unterdrückte.

Machtantritt – Januar bis März 1933

»Die Nachricht, dass Hitler Reichskanzler. Schreck. Es nie für möglich gehalten. (Das Land der unbegrenzten Möglichkeiten)«, schrieb Klaus Mann (1906–1949), der Sohn von Thomas Mann (1875–1955) und selbst Schriftsteller, am 30. Januar 1933 in sein Tagebuch.[2] Der Journalist Sebastian Haffner, der 1939 nach England emigrierte, erinnerte sich: »Am Abend diskutierte ich die Aussichten der neuen Regierung mit meinem Vater, und wir waren uns einig darüber, daß sie zwar eine Chance hatte, eine ganze hübsche Menge Unheil anzurichten, aber kaum eine Chance, lange zu regieren.«[3]

Für viele andere indes war der 30. Januar 1933 ein Tag nationaler Hoffnung, an dem der Zusammenschluss der Rechten zustande gekommen sei. »Und was für ein Kabinett!!!«, schrieb die Hamburgerin Luise Solmitz (1889–1973) in ihr Tagebuch. »Nationalsozialistischer Schwung, deutschnationale Vernunft, der unpolitische Stahlhelm und der von uns unvergessene Papen. […] Riesiger Fackelzug vor Hindenburg und Hitler durch Nationalsozialisten und Stahlhelm, die endlich, endlich wieder miteinander gehen.«[4] Ebenso wie Luise Solmitz erhofften sich zahlreiche Deutsche das Ende des »Parteienhaders« und politischen »Gezänks« und hefteten an die neue Regierung vor allem die Erwartung, dass sie Ruhe und Ordnung schaffen, die staatliche Autorität wiederherstellen und die wirtschaftliche Krise, insbesondere die Arbeitslosigkeit, überwinden werde.

Während die KPD vergeblich zum Massenstreik aufrief, mahnten die Führungen der Gewerkschaften in einer gemeinsamen Erklärung an alle Gewerkschaftsmitglieder kühles Blut und Besonnenheit an. In diesem Sinn äußerte sich auch die SPD-Führung. Der Centralverein deutscher Staatsbürger jüdischen Glaubens (C. V.), der seine Aufgabe in der Abwehr des Antisemitismus sah und mit über 600 Ortsgruppen und annähernd 70.000 Mitgliedern im Deutschen Reich der größte jüdische Verband war, täuschte sich zwar nicht über den Ernst der Lage, wandte sich aber gleichfalls gegen jedwede Panikstimmung.

Der Glaube der Deutschnationalen, sie könnten Hitler einhegen, erwies sich als eine krasse Fehleinschätzung. Denn die Nationalsozialisten sorgten mit jener Radikalität und Gewalttätigkeit, mit der sie bisher Politik betrieben hatten, für eine revolutionäre Dynamik, die nicht nur die Deutschnationalen von der Macht verdrängte, sondern die politische Ordnung Deutschlands insgesamt innerhalb weniger Monate fundamental veränderte. Kein von vornherein festgelegter Masterplan ist dabei zu erkennen, sondern eine energische Zielstrebigkeit und Gewalttätigkeit, jede sich bietende Gelegenheit sofort für die Ausweitung der eigenen Macht auszunutzen.

Nicht zuletzt stand der NSDAP in der SA eine Gewaltmiliz mit einer Stärke von im Frühjahr 1933 über 400.000 Mann zur Verfügung, mit der die NS-Führung ihre Politik gewaltsam durchsetzen konnte. Dennoch ist es kennzeichnend, dass sich Hitler gleich nach seiner Ernennung zum Reichskanzler der Unterstützung des Militärs vergewisserte. In einer Geheimbesprechung mit den Befehlshabern des Heeres und der Marine am 3. Februar versicherte Hitler, dass der Wehrgedanke gestärkt, die Reichswehr massiv aufgerüstet würde. »Ausrottung des Marxismus«, »straffste autoritäre Staatsführung« und »Beseitigung des Krebsschadens der Demokratie« seien seine politischen Ziele.[5]

Am 5. März sollten Reichstagswahlen stattfinden, von denen sich Hitler eine nationalsozialistisch-deutschnationale Mehrheit erhoffte, um dann ein Ermächtigungsgesetz beschließen zu können, das der Regierung alle Macht verlieh und das Parlament ausschaltete. In dem nun anlaufenden Wahlkampf wurde die Opposition mit aller staatlichen Kraft unterdrückt. So wies Hermann Göring (1893–1946) als neu ernannter kommissarischer preußischer Innenminister am 17. Februar die Polizei in Preußen an, »die nationale Propaganda mit allen Kräften zu unterstützen« und, »wenn nötig, rücksichtslos von der Schußwaffe Gebrauch zu machen«.[6]

Der Brandanschlag auf den Reichstag am Abend des 27. Februar bot der Hitler-Regierung die erhoffte Gelegenheit, freie Hand gegen die Opposition zu erhalten. Mit der »Verordnung zum Schutz von Volk und Staat«, die Reichspräsident Hindenburg tags darauf unterschrieb, wurden wesentliche Grundrechte der Weimarer Verfassung außer Kraft gesetzt. Bereits in den Morgenstunden hatten Verhaftungen nach vorbereiteten Listen begonnen. Tausende Sozialdemokrat:innen, Kommunist:innen und andere politische Oppositionelle wurden in den folgenden Wochen von der Polizei verhaftet oder von der SA in »wilde« Lager verschleppt und dort geprügelt, gefoltert, ermordet.

Doch trotz der massiven Verfolgung erhielt die KPD im Reich immer noch 12,3 %, die SPD 18,3 %. Die NSDAP konnte ihren Anteil auf 43,9 % steigern und errang zusammen mit den 8 % der Deutschnationalen knapp die erhoffte parlamentarische Mehrheit. »Wir kennen nun keine Rücksicht mehr. Deutschland ist mitten in einer kalten Revolution. Widerstand aussichtslos«, schrieb Joseph Goebbels (1897–1945) am 9. März in sein Tagebuch.

Inklusionsversprechen und Ausgrenzung

Mit Gewalt einerseits und Inszenierungen, die Gemeinschaftsgefühle mobilisieren sollten, andererseits bemühte sich die NS-Führung in den folgenden Wochen, ihre Macht zu festigen. Die SA und SS besetzten Rathäuser und Regierungsgebäude im ganzen Land, hissten Hakenkreuzfahnen, was wiederum dem nationalsozialistischen Reichsinnenminister Wilhelm Frick (1877–1946) den Vorwand lieferte, gemäß der Reichstagsbrandverordnung die jeweiligen Landesregierungen durch Reichskommissare zu ersetzen, angeblich um die Aufrechterhaltung der öffentlichen Ordnung zu gewährleisten. Ähnliches spielte sich auf der kommunalen Ebene ab, wo nun – oft begleitet von Gewaltexzessen der SA und SS – nationalsozialistische Bürgermeister eingesetzt wurden. Gewalt »von unten« und diktatorischer Erlass »von oben« waren das kalkulierte Wechselspiel, um innerhalb weniger Tage Länder wie Kommunen in nationalsozialistische Hand zu bringen.

Eine erste Gelegenheit für Gemeinschaftsinszenierungen bot die Eröffnung des Reichstages – ohne die kommunistischen und sozialdemokratischen Abgeordneten – am 21. März 1933 in der Potsdamer Garnisonskirche. Unter der Regie von Goebbels, der zehn Tage zuvor Reichsminister für Volksaufklärung und Propaganda geworden war, zelebrierte das Regime den »Tag von Potsdam« als pompöse Demonstration der nationalen Einigung – mit Festgottesdienst, Salutschüssen und Aufmarsch von Reichswehr, SA und SS.

Zwei Tage später, am 23. März, verabschiedete der Reichstag das »Ermächtigungsgesetz«, das der Regierung das Recht verlieh, eigenmächtig Gesetze zu erlassen. Damit wurde die verfassungsmäßige Gewaltenteilung zwischen Legislative und Exekutive abgeschafft, das Parlament als Herzstück der Demokratie entmachtet. Auch liberale Abgeordnete wie der spätere Bundespräsident Theodor Heuss (1884–1963) stimmten für das Gesetz, weil sie glaubten, nun müsse mit harter Hand gegen die Kommunisten vorgegangen werden. Den Abgeordneten der Zentrumspartei versprach Hitler, die Rechte der katholischen Kirche nicht anzutasten. Aus dem Vatikan kamen unterstützende Signale. »In Rom«, so berichtete Kardinal Faulhaber (1869–1952) den bayrischen Bischöfen über seine Begegnung mit dem Papst Anfang März, »beurteilt man den Nationalsozialismus wie den Faschismus als die einzige Rettung vor dem Kommunismus und Bolschewismus.«[7]

Bereits unmittelbar nach den Reichstagswahlen setzten Boykottaktionen gegen jüdische Geschäfte ein. Zunächst bemühte sich die NS-Führung, die »Einzelaktionen«, wie sie in der NS-Terminologie hießen, unter Kontrolle zu bekommen. Aber der Druck seitens der SA hielt an und die NS-Führung entschloss sich Ende März, einen reichsweiten Boykott zu organisieren. Überall in Deutschland standen am Samstag, 1. April, SA- und SS-Männer vor jüdischen Geschäften und riefen die Kunden zum Boykott auf. Die deutschen Juden waren entsetzt, glaubten sie doch, ihren Patriotismus nicht zuletzt im Ersten Weltkrieg unter Beweis gestellt zu haben. Die Selbstgewissheit nationaler Zivilisiertheit und Zugehörigkeit zur »deutschen Kultur« war mit einem Schlag zerstört. Mit Schrecken erkannten viele, wie dünn der kulturelle Firnis in Wirklichkeit war – eine zerstörende Erfahrung eines tiefen Risses, eines Zusammenbruchs des Gefühls von Sicherheit.

Wenige Tage nach dem Boykott erließ die Hitler-Regierung das »Gesetz zur Wiederherstellung des Berufsbeamtentums« vom 7. April, mit dem sogenannte »Nicht-Arier« – es genügte, wenn ein Großelternteil jüdischer Religion war – aus dem öffentlichen Dienst entlassen wurden. Mochten viele Deutsche mit den Boykottmethoden und der antisemitischen Gewalt auch nicht einverstanden gewesen sein, so billigten sie doch die Verdrängung von Juden aus Berufen, in denen diese angeblich überproportional vertreten waren – nicht zuletzt profitierten zahlreiche Jungakademiker von den Entlassungen, da sie jetzt die Stellen der vertriebenen jüdischen Kollegen erhielten.

Der 1. Mai 1933 wurde als »Tag der nationalen Arbeit« inszeniert. Unter dem Motto »Ehret die Arbeit und achtet den Arbeiter!« fanden reichsweit große Kundgebungen statt, zu denen auch die Gewerkschaften aufgerufen hatten. Die zentrale Kundgebung fand in Berlin statt, auf der Hitler und Goebbels die Überwindung des Klassenkampfes und die Zusammengehörigkeit der Volksgemeinschaft beschworen. Tags darauf stürmten SA-Trupps überall im Reich die Gewerkschaftsbüros, verhafteten die Funktionäre und beschlagnahmten das Eigentum. Die Regierung erklärte die freien Gewerkschaften für aufgelöst und bildete die Deutsche Arbeitsfront (DAF) als Zwangsvereinigung für Arbeitnehmer wie Arbeitgeber.

Bücherverbrennung auf dem Münchner Königsplatz am 10.5.1933, Foto: Bayerische Staatsbibliothek München/Fotoarchiv Heinrich Hoffmann, hoff-7936

Zahlreiche Deutsche in Behörden, Vereinen, Parteien, Universitäten oder Betrieben arbeiteten an der »Gleichschaltung« mit – ein Begriff, dessen Technizität die engagierte Praxis verdeckt. Die Mitglieder der Sektion Dichtkunst der Preußischen Akademie der Künste ließen beispielsweise gehorsam den Ausschluss von Heinrich Mann (1871–1950), Alfred Döblin (1878–1957), Jakob Wassermann (1873–1934) und anderen geschehen – mit der rühmlichen Ausnahme von Ricarda Huch (1864–1947), die ihren Austritt erklärte. Am Abend des 10. Mai 1933 organisierten Studierende in zahlreichen Universitätsstädten als »Aktion wider den undeutschen Geist« öffentliche Verbrennungen von Büchern von Autoren wie Albert Einstein (1879–1955), Sigmund Freud (1856–1939), Erich Kästner (1899–1974), Bertolt Brecht (1898–1956), Kurt Tucholsky (1890–1935), Erich Maria Remarque (1898–1970), Alfred Döblin, Stefan Zweig (1881–1942) oder Heinrich Heine (1797–1856), der einst geschrieben hatte: »Wo man Bücher verbrennt, dort verbrennt man am Ende auch Menschen.«

Im Juni folgte die Auflösung der Parteien, nachdem die KPD bereits gewaltsam zerschlagen worden war. Die Mehrheit der SPD-Führung war bereits nach Prag ins Exil gegangen, als Reichsinnenminister Wilhelm Frick die sozialdemokratische Partei am 22. Juni zur »volks- und staatsfeindlichen Organisation« erklärte. Die bürgerlichen Parteien kamen ihrer Auflösung in vorauseilendem Gehorsam zuvor und lösten sich eine nach der anderen selbst auf. Am 14. Juli, kein halbes Jahr nach dem nationalsozialistischen Machtantritt, bestimmte die Reichsregierung mit dem »Gesetz gegen die Neubildung von Parteien« die NSDAP zur einzigen Partei in Deutschland.

Hatte die NSDAP im Januar 1933 parteioffiziell noch rund 850.000 Mitglieder, beantragten vor allem nach dem 5. März Hunderttausende die Aufnahme in die Partei, so dass schließlich die Parteiführung zum 1. Mai – bei einem Stand von 2,5 Millionen Mitgliedern – einen Aufnahmestopp verfügte, um der zuströmenden Massen Herr zu werden. Es gab, kommentierte Sebastian Haffner im Rückblick, »ein sehr verbreitetes Gefühl der Erlösung und Befreiung von der Demokratie. Was macht eine Demokratie, wenn eine Mehrheit des Volkes sie nicht mehr will?«[8]

Ein anderes Deutschland

Im Herbst 1933 fühlte sich Hitler mächtig genug, um den Bruch mit der internationalen Gemeinschaft zu wagen: Am 14. Oktober verkündete er in einer langen Rundfunkrede Deutschlands Austritt aus dem Völkerbund, was zugleich den Abbruch der Abrüstungsverhandlungen bedeutete. Am 12. November sollten in einer Volksabstimmung die Wählerinnen und Wähler über den Austritt befinden und zugleich einen neuen Reichstag wählen, wobei nur eine Partei, die NSDAP, zur »Wahl« stand. Über 90 % stimmten Hitler zu – keine wirkliche Wahl, aber ein bezeichnendes Stimmungsbild.

Innerhalb von nur wenigen Monaten war es den Nationalsozialisten gelungen, die politische Ordnung in Deutschland tiefgreifend zu verändern. Die wichtigsten Grundrechte waren außer Kraft gesetzt; die Legislative hatte sich selbst entmachtet und die verfassungsmäßige Gewaltenteilung zugunsten der Exekutive verschoben; die föderale Struktur des Reiches war gleichgeschaltet worden; die freien Arbeitnehmervertretungen waren zerschlagen, die Parteien entweder verboten worden oder sie hatten sich beflissen selbst aufgelöst, linke und liberale Zeitungen waren geschlossen oder nationalsozialistischer Kontrolle unterstellt worden. Zwar galt die Weimarer Verfassung formal noch, faktisch war sie jedoch völlig ausgehöhlt. An der Spitze von Reich, Ländern und Kommunen standen Nationalsozialisten, die nach dem »Führerprinzip« herrschten. Der demokratische Rechtsstaat war zerschlagen, die Grundlagen einer freiheitlichen, bürgerlichen Gesellschaft wurden zugunsten einer neuen politischen Ordnung, der »Volksgemeinschaft«, zerstört.

Viel konnten die Nationalsozialisten 1933 noch nicht anbieten und schafften es dennoch, Zustimmung zu organisieren. Ob eine Fahne zum Fenster herausgehängt wurde, ob man sich einem Festzug anschloss oder auch wegschaute, wenn die jüdischen Nachbarn am helllichten Tag attackiert wurden – bei all dem ging es um den öffentlichen Beleg für Zugehörigkeit zum »neuen Deutschland«. Innerhalb der Gesellschaft hatte ein Neuformierungsprozess begonnen, der politische Oppositionelle, Juden und »Gemeinschaftsfremde« ausgrenzte und die Zugehörigkeit zur »Volksgemeinschaft« rassistisch und antisemitisch definierte.

Mit Entschlossenheit, Skrupellosigkeit und politischem Geschick schaffte es die nationalsozialistische Führung, eine Dynamik in Gang zu setzen, die mitriss, verunsicherte, unter Druck setzte, zum Mitmachen aufforderte. Nur zu gerne waren viele bereit, der »neuen Zeit« zu folgen und die Demokratie zu zerstören. Das Jahr 1933 legte den Grundstein für die nationalsozialistische Herrschaft. Und es zeigte zugleich, wie dieses Regime herrschen würde. Es verließ sich nicht allein wie andere Diktaturen des 20. Jahrhundert auf Gewalt und Terror, sondern setzte vielmehr auf gesellschaftliche Mobilisierung, um Zustimmung zu erreichen.

Anmerkungen

1 Sebastian Haffner: Geschichte eines Deutschen. Die Erinnerungen 1914–1933, München 2002, S. 71.
2 Zit. nach: Joachim Heimannsberg/Peter Laemmle/Wilfried Schoeller (Hg.): Klaus Mann. Tagebücher 1931–1933, Reinbek bei Hamburg 1995, S. 113.
3 Haffner 2002, S. 106.
4 Zit. nach: Frank Bajohr/Beate Meyer/Joachim Szodrzynski (Hg.): Bedrohung, Hoffnung, Skepsis. Vier Tagebücher des Jahres 1933. Göttingen 2013, S. 152–153.
5 Zit. nach: Andreas Wirsching: »Man kann nur Boden germanisieren«. Eine neue Quelle zu Hitlers Rede vor den Spitzen der Reichswehr am 3. Februar 1933, in: Vierteljahrshefte für Zeitgeschichte 49, 2001/3, S. 517–550.
6 Zit. nach: Michael Wildt: Zerborstene Zeit. Deutsche Geschichte 1918 bis 1945, München 2022, S. 266.
7 Zit. nach: Klaus Scholder: Die Kirchen und das Dritte Reich. Frankfurt a. M. 1977, Bd. 1, S. 307.
8 Sebastian Haffner: Von Bismarck zu Hitler. Ein Rückblick, München 1987, S. 219.

Mark Jones

Gewalt in der Weimarer Republik. Antisemitische Angriffe und Desinformation im Krisenjahr 1923

Die Weimarer Republik nimmt einen besonderen Platz in der europäischen wie auch der weltweiten Demokratiegeschichte ein. Sie fungiert einerseits als moderne Wegbereiterin eines politischen Systems, das die im 19. Jahrhundert entstandene Klassenzugehörigkeit und regionale Zersplitterung aufheben sollte. Andererseits markiert sie die Geburtsstunde eines nationalsozialistischen Staates, der sich, wie Hannah Arendt es ausdrückte, der »industriellen Fabrikation von Leichen« verschrieben hatte. Für die deutsche Demokratiegeschichte spielt die Gründung der Weimarer Republik eine entscheidende Rolle: Im Januar 1919 waren alle deutschen Männer und Frauen ab 20 Jahren wahlberechtigt. Etwa 75 % der Wahlberechtigten gaben ihre Stimme einer der Parteien, die sich für die neue Republik aussprachen. Gegen Ende der Republik unterstützten jedoch mehr als 50 % der deutschen Wählerinnen und Wähler extreme Parteien, die den Nationalismus und den Kommunismus propagierten. Als Hitler am 30. Januar 1933 zum Reichskanzler ernannt wurde, war das Weimarer Experiment zu Ende. Seither befassten sich zunächst Zeitzeugen und später Historikerinnen und Historiker mit den Fragen: »Wie konnte das geschehen?« und »Kann es wieder geschehen?«

Historikerinnen und Historiker außerhalb Deutschlands argumentierten lange Zeit mit einer gewissen Zuversicht, dass es kein Weimarer Modell des Zusammenbruchs gebe. Vielmehr sei die Weimarer Demokratie deshalb gescheitert, weil sie anders war als andere »westliche« Demokratien. Entweder fehlte es ihr an den Traditionen des britischen Parlamentarismus, an der Stärke des amerikanischen Konstitutionalismus oder aber an den Gründungsnarrativen des französischen Republikanismus. Folgt man dieser Gedankenkette, war die Weimarer Demokratie zu deutsch, zu preußisch und zu militaristisch, als dass sie sich mit den »erfolgreichen« Demokratien des Westens vergleichen ließe.

Die westdeutsche Geschichtsschreibung war ebenfalls voller Zuversicht. Das Mantra »Bonn ist nicht Weimar« bot westdeutschen Eliten nach 1945

Gelegenheit, sich selbst zu rühmen. Dieser Losung zufolge war das Scheitern der Republik im Jahr 1933 auf das Fehlen von Demokratinnen und Demokraten in Deutschlands erster Demokratie zurückzuführen sowie auf Geburtsfehler, die Weimar von Anfang an zum Scheitern verurteilt hatten.

Inzwischen stellen Historikerinnen und Historiker zunehmend die Vorstellungen in Frage, wonach es in den 1920er Jahren keine demokratische Tradition gegeben habe. Stattdessen betonen sie, dass die Weimarer Wählerschaft allmählich das Vertrauen in das System einer parlamentarischen Regierung verlor. Die deutschen Wählerinnen und Wähler hätten gegen Ende der Republik nicht etwa den Unterschied zwischen Demokratie und Autoritarismus nicht verstanden, sie hätten sich vielmehr bewusst für den Autoritarismus entschieden. Die Gründe dafür waren vielschichtig, allerdings gibt es keinen einzigen Erklärungsansatz, der nicht auf die Verbreitung von irrationalen Überzeugungen und Falschinformationen sowie auf die enttäuschten Erwartungen der Bevölkerung verweist. So verdeutlicht uns beispielsweise die »Dolchstoßlegende«, der zufolge nicht das unbesiegte deutsche Heer die Schuld an der Niederlage im Ersten Weltkrieg trage, sondern die Friedensbemühungen linker und revolutionärer Kräfte im Inneren, dass Weimar nicht nur die erste Demokratie Deutschlands, sondern zugleich auch Deutschlands erste »Desinformations-Demokratie« war. Weimar war eine Zeit, in der die Gegner des politischen Systems gezielt Falschinformationen und Lügen verbreiteten, in der Absicht, die Legitimität des Staates von Beginn an zu untergraben. Die auf diese Weise geschürte Wut entlud sich vor allem an einer Bevölkerungsgruppe: Ab Winter 1918/19 gingen Ultranationalisten, die auf einen Sieg Deutschlands im Ersten Weltkrieg gehofft hatten, verstärkt dazu über, die jüdische Bevölkerung für Deutschlands Niederlage verantwortlich zu machen. Ihre antisemitische Botschaft war die stärkste aller Desinformationskampagnen in der Weimarer Republik. Sie vermittelte ihren Anhängern, dass Jüdinnen und Juden »Deutschlands Feinde« seien und Deutschland der Weg zu Wohlstand verwehrt bleibe, solange diese »Feinde« in Deutschland lebten.

Dem Krisenjahr 1923 kommt bei der Radikalisierung des Antisemitismus und der zunehmenden Gewalt gegen die jüdische Bevölkerung dabei eine entscheidende Rolle zu. Denn in diesem Jahr war die Republik ein moderner Staat ohne funktionierende Währung. Das Land steckte in einer Wirtschaftskrise, es kam zu einer beispiellosen Hyperinflation, vielerorts herrschte Hungersnot, die Traumata der Besatzung und nationalen Demütigung wirkten nach und die territoriale Integrität des deutschen Staates war bedroht. Dennoch überlebte Weimar jene Krisen, an denen manch schwächere Demokratie möglicherweise zerbrochen wäre. Die Unterstützer der Republik waren zunächst stark genug, um sich gegen die vielfältigen Herausforderungen und Angriffe zu behaupten.

Der Erfolg hatte jedoch Grenzen. Die politischen Führer retteten zwar die Republik, ergriffen jedoch keine hinreichenden Maßnahmen, um das jüdische Leben in Deutschland zu schützen. Sie bekamen weder die grassierende Desinformation und antisemitische Propaganda in den Griff noch die grausamen Folgen dieser Propaganda. Der Schutz der Minderheit der deutschen Jüdinnen und Juden, insgesamt etwa 1 % der Gesamtbevölkerung, war für sie kein Gradmesser für die Stärke der Demokratie.

Ein Beispiel: Antisemitische Gewalt gegen die Familie Gutmann

Die Gewalt gegen Jüdinnen und Juden im Krisenjahr 1923 hatte informelle, spontane, alltägliche Züge und folgte keiner Systematik. Ein markantes Beispiel liefern die Vorfälle, die sich in der Nacht vom 3. auf den 4. November in einem kleinen oberfränkischen Weiler nahe der Grenze zwischen Bayern und Thüringen ereigneten.[1] 20 bis 30 betrunkene Männer zogen grölend durch den Ort Autenhausen. Sie waren Mitglieder im Bund *Wiking* und im *Jungdeutschen Regiment*, zwei ethnonationalistischen (*völkischen*) antisemitischen Organisationen, die kurz zuvor entstanden waren. Ihr Anführer war Wolfgang Götze, ein ehemaliger Offiziersanwärter der deutschen Kriegsmarine, der in der Welt der rechtsextremen Verschwörungspolitik gut vernetzt war. Sie trugen Uniformen und waren mit Pistolen und Seitengewehren bewaffnet. Götze hoffte insgeheim darauf, dass sich seine Bürgerwehr bald Hitler anschließen und auf Berlin marschieren würde. Nach außen hin lautete ihr Ziel jedoch, die Grenzen Nordbayerns vor Angriffen der kommunistischen Hundertschaften Thüringens zu beschützen.

Die Gruppe hatte den Tag mit militärischen Übungen verbracht und war anschließend in ein Dorf, keine drei Kilometer südlich entfernt, zum Feiern gegangen. Im Verlauf des Abends entschlossen sie sich, nach Autenhausen weiterzuziehen und die Häuser der beiden letzten dort ansässigen jüdischen Familien aufzusuchen. Ihr Gegröle war in der Stille der Nacht weithin zu hören. Einige Bewohnerinnen und Bewohner blickten aus dem Fenster, um zu sehen, was da vor sich ging. Sie wurden aufgefordert, ihre Fenster zu schließen und das Licht auszumachen. Einige aus der Gruppe machten drohende Gesten.

Als sie am Haus der Brüder Emanuel und Adolf Gutmann ankamen, umstellten sie das Gebäude und schlugen Fenster und Türen ein, um sich Zutritt zu verschaffen. Einer der Männer verkündete: »Wir sind Deutschvölkische. Wir brauchen Geld für unsere Sache.« Dann zwangen sie Emanuel Gutmann, den Tresor zu öffnen. Doch es handelte sich nicht bloß um einen bewaffneten Raubüberfall. Nachdem sie die Räume durchwühlt hatten, zwangen sie die Brüder nach draußen und führten sie etwa 100 Meter vor das Dorf. Ihre Ehefrauen blieben verängstigt im Haus zurück.

Es folgte eine Art Scheinprozess, der mit dem »Urteil« endete, dass die Gutmanns zu den wahren Feinden der »deutschen Rasse« gehörten und sie deshalb schuldig seien. Anschließend beriet Götzes Miliz über die Strafe: »Erschießen?« »Sind Spaten da?« »Nein. Aufhängen?« »Es sind keine Stricke da.« Schließlich zwang die Bürgerwehr die Brüder, sich auf den Boden zu legen. Die Angreifer schlugen mit Stöcken, Knüppeln und Seitengewehren auf sie ein. Beide Brüder bluteten am Kopf. Später wurde ausgesagt, dass die Truppe erst aufhörte, auf die Gutmanns einzuschlagen, als man sie für tot hielt.[2]

Aber die Brüder überlebten. Nachdem die Männer abgezogen waren, standen sie auf, stützten sich gegenseitig und machten sich auf den Weg nach Hause. Noch in derselben Nacht flohen sie mit ihren Ehefrauen und machten erst Halt, als sie Hilfe fanden. Wenige Tage später kehrte eine andere Gruppe Männer zu den verlassenen Höfen der Gutmanns zurück, um ihre Pferde, Kühe, Gänse und Enten sowie Bettwäsche, Leintücher und Kleidung zu stehlen. Es dauerte einige Wochen, bis sich die Brüder körperlich von dem Angriff erholt hatten. Die Botschaft war mehr als deutlich. Im Januar 1924 verlor Autenhausen seine letzten jüdischen Bewohnerinnen und Bewohner.

Der Angriff auf die Gutmanns verdient unsere Aufmerksamkeit. Er offenbart den hemmungslosen und einschüchternden Charakter der Gewalt gegen Jüdinnen und Juden und lässt erahnen, wie schnell Gemeinden ihre jüdischen Nachbarinnen und Nachbarn ausgrenzen und über deren Schicksale schweigen konnten. Er zeigt, wie sich der Antisemitismus seit November 1918 entwickelt hatte. Seither hatten die Zeitungen der nationalistischen und konservativen Rechten jede deutsche Niederlage der jüdischen Bevölkerung angelastet. Im Moment des Scheiterns, als der Krieg mit der Niederlage Deutschlands und der Schaffung der Demokratie endete, suchten deutsche Rechtsnationalisten und Monarchisten Befriedigung im Judenhass. Der politische Antisemitismus, der noch zehn Jahre vor Ausbruch des Ersten Weltkriegs auf keinen fruchtbaren Boden gefallen war, nahm in der Dekade nach 1914 exponentiell zu. Auch der Staat spielte in diesem Prozess eine Rolle. Die berüchtigte »Judenzählung« während des Ersten Weltkriegs, also die Erhebung des Anteils der jüdischen Soldaten im Deutschen Heer im Jahr 1916, kennzeichnete den Beginn einer Staatspolitik, die dem Antisemitismus nach dem Ersten Weltkrieg Vorschub leistete.

Muster antisemitischer Gewalt

Die Radikalisierung judenfeindlicher Sprache und Taten wurde sowohl von rechten Publizisten als auch durch antisemitische Maßnahmen von Politikern vorangetrieben, allen voran im Oktober 1923 durch den bayerischen Generalstaatskommissar Gustav von Kahr (1862–1934). In Nürnberg, einem deutschvölkischen Brennpunkt, waren antisemitische Parolen wie »Die Juden wie Hunde totschlagen«, »Erwürgt den Juden«, »Baut Galgen, hängt die daran auf, schont keine!«, »Blut muss fließen, Judenblut« gang und gäbe. Auf Kundgebungen der radikalen Rechten wurden Rufe wie »Schlagt die Juden tot« immer häufiger. Die Konsequenzen dieser Sprachverrohung gingen weit über eine Einschüchterung der jüdischen Bevölkerung hinaus. In abgelegenen ländlichen Dörfern wurden Juden verprügelt, in größeren Städten wurden sie von antisemitischen Mobs durch die Straßen gejagt.[3]

Die Hyperinflation verstärkte bereits vorhandene antisemitische Denkmuster. Dies veranschaulicht ein Ereignis, das sich im Oktober 1923 in der ostpreußischen Stadt Neidenburg zutrug. An einem Tag Anfang des Monats ging der Geschäftsmann Leo Löwenstein über den Marktplatz, als er plötzlich jemanden rufen hörte: »Da geht auch so ein Judenbengel.« Löwenstein ignorierte die Beschimpfung und ging weiter. Etwa 15 bis 20 Antisemiten hatten sich jedoch an seine Fersen geheftet. Einer von ihnen versperrte ihm den Weg mit dem Rad, während die anderen ihm den Fluchtweg nach hinten abschnitten. Nachdem er nicht entkommen konnte, fragte er, was er denn getan habe, dass er diese Behandlung verdiene. Die Antwort lautete: »Sie persönlich nicht. Aber Ihre Rasse.« Es war das Letzte, was er hörte, bevor sie ihm mehrfach ins Gesicht schlugen.[4] Wenige Wochen später, am 27. Oktober 1923, kam es am Rande einer deutschvölkischen Kundgebung zu weiteren antisemitischen Gewalttaten. Auslöser war vermutlich, dass Reichskanzler Gustav Stresemann (1878–1929) beschlossen hatte, den passiven Widerstand gegen die Besetzung des Ruhrgebiets durch Frankreich und Belgien aufzugeben.[5]

Im ganzen Land kam es zu ähnlichen Gewaltakten und Einschüchterungen. Überall in Deutschland wurden Jüdinnen und Juden für den wirtschaftlichen Zusammenbruch des Landes verantwortlich gemacht. In Thüringen veröffentlichte die *Landeszeitung* den Dollar-Wechselkurs mit der Unterüberschrift »Und Juda triumphiert«. In Gotha wurden Hakenkreuze mit den Worten »Nieder mit den Juden« an Häuserwände geschmiert und Steine gegen die Fenster der Synagoge geworfen. Im Rheinland wurde die jüdische Bevölkerung beschuldigt, eine Separatistenbewegung zu steuern. In Bremen attackierte eine nationalsozialistische Bande im Vorfeld der Lokalwahlen Mitglieder des Bundes jüdischer Kriegsveteranen; später wurde die Falschmeldung verbreitet, die jüdischen Veteranen hätten zuerst angegriffen.

In all diesen Fällen wurde die Gewalt von einer Kombination aus Missgunst aufgrund vermeintlicher wirtschaftlicher Ungleichheit und Rivalität sowie einer Verrohung der Sprache begleitet. Die Jüdinnen und Juden wurden beschuldigt, von der Hyperinflation zu profitieren. Die staatlichen Kräfte waren zu schwach oder unwillens, sie vor Übergriffen schützen.[6]

Desinformation und Reaktion des Staates

Ihren Höhepunkt erreichte die Welle der Gewalt in Berlin mit den zweitägigen Ausschreitungen am 5. und 6. November. Am Vormittag des 5. November hatte sich eine große Zahl von Arbeitslosen vor dem Arbeitsamt in der Alexanderstraße versammelt. Als sie erfuhren, dass sie keine Zahlung erhalten würden, weil der Behörde das Geld ausgegangen war, verbreitete sich in Windeseile das Gerücht, dass osteuropäische jüdische Einwanderinnen und Einwanderer, die im angrenzenden Scheunenviertel lebten, die gesamten Geldvorräte gehortet hätten, um sie später zu Wucherzinsen an die Deutschen zu verleihen. Anderen Gerüchte zufolge sein jüdische Geldleiher bereit, Papiergeld gegen Goldanleihen zu tauschen.[7]

Wie diese Gerüchte entstanden, ist bis heute umstritten. Damals wurde behauptet, sie seien gezielt von böswilligen antisemitischen Agenten gestreut worden, um die Berliner Arbeiterklasse für das rechte politische Lager zu gewinnen. Da solche Agenten jedoch nie entdeckt wurden und niemand je für eine solche vorsätzliche Anstiftung zur Rechenschaft gezogen wurde, ist anzunehmen, dass diese Behauptung deshalb an Popularität gewann, weil sie es der politischen Linken – deren Anhänger aus der Arbeiterschaft den Hauptteil der Randalierer stellten – ermöglichte, rechtsextremen antisemitischen Agitatoren die Schuld an den Ausschreitungen in die Schuhe zu schieben, anstatt zuzugeben, dass antisemitische Einstellungen auch in der Arbeiterklasse weit verbreitet waren. So wie sich die Besetzung des Ruhrgebiets auf den Nationalismus der dortigen Arbeiterschaft ausgewirkt hatte, so wirkten sich nun die Folgen der Hyperinflation auf die politische Identität der Arbeiterschaft in Berlin aus.

Unabhängig davon, was nun genau die Angriffe ausgelöst hatte, stand fest, dass sie sich gegen Jüdinnen und Juden richteten. Das Epizentrum der Unruhen war das Scheunenviertel, eine Gegend, die gemeinhin mit osteuropäischen Jüdinnen und Juden assoziiert wurde. Wie die *Vossische Zeitung* berichtete, wurde, als es losging, »jeder auf der Straße gehende jüdisch aussehende Mensch

[...] von einer schreienden Menge umringt, zu Boden geschlagen und seiner Kleider beraubt«. Die Randalierer brachen in Wohnungen von Jüdinnen und Juden ein und zerstörten oder plünderten Besitztümer. Einige riefen »Schlagt die Juden tot« oder »Zieht die Juden aus«. Bezeichnenderweise hatten bei Tagesanbruch viele Ladenbesitzer des Scheunenviertels die Worte »Christliches Geschäft« auf ihre Schaufenster geschrieben.[8] Die Ausschreitungen weiteten sich auch auf andere Stadtviertel aus. Da die Polizei im gesamten Stadtgebiet im Einsatz sein musste, konnte die Menge vor Ort oft tun, was sie wollte. Soweit bekannt ist, gab es nur wenige, die den jüdischen Opfern zu Hilfe kamen.[9]

Die Ausschreitungen kamen nicht unerwartet. Zu den wenigen Dingen, aus denen die größte jüdische politische Vereinigung, der Central-Verein deutscher Juden, im Nachhinein einen gewissen Trost schöpfen konnte, zählte die Tatsache, dass ihre Abwehrpläne einigermaßen funktioniert hatten. Der Verein unterhielt eine Sondersektion für Kriegsveteranen, die im Ersten Weltkrieg in den Schützengräben für Deutschland gekämpft hatten: den Reichsbund jüdischer Frontsoldaten. Sobald sich erste Meldungen über die Angriffe gegen Jüdinnen und Juden verbreitet hatten, eilten die Veteranen herbei, um ihre Glaubensgenossen zu verteidigen. Dies war eine wichtige Geste, denn die assimilierten deutschen Juden, aus denen sich die Vereinsmitglieder zusammensetzten, distanzierten sich in der Regel von den Neuankömmlingen aus Osteuropa. Sie stellten sogar explizit Unterschiede zwischen deutschen und osteuropäischen Jüdinnen und Juden in Bezug auf Kultur und Aussehen heraus. Die wenigsten hatten daher damit gerechnet, dass sie den jüdischen Einwanderinnen und Einwanderern helfen würden.

Die Polizei jedoch, statt den Widerstand der jüdischen Kriegsveteranen zu unterstützen, verhaftete sie. Insgesamt wurden am 5. November 1923 nicht weniger als 200 Jüdinnen und Juden in die Polizeiwache am Alexanderplatz gebracht. Viele der jüdischen Gefangenen kritisierten ihre Behandlung. Einige gaben an, dass sie gezwungen worden seien, mit den Händen über dem Kopf zu stehen. Andere sagten, sie seien von der Polizei geschlagen worden.[10]

Die Polizeikommandanten standen unter politischem Druck. Während ihre Männer gegen die randalierende Menge vorgingen, verteidigten führende Polizeibeamte den Ruf ihrer Truppen in der Presse. Sie wehrten sich gegen den Vorwurf, die Polizei sei den Jüdinnen und Juden zu spät zu Hilfe gekommen und habe selbst ein Antisemitismus-Problem. Die Botschaft wurde mehrfach wiederholt: Die Polizei dulde keinen Antisemitismus in ihren Reihen.[11]

Diese Beteuerungen entpuppten sich später als unwahr. Zwar konnte durch das Eingreifen der Polizei während der Ausschreitungen tatsächlich das Leben einiger Jüdinnen und Juden gerettet werden, jedoch urteilte ein

Gericht im Jahr 1924, dass Polizeibeamte Mitglieder des Reichsbundes jüdischer Frontsoldaten rechtswidrig mit dem Gewehrkolben geschlagen hatten. Die Untersuchungen ergaben außerdem, dass die Polizei brutal gegen jüdische Häftlinge vorgegangen war. Das Vorgehen von drei Beamten war so drakonisch, dass sie selbst in der frühen Weimarer Republik, als juristische Nachsicht gegenüber den Kräften des Staates an der Tagesordnung war, zu Haftstrafen verurteilt und aus dem Polizeidienst entlassen wurden. Dasselbe Gericht wies auch Klagen gegen den Central-Verein deutscher Juden zurück und erkannte an, dass dessen Mitglieder das Recht hatten, sich und ihre Glaubensgenossen zu verteidigen.[12]

Die Übergriffe in Berlin hatten ein weit größeres Ausmaß als alles, was zuvor in den Städten und Dörfern Deutschlands passiert war. Zeitzeugen schätzten, dass sich bis zu 10.000 Menschen an den Ausschreitungen beteiligt hatten. Mindestens 500 Randalierer wurden verhaftet. Es besteht kein Zweifel, dass die Ausschreitungen in erster Linie antisemitischer Natur waren, doch bei 323.000 Arbeitslosen oder Kurzarbeitern allein in Berlin und einem Brotpreis von rund 140 Milliarden Mark waren sie zum Teil auch der Hungersnot und wirtschaftlichen Hoffnungslosigkeit geschuldet.[13] Für die *Vossische Zeitung* waren wirtschaftliche Argumente allerdings bedeutungslos: »Es ist aufgepeitschter Rassenhass, nicht Hunger, der sie zum Plündern treibt. Jedem Passanten mit jüdischem Aussehen gehen sofort einige junge Burschen nach, um ihn im gegebenen Augenblicke anzufallen.«[14]

Für die SPD stand die Frage im Raum, wer die Arbeiterschaft tatsächlich kontrollierte. Zwar schrieben viele die Ausschreitungen der politisch nicht organisierten subproletarischen Unterschicht zu, für die Karl Marx (1818–1883) einst den Begriff »Lumpenproletariat« geprägt hatte, dennoch war offensichtlich, dass eine große Zahl der Unruhestifter der Arbeiterklasse angehörte, die man im Allgemeinen in den Reihen der Sozialdemokraten erwartete. Als Gegenmaßnahme organisierte die Partei im November 1923 zwölf Demonstrationen in Berlin, um vor der Gefahr zu warnen, die antisemitische Aktivisten für die Republik darstellen. Es war eine starke Reaktion, aber es war nicht genug. Zum Zeitpunkt der Proteste waren die sozialdemokratischen Mitglieder des Kabinetts Stresemanns bereits aus der Regierung ausgeschieden, unter anderem, weil die Reichsregierung nichts gegen von Kahrs antisemitischen Kurs in Bayern unternahm. Am 2. November 1923 bezeichnete Wilhelm Sollmann (1881–1951), Innenminister und erklärter Gegner der NSDAP, von Kahrs antisemitische Politik seinen Kabinettskollegen gegenüber als »Relikt aus dem Mittelalter«. Er forderte konkrete Schritte gegen die antisemitische Gewalt. Gemeinsam mit seinem SPD-

Kollegen Robert Schmidt (1864–1943) warf er Stresemann Untätigkeit vor. Ihre Bedenken wurden jedoch ignoriert. Am Tag darauf traten sie zurück.[15]

Antisemitische Gewalt während des Hitler-Putsches
Auch in München kam es, angeheizt durch antisemitische Propaganda, zu Gewaltausbrüchen gegen Jüdinnen und Juden. So etwa während des misslungenen Putschversuchs vom 8. und 9. November. Soweit bekannt ist, hielt sich damals nur ein deutscher Jude, Ludwig Wassermann (1885–1941), ein angesehenes Mitglied des Central-Vereins deutscher Juden, im Bürgerbräukeller auf, als Hitler das Startsignal für den Putsch gab. Der politisch konservative Fabrikbesitzer war Mitglied einer Lobbygruppe, die die Interessen der Industrie vertrat. Als der Putsch begann, wurde Wassermann als Geisel im Bürgerbräukeller festgehalten. Noch in derselben Nacht begaben sich Mitglieder des von Emil Maurice (1897–1972) und Joseph Berchtold (1897–1962) geführten Stoßtrupps Hitler zu den Redaktionsräumen der sozialdemokratischen *Münchener Post* und durchsuchten diese nach »politischem Material«. Hitlers Männer versuchten, auch Erhard Auer (1874–1945), den jüdischen Chefredakteur der Zeitung und Parteivorsitzenden der bayerischen Sozialdemokraten, in ihre Gewalt zu bekommen. Als sie an seinem Wohnsitz ankamen, hatte sich Auer jedoch bereits versteckt. Er war an dem betreffenden Abend rechtzeitig von einem Mitglied der Reichswehr gewarnt worden. An Auers Stelle wurde sein Schwiegersohn Karl Luber als Geisel genommen. Der Stoßtrupp Hitler verwüstete das Anwesen Auers und bedrohte seine Ehefrau Sophie. Später in der Nacht begab sich auch eine Gruppe SA-Männer in Auers Haus.[16]

Auch andere Gegenden der Stadt wurden in jener Nacht von 15- bis 20-köpfigen SA-Trupps gezielt nach Jüdinnen und Juden durchsucht. Sie nahmen Restaurants und Hotels mit »jüdisch klingenden« Namen ins Visier. Einer der ersten Menschen, den sie aufspürten, war der Schneidermeister Martin Ambrunn, der in der Nähe des Bavariarings wohnte. Sie zwangen ihn, seine Wohnung zu verlassen und auf der Straße zu warten, während andere SA-Männer die Umgebung nach weiteren Personen durchsuchten. Gegen 3 Uhr morgens wurde Ambrunn zurück zu seiner Familie gebracht, um sich zu verabschieden. Nachdem er bereits abgeführt worden war, beschlossen seine Entführer plötzlich, ihn laufen zu lassen.

Ein SA-Mob drang auch in die Wohnung von Eduard Kohn ein. Dieser entkam, indem er eine Regenrinne hinunterkletterte. Bei einer weiteren Aktion wurde Justin Stein als Geisel genommen und in den Bürgerbräukeller gebracht, wo er einige Stunden zusammen mit Wassermann und Luber festgehalten wurde. Gegen fünf Uhr morgens erhielten die drei jüdischen Gefangenen überraschenden Besuch: Hermann Göring. Nachdem er sie näher inspiziert hatte, ließ Göring alle drei frei. Grund dafür dürfte eher der spontane Charakter des Putsches und die schlechte Planung der antijüdischen Maßnahmen durch die Putschisten gewesen sein als Empathie für die Gefangenen; denn nur kurze Zeit später drohte Göring damit, die noch in der Gewalt der Putschisten befindlichen Geiseln hinrichten zu lassen.[17]

Die Gewaltereignisse im Verlauf des misslungenen Hitler-Putsches zeigen, dass die nationalsozialistischen Trupps in jener Nacht ein klares Verständnis davon hatten, dass die Verfolgung »der Juden« ihre Pflicht sei. Sie verstanden Jüdinnen und Juden als ihre Feinde und sahen den Zeitpunkt gekommen, gegen sie und jeden Deutschen vorzugehen, der ihnen dabei half, ihrer vorgesehenen Strafe zu entgehen. Die antijüdischen Maßnahmen beruhten jedoch nur in geringem Maße, wenn überhaupt, auf systematischer Organisation.

Allen antisemitischen Gewalttaten des Jahres 1923, dich sich durch Quellen nachvollziehen lassen, lag ein ähnliches Muster zugrunde. Alle, die Jüdinnen und Juden angriffen – sei es als Mitglieder kleiner Gruppen, als organisierte Paramilitärs oder als Beteiligte breit angelegter Ausschreitungen –, folgten einem politischen Skript. Dieses gab ihnen vor, dass die Jüdinnen und Juden Schuld an der »deutschen Misere« hatten. Allerdings verfügten sie nicht über die organisatorische Kapazität, systematisch gegen die gesamte jüdische Bevölkerung vorzugehen. Wäre der Hitler-Putsch geglückt, hätte er die antisemitische Gewalt von unten mit der antisemitischen Politik von oben, wie sie beispielsweise von Kahr vertrat, zusammengeführt. Wäre der Putsch gelungen, wäre diese Zusammenführung bereits im Winter 1923/1924 zustande gekommen, und nicht erst 1933.

Fehlende Gegenreaktion

Die jüdischen Organisationen in Deutschland waren sich 1923 durchaus der Gefahren bewusst. Sie versuchten, Einfluss auf die Regierung in Berlin und selbst auf die Regierung von Kahrs und Knillings (1864–1927) in Bayern zu nehmen und sie zum Eingreifen zu bewegen. Abordnungen Münchner Juden trafen sich sowohl mit Knilling als auch mit von Kahr. Die Reaktionen auf ihre Forderungen waren jedoch viel zu halbherzig.[18]

Das Aufbegehren gegen Antisemitismus und Antirepublikanismus, das nach dem Mord an Walther Rathenau (1867–1922) am 22. Juni 1922 begonnen hatte, war nicht stark genug und wiederholte sich in den Monaten nach dem Hitler-Putsch nicht mehr. Die Gegner des Antisemitismus versäumten es, mit konsequenten juristischen Mitteln gegen die Rassisten vorzugehen. Die Krise im Jahr 1923 hätte den Gegnern des Antisemitismus die Gelegenheit geboten, »jetzt oder nie« tätig zu werden. Hätten sie diese Gelegenheit ergriffen, hätten die Regierenden ihre Autorität wiederherstellen und aus Weimar eine politische Ordnung entstehen lassen können, in der antisemitische Gewalt keinen Platz hat. Aber dies war nicht der Fall. Im Gegenteil: Auch nach der ab 1924 allmählich einsetzenden wirtschaftlichen Erholung nahm die antisemitische Gewalt nicht ab.

Die Untätigkeit der Regierenden wurde durch ein Phänomen gestützt, das *Das jüdische Echo* im November 1923 als »Vergiftung der öffentlichen Meinung« bezeichnete. Die zionistisch eingestellte Zeitung schrieb: »Das Beschämendste und Schlimmste an dieser Überflutung aller Schichten der Bevölkerung mit sinn- und bedenkenlosem Judenhaß ist der Mangel von Stimmen der Vernunft und Menschlichkeit aus den Kreisen der christlichen Bevölkerung.« Zu viele Menschen »blieben still und untätig gegenüber der jahrelang ununterbrochen fortgeführten, mit Lüge und Betrug arbeitenden antisemitischen Volksverhetzung«.[19] Und sie sind es geblieben. Die vorhandenen rassistischen Denkstrukturen waren zu gefestigt und beförderten die Verbreitung von Desinformation. Es offenbarte sich ein Mechanismus, der auch heute noch zu gelten scheint: Wenn Fehlinformationen und Lügen bestätigen, was man ohnehin denkt, dann ist man geneigt, ihnen Glauben zu schenken.

Anmerkungen

Einige Passagen dieses Aufsatzes wurden zuerst veröffentlicht in: *1923: The Crisis of German Democracy in the Year of Hitler's Putsch*, New York City 2023.

1 Für die folgenden Ausführungen vgl. Dirk Walter: Antisemitische Kriminalität. Judenfeindschaft in der Weimarer Republik, Bonn 1999, S. 117, sowie URL: https://www.jüdische-gemeinden.de/index.php/gemeinden/a-b/287-autenhausen-oberfranken-bayern [aufgerufen am 24.4.2024].

2 Dies ging zumindest aus dem Bericht der jüdischen *C.V.-Zeitung* (Central-Verein deutscher Juden) hervor, die Grund gehabt hätte, die Gewaltdarstellung zu übertreiben.

3 »Dunkle Tage. Schwere Ausschreitungen in Berlin und im Reiche«, in: C.V.-Zeitung Nr. 45/46, 23. November 1923 sowie »Antijüdische Ausschreitungen in Nürnberg«, in: Jüdische Rundschau, Nr. 95, 6. November 1923.

4 »Neidenburger Idyll: Deutschvölkische Radauhelden vor Gericht«, in: C.V.-Zeitung, Nr. 5, 31. Januar 1924.

5 Frankreich und Belgien besetzten das hochindustrialisierte Ruhrgebiet, nachdem Deutschland seinen Reparationsverpflichtungen, die ihm im Versailler Vertrag von den Siegermächten des Ersten Weltkriegs auferlegt worden waren, nicht nachgekommen war.

6 Vgl. »Dunkle Tage« 1923.

7 Vgl. David Clay Large: Out with the Ostjuden: The Scheunenviertel Riots in Berlin, November 1923, in: Christhard Hoffmann/Werner Bergmann/Helmut Walser Smith (Hg.), Exclusionary Violence: Antisemitic Riots in Modern German History, Ann Arbor 2002,

S. 123–140. Vgl. ebenso »Krawalle im Berliner Zentrum. Antisemitische Ausschreitungen«, in: Vossische Zeitung, Nr. 525, 6. November 1923, Morgenausgabe.

8 Vgl. »Krawalle im Berliner Zentrum«, 1923. Vgl. ebenso »Massenplünderungen und Krawalle in Berlin. Die Tätigkeit der Entkleidungskommandos. Antisemitische Ausschreitungen«, in: Berliner Börsen-Zeitung, Nr. 516, 6. November 1923, Morgenausgabe; »Massenplünderungen und Krawalle im Scheunenviertel. Die Tätigkeit der ›Entkleidungskommandos‹«, in: Germania, Nr. 308, 6. November 1923, Morgenausgabe.

9 Vgl. »Anpöbelungen in der Friedrichsstadt«, in: Vorwärts, Nr. 519, 6. November 1923, Morgenausgabe.

10 Vgl. Large 2002, S. 131 sowie Walter 1999, S. 297.

11 Vgl. Walter 1999, S. 153.

12 Vgl. ebd., S. 297.

13 Wie die Polizei später berichtete, wurden zwischen dem 3. und 7. November 1923 insgesamt 55 Bekleidungs- und Schuhgeschäfte und 152 Lebensmittelgeschäfte in Berlin geplündert. Davon waren 146 in christlichem und 61 in jüdischem Besitz. Einige Historiker werten dies als Hinweis darauf, dass die Unruhen nur zum Teil auf antisemitische Motive zurückzuführen sind. So gesehen waren die Unruhen zum Teil Pogrom, zum Teil dienten sie der Lebensmittelbeschaffung. Sicherlich trifft es zu, dass auch christliche Geschäfte Ziel der Angriffe waren. Jedoch darf nicht vergessen werden, dass das Vorgehen gegen Geschäfte in einem vorwiegend von Jüdinnen und Juden bewohnten Stadtteil eine antisemitische Handlung darstellt, *selbst wenn* die Geschäftsinhaber nicht jüdisch waren. Vgl. hierzu Walter 1999, S. 153.

14 »Krawalle im Berliner Zentrum«, 1923.

15 Vgl. »Judenhetze und Reaktion«, in: Vorwärts, Nr. 534, 14. November 1923, Abendausgabe; Außerdem »Gegen die Judenhetze«, in: Vorwärts, Nr. 568, 5. Dezember 1923, Abendausgabe. Sowie Walter 1999, S. 153–154.

16 Vgl. Walter 1999, S. 122.

17 Ebd., S. 125–127.

18 Vgl. hierzu Michael Brenner: In Hitler's Munich: Jews, the Revolution, and the Rise of Nazism, Princeton 2022.

19 »Die Sturmflut des Hasses«, in: Das Jüdische Echo, Nr. 48, 30. November 1923.

Ronen Steinke

Wehrhafte Demokratie? Wie der deutsche Verfassungsschutz definiert, welche politischen Meinungen er ausgrenzt und bekämpft

Wo beginnt »Extremismus«? Wie erkennt man, welcher politische Standpunkt dieses Etikett verdient und welcher nicht? Der gesetzliche Auftrag, der sich in Deutschland an den Verfassungsschutz richtet, einen in dieser Form einzigartigen Inlandsgeheimdienst, gibt das Ziel nur vage vor: Der Verfassungsschutz soll »Bestrebungen« gegen die »freiheitliche demokratische Grundordnung« aufspüren,[1] sprich: Antidemokrat:innen.

Wo die Grenze verläuft, lässt sich in der Theorie noch recht klar definieren. Antidemokrat:innen sind jene, die das Ruder an sich reißen und nicht mehr aus der Hand geben wollen – so wie einst der junge NSDAP-Agitator Joseph Goebbels, der 1928 in einer öffentlichen Rede sagte: »Wir gehen in den Reichstag hinein, um uns im Waffenarsenal der Demokratie mit deren eigenen Waffen zu versorgen. […] Wenn die Demokratie so dumm ist, uns für diesen Bärendienst Freifahrkarten und Diäten zu geben, so ist das ihre eigene Sache. […] Wir kommen nicht als Freunde, auch nicht als Neutrale. Wir kommen als Feinde! Wie der Wolf in die Schafherde einbricht, so kommen wir!«[2]

Demokrat:innen dagegen, das sind all jene, die Macht auf Zeit anstreben, die die Macht auch wieder abzugeben bereit sind – und in der Zwischenzeit, bei allem politischen Streit, nicht an den liberalen Grundsicherungen rütteln wollen, die es Minderheiten erst ermöglichen, sich politisch zu Wort zu melden, die Mächtigen zu kontrollieren und vielleicht selbst einmal zur Mehrheit zu werden. Das heißt: Meinungsfreiheit, Pressefreiheit und weitere Grundrechte.

Für diese *Basics* der Demokratie, diese Spielregeln, sind in Deutschland verschiedene Namen geläufig, die gelegentlich auch als Synonyme verwendet werden: »Freiheitliche demokratische Grundordnung«, »demokratischer Minimalkonsens«, »freiheitliche Demokratie«. Das gilt auch für das Bundesverfassungsgericht, das den Begriff der »freiheitlichen demokratischen Grundordnung«, kurz: FDGO, gern ersetzt durch »freiheitliche Demokratie«, »freiheitliche Ordnung«, »freiheitlicher demokratischer Rechtsstaat«. Gemeint ist immer mehr oder weniger dasselbe.[3]

»Militant democracy« als Lehre aus Weimar

Für die Idee, Antidemokrat:innen aus dem demokratischen System herauszuhalten, ihnen also den Weg in die Parlamente zu versperren, gibt es gute Argumente. Denn selbst wenn die Angreifer:innen mit legalen Mitteln vorgehen – also Mehrheiten gewinnen, Gesetze verabschieden –, können sie das Gebäude auf diese Weise von innen heraus abreißen. Für die Idee, dass das demokratische System irgendeine Form von Türsteher:innen benötigt, um Antidemokrat:innen draußen zu halten, hat der inzwischen verstorbene linksliberale Verfassungsrechtler Helmut Ridder (1919–2007) einmal eine prägnante Formulierung gefunden: »Demokratierettung durch Demokratieverkürzung«.[4]

Der deutsch-jüdische Verfassungsrechtler Karl Löwenstein (1891–1973), der vor den Nazis in die USA floh, hat diese Idee unter dem Begriff *militant democracy* entfaltet. Die europäischen Demokratien seien in den 1920er und beginnenden 1930er Jahren gegenüber faschistischen Angriffen ziemlich wehrlos gewesen, schrieb Löwenstein schon im Jahr 1937. Auch die Weimarer Republik habe sich viel zu tolerant verhalten. Das sei ihr historischer Fehler gewesen. »Es hat Jahre gedauert, den demokratischen Irrtum zu überwinden, wonach demokratische Grundprinzipien ein Haupthindernis für eine Verteidigung gegen den Faschismus seien [...]. Demokratie steht für Grundrechte, für fairen Umgang mit allen Meinungen, Rede-, Versammlungs- und Pressefreiheit. Wie kann sie diese Rechte beschneiden, ohne zugleich die Grundlagen ihrer eigenen Existenz und Legitimität zu zerstören?« So schrieb Löwenstein in einem fulminanten Essay im *American Political Science Review*.[5] Erst viel zu spät, meinte er, hätten Demokrat:innen in Europa ihre »legalistische Selbstgefälligkeit und suizidale Lethargie« überwunden und durch ein »besseres Erkennen der Realitäten« ersetzt. Nötig sei eine »antifaschistische Gesetzgebung«, die Antidemokrat:innen brandmarkt und ihnen den Zutritt zu den Machtmitteln des Staates verwehrt. Die Demokratie müsse verhindern, dass Antidemokrat:innen ins Parlament einzögen und von innen heraus Wahlrecht und demokratische Grundprinzipien abschafften.

Es vergingen noch acht fürchterliche Jahre, bis 1945, dann brachten die amerikanischen Befreier Löwensteins bittere Einsichten und Konzepte zurück nach Deutschland; mit ihm als juristischem Berater. Das Ziel: die junge Bundesrepublik gegen Umsturzversuche von links wie rechts abzusichern, mittels eines Inlandsgeheimdienstes, der – »Wehret den Anfängen« – sehr genau forscht, wo sich etwas zusammenbrauen könnte. Die Neugründung des Bundesamts für Verfassungsschutz am 7. November 1950 gab dieser Zielsetzung schließlich ihren institutionellen Rahmen.

Seine Gedanken hat Löwenstein mit Blick auf die Erfahrung der Nazi-Zeit geschrieben, also darauf, dass Hitler ganz legal in das Amt des Reichskanzlers gekommen war, ohne einen Umsturz. In jüngerer Zeit haben die beiden Harvard-Politologen Steven Levitsky und Daniel Ziblatt unterstrichen, dass dies natürlich nicht nur eine deutsche Erfahrung ist: »Eine Reihe politischer Außenseiter, von Adolf Hitler in Deutschland über Getúlio Vargas in Brasilien und Alberto Fujimori in Peru bis zu Hugo Chávez in Venezuela, ist immer auf die gleiche Weise an die Macht gekommen: von innen, durch Wahlen oder Bündnisse mit mächtigen politischen Figuren.«[6]

Wenn man den »Feinden der Freiheit« alle Freiheiten lässt, sich im parlamentarischen System auszutoben, und sobald sie wirkliche Macht erringen, die Spielregeln zu verändern, also zu verhindern, dass sie wieder abgewählt werden können – im Namen einer vermeintlich höheren Wahrheit wie der »Nation«, des »ewig Gültigen« oder wie auch immer die aktuelle Lieblingsphrase der Autoritären lautet –, dann gäbe sich die Demokratie selbst auf. Das darf nicht sein.

Kaum jemand outet sich heute selbst als Antidemokrat:in

Schön wäre es aber, wenn es auch in der Praxis so einfach wäre und Demokrat:innen sich schon im Vorhinein von Antidemokrat:innen unterscheiden ließen. Denn sobald die Sache konkret wird, wird es oft ungewiss. Ein gutes Jahrhundert nach Joseph Goebbels' Wolf-und-Schafe-Rede gibt in der deutschen politischen Landschaft heute wohl kaum noch jemand mehr offen zu, das Ruder an sich reißen und nie mehr aus der Hand geben zu wollen, wenn sich die Chance dazu bietet. Das gilt selbst für den AfD-Politiker Björn Höcke, auch wenn er einmal erwischt worden ist, wie er zumindest rhetorisch Anleihen bei Goebbels nahm. Höcke hatte in einer Rede auf dem jährlichen Kyffhäusertreffen seiner Partei gesagt: »Heute, liebe Freunde, lautet die Frage nicht mehr Hammer oder Amboss, heute lautet die Frage Schaf oder Wolf. Und ich, liebe Freunde, meine hier, wir entscheiden uns in dieser Frage: Wolf.«[7] Später wies Höcke den Vorwurf zurück, er habe den Sound des Nazi-Propagandaministers imitiert. Höcke sagte, er glaube nicht, »dass es eine allgemein gültige Definition dessen gibt, was eine NS-Diktion, was NS-Sprache ist«.[8] Nach außen hin tat er lammfromm, auch wenn er insgeheim womöglich wölfisch grinste.[9]

Nicht einmal eine Partei wie die NPD gibt heute noch offen zu, einen Führerstaat herbeizusehen. Sie nennt sich lieber »nationaldemokratisch« und verwischt damit ihre vermutlichen Absichten. Die modern frisierte, intellektuell angehauchte *Avantgarde* der heutigen Rechtsradikalen, die »Identitäre Bewegung«, ist ähnlich versiert darin, ihre »demokratische« Verbundenheit zum »Volkswillen« zu betonen – und gar philosophisch zu grundieren. Eines ihrer geistigen Vorbilder, der Staatsrechtler Carl Schmitt (1888–1985), bekannte sich in den 1920er Jahren, rhetorisch geschickt, zur Demokratie. Wobei er eben auch einschränkte: »Zur Demokratie gehört [...] notwendig erstens Homogenität und zweitens – nötigenfalls – die Ausscheidung oder Vernichtung des Heterogenen [...].«[10]

Und nicht zuletzt ist sogar die heutige AfD eine Partei, die für Volksentscheide auf Bundesebene à la Brexit-Referendum eintritt. Ihrem Selbstverständnis zufolge möchte sie also nicht weniger Demokratie erreichen als zum Beispiel CDU oder SPD, sondern sogar mehr Mitbestimmung ermöglichen.[11] Schon beginnt es schwierig zu werden mit den Definitionen, und erst recht wird es schwierig zu bestimmen, wo genau die Grenze verläuft, von der an ein »wehrhaftes« demokratisches Gemeinwesen, wie es das deutsche heute sein will, sagen sollte: Diese politische Position verdient es durch den Staat bekämpft zu werden.

Die beiden Harvard-Forscher Levitsky und Ziblatt träumen von einem politischen »Lackmustest«, »der es ermöglicht, Möchtegern-Autokraten zu erkennen, bevor diese an die Macht gelangt sind«. Levitsky und Ziblatt meinen: »Wir können aus den Fehlern lernen, die demokratische Politiker in der Vergangenheit gemacht haben, indem sie solchen angehenden Autokraten Türen öffneten, aber auch daraus, wie es anderen Demokratien gelungen ist, Extremisten von der Macht fernzuhalten.«[12] Die beiden Autoren haben vier Merkmale vor Augen, anhand derer man solche Demokratiefeind:innen frühzeitig identifizieren könne: 1. »Ablehnung demokratischer Spielregeln (oder schwache Zustimmung zu ihnen)«; 2. »Leugnung der Legitimität politischer Gegner«; 3. »Tolerierung von oder Ermutigung zu Gewalt«; 4. »Bereitschaft, die bürgerlichen Freiheiten von Opponenten, einschließlich der Medien, zu beschneiden«.[13]

Es geht ihnen um Regeln des Anstands, »institutionelle Zurückhaltung« nennen das Levitsky und Ziblatt. Sie zitieren den amerikanischen Schriftsteller E. B. White (1899–1985), der in einer besonders dunklen Stunde des Zweiten Weltkriegs das Hohelied auf die Demokratie schrieb. Er versuchte eine Definition von demokratischer Gesinnung und schrieb Sätze wie diese: »Sie ist das Anstellen auf der richtigen Seite. Sie ist das ›nicht‹ in ›nicht vordrängeln‹. Sie ist das Loch im aufgeblasenen Popanz, durch das langsam das Sägemehl herausrieselt; sie ist die Delle im Hochmut.«[14]

Aber wer soll entscheiden, auf wen das zutrifft? Und wer entscheidet, wenn man sich dann doch nicht einigen kann, ob eine bestimmte Person oder politische Gruppe den »Lackmustest« erfüllt oder nicht? Hier bleiben auch Levitsky und Ziblatt vage, sie wünschen sich bloß eine wache Zivilgesellschaft, wachsame Menschen in den politischen Parteien.

Was als »Extremismus« gilt, bleibt oft Ansichtssache

»Demokratierettung durch Demokratieverkürzung« ist ein guter Slogan. Aber in der Praxis muss erst einmal jemand bestimmen, ob eine Partei oder Protestgruppe wirklich eine Gefahr für »die« Demokratie darstellt – und nicht viel eher Bestandteil jenes politischen Wettstreits ist, der nun mal kontrovers, hitzig, rau sein darf oder sogar muss. Eine Demokratie ohne Streit ist schließlich keine.

»Keine Freiheit den Feinden der Freiheit« ist auch ein guter Slogan. Aber wenn es konkret wird, muss erst einmal jemand entscheiden, wo die rote Linie genau verlaufen soll, jenseits derer man von »Feinden der Freiheit« sprechen kann.[15] Und die entscheidenden Dinge stehen oft nicht einfach im Parteiprogramm. Da muss erst analysiert und diskutiert werden, da muss zwischen den Zeilen gelesen und nach verborgenen Absichten gefragt werden. Da ist dann manches Interpretationssache. Und hier beginnt das Problem.

Ein Inlandsgeheimdienst, der die Demokratie schützen soll, darf natürlich keinesfalls solche Oppositionsgruppen attackieren, die keine Antidemokrat:innen sind. Das wäre übergriffig. Der Freiburger Staatsrechtler Dietrich Murswiek, der einen recht kritischen Blick auf den Verfassungsschutz hat, weist treffend darauf hin, wie viel hier auf dem Spiel steht: »Der Verfassungsschutz ist bei der Wahrnehmung dieser Aufgabe immer in Gefahr, die Demokratie zu beschädigen, statt sie zu schützen.«[16]

Das Bundesverfassungsgericht hat klugerweise schon früh angemahnt, dass Kritik an der Verfassung und ihren wesentlichen Elementen ebenso erlaubt ist wie die Forderung, tragende Bestandteile der freiheitlichen demokratischen Grundordnung zu ändern. Schließlich dürfe sich die Regierung nicht in »eifernder Verfolgung unbequemer Oppositionsparteien« ergehen.[17]

Wo also zieht man die Grenze, von der aus politische Kritik nicht mehr legitim, sondern als demokratiegefährdend, als »extremistisch« zurückzuweisen und mit staatlicher Macht zu bekämpfen ist? Diese Grenzziehung ist immer heikel, zumal wenn man bedenkt, wie frühzeitig der Verfassungsschutz schon einschreiten darf. Nach geltendem Recht darf er sogar schon dann aktiv werden, also Menschen mit geheimdienstlichen Mitteln ausforschen und einschüchtern, wenn eine politische Gruppe noch gar nicht unmittelbar die Abschaffung der Demokratie anstrebt, sondern dies bloß als unausgesprochenes Fernziel verfolgt.

Zum Beispiel, wenn eine kommunistische Partei erst einmal nur Sozialreformen »erstrebt, um sie als Durchgangsstadium zur leichteren Beseitigung jeder freiheitlichen demokratischen Grundordnung [...] zu benutzen«, wie das Bundesverfassungsgericht einmal geschrieben hat.[18] Oder sogar, wenn eine politische Gruppe dies gar nicht anstrebt – aber andere Ziele hat, die sozusagen nebenbei die Demokratie zum Einstürzen bringen würden. Das leuchtet in gewisser Weise auch ein, wenn man die Idee ernst nimmt, dass die Demokratie Türsteher:innen braucht, die verhindern, dass Menschen Sprengsätze ins Parlament tragen – vielleicht auch mit langer Lunte und Zeitzünder.

Aber hier wird es rasch zu einer Frage der Betrachtungsweise. »Alle Wege des Marxismus führen nach Moskau«, also in die Sowjetdiktatur, plakatierte die CDU im Jahr 1953. Mit solchen Vorwürfen war die SPD gemeint. Die Politik der Sozialdemokrat:innen sei eine Gefahr für die Demokratie, wenn auch nur eine schleichende, so glaubten manche beinharte Antikommunist:innen in der Partei Konrad Adenauers. Die von ihnen vorgetragene Sorge lautete, die SPD würde, wenn sie an die Macht käme, die Distanz zur Sowjetdiktatur verringern. Die FDP vertrat diese These übrigens sogar noch schärfer. Eine Karikatur des früheren SPD-Vorsitzenden Erich Ollenhauer überschrieb sie mit: »Wo Ollenhauer pflügt, sät Moskau!«[19]

Heikle Grenzziehungen:
Die Definitionsmacht des Verfassungsschutzes

Mit solchen Gedankenspielen arbeitete – und arbeitet – auch der Verfassungsschutz. Selbst wenn eine politische Gruppierung überhaupt nicht sagt: »Wenn wir die Wahl gewinnen, schaffen wir Wahlen ab« oder »Wenn wir die Wahl gewinnen, schaffen wir die freie Presse ab«, sondern sich in ihrem Parteiprogramm mit Verve zum Parlamentarismus bekennt, selbst dann nehmen sich die Verfassungsschützer:innen die Freiheit, auch über die Folgewirkungen der von dieser Gruppe angestrebten politischen Ziele nachzudenken.

In den ersten Jahren der Bundesrepublik beobachtete der Verfassungsschutz aus diesem Gedanken heraus selbst den liberalen Altkanzler Joseph Wirth (1879–1956) aus Weimarer Zeiten. Der war Demokrat durch und durch, ein Mann vom linken Flügel der katholischen Zentrumspartei, ein Nazigegner. Es waren die frühen 1950er Jahre, Joseph Wirth propagierte nun deutsche Neutralität statt Westbindung. Aber dieser Weg war dem CDU-Bundeskanzler Adenauer nicht geheuer, er argumentierte: Das sei ja vielleicht nett gemeint, aber es würde die Demokratie aufs Spiel setzen. Es sei brandgefährlich, denn es würde die Westdeutschen über kurz oder lang der Sowjetherrschaft zum Fraß vorwerfen. Deshalb müsse man dem Einhalt gebieten, zum Schutz der Demokratie. Das zeigt, wohin die Argumentation »Wehret den Anfängen« auch führen kann.[20]

Es ist zweifelhaft, ob die Entscheidung darüber, welche politische Haltung die Demokratie gefährdet, überhaupt politisch neutral getroffen werden kann, ob man sich eine solche Prognose jemals ganz unabhängig von eigenen politischen Vorverständnissen vorstellen kann, die immer subjektiv sind. Wer überzeugter Antikommunist ist, wird ganz andere Gefahren wittern als etwa eine überzeugte Antifaschistin, die in den 1950er Jahren immerhin auch entgeistert auf Adenauers Kanzleramt blicken konnte – und auf die dort sitzende Altnazis wie beispielsweise Hans Globke (1898–1973). Der war in der NS-Zeit als hoher Beamter an der Judenverfolgung beteiligt gewesen, war Kommentator der Nürnberger Rassengesetze, später Kanzleramtschef, eine graue Eminenz.

Was eine Demokratie am Ende mehr bedroht, das bleibt oft Ansichtssache. Was der eine für einen legitimen, kritischen Impuls einer politischen Gruppe hält, das erscheint der anderen vielleicht schon als gefährlich, je nach Standpunkt. So ist es heute noch. Die Linkspartei ist ein gutes Beispiel dafür. Anfang der 1990er Jahre trat die Partei, die damals noch den Namen PDS trug, in Westdeutschland neu in Erscheinung. Der damalige CDU-Innensenator Berlins, Dieter Heckelmann (1937–2012), erteilte dem Berliner Verfassungsschutz sogleich den Auftrag, einen Bericht über diesen neuen politischen Konkurrenten zu verfassen.

Im November 1994 meldete der Verfassungsschutz Vollzug: Die PDS biete »Anhaltspunkte für den Verdacht« verfassungsfeindlicher Bestrebungen, auch wenn sie sich in ihrem Parteiprogramm offiziell zum parlamentarischen System bekenne und keine Form einer Diktatur eines Proletariats anstrebe. Die PDS befinde sich »noch in einem gewaltfreien Stadium«, schrieben die Beamten.[21] Ihr Misstrauen war bei derartigen Formulierungen mit Händen zu greifen, waren die Verfassungsschützer:innen in West-Berlin doch zuvor jahrzehntelang als anti-kommunistische Frontkämpfer sozialisiert worden. Nun spekulierten sie in ihrem Bericht: »Wann mit gewaltsamen Aktionen zu rechnen ist, lässt sich ohne den Einsatz nachrichtendienstlicher Mittel nicht vorhersagen.«[22]

So begann die Einstufung der PDS in Berlin als »verfassungsfeindliche Bestrebung«. »Die Gefahr, nicht gefestigte Jugendliche mit coolen Sprüchen« zu treffen, die aus Trotz PDS wählen, um ihre bürgerlichen Eltern zu kränken, ist groß«, schrieben die Berliner Agent:innen im Hinblick darauf, dass die Partei etwa eine Absenkung des Wahlalters auf 16 Jahre forderte. Der Vorwurf, die Partei verfolge antidemokratische Ziele, ist dann jedoch nur ein paar Jahre lang aufrechterhalten worden. Gemeinsam mit der SPD kam die Partei im Jahr 2002 in die Berliner Landesregierung. Keine fünf Jahre zuvor hatte der letzte CDU-Innensenator noch verkündet, es bestehe »kein Zweifel« an ihrer Verfassungsfeindlichkeit.[23]

Am Ende hält die Regierung die Zügel in der Hand

Andernorts wurde die Partei, die seit 2007 »Die Linke« heißt, unterdessen weiter als »extremistisch« etikettiert. Zeichnete man eine Deutschlandkarte, wäre darauf weniger über die regional unterschiedliche Radikalität der Partei zu erfahren als über die politische Besetzung der jeweiligen Innenministerien. Denn: Als »linksextremistisch« oder »linksextremistisch beeinflusst« wurde die Partei im Jahr 2010 noch in fünf unionsgeführten westdeutschen Bundesländern eingestuft, nämlich Nordrhein-Westfalen, Baden-Württemberg, Niedersachsen, Hessen und Bayern sowie vom Bundesamt für Verfassungsschutz. Für Letzteres war der damalige CDU-Bundesinnenminister Wolfgang Schäuble (1942-2023) verantwortlich, während sein Verfassungsschutz-Chef Heinz Fromm, SPD, indes schon beruhigte und sich öffentlich damit zitieren ließ, er könne nicht einmal in »Ansätzen« erkennen, dass die Linke »in ihrer parlamentarischen Praxis sowie bei der Regierungsbeteiligung« das »programmatische Ziel der Überwindung der herrschenden Staats- und Gesellschaftsordnung« umsetze.[24]

In Niedersachsen ordnete der damalige CDU-Innenminister Uwe Schünemann 2008 sogar ausdrücklich an, die Beobachtung der Linkspartei zu verstärken, da sie »gemeinsame Sache mit gewaltbereiten Autonomen und Kommunisten« mache. Nachdem die CDU 2013 abgewählt und durch ein rot-grünes Bündnis abgelöst worden war, änderten sich die politischen Vorgaben. Die neu koalierenden Parteien nahmen sich nun vor, die, wie sie kritisch schrieben, »parteitaktisch motivierte Beobachtung der Gesamtpartei Die Linke« zu beenden.[25] Ironischerweise war auch dies keine unabhängige fachliche Einschätzung von neutralen Beamt:innen, sondern es stand als Beschluss im Koalitionsvertrag von SPD und Grünen.

Heute wird die Linkspartei nur noch im CSU-regierten Bayern in Gänze beobachtet. Bis 2016 mussten dort alle, die sich für den öffentlichen Dienst bewarben, ankreuzen, ob sie Linke-Mitglied sind. Bundesweit beobachtet der Verfassungsschutz heute nur noch einzelne Grüppchen, die mit der Partei mehr oder weniger lose zusammenhängen. Die »Kommunistische Plattform« mit etwas mehr als tausend Mitgliedern zum Beispiel.

Es sind solche Beispiele, die in der Praxis immer wieder zeigen: Es gibt keinen chemischen Teststreifen, den man beim Verfassungsschutz in eine Flüssigkeit hält und der sich blau verfärbt, wenn eine bestimmte politische

Gruppe »zu weit geht« und zur Gefahr für die Demokratie wird. Nichts ist naturwissenschaftlich-objektiv an dieser Feststellung. Es bleibt stets eine Sache der individuellen Bewertung. Oft streiten Verfassungsschützer:innen deshalb auch untereinander. Was das eine Landesamt für Verfassungsschutz schon für demokratiegefährdend hält, hält das andere noch für legitim. Es kommt dann darauf an, wer das Sagen hat.

Wer als »verfassungsfeindlich« gilt, das bestimmt der Inlandsgeheimdienst heute recht flexibel – in Absprache mit seiner jeweiligen Bundes- oder Landesregierung. Formal führt diese die »Fach- und Rechtsaufsicht« über ihn, und dieser Hebel wird auch immer wieder gern von Regierungen benutzt, um in politisch besonders heiklen Fällen diskret mitzureden. Die Justiz lässt das geschehen und mischt sich selten ein.[26]

In der Folge schüchtert der Verfassungsschutz – weit entfernt davon, klare juristische Definitionen oder objektive Maßstäbe für »Extremismus« zu besitzen – heute eher solche Oppositions- und Protestgruppen ein, an denen die jeweilige Regierung Anstoß nimmt; während andere, für die die Regierung politisch mehr Verständnis aufbringt, eher geschont werden. Das erzeugt eine bemerkenswerte Situation. Es stellt die politischen Grundrechte – Meinungs-, Versammlungs-, Wahlfreiheit – infrage, wenn es der Regierung je nach politisch-inhaltlichem Gusto möglich ist, mit Verständnis oder Ausgrenzung zu reagieren.

Wenn man der Auffassung der beiden Harvard-Politologen Steven Levitsky und Daniel Ziblatt folgt, dass es einer Demokratie schadet, wenn Sicherheitsbehörden parteipolitisch vereinnahmt werden,[27] dann ist der deutsche Verfassungsschutz leider das Parade(negativ)beispiel eines solchen »politisierten« Geheimdienstes.

Anmerkungen

1 So steht es in Paragraf 3, Absatz 1 des Bundesverfassungsschutzgesetzes.

2 Joseph Goebbels: Was wollen wir im Reichstag?, in: Der Angriff, 30. 4. 1928.

3 Vertiefend vgl. Sarah Schulz: »Wehrhafte Demokratie« oder wie ein Inlandsgeheimdienst zum Demokratieschützer wird, in: Eva Berendsen/Katharina Rhein/Tom David Uhlig (Hg.), Extrem unbrauchbar. Über Gleichsetzungen von links und rechts, Berlin 2020, S. 181–194.

4 Helmut Ridder: Aktuelle Rechtsfragen des KPD-Verbots, Neuwied und Berlin 1966, S. 27.

5 Karl Loewenstein: Militant Democracy and Fundamental Rights, in: The American Political Science Review, Volume 31, 1937/3, S. 417–432, hier: S. 430 f., übers. RS.

6 Steven Levitsky/Daniel Ziblatt: Wie Demokratien sterben. Und was wir dagegen tun können, München 2018, S. 22.

7 Zit. bei Marc Röhling: Auf National-Treffen der AfD: Björn Höcke spricht von Wölfen und Schafen – wie Goebbels, in: Spiegel Online, 24. 6. 2018, URL: https://www.spiegel.de/politik/deutschland/afd-bjoern-hoecke-nutzt-

goebbels-anspielung-beim-kyffhaeusertreffen-in-sachsen-anhalt-a-00000000-0003-0001-0000-000002539482 [aufgerufen am 2.3.2024].

8 Björn Höcke bricht Interview mit dem ZDF ab, in: Zeit Online, 15.9.2019, URL: https://www.zeit.de/politik/deutschland/2019-09/afd-bjoern-hoecke-interview-zdf-abbruch [aufgerufen am 8.3.2024].

9 Nachdem das unabhängige Recherchezentrum *Correctiv* im Januar 2024 über ein geheimes Treffen von rechten Aktivisten mit AfD-Funktionären und Unternehmern in Potsdam berichtet hatte, bei dem es u.a. um die Vertreibung von Millionen von Menschen aus Deutschland ging, legte der AfD-Bundestagsabgeordnete Bernd Baumann die Angriffe gegen die Migrationspolitik seiner Partei rhetorisch zu ihren Gunsten aus: »[Die] Remigration ist nicht gegen Recht und Verfassung, sie ist die Durchsetzung von Recht und Verfassung. Wir sind die Verteidiger des Rechtsstaats und sie sind ihre Gegner.« (18.1.2024) Das Beispiel zeigt, wie sich antidemokratische, anti-liberale und populistische Stimmen als »wahre« Verfechter:innen der demokratischen Ordnung auszugeben versuchen.

10 Carl Schmitt: Die geistesgeschichtliche Lage des heutigen Parlamentarismus, Berlin 2017, S.13.

11 Vgl. z.B. AfD-Fraktion, Entwurf eines Gesetzes zur Einfügung von Elementen direkter Demokratie in das Grundgesetz, 31. März 2023, Bundestagsdrucksache 20/6274.

12 Levitsky/Ziblatt 2018, S.15.

13 Ebd., S.32–34.

14 Elwyn B. White: The Meaning of Democracy, in: The New Yorker, 28.4.2014, URL: https://www.newyorker.com/books/double-take/e-b-white-on-the-meaning-of-democracy [aufgerufen am 8.3.2024].

15 Bei diesem Slogan kommt hinzu, dass er Louis Antoine de Saint Just zugeschrieben wird, der während der französischen Revolution im »Wohlfahrtskomitee« war und somit eine ganz eigene, wenig demokratische Idee von der Durchsetzung von Freiheit hatte: »Pas de liberté pour les ennemies de la liberté.«

16 Dietrich Murswiek: Verfassungsschutz und Demokratie. Voraussetzungen und Grenzen für die Einwirkung der Verfassungsschutzbehörden auf die demokratische Willensbildung, Berlin 2020, S.22.

17 Bundesverfassungsgericht, Urteil vom 17. August 1956 – 1 BvB 2/51 –, juris Rn. 220 (KPD-Verbot). In jüngerer Zeit noch einmal detaillierter ausgeführt im Urteil vom 17. Januar 2017 – 2 BvB 1/13 –, juris Rn. 556 (NPD-Verbot).

18 Bundesverfassungsgericht, Urteil vom 17. August 1956 – 1 BvB 2/51 –, juris Rn. 1166.

19 Vgl. Plakat »Wo Ollenhauer pflügt, sät Moskau«, 1953, Stiftung Haus der Geschichte, EB-Nr. 1992/08/433.

20 Ausführlicher zur Frühgeschichte des Bundesamts für Verfassungsschutz: Ronen Steinke: Verfassungsschutz. Wie der Geheimdienst Politik macht, Berlin 2023, S.165–174.

21 Zitiert nach Renate Künast: »Wie der Verfassungsschutz an ›Roten Socken‹ strickt«, in: Till Müller-Heidelberg u.a. (Hg.), Grundrechte-Report 1998, Reinbek bei Hamburg 1998, S.291–295, hier: S.294.

22 Ebd.

23 Ebd.

24 Christoph Seils: Linke in der Opferrolle, in: Zeit Online, 15.5.2008, URL: https://www.zeit.de/online/2008/21/verfassungsschutzbericht-2007 [aufgerufen am 8.3.2024].

25 Erneuerung und Zusammenhalt. Nachhaltige Politik für Niedersachsen, URL: www.spdnds.de. Archiviert vom Original (nicht mehr online verfügbar) am 28. Februar 2013 [aufgerufen am 29.5.2015].

26 Ausführlicher dazu: Steinke 2023, S.53f.

27 Levitsky/Ziblatt 2018, S.125.

Ruth Ben-Ghiat

Im Geiste Mussolinis: Giorgia Meloni und der demokratische Niedergang Italiens

Die Szene ist gespenstisch. Mindestens 150 italienische Männer, gekleidet in schwarzen Hemden, heben ihre Arme zum römischen Gruß, dem *Saluto romano*, an einem öffentlichen Ort in Rom. Manche rufen »Presente!« (dt. anwesend) während sie salutieren, ganz in der faschistischen Tradition, so als wäre Benito Mussolini (1883–1945) noch am Leben und als befänden wir uns im Jahr 1924 statt 2024. Dieses faschistische Ritual fand am 7. Januar 2024 während einer Gedenkveranstaltung zum *Massaker von Acca Larentia* statt – so die neo-faschistische Bezeichnung für die Ermordung drei ihrer militanten Mitglieder in Rom 1978. In zwei Todesfällen wurden militante Linke verdächtigt, im dritten Fall ein Polizeibeamter, Anklage wurde jedoch nie erhoben. In Italien verbreitete sich das Video des massenhaften faschistischen Grußes rasend. Viele Italiener*innen waren empört, und bald wurden die ersten Stimmen von Politiker*innen der *Partito Democratico* (PD) laut, die forderten, neo-faschistische Gruppierungen in Italien zu verbieten. In der italienischen Presse entbrannte eine Debatte, ob ein solcher Gruß eine Straftat darstellt oder nicht. Dabei existieren bereits entsprechende Gesetze: Das Scelba-Gesetz von 1952 bezog sich auf Handlungen, die die Absicht erkennen lassen, die faschistische Partei wieder aufleben zu lassen; das Mancini-Gesetz von 1993 verbot faschistische Propaganda, das öffentliche Zeigen faschistischer Flaggen und Symbole sowie die Aufstachelung zu Diskriminierung und Hass. Dennoch gingen viele Gerichtsverfahren dazu unterschiedlich aus. Manche, die dem *Duce* gehuldigt hatten, wurden verurteilt, während andere straflos davonkamen. Einige der Männer, die auf dem aktuellen Video zu sehen sind, sind bekannte Rechtsextremisten, die in der Vergangenheit bereits mehrfach durch strafrechtliche Anklagen mit faschistischem Bezug aufgefallen sind. »Der römische Gruß ist nur eine Straftat, wenn dahinter das Ziel steht, zum Faschismus zurückzukehren. Er kann nicht strafrechtlich verfolgt werden, wenn er dem Zweck des Gedenkens dient«, stellte die Katholische Zeitung *Avvenire* fest.[1]

Italien als Labor für Politik der extremen Rechten

Was hat Italiens Premierministerin Giorgia Meloni, selbst eine frühere militante Rechtsextremistin und Mitbegründerin der neo-faschistischen Partei *Fratelli d'Italia* (Brüder Italiens), über diesen faschistischen Massengruß zu sagen? Während sie früher behauptete, die italienische Rechte habe den Faschismus in die Geschichte verbannt, weigert sie sich jetzt als Ministerpräsidentin, dessen sichtbarstes Symbol zu verurteilen. Sie inszenierte sich sogar als Opfer. Bedenken über die öffentliche Zurschaustellung von Sympathien gegenüber dem Faschismus und die Forderungen der Demokratischen Partei, neo-faschistische Gruppierungen in Italien zu verbannen, tat sie als »grundlose Angriffe und ausbeuterische Kontroversen« ab. Diese zielten nur darauf ab, ihre Regierung zu schwächen. Melonis Antwort ist typisch für das doppelte Spiel, das sie in Sachen Demokratie-Unterstützung betreibt. Im Ausland geriert sie sich als konservativ und unterstützt sogar die demokratische Ukraine in ihrem Kampf gegen die Besatzung des autokratischen Russlands. Im eigenen Land hingegen ist sie nicht Willens, etwas gegen die stärker werdende neo-faschistische Bewegung zu unternehmen – eine Haltung, die widerspiegelt, dass ihre Partei den Idealen der Diktatur Mussolinis nicht nur zugeneigt ist, sondern sich ihnen auch verschrieben hat.[2]

Ignazio La Russa, Nachfolger Melonis als Vorsitzender der *Fratelli d'Italia* und jetziger Vizepräsident des italienischen Senats, machte 2022 von sich reden, als er postulierte: »Wir sind alle Erben des *Duces*«, und damit zusammenfasste, wie sich die Partei in der Geschichte verortet und was ihre Mission ist. Dennoch war es Meloni, die darauf bestand, dass die *Fratelli d'Italia* die dreifarbige Flamme des *Movimento Sociale Italiano* (MSI) in ihrem Logo behalten sollte. Die MSI war die ursprüngliche neo-faschistische Bewegung, die 1946 gegründet wurde, um das Vermächtnis Mussolinis zu pflegen. Die Flamme symbolisiert die Nähe zu den Werten des *Duces*. »Meloni kann sich nicht von ihrer Vergangenheit abnabeln. Auf eine gewisse Weise ist sie eine Geißel ihrer Vergangenheit«, schrieb Paolo Berizzi, ein Journalist der Zeitung *La Repubblica*, der als Erster das faschistische Grußvideo auf seinem X-Account geteilt hatte.[3]

Dies ist deshalb bemerkenswert, weil Italien – ein Land mit einer historisch starken Linken – stets als Versuchslabor für extrem rechtsgerichtete Politik diente, die Demokratie zerstörte (wie im Faschismus unter Mussolini) oder zumindest einschneidend degradierte (etwa im Zuge der Mitterechts-Koalitionen des früheren Premierministers Silvio Berlusconi (1936–2023), der als erster Nachkriegsminister Neofaschist*innen ins Parlament holte). Wie der *Duce* und der *Cavaliere* ist auch Meloni eine charismatische,

Georgia Meloni bei der Präsentation von Virman Cusenzas Buch Giocatori d'azzardo (»Der Spieler«) über Enzo Paroli, den »Antifaschisten, der Mussolinis Journalisten rettete«, Rom, 17.3.2022, Foto: picture alliance/zumapress.com/Mauro Scrobogna

facettenreiche Führungspersönlichkeit. Wie ihre Vorgänger repräsentiert sie einen Bruch mit der Vergangenheit (sie ist Italiens erstes weibliches Staatsoberhaupt), aber wirbt gleichzeitig darum, italienische Traditionen zu bewahren. Sie verteidigt die »Freiheit«, während sie gleichzeitig eine feindselige Atmosphäre gegenüber LGBTQ-, Presse- und anderen Rechten schafft. Der Autoritarismus nimmt je nach Ausprägung unterschiedliche Gesichter an: Heute halten zum Beispiel die meisten Staatsoberhäupter Wahlen ab und Einparteienstaaten sind seltener geworden. Meloni wählt ihren ganz eigenen Weg und knüpft an Mussolinis Ideal des Faschismus als »Revolution der Reaktion« an.[4]

Die Rolle des Führers

Politische Führer wie Meloni oder Berlusconi profitieren von unsicheren Zeiten und befördern eine antidemokratische Stimmung, die nach anderen Regierungsformen schreit. Sie wissen Umbruchphasen auszunutzen, da sie über ausgezeichnete Kommunikationskompetenzen verfügen und die Fähigkeit besitzen, sich selbst als »authentisch« darzustellen. Der Erste Weltkrieg schuf den Nährboden für den Aufstieg des Faschismus, der Fall des

Kommunismus in Europa 1989 und der *Mani Pulite*-Skandal 1992–1994, der den Abstieg der großen Parteien aus der Nachkriegsära beförderte, ebneten Berlusconis Eintritt in die Politik. Meloni ebneten zwei andere Faktoren den Weg zur Macht, auf die die bestehenden Parteien und politischen Bündnisse nicht angemessen zu reagieren imstande waren: die Anti-Globalisierungshaltung nach der Wirtschaftskrise 2008 und die wachsende Demokratieverdrossenheit. In dieser Stimmungslage entstanden nicht nur die populistische *Movimento 5 Stelle* (5-Sterne-Bewegung, gegründet 2009), sondern auch Melonis *Fratelli d'Italia* (2012), die der extremen Rechten eine eigenständige politische Präsenz geben wollten (die größte rechtsextreme Partei, die *Alleanza Nazionale*, fusionierte vorübergehend mit Berlusconis *Forza Italia*).

Als Berlusconi sein Amt 2011 aufgab, schuf er Raum für eine neue Generation von Politiker*innen, die die anti-demokratischen und medienpolitischen Lektionen Mussolinis und Berlusconis gelernt hatten. In diesem Jahr warnte bereits der Aktivist und Theoretiker Franco »Bifo« Gerardi, dass jemand »jüngeres und kälteres« eine neue extrem-rechte »populistische Armee« anführen könnte. Ursprünglich schien Matteo Salvini, Vorsitzender der rassistischen *Lega*-Partei, die in allen drei Berlusconi-Regierungen vertreten war, auf die Beschreibung zu passen. Salvini posierte mit nacktem Oberkörper in der Tradition Mussolinis und forderte 2017 als Innenminister »Massensäuberungen«.[5] Jedoch wurde Salvini inzwischen von Meloni in den Schatten gestellt und untersteht ihr nun als Minister für Infrastruktur und Verkehr.

Die 47-jährige Meloni erinnert mit ihrer tiefen Stimme, hervorragenden Rhetorik und ihrem durchdringenden Blick unverkennbar an den *Duce* und dessen Umgangsweisen. Sie verkörpert geradezu die Gegenwart und Zukunft des Rechtsextremismus in Italien. Dass Meloni und ihre Partei bei den Wahlen 2022 erfolgreich waren und die Regierung in Italien bilden konnten, zeigt, wie weit sich die politische Stimmung über die letzte Dekade nach rechts verlagerte, wie sich extremistische Ansichten und Richtlinien normalisierten und wie tief die faschistische Kultur im heutigen Italien verwurzelt ist. Der Slogan der *Fratelli d'Italia* »Gott, Vaterland, Familie«, geht auf die faschistische Diktatur zurück, zudem folgt Meloni Mussolini, Berlusconi und anderen rechtsextremen Politiker*innen Europas, indem sie »nicht-weiße« Bevölkerungsgruppen als existentielle Gefahr für die »weiße«, christliche Bevölkerung darstellt. »Ich sehe mich selbst nicht als Bedrohung, eine monströse oder gefährliche Person«, sagte Meloni der *Washington Post* kurz vor ihrem Wahlsieg im Oktober 2022, und spielte damit ihre neo-faschistische politische Zugehörigkeit herunter. Eine Analyse ihrer Rhetorik und Politik führt jedoch zu einem anderen Ergebnis: Melonis Regierung, bestehend aus

Politiker*innen, die wie sie selbst extremistische Positionen und Haltungen vertreten, beschleunigt den Verfall der Demokratie Italiens.[6]

»Genderwashing« und die »natürliche Familie«

»Die Wahl der ersten Premierministerin eines Landes repräsentiert auch immer einen Bruch mit der Vergangenheit, und das ist sicherlich eine gute Sache«, sagte Hilary Clinton kurz bevor die Wahl in Italien in die Geschichte einging. Aber nicht alle Brüche mit der Vergangenheit sind positiv, und Meloni ist weit davon entfernt, Fortschritte für Frauen zu bewirken. Stattdessen lässt sie eine Rhetorik und Erwartungen aufleben, die mit einer reaktionären Vergangenheit verknüpft sind. Zusammen mit Marine Le Pen, Vorsitzende der rechtsextremen Partei *Rassemblement National* in Frankreich, ist Meloni das Paradebeispiel für »genderwashing«. So bezeichnen Politikwissenschaftler*innen weibliche Führungskräfte, die ein »weiches« Image pflegen (Meloni z. B. trägt oft Pastellfarben) und sich als Verteidigerinnen von Frauen ausgeben, während sie in Wirklichkeit eine Politik vertreten, die reproduktive Rechte eingrenzt und den Feminismus verunglimpft.[7]

Die Ernennung Eugenia Roccellas als Ministerin für Familie, Geburtenrate und Gleichstellung durch Meloni war ein klares Zeichen, wie »Familie« unter ihrer rechtsextremen Regierung zu verstehen sei. Roccella steht für Anti-Abtreibung und ist gegen gleichgeschlechtliche Ehen. Seit nunmehr fünf Jahren führt sie einen Kreuzzug zugunsten der »traditionellen« Familie. Auch wenn sie die Aufsicht über das Ministerium für Gleichstellung innehat, betrachtet sie Mutterschaft als die wichtigste Form weiblicher Arbeit und möchte »der Mutterschaft die zentrale Stellung und das Ansehen zurückgeben, das sie verdient«. Was das in der Praxis für Frauen bedeutet, kann man in Gegenden Italiens beobachten, wo Melonis Partei schon regiert. Verona – wo die *Lega* und *Fratelli d'Italia* seit einem Jahrzehnt an der Macht sind – ist zu einer »Pro-Leben Stadt« geworden, in der öffentliche Gelder an Anti-Abtreibungs-Organisationen fließen, um den Zugang zu Abtreibungen einzuschränken (Abtreibungen sind in Italien seit 1978 legal). 2019 war Verona Gastgeber des Weltkongresses der Familien, auf dem Konversionstherapeuten, russisch-orthodoxe Priester und rechtsextreme Ideologen ihre Ansichten über die »natürliche Familie« darlegten.[8]

Geschlecht, Rasse und Immigration sind Themen, die Melonis harte Positionen aufzeigen und demonstrieren wes Geistes Kind sie ist, nämlich Mussolinis und Berlusconis. Darüber hinaus ist sie auch auf einer Linie mit ihren rechtsextremistischen Gleichgesinnten in Ungarn, Russland und weiteren Ländern. »Es gibt eine linke Ideologie, die sogenannte globalistische, die versucht, alles, was dich definiert – alles, was deine Identität und deine Zivilisation ausmacht – zum Feind zu machen«, erklärte Meloni der *Washington Post* kurz vor der Wahl 2022. Um diese »Zivilisation« zu verteidigen, wende sie sich gegen »Gender-Ideologie«, »LBGT-Lobbys«, gleichgeschlechtliche Partnerschaften und Adoptionen zugunsten der »natürlichen Familie«. »Die Regierung Georgia Melonis ist offen homophob [und] gegen die LBGTQIA+ Gemeinschaft und Frauen«, sagten Teilnehmer*innen einer Protestaktion im Oktober 2022, organisiert von der Mailänder Sektion der LBGTQIA+-Rechte-Gruppierung *Arcigay* und der LBGTQIA+-Elternvereinigung *Famiglie Arcobaleno*. »Wir wollen nicht das neue Ungarn werden.«[9]

Der Verweis auf Premierminister Viktor Orbáns repressive Regierung ist kein Zufall. Dort haben Regierung und Staatsmedien LBGTQIA+-Personen eifrig verfolgt, auch indem sie Homosexualität mit Pädophilie assoziiert haben. Ein Gesetz von 2021 verbietet jegliche Darstellung oder Diskussion über LBGTQIA+-Identitäten und sexuelle Orientierungen an Schulen, im Fernsehen und in der Werbung. Es folgte dem 2018 erlassenen Verbot von Gender Studies an höheren Bildungseinrichtungen und der Beendigung der rechtlichen Anerkennung von transgender und intersexuellen Menschen im Jahr 2020. Meloni, die sowohl Orbán als auch der ungarischen Präsidentin Katalin Novák (ehemals Familienministerin) nahesteht, hat sich offen zu solchen Maßnahmen bekannt. »Ungarn muss sich wehren, weil die westlichen Linken es angreifen. Sie versuchen Ungarns Vorstellung von Familie zu untergraben. Ihre Werkzeuge dafür sind Gender-Ideologie und die LBGTQIA+-Lobby«, behauptete Orbán auf dem Demografie-Gipfel 2021, und benutzte dabei die gleichen Argumente wie Meloni. Die beiden treffen sich oft im Kreise rechtsextremer Konferenzen und teilten sich auch die Bühne, als Orbán auf der Konferenz der *Fratelli d'Italia* 2019 in Rom eine Rede hielt. Novák wiederum tweetete kurz nach Melonis Wahlsieg 2022: »Freut mich zu sehen, dass die #Familienpolitik in der neuen #Italienischen Regierung besondere Aufmerksamkeit bekommt«, wobei sie ein Emoji verwendete, das unterstreicht, dass »Familie« ein Mann, eine Frau und zwei Kinder bedeutet. »Wir waren schon immer der Ansicht, dass familienfreundliche Maßnahmen mit besonderem Nachdruck umzusetzen sind. Das werden wir in den kommenden Jahren angehen«, antwortete Meloni.[10]

»Ethnische Substitution«

Homophobe und (pro-)natalistische Politik gehören seit der Zeit des Faschismus zusammen, als Mussolini LBGTQIA+-Personen in Gefängnissen und Strafkolonien einsperrte, Abtreibung kriminalisierte und den »Kampf um

Geburten« anführte, der auch anderen rechtsextremen Diktaturen als Modell diente. Jene Thematiken sind auch auf der Agenda Melonis und ihrer Mitstreiter*innen die wichtigsten Punkte: Europa als Raum für »Weiße« bewahren, indem »nicht-weiße« Immigration verhindert wird und gleichzeitig mehr Geburten von Weißen gefördert werden. Die Furcht vor der Auslöschung der »Weißen«, vor dem »Großen Austausch«, ist kein neues Phänomen. In Italien hat solches Gedankengut auch einen faschistischen Bezug und geht zurück auf Mussolinis Warnungen vor der »weißen Apokalypse«. »Die Wiegen sind leer und die Friedhöfe werden größer«, erklärte der *Duce* 1927. »Die gesamte weiße Rasse, die westliche Rasse, könnte von anderen farbigen Rassen überflutet werden, die sich in einem Tempo vermehren, das unsere eigene nicht kennt.«[11]

Springen wir zu Berlusconis letzter und extremster Amtszeit (2008–2011), als *Forza Italia* (Vorwärts Italien) mit der *Alleanza Nazionale* (Nationale Allianz) fusionierte und Meloni das Amt der Jugendministerin inne hatte. Die apokalyptische Rede, die Berlusconis Staatssekretär für Gesundheit, Carlo Giovanardi, 2008 vor dem Parlament hielt, spiegelte deutlich Mussolinis Rhetorik wider:

> Dies ist ein Land, das an niedrigen Geburtenraten, einer Überalterung der Bevölkerung und an einem Migrationsstrom stirbt, der so massiv ist, dass er die Integration erschwert, weil es keine italienische Gesellschaft mehr gibt, in der sich Nicht-EU-Einwanderer integrieren können […]. Wenn der Trend so weitergeht, werden Italiener in zwei oder drei Generationen verschwunden sein.[12]

Melonis eigene Version der Theorie des »Großen Austauschs«, die sie »ethnische Substitution« nennt, ist eine der extremsten. Sie steigt damit tief in Verschwörungstheorien ein und glaubt die Absicht bösartiger Mächte zu erkennen, die italienische Identität auszulöschen, indem sie eine »unkontrollierte Einwanderung« entfesselten. »Ich glaube, es gibt einen festen Plan, alles, was uns ausmacht, auszuradieren: Kultur, Nation, Familie werden angegriffen«, schrieb sie im März 2019 in einem Tweet und identifizierte dabei George Soros und die Europäische Union als Strippenzieher dieses Plans. Diese faschismusähnliche Paranoia äußert sich darin, dass Meloni gegen die italienische Staatsbürgerschaft für Kinder ist, die zwar in Italien geboren sind, aber von ausländischen Eltern abstammen, dass sie ferner Ausländern den Zugang zu Sozialleistungen verwehren will und einen Baustopp für neue Moscheen in Italien fordert mit der Begründung, dass sie soziale Konflikte verursachen. Alle diese Maßnahmen hätten das Ziel, »Nicht-Weiße« und Nicht-Christen dazu zu bewegen, Italien für immer zu verlassen.[13]

Das faschistische Erbe normalisieren

»Faschismus ist wie Masern«, schrieb der Autor Vitaliano Brancati (1907–1954), der während der Diktatur aufwuchs. »Wenn du es mit zwanzig bekommst, kannst du davon geheilt werden. Mit vierzig ist es tödlich.« Meloni trat der MSI im Alter von 15 Jahren bei. Ihre jugendliche Faszination für Faschismus und Mussolini entwickelte sich zu einer lebenslangen Bindung an dessen Ideale. Sie zeigt nicht nur kein Interesse, vom Faschismus »geheilt« zu werden, sondern legitimiert in einem Lebensbereich nach dem anderen klammheimlich viele Elemente einer Diktatur und schadet dadurch der demokratischen und pluralistischen Zivilgesellschaft. Erst kürzlich bemühte sie sich beispielsweise darum, den Gebrauch von Fremdwörtern in Italien zu unterbinden. Sie führte ein Gesetz ein, demzufolge der Gebrauch des Englischen mit einer Geldstrafe belegt werden könnte. Dies erinnert stark an eine Kampagne des Faschismus zur sprachlichen Autarkie, die Wörter wie *Cocktail* und *Chauffeur* aus dem öffentlichen Sprachgebrauch verbannte. Beides dient dazu, Fremdenfeindlichkeit zu schüren.[14]

Für diejenigen, die mit der deutschen Rigorosität im Umgang mit der öffentlichen Zurschaustellung von Nazi-Symbolen oder dem Hitlergruß vertraut sind, mag die Wiederauferstehung von so viel faschistischem Erbe überraschend sein. Doch das faschistische Erbe ist in Italien weitgehend normalisiert worden. Ein neues wissenschaftliches Projekt hat über 1.400 faschistische Denkmäler katalogisiert, die immer noch im Land aufgestellt sind. Unter ihnen ist der *Palazzo della Civiltà Italiana* in Rom. Er wurde zwischen 1938 und 1943 zu Ehren der italienischen imperialistischen Expansion erbaut, gilt als Ikone der Moderne und wurde mit öffentlichen und privaten Mitteln liebevoll restauriert. Auch linke italienische Politiker hatten lange eine eher laxe Haltung gegenüber der faschistischen Vergangenheit, was den Parteien geholfen hat, die die Diktatur legitimieren wollten. 2014 verkündete Matteo Renzi, damals noch Premierminister mit mitte-linker Gesinnung, die Bewerbung Roms für die Olympischen Spiele 2024 im faschistisch-gebauten Sportkomplex *Foro Italico*, während er vor Luigi Montanarinis (1906–1998) »Die Apotheose des Faschismus« stand – einem Kunstwerk, das zeigt, wie der *Duce* von Schwarzhemden und anderen glühenden Anhängern gegrüßt wird. Schwer vorzustellen, dass Deutschlands damalige Kanzlerin Angela Merkel ein Gemälde mit Adolf Hitler als Hintergrund für eine internationale Pressekonferenz gewählt hätte.[15]

Aber das ist Italien, ein Land, in dem Politiker*innen aller Couleur regelmäßig an der jährlich stattfindenden *Acca Larentia*, dem Treffen der Faschisten, teilnehmen. Ein Land, in dem vor 2024 der dort massenhaft kultivierte Faschistengruß nicht als berichtenswerte Angelegenheit erschien. In diesem

Jahr war auch Roms Kulturattaché Miguel Gotor, ein Mitglied der *Partito Democratico*, unter ihnen. Bevor die Teilnehmer den faschistischen Gruß zeigten, verließ Gotor die Veranstaltung, jedoch hatte auch er sich nicht entschieden, die Veranstaltung von vornherein zu meiden. Da Meloni die Faschisten, die den *Duce* verehren, stillschweigend unterstützt, täte das demokratische Italien gut daran, die Gefälligkeiten zu überdenken, die es denen entgegenbringt, die das Erbe eines gewalttätigen und rassistischen Regimes wahren. Meloni ist eine beliebte Politikerin und hat das Potenzial, jahrelang im Amt zu bleiben. In dieser Zeit kann sie die demokratischen Prinzipien und die Politik Italiens untergraben, während die Zahl der Italiener, die die rechtsextreme Vergangenheit und Gegenwart unterstützen, steigt.

Anmerkungen

Teile dieses Textes sind erstmals auf Englisch unter folgendem Titel erschienen: *How Facism is being normalized in Italy*, URL: https://lucid.substack.com/p/are-fascist-salutes-a-crime-in-italy, 24.1.2024 [aufgerufen am 22.4.2024].

1 Vgl. Barbie Latza Nadeau: Video of crowd's fascist salute in heart of Rome rattles Italy – but not its prime minister, in: CNN, 13.1.2024, URL: https://edition.cnn.com/2024/01/13/world/meloni-italy-rome-salute-intl/index.html [aufgerufen am 24.4.2024]; Franco Bechis: Oggi è reato, domani non lo sarà: la gran confusione della Cassazione sul saluto romano, in: Open Online, 19.01 2024, URL: https://www.open.online/2024/01/19/saluto-romano-reato-sentenza-cassazione-caos/ [aufgerufen am 24.4.2024]; Matteo Marcelli: La Cassazione. Saluto romano, è reato solo se si rivuole il fascismo, in: Avvenire, 18.1.2024, URL: https://www.avvenire.it/attualita/pagine/saluto-romano-ecco-perche-va-rifatto-il-processo [aufgerufen am 24.4.2024].

2 Vgl. Angela Giuffrida: Scepticism over Giorgia Meloni's claim ›fascism is history‹ in Italian far right, in: The Guardian, 11.8.2022, URL: https://www.theguardian.com/world/2022/aug/11/scepticism-over-giorgia-melonis-claims-fascism-is-history-in-italian-far-right [aufgerufen am 24.4.2024]; Chico Harlan/Stefano Pitrelli: Giorgia Meloni's interview with *The Washington Post*, in: The Washington Post, 13.9.2022, URL: https://www.washingtonpost.com/world/2022/09/13/giorgia-meloni-italy-interview/ [aufgerufen am 24.4.2024]; Barbara Serra: The Normalizaion of Italy's Giorgia Meloni, in: New Lines Magazine, 18.1.2024, URL: https://newlinesmag.com/argument/the-normalization-of-italys-giorgia-meloni/ [aufgerufen am 24.4.2024].

3 Vgl. Thomas Mackinson: Ignazio La Russa nuovo president del Senato. A un postfascista la seconda carica dello Stato. Un mese fa diceva: ›Siamo tutti eredi del Duce‹, in: Il Fatto Quotidiano, 13.10.2022, URL: https://www.ilfattoquotidiano.it/2022/10/13/ignazio-la-russa-nuovo-presidente-del-senato-primo-postfascista-seconda-carica-dello-stato-un-mese-fa-diceva-siamo-tutti-eredi-del-duce/6837351/ [aufgerufen am 24.4.2024]; vgl. Nadeau 2024.

4 Diese Wendung wurde in einem von Mussolini verfassten Artikel verwendet, der am 25. Juni 1922 in der von Mussolini gegründeten Zeitschrift *Gerarchia* veröffentlicht wurde.

5 Hans-Jürgen Schlamp: Widerstand im Salvini-Land, in: Spiegel Online, 16.10.2018, URL: https://www.spiegel.de/politik/ausland/italien-unter-der-rechten-lega-und-matteo-salvini-ein-land-verdirbt-a-1233616.html.

6 Vgl. Harlan/Pitrelli 2022.

7 Vgl. David Broder: Hillary Clinton is Wrong: Electing a Far-Right Woman is Not a Step Forward for Women, in: Jacobin, 9. 2. 2022, URL: https://jacobin.com/2022/09/hillary-clinton-women-far-right-italy-giorgia-meloni-feminism [aufgerufen am 24. 4. 2024]; Elin Bjarnegård/Pär Zetterberg: How Autocrats Weaponize Women's Rights, in: Journal of Democracy 33/2, S. 60–75.

8 Vgl. Martina Castigliani: Eugenia Roccelli: Chi è l'ultraconservatrice contro aborto e diritti lgbt a cui Meloni ha affidato il ministero per Famiglia e Natalità, in: Il Fatto Quotidiano, 22. 10. 2022, URL: https://www.ilfattoquotidiano.it/2022/10/22/eugenia-roccella-chi-e-lultraconservatrice-contro-aborto-e-diritti-lgbt-a-cui-meloni-ha-affidato-il-ministero-per-famiglia-e-natalita/6847916/ [aufgerufen am 24. 4. 2024]; Angela Giuffrida: Abortion rights at risk in region led by party of Italy's possible next PM, in: The Guardian, 22. 8. 2022, URL: https://www.theguardian.com/world/2022/aug/22/abortion-rights-at-risk-in-region-led-by-party-of-italys-possible-next-pm [aufgerufen am 24. 4. 2024].

9 Vgl. Harlan/Pitrelli 2022; Mark Lowen: Giorgia Meloni: Far-right leader poised to run Italy, in: BBC, 26. 9. 2022, URL: https://www.bbc.com/news/world-europe-62659183 [aufgerufen am 24. 4. 2024]; Castigliani 2022.

10 Vgl. Eurochild: New Hungarian legislation not only fails to protect children, it puts them at greater risk of harm, 25. 6. 2021, URL: https://www.eurochild.org/uploads/2021/06/Eurochild-Statement-Hungary.pdf [aufgerufen am 24. 4. 2024]; Lauren Kent/Samantha Tapfumaneyi: Hungary's PM bans gender study at colleges saying ›people are born male or female‹, in: CNN, 19. 10. 2018, URL: https://edition.cnn.com/2018/10/19/europe/hungary-bans-gender-study-at-colleges-trnd/index.html [aufgerufen am 24. 4. 2024]; N. V.: Leaders slam migration, LGBTQ at ›family values‹ summit, in: DW, 23. 9. 2021, URL: https://www.dw.com/en/hungary-leaders-slam-migration-lgbtq-at-family-values-summit/a-59283286 [aufgerufen am 24. 4. 2024]; Austausch zwischen Katalin Novák und Giorgia Meloni, Twitter, 23. 10. 2022.

11 Benito Mussolini im Vorwort zu Riccardo Korherr: Regresso delle nascite: Morte dei popoli, Rom 1928, S. 19.

12 Mussolini 1928, S. 10, S. 19; Carlo Giovanardi zit. nach: Milena Marchesi: Reproducing Italians: Contested Biopolitics in the Age of ›Replacement Anxiety‹, in: Anthropology & Medicine, 2012/19(2), S. 175.

13 Giorgia Meloni, Tweet vom 8. 1. 2018; Giorgia Meloni, Tweet vom 29. 3. 2019; Angela Giuffrida: God, family, fatherland – how Giorgia Meloni has taken Italy's far right to the brink of power, in: The Guardian, 17. 9. 2022, URL: https://www.theguardian.com/world/2022/sep/17/giorgia-meloni-brothers-of-italy-leader-far-right-elections-alliance- [aufgerufen am 24. 4. 2024]; Farid Hafez: Italy: Meloni's Islamophobic policies are pushing Muslims to the margins, in: Middle East Eye, 27. 6. 2023, URL: https://www.middleeasteye.net/opinion/italy-giorgia-meloni-introduces-her-first-islamophobic-policies [aufgerufen am 24. 4. 2024].

14 Vgl. Vitaliano Brancati: Diario romano, Mailand 1961, S. 234 sowie Barbie Latza Nadeau: Italian government seeks to penalize the use of English words, in: CNN, 1. 4. 2023, URL: https://edition.cnn.com/2023/04/01/europe/italian-government-penalize-english-words-intl/index.html [aufgerufen am 24. 4. 2024] und Ruth Ben-Ghiat: Language and the Construction of National Identity in Fascist Italy, in: The European Legacy, 1997/3(2), S. 438-443.

15 Vgl. Ruth Ben-Ghiat: Why are So Many Fascist Monuments Still Standing in Italy?, in: The New Yorker, 5. 10. 2017, URL: https://www.newyorker.com/culture/culture-desk/why-are-so-many-fascist-monuments-still-standing-in-italy [aufgerufen am 24.4.2024]; Giulia Giaume: C'è una grande mappa con tutte le testimonianze fasciste ancora presenti in Italia, in: Artribune, 28.11.2022, URL: https://www.artribune.com/progettazione/2022/11/mappa-testimonianze-fasciste-italia/ [aufgerufen am 24.4.2024].

Élise Julien

Die französische Demokratie zwischen konkurrierenden Erinnerungskulturen und der Instrumentalisierung des »Nationalromans«

Vor etwa 35 Jahren konstatierte der berühmte französische Historiker Jacques Le Goff: »Ich bin immer mehr davon überzeugt, dass die Franzosen nicht nur eine privilegierte, fast neurotische Beziehung zu ihrer Vergangenheit haben, sondern dass der historische Geist der wichtigste Architekt des französischen Staates und der französischen Nation war. Frankreich hat sich mehr als andere Staaten und Nationen auf dem Geschichtsbewusstsein aufgebaut.«[1]

Das spezifische Verhältnis der Französinnen*Franzosen zu ihrer Vergangenheit, das Le Goff umschrieb, galt lange Zeit als stabilisierender Faktor für Frankreichs Demokratie. Das demokratische Selbstverständnis basierte unter anderem auf der Annahme, ein gemeinsames und verbindendes nationales Narrativ könne unterschiedliche Sichtweisen, Positionen und Bedürfnisse innerhalb einer naturgemäß heterogenen Gesellschaft in sich aufnehmen und somit den demokratischen Zusammenhalt stärken. Seit einigen Jahrzehnten prallt dieser universalistische Anspruch an den Umgang mit der Geschichte allerdings auf eine sich verstärkende Vielfalt an Erinnerungsperspektiven. Gesellschaftliche Akteur*innen mit migrationsgeschichtlicher beziehungsweise politischer Prägung und historischem Selbstbewusstsein stellen die Rolle der Nationalgeschichte in Frage und fordern die Öffnung der Erinnerungskultur. Daher wird die französische Demokratie aktuell sowohl von Zentrifugalkräften herausgefordert, die die Möglichkeit einer gemeinsamen Geschichte in Frage stellen, als auch von zentralisierenden Kräften, die um jeden Preis an einer einheitlichen nationalen Meistererzählung festhalten wollen, auch wenn diese weit davon entfernt ist, der historischen Realität zu entsprechen.

Frankreich und sein »Nationalroman«

Der besondere Umgang der Französinnen*Franzosen mit ihrer Geschichte basiert zunächst auf einigen scheinbar unumstößlichen Leitideen[2] wie der

Ewigkeit Frankreichs, der Einheit des Volkes sowie der inneren Verbindung zwischen der Geschichte Frankreichs und der Geschichte der Menschheit – was einem eher unbescheidenen Universalismus entspricht. In dieser Hinsicht ist das Geschichtsbewusstsein in einer jahrhundertealten Tradition verwurzelt und zeichnet sich durch große Kontinuität aus. Es reicht weit zurück in die Vergangenheit und charakterisiert sich durch eine selbstzentrierte, oft selbstverherrlichende Perspektive. So wurde zum Beispiel das im Jahr 1987 gefeierte tausendjährige Bestehen der Kapetinger-Dynastie zugleich als tausendster Jahrestag Frankreichs präsentiert. Das Jahr 1989 stand für das zweihundertjährige Jubiläum *(Bicentenaire)* der Französischen Revolution und 2014 für den hundertsten Jahrestag *(Centenaire)* des Ausbruchs des Ersten Weltkriegs.

Außerdem herrschte in Frankreich, womöglich noch stärker und früher als in anderen Ländern, die Vorstellung vor, die Nation sei eine selbstverständliche Gegebenheit. Der Schriftsteller und Historiker Ernest Renan schlug in einem Vortrag von 1882 eine Definition der Nation vor, die schnell kanonisch wurde: »Eine Nation ist eine Seele, ein geistiges Prinzip. Zwei Dinge, die eigentlich eins sind, bilden diese Seele, dieses geistige Prinzip. Das eine liegt in der Vergangenheit, das andere in der Gegenwart. Das eine ist der gemeinsame Besitz eines reichen Vermächtnisses an Erinnerungen; das andere ist die gegenwärtige Zustimmung, der Wunsch, gemeinsam zu leben, der Wille, das Erbe, das man ungeteilt erhalten hat, weiterhin geltend zu machen.«[3]

Im Gegensatz zum viel essentialistischeren deutschen Konzept der Nation,[4] das von einer spezifischen »Wesensart« ausging, die das Deutsch-Sein begründete, beruhte das französische Konzept der Nation sowohl auf einem historischen Erbe, das es zu ehren gilt, als auch auf dem gegenwärtigen Willen, dieses Erbe fortzuführen. Der Rückbesinnung auf die Geschichte kommt in diesem Konzept von Nation also eine wesentliche Rolle zu, um die Werte von Kontinuität und Synthese zu untermauern. Die »historische Pariser Achse« kann übrigens als architektonischer Ausdruck dieser Synthese verschiedener Zeitebenen und der historischen Selbstverortung Frankreichs verstanden werden, weil sie zugleich königliche, imperiale und republikanische Bauwerke symbolhaft verbindet. Die hauptstädtische Achse reicht vom Louvre (Königs- und Kaiserpalast, heute das größte Museum der Welt) über den Place de la Concorde (wo Ludwig XVI. guillotiniert wurde), die Champs-Élysées und den Triumphbogen (der zu Ehren Napoleons und der Großen Armee erbaut wurde, immer noch Grabstätte des Unbekannten Soldaten ist und heute auf dem Place Charles-de-Gaulle steht)[5] bis hin zur *Arche des Bicentenaire* im Geschäftsviertel *La Défense*.[6]

Blick vom Louvre durch den »kleinen« Triumphbogen auf den »großen« Arc de Triomphe, davor der Obelisk aus Luxor auf der Place de la Concorde, Foto: Süddeutsche Zeitung Photo/Jürgen Ahrens

Für die spezifisch französische Meistererzählung, die die Entstehung der französischen Nation beschreibt, ist schon in der zweiten Hälfte des 19. Jahrhunderts der noch heute geläufige Ausdruck »Nationalroman« *(roman national)* entstanden. Dieser »Nationalroman« ist patriotisch, konzentriert sich auf Episoden der Vergangenheit, die den Aufbau der Nation prägten, und stellt die Größe des Landes, seine bedeutendsten Persönlichkeiten und deren Taten in den Vordergrund. Historiker beteiligten sich damals geschlossen an der Konstruktion dieser Meistererzählung – mitunter auch auf Kosten ihrer Fachprinzipien. Seit der Etablierung der Geschichte als eigenständige Wissenschaftsdisziplin hatten sie versucht, strenge Methoden einzuführen, um Fakten zu ermitteln und Objektivität anzustreben. Das positivistische Bestreben stellten sie jedoch mitunter zurück, wenn es um den Dienst am Nationalbewusstsein ging. Zugunsten der einheitlichen Perspektive war man bereit, Erinnerungen, die die Integrität in Frage stellen könnten, zu vernachlässigen oder zu verdrängen – oder wie es Ernest Renan 1882 stellvertretend auf den Punkt brachte: »Das Vergessen, und ich würde sogar sagen, der historische Irrtum, sind ein wesentlicher Faktor für die Schaffung einer Nation.«[7]

Gleichwohl war es nicht so, dass der Nationalroman jegliche Pluralität ausschloss. Interessant unter diesem Gesichtspunkt war etwa die Einführung des offiziellen Nationalfeiertags am 14. Juli im Jahr 1880.[8] Die meisten verbinden mit diesem Datum heute den Sturm auf die Bastille am 14. Juli 1789, die blutige Episode der Revolution, bei der etwa 100 Menschen ums Leben kamen und die das erste große Eingreifen des Pariser Volkes in den Verlauf der Revolution markiert. Der Nationalfeiertag bezog sich ursprünglich aber auch auf den 14. Juli 1790, das Fest der Föderation, als ein weiteres symbolträchtiges Ereignis. Damals wurde auf dem Champ-de-Mars ein großes Fest der nationalen Vereinigung veranstaltet, das mit einer Parade der Soldaten (der königlichen Armee) und der föderierten Nationalgarde (der von La Fayette angeführten Bürgermiliz) begann und bei dem anschließend mehr als 500.000 versammelte Menschen, darunter König Ludwig XVI. und die Abgeordneten, im Rahmen einer Messe den Eid auf die Nation und die neue Verfassung ablegten.

Daher erfüllen die Feierlichkeiten zum 14. Juli heute zwei Ziele: Zum einen würdigen sie die Rolle des Volkes in einem Prozess der Emanzipation von der Monarchie und des Strebens nach Freiheit. Zum anderen vereinen sie Nation und Monarchie in einem gemeinsamen, möglichst einvernehmlichen Gedenken, das auch die gewalttätige Dimension integriert. Diese doppelte Dimension der Erinnerung an den 14. Juli spiegelt sich bis heute in der Organisation des Nationalfeiertags wider, der sowohl eine Militärparade als auch ein Volksfest umfasst. Interpretationskonflikte bei der Konstruktion der identitären Einheit Frankreichs, etwa beim revolutionären Erbe, bleiben also keineswegs aus. Die Erinnerungskämpfe um Ereignisse aus der Vergangenheit – insbesondere die Revolution – führen durchaus zu Auseinandersetzungen unter den Französinnen*Franzosen, aber sie sind Teil einer großen Meistererzählung, die sie letztlich vereint.

Im Ausland ruft der Umgang der Französinnen*Franzosen mit ihrer Geschichte, je nach Perspektive, Neid oder Irritation hervor. Letzteres richtet sich gegen das patriotische Pathos und eine Selbstverherrlichung, die zur Mythenbildung neigt. Der in Frankreich proklamierte Konsens im Geschichtsbewusstsein beruht schließlich in Teilen auf dem gezielten Umschreiben von Vergangenem, von Verdrängung und dem Vergessen historischer Schattenseiten.

Aber es wird auch mit Neid auf dieses Geschichtsbewusstsein geblickt. Denn eine Geschichte, die sich nicht nur als national darstellt, sondern auch vorgibt, republikanisch, demokratisch und universalistisch zu sein, besitzt durchaus eine integrative Kraft. Ohne sie wäre es Frankreich wahrscheinlich nicht möglich gewesen, im 19. und 20. Jahrhundert Millionen von Einwanderinnen*Einwanderer zu integrieren und sogar zu assimilieren.

Fast eineinhalb Jahrhunderte nach seiner Entstehung bezeichnet der Nationalroman in Frankreich immer noch die patriotische, zentralistische, auf die Konstruktion der Nation fokussierte Meistererzählung. Allerdings wird er unter Historiker*innen inzwischen deutlich kritischer gesehen als zu Zeiten seiner Etablierung. Pierre Nora etwa nennt den »Nationalroman Frankreichs« eine Fabel, die sich das Land selbst erzählt, um sich nicht mit der Realität konfrontieren zu müssen: dem Verschwinden seiner Industrie, seiner Arbeiterklasse und der von ihr getragenen Utopie, seiner Weltmacht, und so weiter.[9]

Geschichte als Herausforderung für die Demokratie

In den letzten Jahrzehnten haben sich einige bemerkenswerte Entwicklungen vollzogen, die das Narrativ des Nationalromans herausfordern. Zunächst haben die Forderungen nach der Anerkennung partikularer Erinnerungen zugenommen, die teils untereinander konkurrieren und im Kontrast zu einem zentralisierten französischen Geschichtsdiskurs stehen. Während in Frankreich nach dem Zweiten Weltkrieg der Heldenstatus die höchste Anerkennung versprach und »Helden« (in erster Linie die Widerstandskämpfer*innen) somit im Vordergrund der Erinnerungskultur standen, rückte ab den 1970er Jahren zunehmend die Anerkennung der Leiden (in erster Linie der Jüdinnen*Juden) in den Mittelpunkt des Gedenkens. Dieser Prozess führte allmählich dazu, dass die Erinnerungen bestimmter Opfergruppen immer mehr Gehör fanden.

Hinzu kommt, dass seit den 1980er Jahren auch in der französischen Gesellschaft die identitätsstiftende Bindung zur einer »Klasse« oder »politischen Gruppe« nachgelassen hat und durch fragmentiertere Gruppen- und Zugehörigkeitslogiken ersetzt worden ist. Gesellschaftliche Gruppierungen definieren sich nun weniger als Akteur*innen, die auf ein politisches Zukunftsprojekt ausgerichtet sind, sondern vielmehr als Opfer, die auf eine spezifische schmerzhafte Vergangenheit blicken. Seit den 1990er Jahren sind Forderungen vielfältiger Opfergruppen – von Jüdinnen*Juden über andere Verfolgte des NS-Völkermords bis zu Betroffenen der Kolonialgewalt – nach symbolischer oder materieller Anerkennung immer lauter geworden. Gleichzeitig begannen diese Gruppen, ihre eigenen Traumata ins kollektive Gedächtnis zu rufen und dafür zu kämpfen, als Teil des Nationalromans anerkannt und wahrgenommen zu werden.

Die gespaltenen Erinnerungen, die sich um ein und dasselbe Ereignis rankten – ob es nun die Revolution, die Pariser Kommune oder die Besatzung während des Zweiten Weltkriegs war –, wurden zunehmend durch die »Konkurrenz der Opfer«, wie es der Historiker Jean-Michel Chaumont ausgedrückt hat,[10] abgelöst.

Diese Entwicklung hat durchaus positive Auswirkungen auf die Demokratie: Denn die öffentlichen Forderungen nach der Akzeptanz unterschiedlicher Erinnerungsperspektiven haben dazu geführt, dass sich neue Akteur*innen für die Vergangenheit interessieren. Das Engagement dieser oft nicht-akademischen Akteur*innen in der Geschichtsproduktion lässt sich als ein Beitrag zu einer bürgerlichen Geschichtspraxis und partizipativen Demokratie verstehen. Andererseits können diese Entwicklungen die Demokratie auch stark herausfordern, zum Beispiel, wenn bestimmte Erinnerungsgemeinschaften separatistische Logiken entwickeln, die abseits oder in Opposition zur gesellschaftlichen Zusammengehörigkeit stehen oder sich sogar von der historischen Realität loslösen.

Natürlich können Opfer und ihre Nachkommen durchaus den Nationalroman hinterfragen, ohne ihre Zugehörigkeit oder ihre »Treue« zur Nation in Frage zu stellen. Genau hier liegt ein Paradox: Die konkurrierenden Erinnerungen positionieren sich in Bezug auf die Nation und haben jeweils das Ziel, Teil einer starken Meistererzählung zu werden. Je mehr sie sich jedoch entwickeln und die öffentliche Debatte anregen, desto mehr schwächen sie diese Meistererzählung. Welche Auswirkungen diese Entwicklungen auf den demokratischen Zusammenhalt einer vielstimmigen Gesellschaft haben, hängt aller Voraussicht nach von der Reaktion der Politiker*innen ab, von ihrer Haltung gegenüber dem Umgang mit dem Nationalroman, der von nationalistischer Abschottung oder pluralistischer Öffnung geprägt sein kann.

Der Konservative Jacques Chirac war einst der erste Präsident, der eine Öffnung der erinnerungskulturellen Debatte in Frankreich anstieß. Im Juli 1995 sprach er im *Vel d'Hiv*, also dort, wo im Juli 1942 im Zuge der größten durch Vertreter*innen des französischen Staats durchgeführten Razzia 13.000 Jüdinnen*Juden inhaftiert wurden, über die »schwarzen Stunden«, die »für immer [die] Geschichte beschmutzen«.[11] Im Januar 2006 kündigte er an, dass der 10. Mai in Frankreich künftig als Gedenktag an die Sklaverei gelten solle: »Die Größe eines Landes besteht darin, seine gesamte Geschichte anzunehmen. Mit ihren glorreichen Seiten, aber auch mit ihren Schattenseiten.«[12] Diese Äußerungen sind weit von den oben zitierten Worten Ernest Renans entfernt.

Im Gegensatz zu Chirac plädierte Nicolas Sarkozy bei den Präsidentschaftswahlen 2007 jedoch für die Fortführung eines homogenen Geschichtsbildes – nicht zuletzt aus strategischen Gründen: »Ich möchte allen Franzosen sagen, dass wir die Erben ein und derselben Geschichte sind, auf die wir allen Grund haben, stolz zu sein. Wenn man Frankreich liebt, muss man zu seiner Geschichte und der Geschichte aller Franzosen stehen, die aus Frankreich eine große Nation gemacht haben.«[13] Nach seiner Wahl schuf Sarkozy ein Ministerium für »Nationale Identität« und nahm dann das höchst umstrittene Projekt eines Museums für die Geschichte Frankreichs in Angriff, das jedoch nie fertiggestellt wurde.

Fast zehn Jahre später erklärte auch der neue konservative Präsidentschaftskandidat, François Fillon: »Die jungen Franzosen ignorieren Teile ihrer Geschichte oder, schlimmer noch, sie lernen, sich dafür zu schämen. Die Geschichtslehrpläne müssen mit der Idee umgeschrieben werden, sie als eine nationale Meistererzählung zu begreifen. Diese ist eine Geschichte, die aus Männern und Frauen, Symbolen, Orten, Denkmälern und Ereignissen besteht, die einen Sinn und eine Bedeutung im allmählichen Aufbau der einzigartigen Zivilisation Frankreichs finden.«[14]

Die Rechtsextremistin Marine Le Pen schließt sich dieser klassisch-konservativen Förderung eines positiven und glorreichen Nationalromans an. Dabei wirft sie den einen vor, die Stolz erweckende Vergangenheit des Landes zu dekonstruieren, und den anderen, sich zu sehr mit widersprüchlichen Zeiten der Vergangenheit zu beschäftigen, die die Franzosen spalten, statt sie zu vereinen. Im Geschichtsunterricht solle jedoch der »positivsten und am meisten aufwertenden Geschichte Frankreichs« Vorrang eingeräumt werden, während insbesondere der Unterricht über die Kolonialisierung, die aufgrund ihrer negativen Aspekte eher zu Reue als zu Stolz einladen, sowie der Unterricht über den Zweiten Weltkrieg, der als zu komplex und daher zu polarisierend angesehen wird, beiseitegelassen werden solle.[15] Die Verteidigung des Nationalromans geht jedoch über die Politik hinaus. Seit den 2000er Jahren sind auch eine Reihe von Schriftsteller*innen, Essayist*innen und Medienleute aufgetaucht, die eine konservative oder sogar reaktionäre Geschichtsauffassung verteidigen und ein »ewiges Frankreich« predigen, das von seinen Feinden (seien sie »Ausländer« oder »Revolutionäre«) immer wieder in Frage gestellt wurde, aber immer wieder aufstehen konnte. Die Protagonisten fanden ein verhältnismäßig starkes Medienecho, zumal die Medien damals wie heute Thesen mehr Gehör verschaffen, die auf Karikatur und Denunziation setzen. Allerdings beruht dieses nostalgisch aufgeladene Geschichtsverständnis auf zahlreichen Fehlern und fragwürdigen Methoden.[16] Die meisten Autor*innen berufen sich auf das Erbe von Charles

Die französische Demokratie | 71

Maurras, dem Führer der *Action française*, einer royalistisch inspirierten, nationalistischen, antisemitischen und konterrevolutionären Bewegung, die zur wichtigsten intellektuellen und politischen Bewegung der extremen Rechten während der Dritten Republik (1870–1940) wurde.

Mythen statt Fakten:
Das Risiko einer »Zemmourisierung« Frankreichs

Die Synthese beider Welten, der Medien und der Politik, stellt zweifellos Éric Zemmour dar, ein rechtsextremer Journalist, Kolumnist, Polemiker und Essayist. Als Politiker wurde er bekannt, als er seine Kandidatur für die französischen Präsidentschaftswahlen 2022 erklärte und die Partei *Reconquête* (»Rückeroberung«) gründete, mit der er die Rechte um identitäre und nationalistische Themen vereinen wollte. Seit Mitte der 2000er Jahre hatte er häufig mit provokativen Äußerungen für Schlagzeilen gesorgt. Einige davon führten zu Verurteilungen wegen Aufstachelung zum Rassenhass und rassistischer Beleidigung. Im Laufe des Wahlkampfs wurde deutlich, wie sehr sein politisches Programm durch ein spezifisches Geschichtsverständnis geprägt war.[17] In seinen Augen ist Frankreich seit mehreren Jahrzehnten Opfer eines dramatischen Niedergangs, der so weit gehe, dass das Land selbst zu verschwinden drohe. Dies sei zum einen auf den aus der Revolution hervorgegangenen liberalen Individualismus und zum anderen auf den »großen Austausch« (*»grand remplacement«*) der Französinnen*Franzosen durch Einwanderinnen*Einwanderer zurückzuführen. Diese Behauptungen werden genutzt, um eine neue, mythische Geschichte Frankreichs zu schreiben, die von den Ergebnissen der historischen Forschung losgelöst und vor allem mithilfe einfacher Kategorien wie Rasse, Verschwörung, Krieg argumentiert.

Das Ganze geschieht gemäß einer klaren politischen Agenda: Die verzweifelte Lage des Landes mache es erforderlich, das als schwach angesehene System der parlamentarischen Demokratie aufzugeben und sich auf einen starken Mann zu verlassen, der eine nationale Ideologie vertritt, die auf einer Fusion zwischen der klassischen und der extremen Rechten beruht. Teil seiner Geschichtserzählung ist es zudem, das historische Erbe von General de Gaulle und Marschall Pétain miteinander zu versöhnen. Wenn er immer wieder die Lüge verbreitet, dass das Vichy-Regime ausländische Jüdinnen*Juden »geopfert« habe, um die französischen Jüdinnen*Juden zu schützen,[18] verfolgt er zwei Ziele: Zum einen versucht er, die Beteiligung Frankreichs an den NS-Verbrechen zu verharmlosen und die Öffentlichkeit darauf vorzubereiten, ähnliche Maßnahmen zu akzeptieren – wie die von ihm geforderte Ausweisung von zwei Millionen Einwanderinnen*Einwanderer in fünf Jahren. Zum anderen reaktiviert er die revisionistische These von »Schwert und Schild«, der zufolge De Gaulle während der Besatzungszeit das »Schwert« gewesen sei, das für Frankreich gekämpft habe, während Pétain als »Schild« das Land beschützt habe. Diese These diente nach dem Krieg der Rehabilitierung Petains, gilt allerdings spätestens seit den 1970er Jahren als überholt.

Zemmour zufolge lösen Lehrkräfte im Geschichtsunterricht bei französischen Schüler*innen Schuldgefühle aus – insbesondere in Bezug auf die Kolonialisierung –, damit die Bevölkerung sich anschließend von Ausländer*innen überrennen lasse. Aus dieser Perspektive würden die Menschenrechte den nationalen Interessen Frankreichs massiv schaden. Um dies zu verhindern, müsse man sowohl gegen die französische Verfassung als auch gegen die europäische Menschenrechtskonvention verstoßen. Zemmour, der selbsternannte »Anti-System«-Kandidat, ruft *de facto* dazu auf, mit dem Rechtsstaat zu brechen, den er als Hindernis für den Volkswillen betrachtet. Sein neuer Nationalroman ist eine Meistererzählung, die ausgrenzt und stigmatisiert, die keinen Platz mehr für republikanische Grundprinzipien lässt und die den Dreiklang von Freiheit, Gleichheit und Brüderlichkeit verleugnet.

Bei den Wahlen 2022 erhielt Zemmour zwar »nur« 7 % der Stimmen im ersten Wahlgang, nachdem ihm in Umfragen im Februar 2022 17 % der Stimmen zugeschrieben wurden. Aber die Reichweite seiner Reden ging weit darüber hinaus, nicht zuletzt, weil er seit Jahren in den Medien sehr präsent ist und seine polemischen Äußerungen zunehmend in den Mittelpunkt der öffentlichen Debatte gerückt sind. Man kann daher von einer regelrechten »Zemmourisierung« des Geistes und des politischen Vokabulars sprechen: [19] Seine Ideen etablierten sich im politischen Diskurs, der Begriff des »großen Austauschs« etwa wird immer häufiger unreflektiert übernommen und gehört mittlerweile zum gängigen Vokabular der konservativen Rechten. Sein politisches Projekt ist ein Langzeitprojekt und diese Art Kulturkampf ist nur die erste Etappe davon. Ganz in diesem Sinne brachte er 2023 ein Buch mit dem Titel heraus: »Mein letztes Wort ist noch nicht gefallen«.[20]

Perspektiven für einen demokratischen Umgang mit der Vergangenheit

Auch viele liberalere Politiker*innen berufen sich weiterhin auf den Nationalroman als Meistererzählung der französischen Geschichte – jedoch mit einem viel offenerem Ansatz: Sie verstehen ihn als eine Grundlage für einen Zusammenschluss der Menschen, der nicht reaktionär und exklusiv, sondern progressiv und integrativ ist. Die neue Form der Erzählung soll auch die »dunklen Seiten« der Geschichte akzeptieren, aber nach wie vor die »glorreichen« Momente hervorheben, beispielsweise indem das Thema Sklaverei mit Bezug auf ihre zweifache Abschaffung in den Jahren 1794 und – nach der zwischenzeitlichen Wiedereinführung durch Napoleon – 1848 thematisiert wird.[21]

In diesem Sinne erklärte etwa der sozialistische Präsident François Hollande im Jahr 2016 im Kontext der Erinnerung an die Geschichte der Sklaverei und Kolonialisierung: »Ich bin nicht für eine Geschichtsauffassung, die verschweigt, verdeckt, erstickt, ignoriert, was die Verletzungen früherer Generationen waren, weil sie letztlich auch unser Verhältnis zur Nation geformt haben.«[22] Er sprach sich damals zugunsten einer Anerkennung der verschiedenen Opfergruppen aus, allerdings nur einer symbolischen. Zu einer materiellen Wiedergutmachung kam es nicht.

Auch Präsident Emmanuel Macron bekräftigte im Jahr 2020, dass er sich dafür einsetzen wolle, dass jeder seinen Platz in der nationalen Meistererzählung findet, lehnte es jedoch zugleich ab, die Vergangenheit etwa durch das Abreißen von Statuen aufzuarbeiten: »Uns mit dem republikanischen Patriotismus zu vereinen, ist eine Notwendigkeit. Wir sind eine Nation, in der jeder, unabhängig von seiner Herkunft oder seiner Religion, seinen Platz finden muss. [...] Wir müssen unsere gesamte Geschichte, alle unsere Erinnerungen gemeinsam betrachten, um eine mögliche Gegenwart und Zukunft aufzubauen, mit dem Willen zur Wahrheit und keinesfalls dazu, das, was wir sind, wiederzubeleben oder zu verleugnen.«[23]

Der Nationalroman, der sich während der Dritten Republik (1870–1940) etabliert hatte, soll also aufrechterhalten werden, um den republikanischen Patriotismus zu stärken; diesmal jedoch in aktualisierter Form, als eine vielfältige Meistererzählung, die dem Stand der historischen Forschung wie auch den erinnerungskulturellen Erwartungen innerhalb einer pluralisierten Gesellschaft entspricht.

Vielleicht ließen sich auf diese Weise die inneren Widersprüche des Konzepts produktiv auflösen. Die Forderung nach einer diversen und vielstimmigen Erinnerungskultur, die den Begriff der Nation kritisch erweitert und partikulare Perspektiven integriert, könnte zur Grundlage einer neuen, differenzierteren Fortschreibung der französischen Meistererzählung werden. Gerade angesichts wirtschaftlicher, sozialer und klimatischer Notlagen sollte die politische Priorität darin bestehen, einen attraktiven Erwartungshorizont für die Zukunft zu entwerfen. Kurz gesagt: Neue Geschichte zu schreiben, anstatt Geschichte neu zu schreiben.

Anmerkungen

1 Zit. nach Étienne François: Rapport à l'histoire, in: Jacques Leenhardt/Robert Picht (Hg.), Au jardin des malentendus, Arles 1990, S. 18.
2 Vgl. ebd.
3 Ernest Renan: Qu'est-ce qu'une nation?, Paris 2023, S. 26.
4 Dieser Essenzialismus ist schon Anfang des 19. Jahrhunderts bei Fichte, dann unter dem ab Ende des 19.Jahrhunderts eingebürgerten Begriff der »Kulturnation« zu finden. Vgl. Johann Gottlieb Fichte: Reden an die deutsche Nation, Berlin 1808.
5 Das Grab des Unbekannten Soldaten beherbergt seit dem 11. November 1920 den Leichnam eines französischen Frontkämpfers, der im Ersten Weltkrieg starb. Dieser erinnert symbolisch an alle Soldaten, die im Laufe dieses Krieges und dann auch im Laufe späterer Konflikte für Frankreich gestorben sind.
6 Vgl. Maurice Agulhon: Paris, la traversée d'Est en Ouest, in: Pierre Nora (Hg.), Les lieux de mémoire, Paris 1997, S. 4589–4622.
7 Ernest Renan 2023, S. 9.
8 Vgl. Christian Amalvi: Le 14 juillet, du *Dies irae* à *Jour de fête*, in: Nora 1997, S. 383–423.
9 Vgl. Pierre Nora: L'ère de la commémoration, in: Nora 1997; S. 4687–4719.
10 Vgl. Jean-Michel Chaumont: Die Konkurrenz der Opfer. Genozid, Identität und Anerkennung, Lüneburg 2002.
11 Rede am 16. Juli 1995, URL: https://www.vie-publique.fr/discours/196345-jacques-chirac-16071995-deportation-juif-deuxieme-guerre-mondiale [aufgerufen am 18. 9. 2023].
12 Rede am 30. Januar 2006, URL: https://www.vie-publique.fr/discours/160295-declaration-de-m-jacques-chirac-president-de-la-republique-sur-le-dev [aufgerufen am 18. 9. 2023].
13 Rede am 25. Januar 2007, URL: https://www.vie-publique.fr/discours/165187-declaration-de-m-nicolas-sarkozy-ministre-de-lintereur-et-de-lamenag [aufgerufen am 18. 9. 2023].
14 Rede am 28. August 2016, vgl. URL: https://www.lefigaro.fr/vox/societe/2016/08/31/31003-20160831ARTFIG00269-francois-fillon-enseigner-le-recit-national-a-nos-enfants.php [aufgerufen am 18. 9. 2023].
15 Vgl. Wahlprogramm von Marine Le Pen aus dem Jahr 2022 und ihre zahlreichen Stellungnahmen zu diesem Thema während des Wahlkampfs; Vgl. Violaine Morin: Pour les enseignants d'histoire, Marine Le Pen fait revivre le spectre du »roman national«, in: Le Monde, 22. 4. 2022, URL: https://www.lemonde.fr/election-presidentielle-2022/article/2022/04/22/presidentielle-2022-pour-les-enseignants-d-histoire-marine-le-pen-fait-revivre-le-spectre-du-roman-national_6123229_6059010.html [aufgerufen am 18. 9. 2023].
16 Vgl. William Blanc u. a.: Les Historiens de garde. De Lorànt Deutsch à Patrick Buisson, la résurgence du roman national, Paris 2013.
17 Vgl. Cécile Alduy: La Langue de Zemmour, Paris 2022.
18 Vgl. Laurent Joly: La falsification de l'Histoire. Eric Zemmour, l'extrême droite, Vichy et les juifs, Paris 2022 und Alya Aglan u. a. (Hg.): Zemmour contre l'histoire, Paris 2022.
19 Vgl. https://www.ifop.com/publication/observatoire-du-zemmourisme-volet-2-ampleur-et-limites-de-la-zemmourisation-des-esprits/ [aufgerufen am 18. 9. 2023].
20 Vgl. Éric Zemmour: Je n'ai pas dit mon dernier mot, Paris 2023.
21 Vgl. Patrick Weil: Il manque un récit national qui intègre l'histoire de chacun, in: Le 1 Hebdo, 26. Januar 2022, Nr. 381, S. 5–6.
22 Vgl. Interview am 24. Mai 2016, vgl. URL: https://www.vie-publique.fr/discours/199120-interview-de-m-francois-hollande-president-de-la-republique-avec-fran [aufgerufen am 18. 9. 2023].
23 Rede am 2. Oktober 2020, vgl. URL: https://www.vie-publique.fr/discours/276537-emmanuel-macron-02102020-separatismes [aufgerufen am 18. 9. 2023].

Benjamin Zeeb

Asymmetrie, Ungleichgewicht und Desinformation: Die Schwachstellen der EU im Kampf gegen Autoritarismus

Leser:innen dieses Buches werden sich auf eine Sache schnell einigen können: Die Demokratie steht vor ihrer größten Herausforderung seit dem Ende des Zweiten Weltkriegs. Man hat das Gefühl, dass sich die Geschichte wiederholt, dass eine Reihe von gefährlichen Voraussetzungen zusammenkommen, die für freie Gesellschaften und die Verortung des Individuums in dieser komplexen Welt nichts Gutes verheißen. Man hat den Eindruck, dass unsere Institutionen nicht widerstandsfähig genug sind gegen die Angriffe derjenigen, die eine Wiederkehr von Gewalt befördern, die frühere Generationen von Europäer:innen ausgeübt, erlitten und bekämpft haben.[1]

Obwohl von Natur aus ähnlich hinsichtlich ihrer Zielsetzung und ihrer Methoden der Machtgewinnung, hat jede Autokratie ihre eigenen Variablen und ihren eigenen Weg zum Erfolg. Welcher Weg eingeschlagen wird, hängt vor allem von den Eigenheiten des Systems ab, das angegriffen wird. Eine über Jahrzehnte gewachsene soziale und politische Ordnung zu stürzen, ist kein leichtes Unterfangen. Ihre Schwachstellen müssen erst erforscht, die eher verschlissenen Stellen im demokratischen Gewebe identifiziert werden; es muss an den Fäden gezogen und die Widerstandsfähigkeit getestet werden, bis schließlich der Versuch unternommen werden kann, die weniger sorgfältig verstärkten Nähte aufzureißen.

Europa ist, um im Bild zu bleiben, zusammengeflickt und bietet daher eine Vielzahl von vielversprechenden Angriffsflächen. Wir wollen uns im Folgenden auf drei Schwachstellen der Europäischen Union (EU) konzentrieren, die verdeutlichen, warum diese Institution aufgrund ihres Aufbaus im Kampf gegen Möchtegern-Autokrat:innen und Diktator:innen entscheidend benachteiligt ist. Anders formuliert: Der Konflikt zwischen Verfechter:innen der Demokratie und gesetzesbasierter Ordnung und denjenigen, die die demokratische Ordnung stürzen wollen, ist aufgrund der EU-eignen Struktur von einer signifikanten Asymmetrie geprägt.

Auf dem Papier sind moderne Demokratien deutlich mächtiger als ihre autokratischen Herausforderer:innen. Sie stützen sich auf ihre Rechtsstaatlichkeit, ihre enorme Wirtschaftskraft, auf ihren Glauben an ihre moralische Überlegenheit, auf die Diversität ihrer Wähler:innen sowie ihre Fähigkeit, sich auf innovative Weise festigen und aufrechterhalten zu können; das macht einen Frontalangriff auf Demokratien so schwierig.

Aus antidemokratischer Perspektive besteht die Erfolgsstrategie deshalb darin, die strukturellen Defizite und inhärenten Unstimmigkeiten der westlichen Gesellschaften auszunutzen, um sie zu schwächen und ihre Erosion zu beschleunigen.[2] Statt eines titanischen Ringens zwischen den Mächten des Guten und Bösen, wie der Kampf für die Demokratie vor allem im Kontext des Kalten Krieges oft dargestellt wurde, haben wir es heute mit einer schleichenden Infiltration zu tun, einem ständigen und entschlossenen Bemühen, die Säulen der demokratischen Herrschaft zum Einsturz zu bringen. Attackiert wird dort, wo mit dem geringsten Widerstand zu rechnen ist.

In der Folge werden drei offene Flanken aufgezeigt, die die EU und die europäischen Demokratien einer existenziellen Bedrohung aussetzen. Selbst wenn Angriffe auf die Demokratie kein EU-spezifisches Problem darstellen, wird deutlich werden, inwiefern sich Europa von außer-europäischen Ländern und Regionen unterscheidet und warum Europa im Kampf gegen seine autokratischen Herausforderer:innen aktuell nur beschränkt handlungsfähig ist.

Eigenmächtige Held:innen

In der Staatskunst ist es oft notwendig, dass die richtigen Leute zur richtigen Zeit am richtigen Ort sind. Aber verlassen kann man sich darauf leider nicht. Es gibt zahlreiche historische Analysen, fiktionale Werke und Kommentare, die sich mit »Was-wäre-wenn«-Szenarien und kontrafaktischen Modellen beschäftigen und sich intensiv mit historischen Momenten auseinandersetzen, die unsere Gegenwart in entscheidender Weise geprägt haben: Was wäre, wenn die Osmanen in der Schlacht von Wien gesiegt hätten? Was wäre, wenn Amerika nicht in die Suez-Krise eingegriffen hätte? Und natürlich immer wieder: Was wäre, wenn die Deutschen den Zweiten Weltkrieg gewonnen hätten?[3]

Sicherlich lässt sich über den Wert solcher Gedankenexperimente diskutieren, aber dass sie immer wieder durchgespielt werden, zeugt davon, dass die Menschen Geschichte als etwas Brüchiges wahrnehmen und der Annahme folgen, dass sowohl der Zufall als auch die Entscheidungen und Handlungen Einzelner häufig weitreichenden Einfluss auf politische Entwicklungen haben. Es erscheint vor diesem Hintergrund nur logisch, dass diese Gedankenexperimente vor allem dann durchgeführt werden, wenn Strukturen fragiler werden und Krisen für Unsicherheit sorgen.

In den vergangenen beiden Jahrzehnten sah sich die EU mit unzähligen dieser Schlüsselmomente konfrontiert, mit Ereignissen, bei denen sich die Institution Europa nur durch das Eingreifen Einzelner retten konnte, die willens waren, ihr Mandat auszuweiten und bestehende Regeln zu biegen oder zu brechen. Was wäre passiert, wenn Angela Merkel ab 2010 nicht dem Druck ihres Finanzministers, dem Ifo-Institut und der Bild-Zeitung standgehalten und das hochverschuldete Griechenland russischen und chinesischen Interessen überlassen hätte?[4] Was wäre geschehen, wenn der damalige Finanzminister Olaf Scholz und sein Pendant im französischen Finanzministerium es nicht über sich gebracht hätten, die heilige Kuh des *Acquis Communautaire* der EU zu schlachten, um Covid-Anleihen einzuführen?[5] Was wäre gewesen, wenn Mario Draghi nicht versichert hätte, alles zu tun, was nötig ist, um die Einheitswährung zu bewahren?[6]

Paradoxerweise scheint das Konstrukt der Europäischen Union, das nahezu ausschließlich auf Gesetzen und Regeln aufgebaut ist, nur dadurch überleben zu können, dass diese Regeln immer wieder gebrochen oder kreativ ausgelegt werden. Denn vielfach lässt sich erst auf diese Weise die nötige Grundlage schaffen, um überhaupt ein bestimmtes Problem anzugehen. Allerdings wäre es falsch, diese Regelverstöße als Zeichen der Flexibilität der EU zu deuten und damit gewissermaßen einen Systemfehler mit Funktionsfähigkeit zu verwechseln. Denn es ist nur eine Frage der Zeit, bis sich niemand mehr findet, der gewillt ist, über die Grenzen zu gehen, damit das Projekt Europa fortgeführt werden kann. Das strategische Ungleichgewicht, das sich aus dieser Abhängigkeit von mutigen und mächtigen Einzelstimmen ergibt, ist leicht auszumachen: Damit das System funktioniert, muss auf jede existenzielle Herausforderung eine überobligatorische Antwort gefunden werden. Gleichzeitig besteht die Gefahr, dass ein einziges Versäumnis, den Anforderungen des Augenblicks gerecht zu werden, das gesamte europäische Gebäude zum Einsturz bringen könnte. Jede nationale Wahl könnte den Untergang der EU bedeuten. Die USA konnte vier Jahre Donald Trump überleben und würde wahrscheinlich – wenngleich nicht ganz unversehrt – auch weitere vier Jahre überstehen. Aber würde die EU fünf Jahre Marine Le Pen überleben?

Wir alle kennen die Warnung, dass die Demokratie niemals als selbstverständlich angesehen werden darf, und es mangelt nicht an eloquenten Politiker:innen, die dazu auffordern, sie immer wieder aufs Neue zu verteidigen, um ihre Lebendigkeit und die umfassende Beteiligung der Bürger:innen sicherzustellen.[7] Aber jeder braucht mal eine Pause; widerstandsfähige, politische Strukturen können es sich leisten, eine solche einzulegen. Denn solange sie wachsam bleiben, können sie vereinzelte Rückschläge verkraften.

Die EU kann das nicht. Diese Strukturschwäche benachteiligt die EU gegenüber ihren Gegner:innen. Irgendwann gehen ihr die Helden:innen aus, die die existenziellen Probleme anpacken. Diejenigen hingegen, die auf den Zusammenbruch der EU hoffen oder sie zumindest stark beschädigen wollen, brauchen indes nur einen einzigen entscheidenden Sieg.

Das Legitimationsdefizit der EU

Wenn es um die Legitimierung von Macht geht, haben autokratische Regime einen wesentlichen Vorteil gegenüber Demokratien. Um ihre Autorität zu wahren, müssen sie mit viel kleineren »Koalitionen« zurechtkommen als demokratische Regierungen. Sie benötigen lediglich den Rückhalt einer kleinen elitären Gruppe und dieser wird meist durch finanzielle Mittel erreicht. Andersdenkende Bevölkerungsteile unterdrücken sie mit Gewalt, während sie die duldsame Mehrheit durch eine Kombination aus Zuckerbrot und Peitsche in Schach halten. Ersteres ist dabei vorzuziehen, und Letzteres wird nur dann relevant, wenn die Ressourcen knapp werden.[8] Dieses System hat natürlich Nachteile, und es hat sich immer dann als zerbrechlich erwiesen, wenn es einem Autokraten nicht gelang, eines der drei Hauptziele zu erreichen, nämlich die Eliten integriert, die Opposition am Boden und das Volk draußen zu halten.

Im Gegensatz dazu braucht es in liberalen Demokratien, die sich auf lange Sicht als stabiler erwiesen haben, ausgeklügelte Prozesse, damit ihre Rechtmäßigkeit von der Bevölkerung anerkannt wird. Ihre Stabilität beruht auf komplexen, laufenden Abstimmungsverfahren und regelmäßiger Konsensfindung. Wenn ihnen dies gelingt, genießen sie einen Vorteil gegenüber ihren autokratischen Herausforderer:innen, die sie von innen oder außen bedrohen. Während es in autokratischen Gesellschaften oft genügt, ein paar Oligarchen abzulösen oder einen Großteil des Offizierskorps zu überzeugen, dass Veränderung notwendig sei, ist die Wählerschaft in Demokratien so groß, dass es für äußere Kräfte viel schwieriger ist, eine regierende Koalition aufzubrechen. Dies gilt jedoch nur dann, solange die demokratische Regierung auch wirklich als demokratisch angesehen wird und eine solide Mehrheit die Regierenden als legitime Volksvertreter:innen betrachtet.

Doch genau an diesem Punkt offenbart die EU ein entscheidendes Defizit. Ihr mangelt es zwar nicht an Verfechter:innen der Demokratie, weder unter ihren Bürger:innen noch ihren Institutionen, aber ihr gelingt es nicht, ihrer demokratischen Politik Ausdruck zu verleihen – und sich auf diese Weise als legitimierte demokratische Akteurin in Szene zu setzen.

Der Ursprung dieses Problems liegt in einer nie getroffenen Entscheidung: Die europäische Union ist als Prozess und nicht als Ergebnis konzipiert; sie scheint dazu bestimmt zu sein, ewig nach Höherem zu streben und niemals vollendet zu sein. Als Konsequenz befindet sie sich in einem unruhigen Schwebezustand zwischen Union und Konföderation, wobei sie meist auf komplizierte und intransparente interne Verhandlungen zurückgreift, um die Interessen ihrer Mitglieder auszugleichen. Obwohl dieser eigenartige Umstand oft als beabsichtigt und im Sinne der EU-Gründer:innen beschrieben wird,[9] birgt er enorme Gefahren für das Wohlergehen der Demokratie in Europa. Denn er beschreibt den Kern des europäischen Legitimationsproblems: die eingeschränkte Handlungsmacht und Repräsentationsfähigkeit der EU.

Um zu verstehen, inwiefern der prozessuale Charakter der EU ihre Anerkennung als demokratisch legitimierte Institution mindert, genügt es, die zwei Wege in Erinnerung zu rufen, auf denen politische Akteur:innen und Institutionen die Art von Rechtmäßigkeit erlangen, mit denen all diejenigen vertraut sind, die in liberalen Demokratien leben: Der erste Weg bezieht sich auf die Verpflichtung einer demokratischen Regierung, den Willen des Volkes auszuüben. Machthaber:innen sollten im Rahmen ihres Mandats regieren, das sie durch die Wahl erhalten haben. Nennen wir dieses Konzept *Input-Legitimität*. Diese Form der Legitimität ergibt sich, wenn Menschen im Großen und Ganzen das bekommen, wofür sie in der Wahl gestimmt haben, und wenn sie sich von den Regierenden repräsentiert fühlen. In funktionierenden Demokratien werden Wahlkämpfe von öffentlichen Diskussionen begleitet, die sich auf wesentliche Themen beziehen, flankiert von Versprechen der Parteien oder Kandidaten, dies oder jenes zu unternehmen, sobald sie im Amt sind. Oft beruht ihre Legitimität dann auf der Annahme, dass diese Versprechen weitestgehend eingelöst werden und dass sich die Beteiligung der Bürger:innen im politischen Prozess wiederfindet.

Output-Legitimität hingegen beschreibt den zweiten Weg zur Legitimität. Sie bezieht sich auf die Art Legitimität, die ein politisches System durch sein Handeln und die erzielten Ergebnisse gewinnt. Es handelt sich um die Fähigkeit, Gesetze zu verabschieden, die die Bedürfnisse der Bevölkerung befriedigen, und Probleme effizient zu lösen.

Eine funktionierende Demokratie braucht beide Formen der Legitimität. Die EU ist jedoch so konzipiert, dass es praktisch unmöglich ist, beiden Formen gerecht zu werden. Da das Europäische Parlament kein Initiativrecht besitzt und die Präsident:innen nicht direkt vom Volk gewählt werden, kommen alle wichtigen politischen Entscheidungen in Brüssel nur auf eine einzige Art und Weise zustande: durch Kompromisse. Die meisten der politischen Entscheidungen werden in einem sogenannten Trilog – einem informellen Verfahren, das in den EU-Verträgen nicht vorgesehen ist – zwischen der Kommission, dem Rat und dem Parlament getroffen. Zudem sind die Standpunkte, mit denen die jeweiligen Akteur:innen in den Trilog eintreten, immer schon das Ergebnis interner Kompromisse. Da beispielsweise im Europäischen Rat jeder Mitgliedsstaat ein Veto einlegen kann, muss die Position des Rats vor dem Trilog einstimmig festgelegt werden. In Verhandlungen verfügt er dadurch nur über eine begrenzte Flexibilität.[10] Obwohl diese Arbeitsweise erstaunlich erfolgreich ist, wenn es darum geht, solide politische Ergebnisse zu erzielen, so ist sie – politisch gesehen – äußerst unvorteilhaft, wenn man auf demokratischem Wege Gesetze verabschieden möchte.

Hinzu kommt: Aufgrund von Sprachbarrieren und unterschiedlichen Wahlzyklen gibt es keine übergreifende europäische Öffentlichkeit, in der größere regulatorische Vorhaben diskutiert werden könnten. Selbst den wichtigsten Gesetzen gehen selten angemessene öffentliche Debatten voraus. Dies schränkt die Möglichkeit, dass EU-Entscheidungen als legitim wahrgenommen werden, stark ein, selbst wenn alle an dem Prozess Beteiligten ein Mandat haben und zumindest auf dem Papier alle Standards der demokratischen Vertretung erfüllt sind. Wie viele Menschen wissen zum Beispiel, dass lange Zeit Kämpfe über das »Renaturierungsgesetz« (Nature Restauration Act) ausgefochten wurden, das ursprünglich vorsah, ganze 30 % des EU-Gebiets unter Naturschutz zu stellen – und dass dieses Gesetz 2024 mit knapper Mehrheit verabschiedet wurde, wenngleich in erheblich gekürzter Fassung? Wer versteht wirklich, was zwischen Ungarn und dem Rest der EU verhandelt wurde, um der Ukraine im Krieg gegen Russland milliardenschwere Hilfspakete zu gewähren? Wurden diese Entscheidungen formell auf demokratische Weise gefällt? Sicherlich! Aber waren sie das Ergebnis einer demokratischen Diskussion und wurde ausreichend Raum für Überlegungen geschaffen, den moderne Demokrat:innen als festen Bestandteil solcher Entscheidungsprozesse erwarten? Sicherlich nicht! Es ist daher nicht verwunderlich, dass die EU oft als undurchsichtige Gesetzgebungsmaschine wahrgenommen wird, der es an Rücksprache mit den Wähler:innen auf dem gesamten Kontinent mangelt. Dieses fehlende Bindeglied ist nicht auf böse Absichten der Gesetzgeber:innen zurückzuführen, sondern ist vielmehr kennzeichnend für die Art und Weise, wie innerhalb der Europäischen Union Regeln gemacht werden.

Gleichzeitig ist es so, dass die EU immer dann besonders erfolglos agiert, wenn sie transparent arbeitet. Und das lässt sie machtlos erscheinen. Als Einheit, die einen der größten globalen Märkte und eine der reichsten Bevölkerungen repräsentiert, scheitert sie immer wieder daran, der Außenwelt ihre Interessen zu vermitteln und diese im globalen Kontext durchzusetzen.[11] Die Beantwortung grundlegender Fragen ist nahezu unmöglich – ob zum Klimawandel, zu wirksamer Außenpolitik oder zu großen Social Media Plattformen, die in ausländischer Hand sind. Dieses Defizit rührt zum Großteil daher, dass sich die EU schwertut, Mitgliedsstaaten auf einen gemeinsamen Kurs zu bringen, um auf diese Weise die schiere Größe und das wirtschaftliche und politische Gewicht der EU zu nutzen. Sie enttäuscht somit immer wieder die Erwartungen der Wähler:innen und frustriert die Bürger:innen mit einer wenig schlagkräftigen Politik.[12]

Das Anerkennungsdefizit der EU ergibt sich dadurch, dass Input- und Output-Legitimität gegeneinander arbeiten: Effektive Politik im Sinne der Output-Legitimität kann nur auf Kosten der Transparenz und aufgrund fehlender Input-Legitimität erzielt werden, die sich zum Beispiel durch die direkte Wahl EU-politischer Entscheider:innen ergeben würde. Dieses politische Paradox wird immer dann besonders augenscheinlich, wenn sich innerhalb der Union keine einheitliche Haltung hinsichtlich der Lösung akuter Problemlagen herstellen lässt – zum Beispiel bei den erwähnten Hilfspaketen für die Ukraine.

Viele der Herausforderungen, denen die Europäer:innen gegenüberstehen, sind einfach zu groß, um sie im Rahmen der Möglichkeiten eines einzelnen Mitgliedsstaates anzugehen. Das führt dazu, dass die EU entweder als willkürlich erscheint, weil sie ihre Bürger:innen Vorschriften unterwirft, deren Entstehung schwer nachvollziehbar bleibt, oder als unfähig, weil sie drängende Probleme nicht entschieden anzugehen vermag.

Dieses strukturelle Dilemma wurde oft als Kommunikationsproblem abgetan: Wenn die EU doch nur in der Lage wäre, alle Vorteile, die sie ihren Bürger:innen bietet, effizient zu bewerben, so die Argumentation, dann wäre alles in Ordnung. Allerdings ist dieses Kommunikationsproblem unüberwindbar, denn die systemische Schieflage macht es weder möglich, Erfolge als legitim darzustellen, noch, Misserfolge überzeugend zu erklären. Bis zu einem gewissen Grad zeichnet die Dichotomie zwischen politischer Effektivität und Transparenz zwar alle demokratischen Gesetzfindungsprozesse aus. Allerdings machen es die EU-Vorschriften besonders kompliziert, den Bürger:innen Einblicke in die politischen Entscheidungsprozesse zu gewähren. Häufig weiß ein Großteil der EU-Bürger:innen gar nicht, dass die europäische Politik gerade an diesem oder jenem Gesetz arbeitet. Es ist jedoch schlicht unmöglich, eine substanzielle und umfassende Debatte über etwas zu führen, von dessen Existenz man nichts weiß.

Es kommen nun also zwei Dinge zusammen, die die EU schwächen und Autokrat:innen im asymmetrischen Wettkampf mit der Demokratie reichlich Spielraum gewähren.¹³ Die EU ist nicht nur darauf angewiesen, dass Einzelne den Mut haben, die Grenzen ihres Mandats zu überschreiten, damit das Konstrukt Europa weiter Bestand hat. Hinzu kommt, dass es für die EU aufgrund ihres Aufbaus und ihrer Entscheidungsfindungsstruktur nahezu unmöglich ist, in einer Art und Weise zu handeln, die wir im Nachhinein als demokratisch und legitim anerkennen würden.

Die EU im Informationskrieg

Europa befindet sich im Krieg. Das gilt auch für die Europäische Union. Wer etwas anderes behauptet oder glaubt, die EU-Mitglieder seien von den kriegerischen Auseinandersetzungen in der Ukraine isoliert, weil ihr Engagement auf dem Schlachtfeld nur indirekt ist, verschließt die Augen vor den täglichen Realitäten eines Konflikts, der tief in den Alltag der europäischen Politik hineinreicht.

Eine der Kriegswaffen, die längst auch Europa unter Beschuss genommen hat, ist Desinformation. In der Form, wie sie derzeit von staatlichen Akteuren wie Russland und China eingesetzt wird, zielt sie darauf ab, einen nicht enden wollenden Strom von Unwahrheiten und Realitätsverzerrungen nach Europa und in die USA zu senden, um den Widerstand gegen antidemokratische Positionen zu schwächen. Im Zeitalter sozialer Medien und dezentraler öffentlicher Diskurse ist Desinformation nicht bloß eine Abwandlung der Propagandaschlachten, wie wir sie beispielsweise während des Kalten Krieges erlebt haben. Aufgeladen und befeuert von moderner Informationstechnologie hat sie sich zu einem machtvollen Keil entwickelt, der demokratische Gesellschaften spaltet und sie darin behindert, Gefahren mit der notwendigen Entschlossenheit abzuwehren. In der Ukraine hat der Einsatz von Falschinformation beispielsweise reale Auswirkungen auf die Logistik des Schlachtfelds und die Nachschublinien im Verteidigungskrieg gegen die russische Invasion.¹⁴

Ein Teil dieser Herausforderung ist technischer Natur. In prädigitalen Zeiten waren Zeitungen, Fernsehen und Radio die Orte, an denen sich demokratische Auseinandersetzungen abspielten. Zwar hörten die Regierungen nicht immer und häufig nicht rechtzeitig auf Mehrheitsmeinungen, die sich auf diesen medialen Plattformen bildeten, aber üblicherweise beugten sie sich dem öffentlichen Druck. Heute sehen wir eine Diversifizierung der Medienlandschaft. Viele öffentliche Diskussionen sind vollkommen abgekoppelt von den Gesprächen, denen man immer noch eine zentrale Bedeutung für die Bestimmung des Regierungshandelns zuschreiben würde. Schon der Vergleich der Zahl der Abonnent:innen von Deutschlands größten Tageszeitungen mit der durchschnittlichen Zuschauerzahl eines AfD-Beitrags auf YouTube macht schnell klar, dass sich die Deutschen nicht mehr in einem medialen Diskurs bewegen, in dem jeder ähnliche Informationen konsumiert. Natürlich ist eine gewisse Diversität der Medienlandschaft für die Verteilung von Informationen prinzipiell nichts Schlechtes; aber ihre Aufspaltung in eine große Anzahl unzusammenhängender, parallel stattfindender Debatten macht die Medienlandschaft anfällig für gezielte Angriffe durch die Verbreitung von *fake news*. Gleichzeitig wird eine allgemeine Konsensbildung sehr viel schwieriger.

Sowohl Peking als auch Moskau geben jährlich Milliarden aus, um das Informationsökosystem demokratischer Gesellschaften zu manipulieren.[15] Dabei zielen insbesondere die russischen Operationen darauf ab, bestehende strukturelle Schwächen der Zielgesellschaften auszunutzen und die Mechanismen der Konsensfindung aus dem Gleichgewicht zu bringen, denn diese sind es, die politisches Handeln ermöglichen. Zwar hat die EU mit dem Gesetz über Digitale Dienste (Digital Services Act)[16] einige Fortschritte bei der Regulierung des digitalen Raums gemacht, doch gibt es immer noch Strukturen, die Online-Plattformen zu einem demokratiefeindlichen Terrain machen. Am deutlichsten ist das der Fall, wenn Plattformen von autoritären Regimen kontrolliert werden, wie bei TikTok, oder von Individuen, deren Einstellung nicht dem Wohl der Demokratie verschrieben zu sein scheint, wie bei Elon Musks X.

Aber leider ist bewusste Manipulation nicht unbedingt notwendig, um einem rationalen Diskurs auf Plattformen zu schaden. Ganz allgemein fördert das Geschäftsmodell der sozialen Medien unverhältnismäßig stark eine Kultur der Empörung, irrationale Konflikte und eine ungesunde Reduktion von Komplexität. Das verschärft nicht nur soziale Konflikte, sondern erschwert auch die Arbeit an einem demokratischen Konsens.

Die Eigentümer:innen von Plattformen werden zudem nicht mit der gleichen juristischen Sorgfalt geprüft wie andere Verleger:innen, obwohl sie sehr wohl entscheiden, welche Inhalte in den Vordergrund gerückt und welche in den Hintergrund gedrängt werden sollen. Statt einer Redaktionskonferenz verwenden sie dazu Algorithmen.

Blick nach vorn

Die EU befindet sich in einer Situation, in der sie trotz ihrer wirtschaftlichen Stärke und ihrer mit einer demokratischen Regierungsführung verbundenen Stabilität unnötig anfällig für äußere Angriffe ist. Bei der Regulierung des digitalen Raums ist eine überlegte Gesetzgebung im Sinne der Wettbewerbsgleichheit notwendig. Zudem muss die steigende Verbreitung von Unwahrheiten wie auch von lukrativen und schädlichen Inhalten per Gesetz reguliert werden. Hier sind theoretisch die Voraussetzungen gegeben, um Leitplanken für einen demokratischeren digitalen Raum zu setzen, der einen offenen Diskurs ermöglicht. Dafür bedarf es keiner Zensur, sondern lediglich der Rechenschaftspflicht der Plattformen und der Begrenzung eines Geschäftsmodells, das die ungeheuerlichsten Äußerungen künstlich verstärkt, um die emotionalen Reaktionen der Nutzer:innen zu maximieren und finanziell auszunutzen.

Aber es sind auch anspruchsvollere Strukturreformen und Vertragsänderungen erforderlich, um die Abhängigkeit von politischen Held:innen und das Legitimationsproblem der EU zu überwinden. Eines der größten Hindernisse für die politische Handlungsfähigkeit der EU in ihrer jetzigen Form ist das Vetorecht des Europäischen Rats, das es jedem einzelnen Mitgliedsstaat ermöglicht, die gesamte Union als Geisel zu nehmen. Es macht einzelne Staaten zu übermächtigen Akteuren, die die Union auseinandertreiben können. Gelingt Autokrat:innen ein Wahlsieg in einem großen Mitgliedsstaat, haben sie aufgrund des Vetorechts die Möglichkeit, aus dem EU-Rat heraus die Entscheidungsprozesse innerhalb der Europäischen Union zu lähmen. Sie werden zum Zünglein an der Waage und haben damit einen politischen Wettbewerbsvorteil. Wenn beispielsweise die Präsidentschaftswahlen in Frankreich oder Deutschland von demokratiegefährdenden und euroskeptischen Parteien gewonnen werden, schwindet die Handlungsmacht der EU und somit ihre Funktionsfähigkeit. Die Abschaffung des Vetorechts sollte daher nicht als ein Element irgendeiner Zukunftsvision in einem langwierigen Prozess der europäischen Integration betrachtet werden, sondern sie sollte Priorität haben, um die Existenz der EU langfristig zu schützen.

Die Abschaffung des Vetorechts würde auch die Möglichkeit für weitere notwendige Reformen schaffen, die zur Überwindung des Legitimationsproblems dringend erforderlich wären. Dazu gehört es, die Union mit echter Macht und entsprechenden Budgets auszustatten, insbesondere in Bereichen, in denen unterschiedliche Ansätze dazu geführt haben, dass ganz Europa, trotz erheblicher Ausgaben einzelner Mitgliedsstaaten, relativ machtlos ist. Die Verteidigungspolitik ist ein Beispiel für diese Machtlosigkeit. Dabei sollten doch gerade in diesem Bereich die Vorteile einer einheitlichen Doktrin und gemeinsamer Militärausgaben augenfällig sein.[17]

Eine stärkere Zentralisierung erfordert jedoch eine zusätzliche demokratische Legitimation, zum Beispiel durch die direkte Wahl der Kommissionspräsident:innen. Außerdem sollte das Europäische Parlament das Recht haben, Gesetze zu initiieren. Parallel zu diesen Schritten müsste die EU zu einer echten politischen Autorität aufsteigen, die über demokratische Legitimität verfügt und in Krisenzeiten nicht auf den Mut Einzelner angewiesen ist.

Anmerkungen

1 Dieses Gefühl stützt sich auch auf Zahlen. So fiel der vom Economist Intelligence Unit gemessene Demokratie-Index im Jahr 2023 auf seinen niedrigsten Stand. Vgl. The Economist Intelligence Unit Limited: Democracy Index 2023, London 2024.

2 Christopher Sabatini/Ryan C. Berg: Autocrats Have a Playbook – Now Democrats Need One Too. With democracy still in retreat, it is time to get smart about fighting back, in: *Foreign Policy*, 10. 2. 2021, URL: https://foreignpolicy.com/2021/02/10/autocrats-have-a-playbook-now-democrats-need-one-too/. [aufgerufen am 3. 5. 2024].

3 Vgl. zum Beispiel Niall Ferguson (Hg.): Virtual History: Alternatives and Counterfactuals, London 1997.

4 Vgl. unter anderem Stefan Kornelius: Angela Merkel: Die Kanzlerin und ihre Welt, Hamburg 2013.

5 Die Ausgabe von Anleihen wurde als klare rechtliche Grenze angesehen, die nicht überschritten werden sollte, bis die Covid-19-Pandemie eine neue Dringlichkeit darstellte. Seitdem wird diese Maßnahme zur Finanzierung der Unterstützung der Ukraine eingesetzt. Vgl. Adam Tooze: Shutdown: How Covid Shook the World's Economy, New York 2021.

6 Vgl. Markus K. Brunnermeier u. a.: The Euro and the Battle of Ideas, Princeton 2016.

7 Vgl. Timothy Snyder: On Tyranny: Twenty Lessons from the Twentieth Century, New York 2017.

8 Vgl. Bruce Bueno de Mesquita/Alastair Smith: The Dictator's Handbook: Why Bad Behavior is Almost Always Good Politics, New York 2011.

9 Vgl. Desmond Dinan: Ever Closer Union: An Introduction to European Integration, London 2010.

10 Vgl. Daniel Kenealy u. a. (Hg.): The European Union: How does it work?, Oxford 2020.

11 Eine Ausnahme bildet der Handel, wo Machtstrukturen klarer an EU-Institutionen verteilt worden sind.

12 Die Gesetzgebung rund um den Klimawandel ist ein gutes Beispiel. Dennoch gibt es eine Reihe von anderen Themen, in denen Erwartungen und Ergebnisse auseinanderdriften. Weiterhin kann die undurchsichtige Migrationspolitik genannt werden, die dazu führt, dass Menschenmengen auf abgelegenen Inseln festgehalten werden oder Flüchtlinge im Mittelmeer ertrinken. Das jüngste Beispiel betrifft das mangelnde militärische Potenzial im Verhältnis zu den Militärausgaben der EU.

13 Vgl. beispielsweise Alice Weidel von der AfD, die kürzlich verkündete, sie wolle »das demokratische Defizit der EU heilen«; »Alice Weidel sieht in Brexit ›Modell für Deutschland‹«, in: Zeit Online, 22. 1. 2024, URL: https://www.zeit.de/politik/deutschland/2024-01/afd-alice-weidel-eu-austritt-brexit, [aufgerufen am 3. 5. 2024].

14 Vgl hierzu URL: https://www.atlanticcouncil.org/in-depth-research-reports/report/undermining-ukraine-how-russia-widened-its-global-information-war-in-2023/ [aufgerufen am 3. 5. 2024].

15 Vgl. Aleksandra Michałowska-Kubś: Coining lies. Kremlin spends 1.5 Billion per year to spread disinformation and propaganda, in: Debunk, 8. 8. 2022, URL: https://www.debunk.org/coining-lies-state-budget-financing-of-russian-propaganda [aufgerufen am 3. 5. 2024].

16 Das Gesetz über Digitale Dienste ist eine Regulierung innerhalb des EU-Gesetzes, die »die Praktiken der Moderation von Inhalten auf sozialen Medienplattformen regeln« und gegen illegale Inhalte vorgehen soll. Vgl. hierzu URL: https://commission.europa.eu/strategy-and-policy/priorities-2019-2024/europe-fit-digital-age/digital-services-act_de [aufgerufen am 3.5.2024].

17 Die EU-Mitgliedsstaaten geben ca. 480 Milliarden Euro für ihre Verteidigung aus, fast halb so viel wie die USA. Aufgrund mangelnder Kooperation und Interoperabilität erhalten sie dafür allerdings nur einen Bruchteil der militärischen Leistungsfähigkeit. Vgl. SIPRI Military Expenditure Database, URL: https://www.sipri.org/databases/milex [aufgerufen am 3.5.2024].

Çiğdem Akyol

Erdoğan gegen Atatürk:
Der lange Kampf der türkischen Republik

Zum 100. Geburtstag der Türkei im Jahr 2023 führt Recep Tayyip Erdoğan die Republik schon länger als es der Gründervater der Nation, Mustafa Kemal Atatürk, je getan hat. Während der Feierlichkeiten zum Staatsjubiläum am 29. Oktober 2023 ließ Erdoğan nach einer Kranzniederlegung an Atatürks Mausoleum in Ankara verlauten: »Unsere Republik ist in Sicherheit und in guten Händen, so wie sie es nie zuvor gewesen ist.« Es ist ein Satz, den wahrscheinlich nur der Präsident selbst und seine Anhänger*innen so glauben können – hingegen werden viele Menschen angesichts der Fakten nur den Kopf schütteln.

Einer der Slogans von Erdoğan und der AKP während des Wahlkampfes 2023 lautete: »Das Jahrhundert der Türkei«. Die damit ausgedrückte Kontinuität zwischen Atatürk und Erdoğan, die eine stete Modernisierung und Weiterentwicklung der Republik suggeriert, trügt jedoch. Denn die politischen Visionen des Staatsgründers und jene des amtierenden Staatspräsidenten widersprechen sich: Während der eine das Land in die Zukunft führen wollte und dabei den Westen, insbesondere Frankreich, als Vorbild im Blick hatte, orientiert sich der 2003 erstmalig zum Ministerpräsidenten ernannte Erdoğan an dem 1918 zusammengebrochenen Osmanischen Reich – und an einer islamisch-konservativen Agenda. Atatürk drehte die Zeit innerhalb weniger Jahre vor, während Erdoğan diese kontinuierlich zurückstellt.

In seiner Zeit als Ministerpräsident (2003–2014) und Staatspräsident (seit 2014) zerstörte Erdoğan schrittweise einige Grundprinzipien des Kemalismus. Zu diesen gehörten Republikanismus, Populismus im Sinne einer klassenlosen und gleichberechtigten Gesellschaft, Etatismus, Reformismus, Laizismus und Nationalismus. Diese Leitideen waren die Maximen von Atatürks rigoroser Machtpolitik. Sie sollten den Weg in die Moderne ebnen und bildeten das Fundament für die Entwicklung einer demokratischen Ordnung.

Zum 100. Geburtstag der Republik feierte die Türkei also ein widersprüchliches Land: Laut Verfassung zwar säkular und demokratisch, ist das Land heute dennoch weit entfernt von Atatürks Gründungsidealen von 1923. Wie konnte es so weit kommen?

Atatürk und der Aufbruch in die Moderne

Atatürk kam 1881 im damals noch zum Osmanischen Reich gehörenden Saloniki mit dem Namen Mustafa zur Welt. Sein zweiter Vorname Kemal kam erst später hinzu. Als 1934 in der Türkei Nachnamen eingeführt wurden, erhielt er zusätzlich den Ehrennamen Atatürk, was »Vater der Türken« bedeutet. Er wuchs als armer Halbwaise auf und schlug, gegen den Willen seiner Mutter, eine militärische Laufbahn ein. 1919, ein Jahr nach Ende des Ersten Weltkriegs, löste Atatürk eine nationalistische Revolution aus: Er organisierte den Widerstand gegen die Friedensregelungen der siegreichen Alliierten, die für die Türkei nur noch einen Mini-Staat vorsahen. Nach dem sogenannten »Befreiungskrieg« (1919–1923) gründete Atatürk am 29. Oktober 1923 die säkulare Republik. Er ernannte sich zum Präsidenten und etablierte ein Regime mit einer Einheitspartei, das fast ohne Unterbrechung bis 1945 bestand.

Der Gründervater brauchte nur 15 Jahre, um auf den Trümmern des Osmanischen Reiches einen neuen Staat aufzubauen und eine neue Gesellschaft zu formen. Er gestaltete das Zivil- und Strafgesetzbuch nach europäischem, vor allem schweizerischem und italienischem Vorbild, er schaffte das Kalifat und das Sultanat ab, er ersetzte das arabische Alphabet durch das lateinische und führte den gregorianischen Kalender sowie die Sonntagsruhe ein. In den 1930er Jahren erhielten auch Frauen das aktive und passive Wahlrecht. Der Glaube wurde fortan durch die staatliche Religionsbehörde Diyanet kontrolliert.[1]

Bis heute besteht ein Personenkult, auch wenn Atatürk mittlerweile nicht mehr unumstritten ist. Dies liegt nicht zuletzt an seiner Minderheitenpolitik und an seinem Versuch, dem Staat und der Gesellschaft von oben herab und teils mit Gewalt seine Vision einer »zeitgemäßen Zivilisation« aufzudrücken.[2] Der Atatürk-Biograph Klaus Kreiser sagt dazu: »Ich finde es bemerkenswert, wie viele Türken gut damit leben können, dass der große Mann gottlos war, obwohl sie selbst alle Gebete verrichten und nie einen Tropfen Alkohol trinken. Das ist das türkische Wunder.« Der Turkologe findet: »Alles in allem würde ich die kulturelle Revolution als eine Erfolgsgeschichte bezeichnen. Die Türkei hätte ohne ihn [Atatürk] nicht all die kulturellen und wissenschaftlichen Leistungen des Landes vollbracht.«[3]

Als Atatürk am 10. November 1938 starb, hinterließ er zwar ein immer noch bitterarmes Land, doch es waren seine Reformen, die dem Land verhalfen, sich in den folgenden Jahrzehnten innenpolitisch weiterzuentwickeln und internationale Bündnisse einzugehen: Seit 1945 ist die Türkei Mitglied der Vereinten Nationen, 1950 trat sie dem Europarat bei, 1952 der NATO, und 1973 zählte die Republik zu den Gründungsmitgliedern der Organisation für wirtschaftliche Zusammenarbeit und Entwicklung (OECD). Später war Ankara Mitgründerin der Organisation der Islamischen Konferenz (1969), seit 1996 ist die Türkei Teil der EU-Zollunion. Die Republik wurde ferner Mitglied der G20, der Gruppe der führenden Industrie- und Schwellenländer.

Die Türkei entwickelte sich zu einem Global Player, an dem die internationale Gemeinschaft heute auch wegen der besonderen geografischen Lage nicht vorbeikommt. Und sie ist laut Verfassung, wie bereits erwähnt, eine demokratische und rechtsstaatliche Republik. Doch es gibt eine Kluft zwischen konstitutionellem Anspruch und politischer Realität. Denn die Türkei ist auch ein Land der Unfreiheit und Unsicherheit. Seit 2013 – und das gilt bis heute – wird sie offiziell in der Liste der Autokratien geführt.[4] An dieser Entwicklung hat Erdoğan großen Anteil. An seiner Politik sind Zehntausende zerbrochen, weil sie aus politischen Gründen ins Gefängnis gesteckt wurden, ihre Arbeit verloren haben oder ins Exil fliehen mussten. Millionen Menschen in der Türkei leiden unter einer teils hausgemachten Wirtschaftskrise, und niemand weiß, wann diese endet. Den Nachbarstaaten wie Griechenland droht Erdoğan mit Krieg, er setzt Geflüchtete gegenüber Europa als Druckmittel ein, indem er sie mit Bussen an die Grenzen der EU transportiert, und das freie Wort lässt er kaum noch gewähren. Bürger*innen müssen mit Inhaftierung rechnen, wenn sie in sozialen Netzwerken bloß ein Like unter eine regierungskritische Äußerung setzen. Die Pressefreiheit ist eingeschränkt: Auf der Liste der Organisation »Reporter ohne Grenzen« rangiert das Land weit hinten, auf Rang 165 von 180 untersuchten Staaten. Erdoğans Parteiregime und seine Unterstützer haben den politischen und gesellschaftlichen Spielraum verengt.[5] Die Regierung baut mehrere Dutzend neue Gefängnisse, weil die 399 vorhandenen Haftanstalten nicht mehr ausreichen. Während der Amtszeiten von Erdoğan hat sich die Zahl der Gefangenen verfünffacht.[6]

Erdoğans Idee von Modernität zeigt sich vor allem in der Architektur. Er lässt die längste Hängebrücke des Landes und einen Megaflughafen bauen, immer neue Moscheen entstehen. Er plant zudem einen dritten Bosporuskanal. Auf dem Taksim-Platz überschattet seit 2021 eine riesige Moschee das »Denkmal der Republik«, das mit Atatürk in der Mitte an die Republikgründung erinnert – ein Sinnbild für die gescheiterten Bemühungen des kemalistischen Establishments, den Mann zu verhindern, der die türkische Demokratie in den Konservativismus zurückführt.

Islam und Demokratie: Erdoğans politischer Aufstieg

Recep Tayyip Erdoğan wurde 1953 in Kasımpaşa geboren, in einem armen Stadtteil von Istanbul, der unterhalb von Pera liegt, dem Istanbuler Äquivalent des Pariser Stadtteils Saint-Germain-des-Prés. Die Einwohner von Kasımpaşa sind religiöse Konservative, während in Pera eine kosmopolitische kemalistische Elite lebt. Als Kind besuchte Erdoğan eine Imam-Hatip-Schule, eine Bildungseinrichtung, die Imame und Prediger ausbildet. Weil er so gut aus dem heiligen Buch rezitieren konnte, wurde er auch »Korannachtigall« genannt.

Schon sehr früh engagierte er sich in der *Millî Görüş*-Bewegung, einer islamistischen Organisation unter der Führung des Politikers Necmettin Erbakan. Damit wurde er Teil der antisäkularen, antiwestlichen und auch antisemitischen Bewegung, deren politische Gegner die sogenannten »weißen Türken« sind. Diese pflegen einen westlichen Lebensstil, haben nicht selten im Ausland studiert, sind sensibel, wenn es um Säkularismus geht und blicken von oben auf die »schwarzen Türken« herab, also auf die frommen, tendenziell eher weniger gebildeten Türk*innen, die in prekären Verhältnissen leben.

Die »weißen Türken« pflegen ihr elitäres und in Teilen auch undemokratisches Verständnis einer Gesellschaft, indem sie die »schwarzen Türken« nicht in ihre Lebenssphären eindringen lassen und, wo möglich, politische und gesellschaftliche Teilhabe nur selektiv gewähren. Erdoğan selbst betont regelmäßig seine Herkunft. Einer seiner früheren, privilegierteren Weggefährten erzählte in einem Interview, wenn Erdoğan wütend auf ihn gewesen sei, habe ihn dieser als »weißen Türken« beschimpft.[7]

1994 wurde Erdoğan als Kandidat von Erbakans Wohlfahrtspartei überraschend zum Bürgermeister von Istanbul gewählt. Ganz pragmatisch führte er zahlreiche Reformen durch, die das Leben der Bürger*innen in der Megametropole positiv beeinflussten. So wurden die Grünflächen ausgeweitet, das Verkehrsnetz modernisiert, die Müllabfuhr verbessert und Wasserleitungen erneuert. Gleichzeitig wünschte sich Erdoğan, dass die weltberühmte Hagia Sophia wieder in eine Moschee umgewandelt werde – das hat er inzwischen realisiert. Sitzungen begann Erdoğan mit dem Zitieren von Koransuren, seine Frau und seine beiden Töchter tragen Kopftuch. Ein Spitzenpolitiker mit verhüllter Familie war zu dieser Zeit noch ein Affront in der Türkei.

Nachdem Erdoğans politischer Ziehvater Necmettin Erbakan im Jahr 1997 vom Militär zum Rücktritt als Premierminister gedrängt worden war, geriet auch der zweite Hoffnungsträger des politischen Islams ins Visier einflussreicher kemalistischer Eliten: In einem politischen Verfahren wurde Erdoğan wegen des Aufsagens umformulierter Verse des Gedichts *Asker Duasi (Gebet für den Soldaten)* des osmanischen Soziologen Ziya Gökalp vor Gericht gebracht. »Die Minarette sind unsere Bajonette, die Kuppeln unsere Helme, die Moscheen unsere Kasernen und die Gläubigen unsere Armee«, lauten die Sätze. Ein Gericht befand den Bürgermeister für schuldig, die Bevölkerung

Der türkische Staatspräsident Recep Tayyip Erdoğan (Mitte) im August 2020 beim Freitagsgebet in der Hagia Sophia. Zwischen dem 4. und 6. Jh. als bedeutendste Kirche der orthodoxen Welt erbaut, wurde die Hagia Sophia von 1453 bis 1935 als Moschee und von 1935 bis 2020 als Museum genutzt, Foto: picture alliance/Uncredited

»unter Hervorhebung von religiösen und rassistischen Unterschieden zum Hass und zur Feindschaft provoziert und aufgehetzt« zu haben.[8] Im Jahr 1998 wurde er zu einer Haftstrafe von zehn Monaten verurteilt, von denen er vier absitzen musste. Zudem wurde er mit einem lebenslangem Politikverbot belegt. »Unser Land erniedrigt sich mit diesem Urteil vor der ganzen Welt. Unser Strafrecht wird von den Gegnern der Demokratie pervertiert«, sagte Erdoğan einen Tag vor seiner Gefängnisstrafe.[9]

Die Haft bedeutete aber nicht das Ende seiner politischen Karriere – im Gegenteil. Nach seiner Entlassung gelang Erdoğan ein faszinierender Aufstieg. In einer Welt, in der nach dem 11. September 2001 Muslim*innen unter Generalverdacht standen, schien er die hoffnungsvolle Gestalt zu sein, die zeigte, dass sich Islam und Demokratie sehr wohl vereinen lassen. In seiner neuen Partei für »Gerechtigkeit und Entwicklung« sammelten sich die Liberalen aus dem Reservoir der Politisch-Religiösen. Erdoğan verglich die AKP mit der CDU. Die EU nannte er eine »Wertegemeinschaft«, welcher die Türkei unbedingt beitreten wolle. Nach dem überraschenden Wahlsieg der AKP 2002 durfte Erdoğan wegen seiner Verurteilung zunächst nicht das Amt des Ministerpräsidenten bekleiden. Dennoch verhandelte er als Vorsitzender der AKP nun mit inter-

Erdoğan gegen Atatürk | 93

nationalen Polit-Größen. Im Jahre 2003 ermöglichte schließlich eine Verfassungsänderung, dass Erdoğan als AKP-Vorsitzender doch noch vom Staatspräsidenten zum regierenden Ministerpräsidenten ernannt werden konnte. Während seiner ersten zwei Amtsperioden als Ministerpräsident setzte er zahlreiche Reformen um: Die Frauenrechte und Pressefreiheit wurden ausgeweitet. Minderheitenfragen konnten endlich öffentlich kontrovers diskutiert werden. Der Sozialstaat wurde verbessert. Die Mittelschicht wuchs. Zeitzeug*innen von damals beschreiben einen fast schon demütigen Erdoğan, der ruhig zuhörte und pragmatische Politik machte. 2004 wurde Erdoğan in Berlin als »Europäer des Jahres« ausgezeichnet. Die Laudatio hielt der damalige Bundeskanzler Gerhard Schröder (SPD).[10] Zusehends verschoben sich in der Türkei die Koordinaten; die einst Übermächtigen wurden nun schikaniert, die gesellschaftliche Mehrheit übernahm die politische Macht. Gleichwohl bekannten sich die wertkonservativen Muslim*innen zum Westen – und versuchten vieles, um endlich in die EU aufgenommen zu werden. 2005 begannen die Beitrittsverhandlungen.

Rückblickend fragen sich Beobachter*innen: Waren Erdoğans erste Jahre als Ministerpräsident nur ein Mittel zum Zweck, um an Vertrauen und Popularität zu gewinnen, die er als Autokrat braucht? Oder wollte die internationale Gemeinschaft nicht auf die Kritiker*innen aus der Türkei hören, die schon immer vor ihm gewarnt hatten? Es ist eine Mischung aus beidem. Seine ständige Beteuerung, sich vom autoritären Islamismus abgewandt zu haben, und seine Reformen in den ersten zwei Amtsphasen haben Erdoğan gestärkt. Geholfen hat ihm auch die Ignoranz im Westen wie auch der türkischen Opposition. Erdoğans Politik wurde schöngeredet, oder er wurde nicht ernst genommen. Dabei hätte man nur nachrecherchieren müssen: Seine politischen Wurzeln liegen in der *Millî Görüş*-Bewegung, sein Antrieb speiste sich aus den Demütigungen durch das Establishment.

Umbau zur Autokratie

Nach dem dritten Wahlsieg der AKP im Jahr 2011 verfügte Erdoğan über ausreichend Rückendeckung. Er wurde selbstherrlicher und sein religiös-konservatives Politikverständnis trat immer deutlicher zutage. So unterstützte er beim Ausbruch des Arabischen Frühlings die Muslimbruderschaft in der Region, Mohamed Mursi in Ägypten und die gemäßigte Islamistengruppe Ennahda in Tunesien. Einen ersten innenpolitischen Kipppunkt stellte das Jahr 2013 dar, als Millionen Menschen landesweit gegen ihn auf den Straßen demonstrierten. Die Proteste wurden von der Polizei gewaltsam niedergeschlagen. Es gab Tote und Verletzte. Bis heute werden Teilnehmer*innen der Gezi-Proteste verurteilt.

Trotzdem wurde Erdoğan 2014 erstmals Staatspräsident. Mittlerweile hat die AKP sechs Parlamentswahlen für sich entscheiden können, dreimal wurde Erdoğan zum Ministerpräsidenten ernannt, dreimal zum Staatspräsidenten gewählt – noch nie zuvor ist einer Partei und einer politischen Figur ein vergleichbarer Erfolg in der Türkei gelungen. Getrieben wird Erdoğan von der Überzeugung, zu etwas Großem auserwählt zu sein – so wie Sultan Mehmet Fatih, der 1493 Istanbul eroberte, oder so wie Atatürk. Ein Ausdruck seines Selbstverständnisses: Erdoğan ließ sich einen Palast mit rund 1000 Zimmern in einem Naturschutzgebiet bauen. Berauscht von der eigenen Bedeutung, erlebte Erdoğans »neue Türkei« ihre Geburtsstunde in der Putschnacht vom 15. Juli 2016, in der Teile der Armee erfolglos versuchten, die Regierung zu stürzen. Seitdem haben sich zahlreiche schlimme Befürchtungen bewahrheitet: Erdoğan wandte sich zusehends vom Säkularismus und von demokratischen Prinzipien ab. Kritiker*innen machte man mundtot, ehemalige Weggefährt*innen verließen die AKP. Als Reaktion auf die wirtschaftlichen und politischen Misserfolge verbreitet Erdoğan Verschwörungstheorien von einer »ausländischen Finanzlobby«, welche der Türkei ihre Erfolge neide und die historische Souveränität der Nation angreife. Unabhängige Jurist*innen und Medien wertet er als Gefahr für den nationalen Aufstieg. Der autokratische Schlussakt: das 2017 durch ein Referendum beschlossene, ganz auf ihn zugeschnittene Präsidialsystem, das das Ende des parlamentarischen Systems und der Gewaltenteilung bedeutete. In der Folge wurde das Amt des Ministerpräsidenten abgeschafft. Erdoğan ist seither zugleich Staats- und Regierungschef mit enormer Machtfülle.

Bis heute scheiden sich die Geister an der Frage, ob Erdoğan die von der EU geforderten Reformen und den Demokratisierungsprozess nur dazu nutzte, seine Macht zu festigen. Sicher ist, dass die illiberalen Kräfte in der Türkei den demokratischen Prozess dazu ausnutzten, um die bürgerlichen Freiheiten zu untergraben und im Namen der Wiederherstellung der nationalen Stärke das Gefüge ihres Landes zu zerreißen. Das anfängliche Versprechen, eine konservative parlamentarische Demokratie zu etablieren und die Menschenrechte zu wahren, scheint wie ein Lippenbekenntnis aus vergangenen Tagen.

Die Regierung scheint nur noch deswegen demokratisch legitimiert, weil es immer noch Wahlen gibt. Ein Sinnbild für den Umbau des Staates ist die Zerschlagung des Machtzentrums im Militär. Gegründet wurde die Republik vom Kriegshelden Atatürk, der das Land aus den Fängen der europäischen Besatzer befreite. Jahrzehntelang hatten in der Folge Generäle eine starke Kontrolle über den inneren Politikapparat. Diese Generäle hatten nicht den

Willen des Volkes im Blick, sondern misstrauten diesem sogar. Sie fürchteten den politischen Islam und kurdische Widerstandsbewegungen; sie schwadronierten von »inneren Feinden« und sahen sich als Erbverwalter Atatürks. Immer, wenn das Militär Atatürks Andenken oder die eigenen Privilegien in Gefahr sah, putsche es: 1960, 1971 und 1980 erfolgten blutige Interventionen. Im Jahr 1997 reichte schon die Androhung eines Putsches, um Regierungschef Erbakan zum Rücktritt zu bewegen. Keiner der Coups löste ein einziges Problem des Landes, sondern verlagerte sie lediglich. Doch die Generäle inszenierten sich als unentbehrlich für die Sicherheit des Landes.[11] Erst Erdoğan vermochte die Macht der Generäle zu brechen. Nach einem erfolgreichen Verfassungsreferendum 2010 wurde die bis dahin bestehende Straffreiheit der Putschisten von 1980 abgeschafft. Nur einen Tag nach dem Referendum gingen aus der ganzen Türkei Strafanzeigen gegen die damals beteiligten Generäle ein. Endgültig beendet wurde die Unantastbarkeit nach dem erneuten Putschversuch 2016. War die Einflussnahme der Generäle schon zuvor durch Reformen, die Erdoğan auf Wunsch der EU umsetzte, beschränkt worden, folgten nach der niedergeschlagenen Revolte »Säuberungswellen« mit tausenden Entlassungen innerhalb der Armee. Die Streitkräfte wurden umstrukturiert, wichtige Positionen mit Loyalisten besetzt, der Generalstabschef vom Thron gestoßen. Die einst so stolzen, teils undemokratischen Uniformierten verloren den schon seit über ein Jahrzehnt andauernden Machtkampf – und Erdoğan führte eindrucksvoll vor Augen, wie er von der EU geforderte Reformen zu seinen eigenen Gunsten zu nutzen vermochte.[12]

Trotz zahlreicher Krisen: Erdoğan gewinnt wieder

Für weite Teile der türkischen Zivilgesellschaft schien im Frühling 2023 der Moment des Triumphs sehr nahe. Nach mehr als zwei Jahrzehnten zunehmend autokratischer Herrschaft schien es plötzlich möglich, dass Erdoğan sein Amt verlieren könnte. Das robuste Wirtschaftswachstum des Landes – die Basis für Erdoğans langjährigen Ruhm – war zu Ende. Die türkische Lira war im freien Fall, was auch mit Erdoğans unorthodoxer Finanzpolitik zu tun hatte. 2022 hatte die Türkei die zweithöchste Inflationsrate weltweit. Offiziell lag sie bei 80 bis 90 %. Gemäß inoffiziellen Schätzungen lag die Rate jedoch viel höher.

Hinzu kam: Als im Februar 2023 ein verheerendes Erdbeben im syrisch-türkischen Grenzgebiet mehr als 55.000 Menschen tötete, versäumte es der Staatsapparat, rechtzeitig und angemessen zu reagieren. Weil die Bergungsarbeiten anfänglich schleppend vorangingen, wurde in sozialen Netzwerken gespottet, Verschüttete sollten einfach die Regierung kritisieren, dann würden sie rasch gefunden werden. Doch wieder sollte es der Opposition nicht gelingen, den Langzeitherrscher abzusetzen. Die Wahlen waren allerdings weder frei noch fair, der Einfluss des Regimes auf Justiz und Medien verhinderte eine gleichberechtigte politische Debatte. Dass die Pressefreiheit immer weiter eingeschränkt wurde, dass die kurdische Opposition in großen Teilen im Gefängnis saß, dass die akademische Unabhängigkeit torpediert wurde, dass Wahlen wiederholt wurden, bis das Ergebnis passte – all das schien Erdoğans Wähler nicht abzuschrecken.[13]

Was oftmals in der westlichen Berichterstattung übersehen wird, ist die Tatsache, dass Erdoğan eine sehr starke Bindung zu seiner Basis hat: Die meist sunnitisch-konservativen Wähler:innen vergöttern ihn teils als ihren »Lider« (Anführer), der ihnen nach Jahrzehnten endlich eine weitreichende gesellschaftliche Teilhabe ermöglicht hat. Erdoğan schürte ihre Ängste, indem er behauptete, bei einem Wahlsieg würde die Opposition wieder ein Kopftuchverbot einführen und die als terroristisch eingestuften PKK-Anhänger*innen würden an der Regierung beteiligt werden. Ebenso glauben viele an Erdoğans Verschwörungstheorie, der zufolge »ausländische Agenten« und westliche Medien die Türkei zerstören wollen. Hinzu kommt, dass die erschöpften Menschen in all der Unsicherheit lieber bei dem Mann bleiben, den sie kennen – und der Krisen meistern kann. Tatsache ist auch, dass das Leben für eine fromme Kopftuchträgerin mehr Freiheiten bietet als vor der Regierungsübernahme durch die AKP. Die AKP-Wähler*innen verteidigen ihre gesellschaftlichen Freiheiten, die sie unzweifelhaft nach Jahrzehnten erhalten haben.

Mit seiner Wiederwahl 2023 wurde Erdoğan für weitere fünf Jahre im Amt bestätigt. Das Land wandelt sich weiter von einer illiberalen Demokratie zu einer Autokratie im Stile eines Wladimir Putin. Seit den Parlamentswahlen hat die Türkei die rechteste Koalition seit ihrer Gründung, mit der kurdisch-islamistischen Partei *Hüda Par* (Partei der Gerechten Sache), der islamistischen Partei *Yeniden Refah* (Neue Wohlfahrtspartei) und der ultranationalistischen MHP (Partei der Nationalistischen Bewegung) als Partner der AKP.

Hundert Jahre nach der Gründung der Türkei liegen viele Einkommen unter dem Existenzminimum. Die Mittelschicht schrumpft. Die Beschäftigungszahlen sinken. Auch eine Rückkehr zu einer orthodoxen Wirtschaftspolitik reicht möglicherweise nicht mehr aus, um längerfristige internationale Investitionen zu sichern. Nach Ansicht von Analyst*innen wären politische Vorhersehbarkeit und Rechtsstaatlichkeit erforderlich, um Vertrauen aufzubauen.[14] Zwar ist die Türkei immer noch offizieller EU-Beitrittskandidat, doch die Verhandlungen zwischen Ankara und Brüssel sind ins Stocken geraten. In den vergangenen Jahren verfolgte die Regierung in Ankara eine unabhängigere Außenpolitik, die auf einen größeren regionalen und internationalen Einfluss abzielt; etwa hinsichtlich der Beziehungen zu Russland, einem wichtigen Handelspartner. Während die meisten NATO-Partner nach dem russischen Angriff auf die Ukraine klar auf Distanz zu Moskau gingen, bewahrte Ankara sein enges Verhältnis und umging die Sanktionen. Die Türkei liefert Waffen an die Ukraine und baut zugleich den Handel mit Russland aus. Im Herbst 2022 kündigt Erdoğan überdies an, der Shanghaier Organisation für Zusammenarbeit (SCO) beitreten zu wollen. Deren Mitglieder sind China, Russland, Indien, Pakistan, Kasachstan, Kirgistan, Tadschikistan, Usbekistan und Iran. Die Türkei wäre bei einer Aufnahme in das Autokraten-Bündnis das einzige NATO-Mitglied und der einzige EU-Beitrittskandidat. Im Juli 2023 teilte das türkische Rüstungsunternehmen *Baykar* mit, Kampfdrohnen an Saudi-Arabien zu liefern. Miteigentümer der Firma ist Selçuk Bayraktar, Erdoğans Schwiegersohn.

Die Gesellschaft ist tief gespalten. Von der Idee einer geeinten starken Türkei ist nicht mehr viel übrig. Immer noch stehen sich das säkulare und das konservativ-religiöse Lager misstrauisch gegenüber. Der Kurdenkonflikt ist ungelöst, die Aleviten werden immer noch nicht offiziell als Religionsgemeinschaft anerkannt, die Rechte der Frauen werden bedroht. Der Ausstieg aus der Istanbul-Konvention 2021 zeigte, dass internationale Abkommen willkürlich per Präsidialerlass annulliert werden können, und dass Klientelpolitik wichtiger ist als der Schutz der Bürger*innen vor Gewalt. Die LGBTQ-Gemeinschaft lebt in Angst vor staatlicher Willkür.

Feierlichkeiten im Schatten des Nahost-Krieges
Nachdem die im Gazastreifen herrschende Hamas am 7. Oktober 2023 einen Großangriff auf Israel gestartet und dabei etwa 1400 Menschen getötet und mehr als 200 Geiseln verschleppt hatte, war Erdoğan einige Tage ungewohnt zurückhaltend. Dabei sieht er sich als Schutzherr der Palästinenser*innen und hat sich in der Vergangenheit mehrfach antisemitisch geäußert.[15] Einen Tag bevor die Türkei ihr 100-jähriges Bestehen feierte, brach es schließlich aus dem Präsidenten heraus: Bei einer Kundgebung vor mehreren hunderttausend Teilnehmer*innen in Istanbul warf Erdoğan dem Westen vor, »der Hauptschuldige an den Massakern im Gazastreifen« zu sein. Der Hamas bescheinigte er, keine Terrororganisation zu sein, sondern eine »Gruppe von Befreiern«, die ihr Land verteidigt. Damit stellt er sich erneut gegen sämtliche NATO-Verbündete. Den israelischen Ministerpräsidenten Benjamin

Netanjahu verglich er mit Adolf Hitler. »Gibt es irgendetwas, das Netanjahu weniger getan hat als Hitler? Nein«, sagte er.[16]

Trotz solcher verbaler Entgleisungen, seiner politischen Alleingänge und seines autokratischen Führungsstils ist ein Ende von Erdoğans Regime nicht in Sicht. Die bereits mehrfach überarbeitete Verfassung, die 1982 unter Kontrolle der Junta ausgearbeitet worden war, soll erneut reformiert werden. »Wir sollten uns von dem Schatten der Putschverfassung befreien. Das allein ist Rechtfertigung genug für die Bemühungen um eine neue Verfassung«, begründete Erdoğan diesen Vorschlag.[17] Allerdings steht die Befürchtung im Raum, dass er damit seine Amtszeitbeschränkung aufheben will – denn eigentlich darf er bei der nächsten Präsidentenwahl nicht mehr antreten.

Anmerkungen

1 Vgl. Klaus Kreiser: Atatürk. Eine Biographie, München 2008; M. Şükrü Hanioğlu: Atatürk. Visionär einer modernen Türkei, Darmstadt 2015.

2 Vgl. Rainer Hermann: Wohin geht die türkische Gesellschaft? Kulturkampf in der Türkei, München 2008, S. 16.

3 Zit. nach Çiğdem Akyol: Die gespaltene Republik. Von Atatürk bis Erdoğan, Frankfurt a. M. 2023, S. 37 und 51.

4 V-Dem Institute at the University of Gothenburg: Democracy Report 2023. Defiance in the Face of Autocratization, S. 41, URL: https://v-dem.net/publications/democracy-reports/ [aufgerufen am 26.1.2024].

5 Vgl. Bülent Mumay: Mit zunehmender Macht schwanden die Freiheiten. Pressefreiheit in der Türkei, Bundeszentrale für politische Bildung, 5.5.2023, URL: https://www.bpb.de/themen/europa/tuerkei/520711/mit-zunehmender-macht-schwanden-die-freiheiten/ [aufgerufen am 26.1.2024]; Tomas Avenarius: Einladung zur Zensur, in: Süddeutsche Zeitung, 18.10.2022, URL: https://www.sueddeutsche.de/medien/tuerkei-pressefreiheit-zensur-1.5677348 [aufgerufen am 26.1.2024]; Raphael Geiger: Pressefreiheit in der Türkei. Ein Journalist auf Bewährung, in: Süddeutsche Zeitung, 9.5.2023, URL: https://www.sueddeutsche.de/politik/recep-tayyip-erdogan-buelent-mumay-bewaehrungsstrafe-zensur-1.5848618?reduced=true [aufgerufen am 26.1.2024].

6 Vgl. Gerd Höhler: Nirgendwo in Europa mehr Menschen in Haft. Türkei: Wo die Gefängnisse schon überbelegt sind, in: RND Redaktionsnetzwerk Deutschland, 28.6.2023, URL: https://www.rnd.de/politik/tuerkei-wo-die-gefaengnisse-schon-ueberbelegt-sind-44KCNIINFZHFJFXGBMXDQXJI2Y.html [aufgerufen am 30.1.2024].

7 Vgl. Akyol 2023, S. 195.

8 Yannic Hertel: Erdogan saß selbst wegen Gedicht im Gefängnis, in: Frankfurter Rundschau, 11.1.2019, URL: https://www.fr.de/politik/erdogan-selbst-wegen-gedicht-gefaengnis-11126282.html [aufgerufen am 30.1.2024].

9 »Unser Land erniedrigt sich selbst«, in: Der Spiegel, 28.3.1999, Nr. 13, URL: https://www.spiegel.de/politik/unser-land-erniedrigt-sich-selbst-a-c04e46ef-0002-0001-0000-000010630196?sara_ref=re-xx-cp-sh [aufgerufen am 30.1.2024]. Kurz zuvor hatte Erdoğan ein Musikalbum veröffentlicht: *Bu Şarkı Burada Bitmez (Dieses Lied endet hier nicht)* wurde gemäß Medienberichten rund eine Million Mal in der Türkei verkauft; es war das erfolgreichste Album des Jahres. Zu hören sind darauf Lieder und Gedichte, etwa von dem antisemitisch-islamistischen Autor Necip Fâzıl Kısakürek, aber auch Unpolitisches des Sängers Teoman Alpay.

10 Zu dem politischen System der Türkei siehe: Centrum für angewandte Politikforschung (CAP) München: URL: https://www.cap-lmu.de/themen/tuerkei/politisches-system/regierung.php [aufgerufen am 30.1.2024].

11 Vgl. Hermann 2008, S. 42–53.

12 Vgl. Rainer Hermann: Erdogans Zorn und Obsession, in: Frankfurter Allgemeine Zeitung, 2.2.2015, URL: https://www.faz.net/aktuell/politik/ausland/wie-der-tuerkische-praesident-die-opposition-verfolgen-laesst-13349039.html [aufgerufen am 30.1.2024].

13 Vgl. Volker Pabst: Die Wahlen in Istanbul werden wiederholt – und drohen zum Bumerang für die AKP zu werden, in: Neue Zürcher Zeitung, 6.5.2019, URL: https://www.nzz.ch/international/wahlen-in-istanbul-werden-wiederholt-ld.1479864 [aufgerufen am 30.1.2024]; Parlamentswahl in der Türkei. Erdogans AKP hat die absolute Mehrheit zurück, in: Deutschlandfunk, 1.11.2015, URL: https://www.deutschlandfunk.de/parlamentswahl-in-der-tuerkei-erdogans-akp-hat-die-absolute-100.html [aufgerufen am 30.1.2024].

14 Vgl. Bülent Mumay: Das Butterbrot der anderen, in: Frankfurter Allgemeine Zeitung, 28.9.2023, URL: https://www.faz.net/aktuell/feuilleton/brief-aus-istanbul/brief-aus-istanbul-in-der-tuerkei-leiden-immer-mehr-kinder-hunger-19204835.html [aufgerufen am 30.1.2024]; Emal Atif: Wie es um die türkische Wirtschaft steht, in: Tagesschau, 9.6.2023, URL: https://www.tagesschau.de/wirtschaft/weltwirtschaft/tuerkei-wirtschaftskrise-inflation-100.html [aufgerufen am 30.1.2024].

15 Vgl. Boris Kálnoky: Was Erdoğan von Orbán gelernt hat, in: Welt, 16.12.2018, URL: https://www.welt.de/politik/ausland/article185463676/Verhaftungswelle-Was-Erdogan-von-Orban-gelernt-hat.html [aufgerufen am 30.1.2024]; Umstrittenes Kavala-Urteil. Erdogan weist Kritik scharf zurück, 27.4.2022, URL: https://www.tagesschau.de/ausland/asien/erdogan-kavala-103.html [aufgerufen am 30.1.2024].

16 »›Der Führer von heute‹. Erneuter Nazi-Vergleich: Erdogan bezeichnet Netanjahu als ›Führer‹«, in: RND Redaktionsnetzwerk Deutschland, 19.1.2024, URL: https://www.rnd.de/politik/nazi-vergleich-erdogan-bezeichnet-netanjahu-als-fuehrer-L3ZORMSJ4FOKJGQCKBT65O57ZE.html [aufgerufen am 30.1.2024].

17 Friederike Böge: Was Erdoğan mit einer neuen Verfassung bezwecken könnte, in: Frankfurter Allgemeine Zeitung, 15.9.2023, URL: https://www.faz.net/aktuell/politik/ausland/tuerkei-was-erdogan-mit-einer-neuen-verfassung-bezwecken-koennte-19173759.html [aufgerufen am 30.1.2024].

Martin Schulze Wessel

Imperiale Hypothek: Russlands Weg in die Demokratie – und wieder zurück

Auch Russland hatte seinen demokratischen Moment. Am 19. August 1991 rief der russische Präsident Boris Jelzin (1931–2007), seit wenigen Monaten erster gewählter Präsident der russischen Teilrepublik, mit geballter Faust auf einem Panzer stehend, die Bevölkerung zum Generalstreik gegen den Putsch des sogenannten »Staatskomitees für den Ausnahmezustand« auf, das den sowjetischen Präsidenten Michail Gorbatschow (1931–2022) stürzen und die Macht im Land an sich reißen wollte. Das Bild wurde ikonisch. Nach drei Tagen brach der Putsch des Komitees, bestehend aus dem Verteidigungsminister Dmitri Jasow (1924–2020), dem Innenminister Boris Pugo (1937–1991) und dem KGB-Chef Vladimir Krjutschkow (1924–2007), zusammen. Er war am Widerstand der Bevölkerung gescheitert. Die alten sowjetischen Machteliten aus KGB und Armee, die sogenannten Silowiki, schienen am Ende.

Boris Jelzin bei seiner Rede in Moskau am 19. August 1991, Foto: picture-alliance/dpa

Russlands demokratischer Moment

Die Verschwörer wollten das Rad einer Entwicklung zurückdrehen, die Michail Gorbatschow mit seiner Politik der Reform der sowjetischen Innen- und Außenpolitik angestoßen hatte. Unter ihm blieb die Sowjetunion zwar ein Imperium, der Abspaltung von nationalen Republiken setzte sich Gorbatschow auch mit dem Einsatz von militärischer Gewalt entgegen. Aber vom Gedanken der imperialen Expansion nahm das Sowjetreich in der zweiten Hälfte der 1980er Jahre endgültig Abstand. Außenpolitisch setzte Gorbatschow auf Entspannungspolitik. Bereits ein Jahr nach seiner Wahl zum Generalsekretär der kommunistischen Partei nahm er 1986 Abrüstungsgespräche mit dem US-Präsidenten Ronald Reagan (1911–2004) auf, die zu greifbaren Ergebnissen führten: zur Unterzeichnung des Vertrags über nukleare Mittelstreckensysteme, der den Abbau und die Vernichtung aller in Europa stationierten nuklearfähigen bodengestützten Mittelstreckenraketen festschrieb. 1988 kündigte Gorbatschow den Abzug der sowjetischen Truppen aus Afghanistan an. Das sowjetische Imperium schwor der äußeren Aggression ab und fand mit dem einstigen Erzfeind der USA ein Miteinander bei der Rüstungskontrolle. Im Inneren verwandelte sich die Sowjetunion zwar nicht in eine Demokratie, es entstand aber eine Öffentlichkeit, die das Regierungshandeln kontrollierte, die berühmte Glasnost. Auf der 19. Parteikonferenz von 1988 setzte Gorbatschow die Einführung parlamentarischer Elemente im politischen System durch und beschränkte damit die Macht der KPdSU.

Zu Beginn der 1990er Jahre zeigte sich allerdings immer deutlicher, dass Demokratisierung im imperialen Rahmen der Sowjetunion nicht zu realisieren war. Gorbatschow verhandelte von April bis August 1991 mit neun Republiken über einen neuen Unionsvertrag, der den Föderationssubjekten ein hohes Maß an Autonomie hätte gewähren sollen. Doch einige Republiken hatten schon einen anderen Weg eingeschlagen: Im März 1990 hatte sich Litauen unabhängig erklärt, im Mai folgten Estland und Lettland. Auch Aserbaidschan, Armenien und Georgien nahmen an den Gesprächen zur Erneuerung des Unionsvertrags nicht mehr teil.

Die gleichgerichteten Prozesse von äußerer Entspannung und innerer Reform sowie der offenkundige imperiale Verfall der Sowjetunion riefen die Silowiki auf den Plan. Ihr Putsch sollte die Entwicklung aufhalten, katalysierte diese jedoch in Wirklichkeit. Denn Jelzin nutzte den Ansehensverlust der Repräsentanten des alten Regimes am 23. August 1991 dazu, die KPdSU in der sowjetischen Teilrepublik Russland zu verbieten. Damit war der Institution das Rückgrat gebrochen, die siebzig Jahre lang den Motor der sowjetischen Willensbildung, die Antriebskraft aller Kampagnen und das Bindeglied zwischen den Republiken der Sowjetunion gebildet hatte. Aus der Sicht der Demokraten stellte die Partei das Hauptinstrument zentralistischer Herrschaft und staatlicher Unterdrückung dar. Einen Tag nach Jelzins Parteiverbot sah sich Gorbatschow als Generalsekretär zum Rücktritt gezwungen, seine Funktion basierte auf der Existenz der Partei. Er wurde damit zum Opfer einer Dynamik, die er selbst angestoßen hatte.

Kein *point of no return*: Russlands Weg zur Demokratie

Mit Jelzins Sieg über die Putschisten waren die Weichen für die Nationalisierung des Sowjetreichs gestellt: Am Silvestertag des Jahres 1991 zerfiel die Sowjetunion aufgrund eines am 8. Dezember geschlossenen Vertrags der Präsidenten von Russland, Belarus und Ukraine. An ihre Stelle trat die Gemeinschaft Unabhängiger Staaten (GUS), konzipiert als lockerer Staatenbund. Auch Gorbatschows Amt als Staatspräsident der Sowjetunion war nun die Grundlage entzogen. Mit dem Zerfall schienen auch die Voraussetzungen für eine Demokratisierung zu bestehen, die der europäischen Norm entsprach: Selbstbestimmung in einem nationaldemokratischen Rahmen. Bei allen Hoffnungen, die sich mit dem Neuanfang damals verbanden, bildete jedoch der Zerfall der Sowjetunion auch für die Zeitgenossen nicht den selbstgewissen *point of no return* für Russlands Weg zur Demokratie.

Die Russische Föderation, die mit dem Zerfall der Sowjetunion als unabhängiger Staat entstand, blieb ein kompliziertes Gemeinwesen. Es stellte zwar nicht mehr den Mittelpunkt eines großen Reichs dar, aber immer noch ein aus nationalen Republiken und autonomen Gebieten zusammengesetztes Gebilde, in dem der russische Anteil nun allerdings viel höher war als in der untergegangenen Sowjetunion. Der offizielle Staatsname lautete »Rossijskaja Federacija«, wobei das Adjektiv »rossijskij« für einen größeren, landesbezogenen Zusammenhang stand als der ethnische Begriff »russkij«. Der Name des neuen Staates, der 83 Föderationssubjekte, darunter z. B. Tartaren und Tschetschenen, umfasste, ist am besten als »Russländische Föderation« zu übersetzen. Russland führte, nationalitätenpolitisch gesehen, das Konstruktionsprinzip der Sowjetunion fort.

Für viele Russinnen und Russen war die Unabhängigkeitserklärung der Russländischen Föderation nicht mit Triumphgefühlen sondern mit Verunsicherung verbunden. Der neue Staat, der sich ungeachtet seiner polyethnischen Struktur als Nationalstaat der Russen verstand, war anders als viele andere Nachfolgestaaten der Sowjetunion nicht das Ergebnis eines nationalen Unabhängigkeitsbestrebens. Zweifel bezüglich der eigenen nationalen

Identität und des Verhältnisses zu den anderen Republiken kennzeichneten die Diskurse der 1990er Jahre. Für viele Bürgerinnen und Bürger des neuen Staates bildete der Zerfall der Sowjetunion ein Trauma. Von Anfang an gab es zahlreiche Gegner der neuen Ordnung, die sich gegen Nationalstaatlichkeit und Demokratie wandten. Nationalisten bekämpften die aus ihrer Sicht fremden, aus dem Westen übernommenen Konzepte, die den Kern der russischen Kultur zerstören würden. Sie verstanden sich selbst als patriotisch, wobei der Kern dieses »Patriotismus« die Verwischung der Grenzen zwischen der ethnischen russischen Nation und einem über die Grenzen der Russländischen Föderation hinausgehenden Einflussbereichs bedeutete. »Patriotismus« war nicht von imperialem Revisionismus zu trennen.

Ein Manko der jungen russischen Demokratie war ihre relativ schwach ausgeprägte Protestkultur. Während in der Ukraine Demonstrationen das Machtstreben ihres Präsidenten wiederholt in die Schranken wiesen und so Kompromisse zwischen den Verfassungsorganen erzwangen, setzte Boris Jelzin 1993 Panzer ein, um seine Präsidialverfassung gegen das Parlament durchzusetzen. Dieser gewaltsame Coup wurde in der russischen Öffentlichkeit ohne großen Protest hingenommen. Jelzins Wiederwahl schien 1996 angesichts seiner schlechten Umfragewerte fraglich, mit einer massiven, von Oligarchen finanzierten Medienkampagne gewann er die Wahl am Ende doch. Dann hievte er seinen auserkorenen Nachfolger Vladimir Putin zunächst in das Amt des Ministerpräsidenten. Von diesem Sprungbrett aus gelang Putin 2000 der Wechsel ins Präsidentenamt.

Unter Putin: Russland als gelenkte Demokratie

Von Anfang an trat in der Regierung Putins der Zusammenhang von imperialer Restauration und der Wiederherstellung autokratischer Regierungsformen zutage. Putin baute sein Regime vor allem auf den Sicherheitsdiensten auf, aus denen er selbst kam. Aus der Untersuchung von tausend Biographien von führenden Politikern und Behördenchefs in Russland ergibt sich, dass 78 % dieser Eliten der 2000er Jahre ihre Karriere beim KGB oder der Armee begonnen hatten.[1] Die Silowiki, die bei ihrem Putschversuch 1991 noch kläglich gescheitert waren, kehrten unter Putin in ihre beherrschenden Positionen zurück.

Noch im Jahr des Regierungsantritts Putins 1996 kam es zu einer Serie von nie aufgeklärten Bombenanschlägen auf Moskauer Wohnhäuser, die tschetschenischen Terroristen angelastet wurden. Viel spricht aber dafür, dass es sich um Aktionen handelte, die der Geheimdienst FSB unter falscher Flagge inszeniert hatte. Angesichts des vermeintlich tschetschenischen Terrors im Herzen der Hauptstadt fiel es Putin leicht, am 1. Oktober 1999 einen blutigen Krieg gegen Tschetschenien vom Zaun zu brechen, der zur fast völligen Zerstörung der Hauptstadt Grosny führte. Putin inszenierte sich als entschlossener, kriegsbereiter Politiker, was seine Umfragewerte hob und es ihm ermöglichte, die Machtvertikale weiter zu stärken. Der Krieg gegen Tschetschenien war eng mit dem Aufstieg Putins zum neuen »starken Mann« verbunden: In der Rolle des Kriegsherrn profilierte er sich als Verteidiger Russlands gegen »tschetschenischen Terrorismus«. Mit diesem Kapital gewann er im März 2000 die Präsidentschaftswahl mit über 50 % der Stimmen, auf dem zweiten Platz landete der kommunistische Kandidat Gennadij Zjugavov, dahinter weit abgeschlagen der Liberale Grigorij Javlinskij mit knapp 6 %. Russland wurde zur »gelenkten Demokratie«.[2]

Als Präsident dehnte Putin seine Macht systematisch im Inneren aus. Mit Hilfe der Silowiki ging er gegen Personen vor, die seine Macht zu gefährden schienen. So ließ er den Ölmilliardär Michail Chodorkovskij verhaften, sein Yukos-Konzern wurde unter Vorwänden zerschlagen, die der Inlandsgeheimdienst bereitgestellt hatte. Die Spielräume der Opposition wurden immer enger. Die regierungstreue Partei »Einiges Russland« gewann regelmäßig die Wahlen, während die sogenannte Systemopposition, die Kommunistische Partei und die rechtsextreme Liberaldemokratische Partei, politische Vielfalt vorspiegelte.[3] Als die russische Journalistin Anna Politkovskaja, bekannt durch ihre investigativen Reportagen aus Tschetschenien, 2006 einem Attentat zum Opfer fiel, bearbeiteten die russischen Strafermittlungsbehörden den Fall schleppend und ergebnislos. Die russische Öffentlichkeit fand auch hier nicht die Kraft zu langanhaltendem Protest. So verhielt es sich auch neun Jahre später, als der liberale Politiker und Putin-Kritiker Boris Nemcov, ermordet unweit der Kremlmauern, ein Opfer von »staatlich gefördertem Hass« wurde.[4]

Unter Putin änderte sich das Selbstverständnis der russischen Politik. Ausdrücklich wandte sie sich von dem Konzept liberaler Demokratie ab und führte den Begriff der »souveränen Demokratie« ein. Vladislav Surkov, der einflussreiche Ämter in der Präsidialadministration (1999–2011) innehatte und als persönlicher Berater Putins in Ukraine-Fragen (2013–2020) wirkte, etablierte das neue Konzept im politischen Diskurs. Von universell gültigen Maßstäben für Demokratie nahm man Abstand. Die russische Staatsführung bestimmte die Kriterien selbst und zeigte sich immun gegen die Kritik internationaler Organisationen und Menschenrechtsaktivisten.[5] Sie knüpfte damit an den slavophilen Diskurs des 19. Jahrhunderts von der russischen Einzigartigkeit an, die es ausschloss, Russland »mit fremdem Maßstab« zu messen (Fjedor Tjutčev).[6]

Die Verfassung wurde nur zum Schein geachtet. Als Dmitrij Medvedev 2008 bis 2012 für eine Wahlperiode das Präsidentenamt antrat, tat er in Absprache mit Putin einer Verfassungsbestimmung Genüge, die eine direkt anschließende dritte Amtszeit für den amtierenden Präsidenten ausschloss. Als 2011 die Dumawahlen gefälscht wurden und Putin sich anschickte, nach Medvedevs Intermezzo die Präsidentschaft erneut zu übernehmen, brachen allerdings Proteste aus, die Russland in solchem Ausmaß seit dem Ende der Sowjetunion nicht erlebt hatte. Zur selben Zeit ging in Russland die Phase relativer Prosperität zu Ende, Öl- und Gaspreise waren gefallen, der Staat verfügte nicht mehr über so große Mittel, um die Loyalität der Bevölkerung zu erkaufen. Am 10. Dezember 2011 kamen in Moskau 100.000 Demonstranten zusammen, die sich gegen die Regierungspartei »Einiges Russland« und ihren Vorsitzenden Putin wandten. Auf der Demonstration, der weitere Kundgebungen im ganzen Land folgten, wurden freie Wahlen gefordert, auch die Losung »Russland ohne Putin« tauchte auf. Die Bewegung stützte sich auf ein breites Parteienbündnis, das von den Kommunisten über die demokratische Opposition bis zu den Rechtextremisten reichte, und sie hatte einen langen Atem – der Protest endete erst 2013.

Parallelen zu Protestaktionen, wie es sie in Georgien und in der Ukraine gegeben hatte, alarmierten die Staatsmacht, aus deren Sicht die Aktionen von außen gesteuert waren. Sie organisierte den »Anti-Orangen-Protest« und schuf als gesellschaftliches Bollwerk gegen die Demokratiebewegung die Jugendorganisation *Naši* (Die Unsrigen), die mit erheblichen finanziellen Mitteln ausgestattet wurde und umfassenden Zugang zu den Staatsmedien erhielt. Aus der Sicht der Staatsmacht hatten die Demonstrationen gegen die Wahlfälschungen gezeigt, dass der Geist des Protests von der Ukraine auf Russland übergreifen konnte.[7]

Weitere von Aleksej Naval'nyj (1976–2024) geführte landesweite Proteste richteten sich 2017/18 gegen Korruption. In Chabarovsk und anderen sibirischen Städten demonstrierten 2020/21 Zehntausende gegen das zentralistische Vorgehen Moskaus gegen regionale Wahlentscheidungen, nachdem der Gouverneur der Region Chabarovsk, Sergej Furgal, der sich in den Wahlen 2018 gegen den von Putin favorisierten Kandidaten durchgesetzt hatte, aus offensichtlich politischen Gründen im Juli 2020 inhaftiert worden war. Die russischen Proteste seit 2011 vermochten Putin jedoch nicht von seinem Weg abzubringen. Im Gegenteil, sie beschleunigten Russlands Weg in den Autoritarismus.

Russlands Weg in den Autoritarismus

Nach 2011 baute Putin die Sicherheitsstrukturen weiter aus, schränkte die Medienfreiheit Schritt für Schritt ein und führte seit 2012 auch einen ideologischen Kampf gegen westliche Werte wie Liberalismus und Minderheitenschutz.[8] Seit diesem Jahr engte ein sogenanntes Agentengesetz den Spielraum von NGOs immer mehr ein, die in diffamierender Absicht als verlängerter Arm ausländischer Interessen bezeichnet wurden. An die Stelle einer kritischen Öffentlichkeit trat Schritt für Schritt eine Politik der Inszenierung, die in der durch das Staatsfernsehen übertragenen Sitzung des Nationalen Sicherheitsrats vom 21. Februar 2022 gekrönt wurde: Putin holte die Meinung der Spitzen aus Regierung, Parlament und Sicherheitsbehörden über die Anerkennung der Unabhängigkeit der sogenannten Volksrepubliken von Donec'k und Luhans'k ein und führte dabei seinen Geheimdienstchef wie einen Schüler vor. Mit der Aufführung wurden verschiedene Zeitschichten angesprochen: der inszenierte Diskurs in klassizistischem Ambiente, wie ihn Katharina II. schätzte, und die Ausübung einer auch im engsten Führungszirkel schonungslosen Macht, wie sie für Stalin typisch war. Die Botschaft war unzweideutig: Über die wichtigen Fragen der Politik entschied Putin allein.[9]

In gewisser Hinsicht war Putins Aufstieg zum Diktator eine Rückkehr der Sowjetmacht, deren Strukturen nur vorübergehend gestört, aber nicht gebrochen worden waren. Russland hatte den gesamten Behördenapparat von der UdSSR übernommen: Das Innenministerium, Außenministerium, Verteidigungsministerium und der KGB waren bis 1991 für die Sowjetunion sowie für Russland zuständig gewesen. Sie wurden anschließend als russische Behörden weitergeführt. Die Ministerien und speziell der KGB waren bis zuletzt Hochburgen der imperialen Orientierung gewesen. Sie hielten so lange wie möglich an der Sowjetunion fest, die aus ihrer Sicht das geeignete Gehäuse russischer Machtentfaltung bildete. Seit 1991 zeigte sich, dass sich alte Loyalitäten, großrussische Mentalität und xenophobe Einstellungen gegenüber den nicht-russischen Bevölkerungen nicht mit einem Federstrich abschaffen ließen. Die Moskauer Politik behandelte die Nachbarn in der GUS nicht als unabhängige, souveräne Staaten, sondern kehrte sehr schnell zu den Umgangsformen zurück, die in sowjetischer Zeit zwischen dem Zentrum und den Sowjetrepubliken gepflegt worden waren. Die imperialen Politikmuster endeten nicht, sie wurden allenfalls kurz unterbrochen. Russlands Hinwendung zum Autoritarismus und die Wiederbelebung imperialer Denk- und Handlungsmuster bedingten sich gegenseitig. Hand in Hand mit der autoritären Transformation ging die Einflusspolitik in die Staaten, die aus der

Sicht des Kremls Teil der eigenen Sphäre, des grenzüberschreitenden »russkij mir« (russische Welt) waren.[10]

Der Begriff der »Zeitenwende«, der im deutschen öffentlichen Diskurs nach wie vor sehr präsent ist, suggeriert, dass mit dem 24. Februar 2022 eine neue Epoche begonnen habe. Das mag für die deutsche Politik gelten, die sich seitdem von ihren Russland-Illusionen und ihrer selbstgewählten Kreml-Abhängigkeit zu lösen begann. Für die russische Politik gibt es keinen solchen Einschnitt. Der Angriff Russlands auf die Ukraine stellt keine Zäsur dar, vielmehr steht er in einer Kontinuität russischer Politik, die man, je nach Blickwinkel, auf die imperialen Traditionen seit dem 18. Jahrhundert zurückführen oder im gesamten Verlauf der Regierungszeit Putins beobachten kann.[11] Der umfassende Krieg gegen die Ukraine bildet darin keine Wende, sondern nur eine radikale Verschärfung eines Kurses, der schon lange vorher eingeschlagen wurde. Die Jahreszahlen von Kriegen markieren diesen Weg: 1999 der Tschetschenienkrieg, 2008 der Krieg gegen Georgien, 2014 der Krieg gegen die Ukraine mit der Annexion der Krim und der militärischen Unterstützung der Separatisten in Donec'k und Luhans'k, 2022 der umfassende Angriff auf die Ukraine. Jeder dieser Kriege gab den Takt für die weitere Einschränkung der Demokratie vor.

Ist Russland ein »faschistischer« Staat?

2024 ist von der Demokratie in Russland längst nur die Fassade geblieben. Zwar werden Wahlen für das Präsidentenamt abgehalten, doch der Zugang zur Kandidatur ist extrem beschränkt und hängt vom Willen der Silowiki und letztlich Putins persönlich ab. Am 8. Februar 2024 entschied die Zentrale Wahlkommission, dass Boris Nadeždin, der einzige Kandidat, der sich gegen den Krieg ausgesprochen hatte, von der Wahl ausgeschlossen wurde. Acht Tage später starb Aleksej Naval'nyj, der prominenteste Kopf der russischen Opposition, in einer arktischen Strafkolonie, wofür der russische Staat offenbar die Verantwortung trug.

Schon 2021 fragte die französische Politikwissenschaftlerin Marlène Laruelle »Is Russia Fascist?«.[12] Faschismus ist kein einfach zu definierender Begriff. Wie viele Kriterien, fragt Laruelle, muss ein Regime erfüllen, um als faschistisch zu gelten? Sie sah im Falle Russlands eine Reihe von Merkmalen erfüllt, wie die Konzentration auf einen Führer und die umfassende Medienkontrolle. Im Vergleich zu den faschistischen Regimen des 20. Jahrhunderts zeichnet sich Putins Russland aber durch einen geringeren Grad an öffentlicher Mobilisierung aus.

In der Regierungszeit Putins, vor allem seit dem Krieg gegen die Ukraine, verbreitet sich unter Regimegegnern und in der internationalen Diskussion der Begriff des »Raschismus«, der eine Spielart eines Faschismus bezeichnet, der sich rhetorisch ständig gegen den Faschismus wendet, ihm aber in vieler Hinsicht gleicht. Neben »Raschismus« versuchen weitere Begriffe wie »Putinismus« oder »Neototalitarismus« ein Regime zu umschreiben, das sich stetig verändert und verschärft. Während Putins Russland den Krieg zur Eroberung oder Vernichtung der Ukraine weiterführt, intensiviert es zugleich die Kontrolle der eigenen Bevölkerung und dämonisiert zunehmend seine inneren und äußeren Feinde.

Anmerkungen

1 Vgl. Olga Kryschtanowskaja: Anatomie der russischen Elite. Die Militarisierung Russlands unter Putin, Köln 2005; Margareta Mommsen: Das Putin-Syndikat. Russland im Griff der Geheimdienstler, München 2017; Markus Wehner: Putins kalter Krieg. Wie Russland den Westen vor sich hertreibt, München 2016.

2 Vgl. Margareta Mommsen: Putins »gelenkte Demokratie«: »Vertikale der Macht« statt Gewaltenteilung, in: Matthes Buhbe/Gabriele Gorzka (Hg.), Russland heute. Rezentralisierung des Staates unter Putin, Wiesbaden 2007, S. 235–252.

3 Vgl. Gwendolyn Sasse: Der Krieg gegen die Ukraine. Hintergründe, Ereignisse, Folgen, München 2022, S. 59–68.

4 Vgl. Michael Thumann: Boris Nemzow. Opfer des staatlich geförderten Hasses, in: Die Zeit, 28.2.2015, URL: https://www.zeit.de/politik/ausland/2015-02/nemzow-moskau-putin [aufgerufen am 15.4.2024].

5 Vgl. Marcel H. van Herpen: Putin's Wars. The Rise of Russia's New Imperialism, Lanham 2014, S. 57; Margareta Mommsen/Angelika Nußberger: Das System Putin. München 2007, S. 79.

6 Vgl. Mommsen/Nussberger 2007, S. 134.

7 Vgl. Mischa Gabowitsch: Protest in Putin's Russia, Cambridge 2017; Mischa Gabowitsch: Putin kaputt? Berlin 2013; Regina Smyth: Elections, Protest, and Authoritarian Regime Stability. Russia 2008–2020, Cambridge 2021.

8 Vgl. Aschot L. Manutschurjan: Russlands Weg in die »postwestliche Welt«, in: Aus Politik und Zeitgeschichte, 2017/67, S. 11–15 sowie S. 21–22.

9 Vgl. URL: https://www.youtube.com/watch?v=o9A-u8E0WcI [aufgerufen am 9.3.2024].

10 Vgl. Oleksandr Zabirko: Russkij Mir und Novorossija. Theologische und nationalistische Konzepte russischer (Außen-)Politik, in: Heinz-Gerhard Justenhoven (Hg.), Kampf um die Ukraine: Ringen um Selbstbestimmung und geopolitische Interessen, Baden-Baden 2018, S. 61–78.

11 Vgl. Martin Schulze Wessel: Der Fluch des Imperiums. Die Ukraine, Polen und der Irrweg in der russischen Geschichte, München 2023.

12 Vgl. Marlene Laruelle: Is Russia Fascist? Unraveling Propaganda East and West, Ithaca, NY 2021.

Heike Paul

Der lange Schatten des amerikanischen Bürgerkriegs auf die heutige US-Demokratie

Seit einigen Jahren ist in den USA die Rede von einem »zweiten« oder einem »neuen« amerikanischen Bürgerkrieg, der die US-Demokratie bedrohe. Man spricht meist von einer Kombination aus gesellschaftlicher Polarisierung, privaten Waffenarsenalen radikaler Milizen und wachsender Gewaltbereitschaft in Teilen der Bevölkerung als einer gefährlichen, gar explosiven Mischung.[1] Wie brandgefährlich diese Entwicklung ist, wurde am 6. Januar 2021 deutlich, als Anhänger*innen des abgewählten Präsidenten Donald Trump das Kapitol stürmten. Viele von ihnen schwenkten die Konföderiertenfahne und zeigten sich qua Kostümierung als Vertreter rechtsradikaler, paramilitärischer Gruppierungen wie der »Proud Boys«. Die politische und juristische Aufarbeitung dieses bis dato einzigartigen Angriffs auf den Kongress ist längst noch nicht abgeschlossen, und doch ist festzuhalten, dass sich

Beim Sturm auf das US-Kapitol am 6. Januar 2021 tragen Trump-Anhänger eine Konföderiertenfahne mit Maschinengewehr und der Aufschrift »Come and Take It«, Foto: picture alliance/REUTERS/Shannon Stapleton

die amerikanische Demokratie zumindest bei diesem Ansturm letztlich als wehrhaft genug erwiesen hat, um die regelkonforme Machtübergabe gemäß dem Wahlergebnis zu vollziehen und die Amtseinführung des neuen Präsidenten Biden am 20. Januar 2021 protokollgemäß durchzuführen.

Seither bastelt die Anhängerschaft des unterlegenen Kandidaten Trump auf all ihren medialen Kanälen an einem Geschichtsnarrativ der aggressiv vorgetragenen Selbstviktimisierung, das die Wahlniederlage Trumps bei der Präsidentschaftswahl 2020 als »gestohlenen« Wahlsieg, als »the big lie« tituliert. Die verlorene Wahl wird unter anderem mit der Niederlage der Südstaaten im amerikanischen Bürgerkrieg im 19. Jahrhundert analogisiert und in ähnlich irreführender Weise verklärt. Der damals von der weißen Südstaatenelite erfundene, in allen Selbstbeschreibungen der Südstaaten implementierte und seither erfolgreich popularisierte Mythos des »lost cause« (der »verlorenen Sache«) wird auf die »verlorene Sache« der MAGA-Anhänger*innen (»Make America Great Again«) projiziert. Das schürt unter diesen wiederum Revanchismus und die radikale Ablehnung der amtierenden Regierung und ihrer Politik – als wäre sie, vergleichbar mit den Machtverhältnissen nach der Kapitulation der Konföderierten, Organ einer Art Fremdherrschaft und nicht die gewählte legitime Volksvertretung.

Und so wie die Südstaaten ihr grausames System der Versklavung und Plantagenwirtschaft mit Fragen der Kultur, Lebensart und Identität verknüpften und vermeintlich rechtfertigten, so wie sie die Gewalt dieses Systems verleugneten und sich als überlegene Zivilisation im Sinne des weißen Suprematiedenkens darstellten, so finden sich auch im neuen »lost cause« zahlreiche (historische) Aspekte des Kulturkampfes. Diese haben einen deutlich vergangenheitsverklärenden und restaurativen Charakter und betreffen insbesondere die *race*- und *gender*-Regime.[2] Auch hier ist das 19. Jahrhundert also nicht weit. Edward Pollard, der den Begriff des »lost cause« einst prägte, schrieb, dass die »Konföderierten [...] aus diesem Krieg hervorgegangen [sind] mit dem stolzen, geheimen, unsterblichen und *gefährlichen* Bewusstsein, dass sie die BESSEREN MÄNNER sind und dass nichts fehlte als günstigere Umstände und ein festerer Entschluss, um sie zu Siegern zu machen«.[3] Diese Rhetorik klingt merkwürdig vertraut in einer Zeit, in der sich die in der Wahl Unterlegenen zu den eigentlichen Gewinnern und den besseren Amerikanern erklären.

Der amerikanische Bürgerkrieg und der »lost cause«
Der amerikanische Bürgerkrieg – die Kampfhandlungen zwischen den elf Konföderiertenstaaten im Süden, die sich zum neuen Bundesstaat *Confederate*

States of America zusammengeschlossen hatten, und der Union der USA im Norden – wird in Geschichtsbüchern von 1861 bis 1865 datiert, doch seine Auswirkungen sind bis heute unübersehbar. So sehr, dass manche argumentieren, er sei *nie* wirklich beendet worden.[4] Letzteres verweist auf zweierlei: Auf die halbherzige Durchführung der *Reconstruction*-Politik, die eine schnelle, wenngleich oberflächliche Aussöhnung der beiden Kriegsparteien über die Durchsetzung der verkündeten Emanzipation und rechtlichen Gleichstellung der vormals versklavten afroamerikanischen Bevölkerung stellte – und auf die anhaltenden *Deutungskämpfe* um die Kriegsgründe, den Sinn und Zweck des Krieges sowie die Formen der kollektiven Erinnerung.

Auch heute noch wird virulent über die Sklaverei als Ursache des Krieges und über die Erinnerungskultur im Süden gestritten, besonders heftig in Zeiten von Wahlkämpfen. Im Mittelpunkt steht dabei die Frage, welche Rolle die Konföderiertenfahne und die Denkmäler von Südstaatenheroen heute noch spielen (dürfen) oder ob sie restlos aus dem öffentlichen Leben verbannt werden sollten.[5] Die insbesondere vom *Black Lives Matter*-Aktivismus geforderte Demontage ist in den letzten Jahren vielerorts geschehen; vor allem im Nachgang zur Demonstration »Unite the Right« in Charlottesville, Virginia, einem Aufmarsch verschiedener rechtsextremer Gruppen, bei dem eine Gegendemonstrantin getötet wurde.[6] Wie in Charlottesville ist die Entfernung solcher Erinnerungssymbole und -stätten meist lokal und regional heftig umkämpft.[7]

Doch noch einmal zurück zum Ende des Krieges. Es war der Aktivismus weißer Südstaatenfrauen in der Zeit nach dem Bürgerkrieg, der *qua* ihrer beanspruchten »kulturellen Autorität«[8] zu einem mächtigen kulturellen Ein-

Im Jahr 1866 veröffentlichte Edward Pollard die Schrift *The lost cause; a new southern history of the war of the Confederates*, Bild: Library of Congress

fluss in der Südstaatengesellschaft wurde: Ihre Selbstdarstellung als »Archivarinnen und Erzählerinnen der Geschichte des Südens«[9] wurde in Clubs und Vereinigungen wie der *Ladies' Memorial Association* (gegründet 1866) und den überaus einflussreichen *United Daughters of the Confederacy* (gegründet 1894) betrieben. Diese Organisationen sammelten Spenden für Gedenkprojekte, um die Geschichte der »verlorenen Sache« zu fabrizieren, zu verbreiten und lebendig zu halten. Die »verlorene Sache« wurde zu einer überaus »brauchbaren Vergangenheit«[10] der weißen Südstaatenidentität verarbeitet sowie zu einer sentimentalen Erzählung über das Leiden der weißen Südstaatler überhöht, das die Schrecken der Versklavung verdrängte, ja komplett verleugnete. Diese Erzählung wollte den Bürgerkrieg so verstanden wissen, dass er »zur Verteidigung der Rechte der Bundesstaaten und zum Schutz einer ritterlichen Lebensweise der Vorkriegszeit vor der Aggression des Nordens geführt wurde«.[11] Da findet sich kein Wort über die brutale Versklavung von Menschen und die menschenverachtende ökonomische Praxis der Plantagenwirtschaft. Man imaginierte stattdessen einen »alten Süden«, »in dem vornehme weiße Männer ihre schönen und tugendhaften Frauen und Kinder beschützten und mit Würde und Stolz kämpften«.[12] Die genannten Frauenorganisationen beschäftigten sich mit der Erstellung von Schulbüchern und Lesefibeln, und »indoktrinierten die weiße Jugend durch ihre konföderationsfreundlichen Lehrmaterialien und Programme«.[13]

Die Nachkriegsbemühungen der weißen Südstaatlerinnen zur Rehabilitierung des Südstaatenpatriarchats sowie der Restauration der gedemütigten Egos seiner Vertreter*innen zeitigten großen Erfolg und machten den Mythos des »lost cause« für lange Zeit, letztlich bis heute, zur dominanten Zivilreligion des Südens.[14] Diese symbolpolitische Diskurshoheit flankierte trotz der Kriegsniederlage die vehementen politischen und juristischen Repressionen gegen die ehemals Versklavten (u. a. *»black codes«*), die alle Emanzipationsbestrebungen unterliefen. Gewaltexzesse gegen die schwarze Bevölkerung waren an der Tagesordnung, und von Gleichstellung oder gar demokratischer Teilhabe konnte keine Rede sein. Dafür sorgten auch Gruppen wie der Ku-Klux-Klan, der als der gewalttätige Arm der »lost cause«-Ideologen zu sehen ist.[15] Es verwundert daher auch nicht, dass ein Anhänger der Konföderierten im Zeichen des »lost cause« in seinem verblendeten Fanatismus 1865 Präsident Abraham Lincoln ermordete.

In der ersten Hälfte des 20. Jahrhunderts erhielten die Verfechter*innen der »verlorenen Sache« massive Unterstützung durch effektvolle massenkulturelle Produktionen: Die Romane von Thomas Dixon Jr. und D. W. Griffiths Stummfilmepos *The Birth of a Nation* (1915) sind hier zu nennen. Margaret Mitchells Roman *Gone with the Wind* erschien 1936 und wurde von David Selznick 1939 in Farbe verfilmt. Bereits der Titel *Vom Winde verweht* evoziert die verlorene Sache. Es ist ein Film, der wie kein anderer für die umfassende Verklärung und Romantisierung des alten, untergegangenen Südens steht und dabei auch noch pseudo-feministische Inhalte transportieren will – immerhin sei die Hauptfigur eine willensstarke junge Frau.[16] Der Film verbreitete weltweit den unsäglichen Mythos des vermeintlich »glücklichen Sklaven«,[17] der gerne dient und keinesfalls lieber in Freiheit leben möchte; und den von der Plantagenidylle des amerikanischen Südens als pastorales Paradies.

Jüngst hat Sarah Churchwell diesen Film noch einmal eingehend analysiert – als »Schöpfungsmythos der Opferrolle der Weißen in Amerika«,[18] als eine fundamental anti-demokratische Erzählung und als »moralische Horror-Show«.[19] Churchwell ist zuzustimmen, dass der Film mit Blick auf die politische Gemengelage wieder an Aktualität gewonnen hat, denn in den vergangenen Jahren hat auch die »lost cause«-Erzählung wieder neue Verbreitung gefunden und wurde vom amerikanischen Rechtspopulismus als Narrativ für die gefühlt »abgehängten« Weißen nicht nur im amerikanischen Süden wiederbelebt und instrumentalisiert.

Trump und die Rückkehr des »lost cause«

Wie eingangs formuliert, wird die Legendenbildung um die »verlorene Sache« der Südstaaten von der Anhängerschaft Donald Trumps bruchlos in die Gegenwart überführt, wenn mit der Behauptung eines neuen »lost cause« das Ergebnis der Präsidentschaftswahl 2020 bezweifelt und so demokratische Abläufe – und die Funktionsfähigkeit der amerikanischen Demokratie schlechthin – infrage gestellt werden. Die geographische Verortung der Konfliktlinie hat sich allerdings weitgehend von der Nord-Süd-Linie gelöst und findet sich heute partiell in der Identifikation von »roten« (republikanisch regierten) und »blauen« (demokratisch regierten) Staaten wieder. Erstere sind meist in der Landesmitte zu finden, letztere sind vor allem an den Küsten.

Arlie Russell Hochschild konnte in ihrer berühmten emotionssoziologischen Studie *Strangers in Their Own Land* (2016) – quasi in Antizipation einer Trump-Präsidentschaft – zeigen, dass die von ihr befragten überwiegend konservativen weißen Bewohner*innen Louisianas sich fremd in einem Land fühlen, in dem ihre Lebensweise als rückständig verlacht wird, sie sich von bundesstaatlichen Instanzen im Stich gelassen und verraten und um das, was ihnen zusteht, nämlich die Erfüllung des amerikanischen Traums, betrogen fühlen. Die von Hochschild herausgearbeitete »deep story« zeigt einige Ähnlichkeiten mit der »lost cause«-Erzählung. Auch hier führt Selbstviktimisierung zu Ressentiments und einer Ablehnung der Regierung und staatlicher Repräsentanten (des »establishment« und »denen da oben«) und dazu, dass man sich alternative Organisationsformen und Identifikationsfiguren sucht. Hochschilds Befund macht deutlich, dass die scharfe Rhetorik der republikanischen Hardliner, die Bidens Wahlsieg zur »großen Lüge« erklärt und unter der Anhängerschaft Trumps popularisiert haben, den Kulminationspunkt einer längeren Entwicklung darstellt. Der Erfolg des Trumpschen Populismus verweist auf (und befördert zugleich) eine zunehmend scharfe Polarisierung in der Gesellschaft und veranschaulicht die affektive Wirkung eines adaptierten »lost cause«-Narrativs, das die Belohnung in Aussicht stellt, sich im gemeinsamen Einstehen für eine »verlorene Sache« für die erlittenen Kränkungen rächen und die alten Machtasymmetrien wiederherstellen zu können.

Trump hat früh, bereits in seinem Wahlkampf 2016, explizit entsprechende Identifikationsangebote gemacht und sich an die »forgotten men and women of our country – people who work hard but no longer have a voice« gewandt und ihnen versprochen »I am your voice«.[20] Seine Wahlkampfauftritte waren unterlegt mit Stücken aus *Les Misérables*, der Musikversion von Victor Hugos Roman über den erfolglosen Juniaufstand der Republikaner gegen den französischen König im Jahr 1832 (auch eine »verlorene Sache«, wenn man so will). Sie integrierten damals bereits Hillary Clintons unglückliche Formulierung über die »Basket of Deplorables«, die die Trump-Anhängerschaft in ihren Augen darstellte, in ein Narrativ der Viktimisierung durch das politische Establishment, dem es sich entgegenzustellen galt.[21] Diese Strategie ist für Trump 2016 aufgegangen; nach seiner Wahlniederlage 2020 hat er sie aktualisiert – mit den gleichen Verdrängungs- (*repression*) und Verleugnungsmechanismen (*denial*), die den Diskurs der ursprünglichen Repräsentanten des »lost cause« des amerikanischen Südens charakterisierten.

»Erzählungen über ›lost causes‹«, so der Historiker David Blight, »waren manchmal mächtig genug, um politische Regime aufzubauen oder zu zerstören, nationale und ethnische Identitäten zu formen und Landschaften mit Denkmälern zu füllen. Sie wirken in erster Linie als mächtige neue Gründungsmythen, die stets eine Politik der Klage vorantreiben, die in Vergeltung und manchmal in einen Sieg mündet.«[22] Blight attestiert auch Trump und der MAGA-Anhängerschaft solch eine »Politik der Klage« und das Bestreben, einen neuen Gründungsmythos für die USA zu schaffen. Die demokratische Grundordnung ist dabei, wie bei so vielen zeitgenössischen autoritären populistischen Bewegungen, mindestens zweitrangig, wenn sie nicht als ein zu beseitigendes Hindernis gilt.

Trumps Kampagne und seine Anhängerschaft haben sich entsprechend ein historisch und nachhaltig wirkmächtiges Narrativ angeeignet, das die Wahlkampfrhetorik bestimmt und den Bürgerkrieg und seine behaupteten negativen Folgen für die Weißen beharrlich präsent hält. Die Demokraten, so ein Kommentar, treten nicht nur gegen Donald Trump, sondern auch gegen diesen Mythos an, mit dem die Südstaaten einen militärisch verlorenen Krieg über Jahrzehnte in eine Pose der Überlegenheit und vermeintlich berechtigte Ansprüche umgemünzt haben – und den Trump nun nutzt, um eine verlorene Wahl in symbolisches wie politisches Kapital zu verwandeln.[23]

Joe Biden hat diese Strategie verstanden und in einer Wahlkampfrede am 8. Januar 2024 in der AME Church in Charleston, dem Ort des Amoklaufes eines weißen Fanatikers im Jahr 2015, diese Überblendung explizit angesprochen: »Jetzt – jetzt leben wir in einer Ära einer zweiten verlorenen Sache. Wieder einmal versuchen einige in diesem Land, einen Verlust in eine Lüge zu verwandeln – eine Lüge, die, wenn man sie weiterleben lässt, diesem Land erneut schrecklichen Schaden zufügen wird. Diesmal geht es bei der Lüge um die Wahl 2020.«[24]

Beobachter*innen sind derzeit uneinig über die Wirkmacht, die diese neue Geschichte des »lost cause« erlangen könnte. Einerseits wird darauf hingewiesen, dass die Analogiebildung in vielfacher Hinsicht hinke und kaum plausibilisierbar sei. Für Blight handelt es sich bei der Trump-Version – im Gegensatz zur verlorenen Sache der Konföderierten – um eine Art »Gangsterkult«, »voll von Ritualen der Loyalität gegenüber einem einzelnen Mann und seinen Plänen zur Schaffung einer autoritären US-Regierung«, die die amerikanische Demokratie zersetzen könnte.[25] Andererseits zeigt sich überdeutlich, dass die Analogie durchaus verfängt, zumindest bei den Gruppen von Wähler*innen, die angesprochen werden sollen. Noch dazu sei Trumps Version des »lost cause« weitaus gefährlicher für die amerikanische Demokratie als die der Südstaaten, »da sie nicht nur eine Region betrifft, sondern von nationaler Tragweite ist«.[26]

Auch für den politischen Analysten Larry Sabato finden sich entsprechende Resonanzen in der Zusammenschau, da es sich »in beiden Fällen [...] um Rebellionen [handelt], die auf den Sturz der rechtmäßigen Regierung abzielen«.[27] In beiden Fällen handelt es sich um zutiefst anti-demokratische Erzählungen: Der Süden porträtierte sich als Sklavenhalteraristokratie, die nach aristotelischem Vorbild um den patriarchalen Haushalt herum organisiert war und hierarchische, nicht egalitäre Strukturen im Zeichen eines weißen Suprematiedenkens bekräftigte. Die Trumpsche Neuauflage aktiviert diese Ideologie und stellt mit ihrer Fokussierung auf eine Person als Gallionsfigur ebenfalls die demokratische Ordnung infrage, auch weil demokratische Institutionen angegriffen und unterhöhlt werden. Eine »Ein-Tages-Diktatur« hat Trump im Falle seines Wahlsieges bereits angekündigt.[28]

Der »lost cause« in Zeiten von *Black Lives Matter*

»Die Vergangenheit ist niemals tot. Sie ist nicht einmal Vergangenheit.« So schreibt es der Südstaatenautor und Nobelpreisträger William Faulkner, der quasi seine gesamte schriftstellerische Karriere der Bearbeitung der »lost cause«-Thematik gewidmet hat, in seinem Roman *Requiem for a Nun* (1950). Und so ist es der Mythos (und die dazugehörige Psychopathologie) vom »lost cause«, der die Zeit überdauert hat und auch heute noch ideologisch wirksam ist, nicht nur im Süden der USA. Er hat nicht nur über die Zeit seiner Entstehung im 19. Jahrhundert hinaus fortbestanden, sondern auch während (und trotz) der erstarkten Emanzipations- und Reformbewegungen im 20. und 21. Jahrhundert. Die Dekaden der Bürgerrechtsbewegung haben zu vielfältigen Anfechtungen der Südstaatenideologie und zu einer Aufarbeitung der Geschichte geführt, ohne dass die »lost cause«-Advokaten verschwunden wären; in der Ära von *Black Lives Matter* ist der Mythos wieder neu aufgelegt worden – als radikaler und provinzieller ethnonationalistischer Gegenentwurf zu einem multikulturellen, pluralistischen Amerika.

Gegen diese Hartnäckigkeit kommen auch Maßnahmen zur Korrektur der tradierten Erinnerungskultur nicht an, wie etwa die Einführung eines neuen nationalen Feiertags in den USA unter Präsident Biden zum Gedenken an die Abschaffung der Sklaverei: Der »*Juneteenth National Independence Day*«, der 19. Juni, steht nun im zivilreligiösen Kalender und gedenkt der Abschaffung der Sklaverei auch im entlegensten Winkel des Landes: Am 19. Juni 1865 teilte der weiße Major General Gordon Granger den versklavten Schwarzen in Galveston, Texas, mit, dass sie freie Menschen und Bürgerinnen und Bürger der USA sind. Das hatte man ihnen bis dato verschwiegen, obwohl die neue Rechtslage bereits am 1. Januar 1863 mit Präsident Abraham Lincolns »Emancipation Proclamation« in Kraft getreten war. Zeitgleich mit Granger erreichten Unions-Regimenter der »United States Colored Troops« Galveston und unterstrichen die Ansage Grangers eindrücklich. Der Kongress verabschiedete die Einführung des neuen Feiertags erstaunlich einmütig und weit weniger kontrovers als ähnliche Prozesse in der Vergangenheit. Der Senat votierte einstimmig dafür, im Repräsentantenhaus gab es wenige Gegenstimmen.

Der Tag mag für den kleinsten gemeinsamen Nenner stehen, auf den man sich derzeit in den USA berufen kann: dass die Abschaffung der Sklaverei ein Grund zum Feiern ist. Darüber hinaus ist jede weitere Form der Ausgestaltung der amerikanischen Demokratie konfliktbehaftet, insbesondere entlang der schier unüberwindbaren Gräben, die sich zwischen den MAGA-Republikaner*innen, also der Anhängerschaft Trumps, und den Aktivist*innen von *Black Lives Matter* auftun.

Und so ist es vielleicht passend, dass derzeit in der Periodisierung der Geschichte der US-Demokratie eine »dritte Reconstruction«[29] ausgemacht wird, die nach der Nachkriegszeit des Bürgerkrieges und der Zeit der Bürgerrechtsbewegung nun erneut soziale und politische Gerechtigkeit für Bevölkerungsteile einfordert, die immer noch diskriminiert werden. Sie steht dafür, über Jahrzehnte hart erkämpfte Fortschritte bei der Verwirklichung von Emanzipation und Teilhabe nicht wieder zu verspielen, indem man sich retrotopischen und rückwärtsgewandten Fantasien hingibt. Das 19. Jahrhundert ist lange vorbei.

Anmerkungen

1 Vgl. Hubert Wetzel: Der zweite Bürgerkrieg, in: Süddeutsche Zeitung, 27.7.2018, URL: https://www.sueddeutsche.de/projekte/artikel/politik/usa-der-zweite-buergerkrieg-e740608/ [aufgerufen am 15.2.2024].

2 *Race*- und *gender*-Regime sind normative Effekte eines Herrschaftsdiskurses, der den Umgang mit Rasse und Geschlecht bestimmt und sanktioniert.

3 Edward Alfred Pollard: The Lost Cause. A New Southern History of the War of the Confederates: Comprising a Full and Authentic Account of the Rise and Progress of the Late Southern Confederacy – the Campaigns, Battles, Incidents, and Adventures of the Most Gigantic Struggle of the World's History, New York 1866, S. 729. Im Original: »[t]he Confederates have gone out of this war, with the proud, secret, deathless, *dangerous* consciousness that they are the BETTER MEN, and that there was nothing wanting but a change in a set of circumstances and a firmer resolve to make them the victors«.

4 Vgl. Sarah Churchwell: The Wrath to Come. Gone With the Wind and the Lies America Tells, London 2022, S. 33.

5 Vgl. Siri Hustvedt: Tear Them Down. Old Statues, Bad Science, and Ideas That Just Won't Die, in: Cedric Essi/Heike Paul/Boris Vormann (Hg.), Common Grounds? American Democracy after Trump, Amerikastudien/American Studies 2021/66.1, S. 37–45.

6 Im Zuge der Verarbeitung der dramatischen Geschehnisse wurde in der Innenstadt von Charlottesville eine großformatige Fotoausstellung installiert, die Diversität und Heilung in der Stadt nach den erschütternden Ereignissen thematisiert.

7 Vgl. hierzu die Dokumentation eines weiteren solchen Konflikts, der sich in Murray, Kentucky, zugetragen hat: Gerry Seavo James/Sherman Neal II: Ghosts of a Lost Cause. A Battle for the Will of the People in Small-Town America (Dokumentarfilm), USA 2023. Southern Poverty Law Center: Save the Date: »Ghosts of a Lost Cause« Screening in the »Friendliest Town in America« on MLK Day, in: Southern Poverty Law Center, 8.1.2024, URL: https://www.splcenter.org/presscenter/save-date-ghosts-lost-cause-screening-friendliest-town-america-mlk-day-0 [aufgerufen am 15.2.2024].

8 William Fitzhugh Brundage: The Southern Past: A Clash of Race and Memory, Cambridge, MA 2005, S. 124.
9 Fitzhugh Brundage 2005, S. 121.
10 David Currey: The Virtuous Soldier. Constructing a Usable Past in Franklin, Tennessee, in: Cynthia Mills/Pamela H. Simpson (Hg.), Monuments to the Lost Cause. Women, Art, and the Landscapes of Southern Memory, Knoxville, TN 2003, S. 133–147, hier: S. 133.
11 Ebd., S. xvii–xviii. Im Original: »[...] fought to defend states' rights and to protect a chivalrous antebellum way of life from northern aggression [...]«.
12 Ebd., S. xvii–xviii. Im Original: »[...] pictured an Old South in which genteel white men protected their beautiful and virtuous women and children, fighting with dignity and pride«.
13 Hasan Kwame Jeffries: Legacies of Belief, in: Kinshasha Holman Conwill/Paul Gardullo (Hg.), Make Good the Promises. Reclaiming Reconstruction and Its Legacies, New York, NY 2021, S. 177. Im Original: »indoctrinating white youth through its pro-Confederate educational materials and programs«.
14 Vgl. Drew Gilpin Faust: Mothers of Invention. Women of the Slaveholding South in the American Civil War, Chapel Hill, NC 1996, S. 253.
15 Vgl. Joseph Patrick Kelly: Biden is Running against a Second ›Lost Cause‹ Myth, in: Kentucky Lantern, 6.2.2024, URL https://kentuckylantern.com/2024/02/06/biden-is-running-against-a-second-lost-cause-myth/ [aufgerufen am 14.2.2024].
16 Vgl. Heike Paul: Gone with the Wind (1939), in: Heike Paul u. a. (Hg.), Lexicon of Global Melodrama, Bielefeld 2022. S. 63–66.
17 Vgl. Sara Ahmed: The Promise of Happiness, Durham/London 2010, S. 2 und 258 (Fußnote 10).
18 Churchwell 2022, S. 13. Im Original: »creation myth of white victimhood in America«.
19 Ebd., S. 388.

20 Donald Trump in seiner Rede zur Annahme der Nominierung als Präsidentschaftskandidat der Republikaner bei der *Republican National Convention 2016* am 21. Juli 2016 in Cleveland, Ohio.
21 Vgl. Laura Vorberg: #BasketofDeplorables. Digital Imagined Communities, Twitter-Populism, and the Cross-Media Effects of Popular Political Social Media Communication in the 2016 US Presidential Election, in: Heike Paul u. a. (Hg.), The Comeback of Populism. Transatlantic Perspectives, Heidelberg 2019, S. 89–108.
22 David Blight: Opinion. Trump's ›Lost Cause,‹ a kind of Gangster Cult, won't Go Away, in: Los Angeles Times, 14.1.2024, URL: https://www.latimes.com/opinion/story/2024-01-14/lost-cause-platform-donald-trump-revision-history-confederacy [aufgerufen am: 14.2.2024]. Im Original: »Lost cause narratives sometimes have been powerful enough to build or destroy political regimes, shape national and ethnic identities, and fill landscapes with monuments. They work primarily as powerful new founding myths, always advancing a politics of grievance that turns into retribution, and sometimes victory.«
23 Vgl. Kelly 2024.
24 Joe Biden: Remarks by President Biden at a Political Event | Charleston, SC, in: The White House, 8.1.2024, URL: https://www.whitehouse.gov/briefing-room/speeches-remarks/2024/01/08/remarks-by-president-biden-at-a-political-event-charleston-sc/ [aufgerufen am 14.2.2024]. Im Original: »Now — now we're living in an era of a second lost cause. Once again, there are some in this country trying — trying to turn a loss into a lie — a lie, which if allowed to live, will once again bring terrible damage to this country. This time, the lie is about the 2020 election [...].«
25 Vgl. Blight 2024. Im Original: »Unlike the Confederate Lost Cause, the Trump ver-

sion is a kind of gangster cult, full of rituals of loyalty to a single man and his plans to fashion an authoritarian U. S. government [...].«

26 Karen L. Cox: What Trump Shares With the ›Lost Cause‹ of the Confederacy, in: The New York Times, 8. 1. 2021, URL: https://www.nytimes.com/2021/01/08/opinion/trump-confederacy-lost-cause.html. Im Original: »Mr. Trump's lost cause, however, is far more dangerous because it affects more than a region; it is national in scope.«

27 Larry Sabato zitiert in Eleanor Clift: The Big Lie Is the South's New Lost Cause, in: The Daily Beast, 12. 1. 2024, URL: https://www.thedailybeast.com/the-big-lie-is-the-souths-new-lost-cause [aufgerufen am 15. 2. 2024].

Im Original: »They're both rebellions aimed at overthrowing the legitimate government [...].«

28 Die Ankündigung machte er auf einer Wahlkampfveranstaltung in Iowa in einem Interview mit Sean Hannity. Auf dessen Frage, ob er jemals Macht missbrauchen würde, um sich an irgendjemandem zu rächen, antwortete er »Except for day one«, »außer am ersten Tag«. Vgl. URL: https://www.youtube.com/watch?v=Sgv7ebKyjnc. [aufgerufen am 9. 4. 2024].

29 Peniel E. Joseph: The Third Reconstruction. America's Struggle for Racial Justice in the Twenty-First Century, New York, NY 2022.

Noam Zadoff

Ethnonationalismus, Militarismus, Identitäten von Minderheiten und die Gefahren für Israels Demokratie

Israel erlebt die tiefste Krise seit seiner Gründung 1948. Sowohl das brutale Massaker der Hamas gegen israelische Dörfer und Zivilist*innen am 7. Oktober 2023 als auch die aggressive Antwort der *Israel Defence Force* (IDF), die in einer Verwüstung von Großteilen des Gazastreifen mündete, werden den Nahen Osten für die kommenden Jahrzehnte verändern. Zudem drohen die Spannungen und der militärische Zusammenstoß der Hisbollah im Libanon und mit den Huthi im Jemen, den Konflikt von einer einst ortsgebundenen Auseinandersetzung zwischen zwei Gemeinschaften, die sich auf einem kleinen Gebiet um Land und Ressourcen streiten, in einen größeren Krieg zu verwandeln. Auf beiden Seiten ist das Leid unermesslich. Zudem, so scheint es zumindest aktuell, ist kein Ende in Sicht. Die Zivilist*innen im Gazastreifen sind mit beispielloser Zerstörung, Vertreibung, Hunger und Seuchen konfrontiert, verursacht durch die israelische Militäroffensive.

Fast ein Jahr nach diesen Ereignissen ist die israelische Gesellschaft noch immer schockiert und traumatisiert. Im Fernsehen haben politische Talkshows alle anderen Formate der Abendunterhaltung verdrängt. Im Radio hört man entweder patriotische Lieder, um die nationale Moral zu stärken, oder langsame und melancholische Musik. Parallel dazu wurden viele Zivilist*innen aktiv, indem sie in den sozialen Medien Initiativen starteten und damit nicht funktionierende staatliche Einrichtungen ersetzen. Auch der Trauerprozess geht auf Initiativen von Einzelpersonen und Gruppen zurück, da die israelische Regierung noch keinen offiziellen Trauertag ausgerufen hat. Kollektives Trauern spielt sich vor allem in der (Populär-)Kultur ab. Eines von vielen Beispielen ist die Initiative des »Jerusalem Orchestra East and West«. Im Januar 2024 veröffentlichte das Orchester in Zusammenarbeit mit der Nationalbibliothek Israels das Projekt »Am Ende des Regens kommt der Frühling«, in dem unter anderem das Lied »Kinat Be'eri« zu finden ist – ein neues Klagelied, das nach den traditionellen jüdischen Regeln der Piyyut-Liturgiedichtung geschrieben wurde.[1] Die berühmte Popsängerin Noemi Aharoni-Gal (Nunu), bei jüngeren Israelis für ihre leicht eingängigen Lieder bekannt, veröffentlichte eine ruhige Single mit dem Titel »Wenn die Sonne wieder aufgehen wird«, die sie vor einigen Jahren am Sterbebett ihres Vaters geschrieben hatte.

Diese Beispiele spiegeln die Trauer vieler Israelis wider, die derzeit mit den Vorkommnissen rund um den Angriff vom 7. Oktober 2023 und dem Krieg im Gaza zu kämpfen haben, etwa mit der Sorge um rekrutierte Kinder, Ehemänner und Väter oder um finanzielle Probleme.

Unter diesen extremen Bedingungen ist es nur verständlich, dass die Ereignisse vor dem Herbst 2023 in den Augen vieler Israelis in der Vergangenheit zu verschwinden scheinen und von den Gräueltaten der Hamas überschattet werden. Die Zeit davor, zwischen dem 4. Januar 2023 und dem 7. Oktober 2023, war durch die aggressiven Versuche der Regierung Benjamin Netanjahus gekennzeichnet, die existierende Gewaltenteilung zu schwächen, abzuschaffen und die israelische Demokratie zu demontieren. Die Wurzeln dieses Prozesses, der sich auch während des aktuellen Kriegs fortsetzt, reichen bis in die ersten Jahre des Staates Israel zurück.

Benjamin Netanjahu und die Demontage der Demokratie

Im November 2022 gewannen Benjamin Netanjahu und seine Likud-Partei die Wahlen – nach dreieinhalb Jahren politischer Krise mit insgesamt fünf Wahlkämpfen. Nachdem es Netanjahu nicht gelungen war, eine Koalition mit moderateren politischen Partnern zu bilden, schloss er ein Regierungsbündnis mit ultraorthodoxen, rassistischen und rechtsradikalen religiösen Parteien. Der rechtsextreme Vorsitzende der Partei *Ozma Jehudit* (Jüdische Macht), Itamar Ben-Gvir, wurde zum Minister für nationale Sicherheit ernannt, und der Parteivorsitzende des *Hazionut hadatit* (Religiöser Zionismus), Bezalel Smotrich, wurde Finanzminister und Minister im Verteidigungsministerium. Sowohl Ben-Gvir als auch Smotrich verkörpern und propagieren die Ideologie der Siedlerbewegung im Westjordanland, deren Ziel es ist, einen homogenen jüdischen Staat im ganzen Land, also vom Jordan bis zum Mittelmeer und darüber hinaus zu schaffen, in dem eine jüdische Theokratie herrschen soll.[2] Zusammen mit seinen neuen Partnern untergräbt Netanyahu die Demokratie, auch um seine eigene Haut vor dem laufenden Prozess zu retten, in dem er wegen dreier ernster Korruptionsfälle angeklagt ist.

Obwohl die Umstände in Israel spezifisch sind, sind die Techniken, die dort zum Abbau des demokratischen Systems verwendet werden, weder originell noch neu. Als Architekt dieses Programms folgt Benjamin Netanjahu dem klassischen Lehrbuch für populistische Anführer: Erstens: Definiere eine »Elite« (= ein Gegner aus der eigenen Mitte), gegen den man die Massen aufwiegeln kann. Zweitens: Gewinne Macht über Teile der Medien, um die öffentliche Meinung nach eigenen Wünschen lenken zu können. Drittens: Delegitimiere jede politische, juristische oder zivile Opposition durch das Aushebeln von Kontrollsystemen, die das demokratische System schützen (hier: der Israelische Oberste Gerichtshof). Diese Maßnahmen zeichnen sich dadurch aus, dass sie die »Schwächen« der Demokratie – ihre Offenheit und Toleranz – ausnutzen, um gegen sie selbst vorzugehen. Prozesse, die auf die Aushöhlung der Demokratie von innen zielen, lassen sich in verschiedenen Ausprägungen in vielen Ländern weltweit beobachten.[3] In Israel setzen sich diese Prozesse sogar während des Krieges in Gaza fort, und sind nach wie vor Teil der Tagesordnung der aktuellen Koalition.

Im Folgenden analysiere ich die historischen Hintergründe, die hinter der komplexen gegenwärtigen Situation stehen. Welcher Nährboden sorgte dafür, dass eine antidemokratische und populistische Führung gedeihen konnte? Und was steckt hinter der Unterstützung, die diese Regierung von vielen israelischen Bürger*innen bereits vor dem 7. Oktober 2023 erhalten hatte? Dabei möchte ich drei zentrale Aspekte in der israelischen Gesellschaft betonen, die seit der Gründung die Idee des demokratischen Staates herausfordern: die Haltung der jüdischen Gesellschaft Israels gegenüber den palästinensischen Araber*innen, die Beziehungen zwischen Religion und Staat (d. h. die Spannung zwischen den »jüdischen« und den »demokratischen« Aspekten des Staates Israel) und das Verhältnis zwischen Militär und Zivilgesellschaft.

Diese drei Spannungsfelder bestimmten den Staat Israel von Beginn an als Bestandteil einer Diskurstradition und Auseinandersetzung zwischen verschiedenen und bisweilen gegensätzlichen politischen Weltanschauungen. Viele Jahre lang existierten unterschiedliche – ja manchmal widersprechende – Vorstellungen von der politischen Zukunft des Staates und der Region nebeneinander; sie schufen ein gewisses Gleichgewicht. Seit Januar 2023 versucht Netanjahus Regierung diesen Zustand zu zerstören.[4] Die Bürger*innen des Staates Israel, die sich einen demokratischen Staat als Heimat wünschen, müssen sich einmal mehr den Herausforderungen stellen, die die antidemokratische Regierung Netanjahus mit sich bringt. Im Schlussteil dieses Artikels argumentiere ich, dass die Rechte und das Wohlergehen sowohl der israelischen Bürger*innen als auch der staatenlosen Palästinenser*innen im Westjordanland nur durch eine stabile Verfassung gesichert werden können. Diese fehlt in Israel noch immer.

Beziehung zu den palästinensischen Araber*innen

Das jüdisch-palästinensische Verhältnis war von Beginn an kompliziert. Seit den 1920er Jahren nahm unter der britischen Herrschaft die Gewalt zwischen beiden Gemeinschaften zu. Zionist*innen haben oft die Ziele ihrer Ideologie als Gegensatz zu dem erwachenden Nationalismus der palästinensischen Bevölkerung definiert. Wie Anita Shapira zeigt, wurde Gewalt seit den 1920er Jahren zunehmend zum zentralen Mittel: von arabischer Seite als Protest gegen die jüdische Besiedlung, von jüdischer Seite, um den Zionismus im Land zu verwirklichen.[5] Auf ein Ethos aufbauend, das Macht als Mittel zum Zweck idealisiert, förderte der Zionismus die ideologische und räumliche Trennung von der palästinensischen Gemeinschaft. Nach dem Krieg von 1948 – dem israelischen Unabhängigkeitskrieg und der palästinensischen *Nakba* (»Katastrophe«) – verblieben etwa 200.000 Palästinenser*innen innerhalb der Grenzen des neu gegründeten Staates Israel. Mehr als 700.000 Menschen flohen oder wurden aus ihren Häusern vertrieben. Obwohl alle in Israel lebenden Palästinenser*innen die Staatsbürgerschaft erhielten, wurden sie mit Misstrauen behandelt und unter israelische Militärverwaltung gestellt.

Unter der Militärverwaltung waren die Rechte der palästinensischen Israelis sehr eingeschränkt: Ihr Bewegungsradius war begrenzt, sie konnten verhaftet und bis zu einem Jahr lang in Polizeigewahrsam gehalten werden, ihr Besitz (insbesondere ihr Land) konnte durch den Staat beschlagnahmt werden. Auch wenn sie wählen durften, bemühte sich die Regierung, ihr Wahlrecht zu kanalisieren, so dass sie die regierende Mapai-Partei des ersten Premierministers David Ben-Gurion (1886–1973) unterstützten, die diese Militärherrschaft überhaupt erst eingeführt hatte. Die Militärregierung hatte, wie der palästinensische Intellektuelle Sabri Jiryis formulierte, eine »absolute Macht in den von ihr kontrollierten Gebieten, mit der Freiheit, nach eigenem Ermessen zu handeln, ungehindert von administrativen Beschränkungen«.[6]

In den 1950er Jahren war die Haltung gegenüber den israelischen Palästinenser*innen im israelischen Kabinett zweigeteilt. Der eine Teil tendierte dazu, diese Minderheit in die jüdische Mehrheit einzubeziehen. Seine Vertreter waren der Außenminister Moshe Sharet (1894–1965) und der Finanzminister (und spätere Premierminister) Levi Eshkol (1895–1969). Das andere Lager sprach sich für eine Trennung zwischen beiden Gemeinschaften aus. Diese Haltung vertraten der Premierminister David Ben-Gurion und Moshe Dayan (1915–1981). Die Vorbehalte gegenüber den palästinensisch-israelischen Bürger*innen stammten aus der Befürchtung vor Terroranschlägen an den Grenzen des neu gegründeten Staates durch palästinensische Infiltratoren. Dabei zeigten sich viele israelische Palästinenser*innen durchaus dazu bereit, sich aktiv am Aufbau des Staates zu beteiligen.[7] Der Historiker Adam Raz legt dar, wie im Juli 1954 der israelische Verteidigungsminister Pinchas Lavon (1904–1976), der Teil der »inklusiven« Fraktion war, arabische Bürger*innen dazu aufrief, in den Militärdienst einzutreten. Von den 4.250 Männern, die in Frage kamen, erschienen 4.000 beim Rekrutierungsbüro, die bereit waren, der israelischen Armee, den IDF (Israel Defence Forces), beizutreten. Doch zu ihrer Enttäuschung wurden sie nicht aufgenommen. Raz zufolge zeigt diese Episode, wie die militärische Regierung versuchte, einen Keil zwischen Juden*Jüdinnen und Araber*innen in Israel zu treiben – trotz der Tatsache, dass interne Berichte darlegten, dass die arabische Minderheit keine Gefahr darstellte.[8]

Die Militärherrschaft dauerte 18 Jahre lang und wurde erst 1966 abgeschafft, nachdem Levi Eschkol zum Premierminister ernannt wurde. Diese Politik hatte katastrophale Auswirkungen auf die arabisch-israelische Gesellschaft, indem sie diese spaltete, isolierte und ihre Modernisierung erschwerte. Die Militärherrschaft verhinderte, dass eine neue Führung entstand und schuf stattdessen Entfremdung, Misstrauen und Hass gegenüber dem Staat Israel und seinen Institutionen.

Die Militärherrschaft wirkte auch tiefgreifend auf die jüdisch-israelische Gesellschaft ein. Seit damals herrscht die Vorstellung, man könne Staatsbürger*innen aufgrund ihrer ethnischen Herkunft, ihrer Religion oder ihrer politischen Einstellung diskriminieren. Im Juni 1967 erreichte Israel einen militärischen Sieg über seine Nachbarländer im Sechstagekrieg.[9] Die Haupterrungenschaft dieses Sieges war die Übernahme von ägyptischen, syrischen und jordanischen Gebieten. Das Westjordanland und der Gazastreifen, die jetzt in Israel aufgingen, waren mit Palästinenser*innen dicht besiedelt. Unter ihnen waren viele Flüchtlinge des Kriegs von 1948. Erst ein Jahr nachdem die Militärherrschaft über israelische Palästinenser*innen offiziell abgeschafft worden war, schuf Israel eine neue Militärregierung, um die staatenlose Bevölkerung in den neu einverleibten Gebieten zu kontrollieren.[10] Es gab einen fast schon nahtlosen Übergang darin, diese Bevölkerungsgruppe diskriminierenden Praktiken auszusetzen. Die neue Regierung sah keine Notwendigkeit, andere Ideen oder Strukturen zu schaffen.

In den letzten Jahren kann man beobachten, dass Formen der Diskriminierung, die im Westjordanland üblich geworden sind, auch auf Organisationen angewandt werden, die sich auf israelischer Seite gegen die Regierung wenden. Stimmen, die das Vorgehen der IDF im Westjordanland kritisieren, werden als »Verräter« abgestempelt. Heutzutage ist es verboten, palästinensische Flaggen in der Öffentlichkeit zu zeigen, der *Nakba* zu gedenken oder Mahmoud Darwish, den palästinensischen Nationaldichter, zu zitieren.

Dennoch muss man bei aller Kritik festhalten, dass hinter vielen Entscheidungen der Regierung in Bezug auf die Palästinenser*innen in Israel – sowohl Staatsbürger*innen als auch Bewohner*innen der besetzten Gebiete – ein Gefühl der Angst stand. Und die Macht dieses Angstgefühls sollte bei politischen Entscheidungsfindungen auf beiden Seiten des Konflikts nicht unterschätzt werden. Auf israelischer Seite bestand und besteht die Angst darin, dass sich ein Teil der Gesellschaft gegen den Staat wenden könnte. Sie hängt jedoch auch mit der sogenannten »demografischen Bedrohung« zusammen: Um ein demokratischer, jüdischer Staat zu bleiben, so die paradoxe Reaktion auf diese Bedrohung, müsse Israel eine jüdische Mehrheit bewahren, selbst wenn es Maßnahmen ergreife, die ausdrücklich antidemokratisch sind.

Religion und Staat (der »jüdische« und »demokratische« Staat)

Israels eigene Definition als Staat, der sowohl jüdisch als auch demokratisch ist, birgt einen grundsätzlichen Widerspruch in sich: Als jüdischer Staat gibt Israel einem gewissen Teil der Bevölkerung Privilegien, als Demokratie hat es aber die Verpflichtung, alle Bürger*innen gleich zu behandeln. Dieses Spannungsverhältnis ist seit der Staatsgründung eines der zentralen Merkmale Israels und zugleich Ergebnis der *raison d'etre*, ein sicherer Hafen für verfolgte Juden*Jüdinnen zu sein.

Dieser innere Widerspruch führte auch zu Schwierigkeiten, Religion und Staat voneinander zu trennen. Schon 1947 hatte David Ben-Gurion eine Vereinbarung mit den Vorsitzenden der ultra-orthodoxen Partei *Agudat Israel* darüber getroffen, jüdisch-religiöse Bereiche des Staats in den Händen der jüdisch-orthodoxen Minderheit zu belassen.[11] Zudem gab man dem orthodoxen Bildungssystem Autonomie und befreite jüdisch-orthodoxe Männer vom Militärdienst. Nach dem Sechstagekrieg von 1967, und im größeren Ausmaß nach dem Oktoberkrieg von 1973 (auch Jom-Kippur-Krieg genannt), trug die neu gegründete Siedlungsbewegung *Gush Emunim* zur stärkeren Verflechtung der religiösen und säkularen Welten bei. Die jüdischen Siedler*innen im Westjordanland waren durch jüdisch-messianische und nationalistische Doktrinen beflügelt. Sie sahen sich als direkte Erben der vorstaatlichen zionistischen Bemühungen, das Land zu bewohnen und durch Siedlung zu entwickeln.[12] Auch wenn die religiösen Strömungen innerhalb des Zionismus bis in die 1980er hinein marginal blieben, schaffte es *Gush Emunim* über die Jahre nicht nur, unzählige Siedlungen auf palästinensischem Gebiet zu bauen, sondern auch mit der Zeit – wie sie es selbst formulierten – »die Herzen zu besiedeln« – und zwar die Herzen der israelischen öffentlichen Meinung und der Gesetzgeber. Denn die Siedlerbewegung wuchs unter der Schirmherrschaft verschiedener israelischer Regierungen. Ihre Mitglieder besetzten wichtige Positionen in der israelischen Armee und Politik und propagierten zum Teil eine Ideologie der *Jewish Supremacy*.[13] Mit den Jahren wurde die Gewalt der Siedler*innen gegen ihre palästinensischen Nachbarn zu einem tolerierten und legitimen Phänomen. Der Angriff am 26. Februar 2023, in dem hunderte von Siedler*innen das palästinensische Dorf Huwara als Reaktion auf die Ermordung zweier israelischer Siedler überfielen und randalierten, war in seiner Intensität ein Präzedenzfall, jedoch nicht in seinem Charakter. Ähnliche Fälle von Siedlergewalt ereignen sich regelmäßig seit vielen Jahren. Das Ziel ihrer Ideologie ist es, einen jüdischen Staat zu schaffen, regiert mit jüdischem Religionsrecht, und die Staatsgrenzen durch Kriege und Gewalt auszuweiten. Die gegen die Palästinenser*innen im Westjordanland gerichtete Aggression hat nur ein Ziel: Menschen aus ihrer Heimat zu vertreiben – aus dem Gebiet, das die Siedler*innen für sich beanspruchen. Bei dieser radikalen Praxis sieht sich die Siedlerbewegung nicht dem israelischen Recht untergeordnet. Ihre Befürworter*innen sehen ihre Rolle darin, Gottes Auftrag zu erfüllen. Selbst vor dem Horror vom 7. Oktober wurden tödliche Angriffe seitens der palästinensischen Terrororganisationen – die klar zu verurteilen sind – ihrerseits mit Vergeltungsmaßnahmen gegenüber unschuldigen palästinensischen Zivilist*innen beantwortet. Die Siedler*innen nennen diese Handlungen die »price tag«-Angriffspraxis.

Ein zentraler Wendepunkt hin zur aktuellen Situation ereignete sich im Juli 2018, als eine israelische rechtsgerichtete Regierung ein Grundgesetz verabschiedete (die Idee von Grundgesetzen im israelischen politischen System werde ich noch erläutern), das »Israel als Nationalstaat des jüdischen Volkes« festlegte. Dieses Gesetz sollte den ethnonationalen jüdischen Charakter des Staates stärken, indem das Jüdische von Dörfern und Siedlungen gefördert, das ungeteilte Jerusalem zur einzigen Hauptstadt Israels erklärt und Arabisch vom Status einer »offiziellen Staatssprache« zu einer »Sprache mit Sonderstatus« herabgestuft wird. Das Gesetz erwähnt weder eine Verpflichtung gegenüber dem demokratischen Wesen Israels noch bietet es eine staatliche Zusicherung, allen seinen Bürger*innen gleiche Rechte zu gewährleisten.[14]

Die Annahme dieses Gesetzes trug maßgeblich zur Erosion der israelischen Demokratie bei. Eine Umfrage nach der Verabschiedung des Gesetzes ergab, dass 58 % der Israelis diese Gesetzesinitiative unterstützten.[15] Deshalb protestierten nur wenige Israelis gegen dieses diskriminierende Gesetz, ebenso wie nur wenige protestierten, als eine radikale Gruppe Fußballfans, die sich

»La Familia« nennt, durch Drohungen und Gewalt verhinderte, arabische oder muslimische Spieler in der Mannschaft »Beitar Jerusalem« unter Vertrag zu nehmen.[16] Auch für den prominenten israelisch-palästinensischen Fußballspieler Munas Dabbur, der von 2020 bis 2023 in der Bundesliga für die TSG Hoffenheim spielte, setzten sich nur wenige ein. Dabbur musste 2022 die israelische Fußballnationalmannschaft verlassen, weil er öffentlich unter Druck gesetzt wurde, nachdem er während der Unruhen in Jerusalem 2021 in den sozialen Medien eine pro-palästinensische Erklärung in Bezug auf die Al-Aqsa-Moschee abgegeben hatte. Ebenfalls im Sommer 2022 gab es nicht viel Widerstand aus der Zivilgesellschaft, als die israelische Armee sechs palästinensische Menschenrechtsorganisationen auflöste, nachdem sie sie der Unterstützung des Terrors bezichtigt hatten – bis jetzt ohne solide Beweise offenzulegen. Jüdisch-israelische Organisationen wie »Breaking the Silence«, von jungen Veteranen des IDF gegründet, wurden weitgehend ignoriert oder mit Verachtung gestraft, nachdem sie öffentlich über ihre emotionale Schwierigkeiten während ihres Einsatzes im Westjordanland gesprochen hatten.[17] Auch dieses Misstrauen gegenüber jeder Handlung, die als Bedrohung des jüdischen ethnonationalen Narrativs angesehen wird, lässt sich mit der ständigen Angst vieler Israelis vor denen erklären, die sie als ihre Feinde ansehen, und ihrem Trauma, unter der dauernden Bedrohung von Gewalt und Terror zu leben. Diese Gefühle intensivieren sich unter dem dunklen Schatten des Pogroms vom 7. Oktober 2023.

Militarisierung der Gesellschaft

Im Laufe der Jahre hat Israel einen Prozess der Militarisierung durchlebt, bei dem Militärjargon und -kultur die Zivilgesellschaft durchdrungen haben. Dieser Prozess erscheint nur allzu logisch, da ein großer Teil der jungen israelischen Frauen und Männer zu einer relativ langen Pflichtdienstzeit zum Militär eingezogen werden und viele von ihnen bis Mitte vierzig in den Reservekräften dienen. Israelische Soldat*innen, die zu schwierigen und gefährlichen Einsätzen geschickt werden – meist im Alter von 19 bis 20 Jahren –, sind nach ihrem Militärdienst in Folge von all dem, was sie gesehen und erlebt haben, oft traumatisiert. Da ist es nur natürlich, dass die strenge Realität in den besetzten Gebieten das zivile Leben in Israel durchdringt und beeinflusst. Außerdem trägt die Tatsache, dass sich viele Generäle nach ihrer Militärkarriere der Politik zuwenden, dazu bei, dass die Grenzen zwischen militärischem und zivilem Leben verwischen und sich das militärische und demokratische System miteinander verweben. Es ist bemerkenswert, dass ausgerechnet viele Reservist*innen, die gleichzeitig besorgte Zivilist*innen sind, während des gesamten Jahres 2023 die Demonstrationen zum Schutz der Demokratie anführten.

Die Militärsprache, oft während der Dienstzeit in den besetzten Gebieten erworben, zielt unter anderem darauf ab, äußere »Feinde« auszumachen und sie dann von außen und innen zu delegitimieren. »Araber« war jahrelang ein gängiges Schimpfwort. Zum Beispiel nannte man eine Arbeit, die schlecht verrichtet wurde »arabische Arbeit«. Der israelisch-palästinensische Autor Sayed Kashua benutzte diesen Ausdruck als Titel seiner hebräisch-arabischen *Sitcom*-Serie, die von den Schwierigkeiten eines israelischen Palästinensers und seiner Familie handelte, sich in die jüdisch-israelische Mehrheitsgesellschaft zu integrieren.[18] Die Tatsache, dass die Serie zur Hauptsendezeit im israelischen Fernsehen lief, zeigt, dass die Problematik im kulturellen Kontext durchaus wahrgenommen wird.

In den vergangenen Jahren wurden negative gesellschaftliche Zuschreibungen erweitert, um Menschen, die als »Linke« wahrgenommen werden, mit einzuschließen. In Netanjahus Regierungszeit dient die Bezeichnung »Linke« als Schimpfwort und wird verwendet, um Einzelpersonen oder Gruppen als Verräter zu brandmarken, unabhängig von ihrer tatsächlichen politischen Ausrichtung. Die Strategie, Gegner gezielt zu delegitimieren, wurde während der Demonstrationen 2023 verschärft – seitdem bezeichnen Koalitionsmitglieder ihre Gegner, die ehemaligen »Linken«, als »Anarchisten« und sogar »Terroristen«.

»Tod den Terroristen« war der Wahlspruch, mit dem der Minister für Nationale Sicherheit seit 2023, Itamar Ben-Gvir, sich seine Position im Kabinett erkämpfte. Der Spruch war die euphemistische Version des früheren Slogans, »Tod den Arabern«, der charakteristisch für die rassistische Ideologie der Bewegung von Meir Kahane (1932–1990) ist, mit der sich Ben-Gvir identifiziert.[19] Doch tatsächlich strebt die derzeitige Regierung im Rahmen ihrer sogenannten »Reformen« ein neues Gesetz an, das die Todesstrafe für »Terroristen« vorsieht. Damit erhält die Frage »Wer ist ein Terrorist?« auch eine direkte juristische Dimension: Sollten Demonstranten, die in Tel Aviv Straßen blockieren, wirklich als Terroristen definiert werden? Oder vielleicht palästinensische Jugendliche, die man verdächtigt, Steine zu werfen? Oder passen nicht die Siedler, die für die jüngste Gewalt im palästinensischen Dorf Huwara verantwortlich sind, auf diese Beschreibung? Der jetzige Finanzminister Bezalel Smotrich bot an, die Definition einzugrenzen, indem er erklärte, dass Juden *per se* keine Terroristen sein können, da es so etwas wie jüdischen Terror gar nicht gäbe.[20] Übrigens wurde Smotrich im Jahr 2005 selbst wegen der Planung rechtsextremer Terroranschläge verhaftet. Und

Gefahren für Israels Demokratie | 131

Ben-Gvir wurde 2007 wegen Unterstützung einer Terrororganisation und rassistischer Aufwiegelung verurteilt.

Die Veränderungen in der hebräischen Sprache spiegeln auch den tiefgreifenden Prozess wider, den Israel in seinem Bildungsbereich durchläuft. In einem Interview, das im November 2022 in der Tageszeitung »Haaretz« erschien, verwies der Historiker Anver Ben-Amos von der Tel Aviver Universität auf eine schon seit mehreren Jahren praktizierte Tendenz, an weiterführenden Schulen die israelische Besatzung der palästinensischen Gebiete im Westjordanland nicht mehr in den Unterrichtsstoff zu integrieren. Ben-Amos argumentiert:

> Alles, was seit 1967 passiert ist, die Kontrolle über die Palästinenser, Intifadas, die Siedler, kommt im Lehrprogramm nicht vor. Das bedeutet, dass Schüler, die nach der Schule in die Armee eingezogen werden, keine Ahnung haben, was sie in den Gebieten und an den Checkpoints tun. Sie haben einfach keinen Kontext. Das ist, woran das Bildungssystem hart arbeitet: Es versucht aktiv zu verhindern, dass Schüler die Realität, in der wir leben, verstehen. Und das bringt uns zu der aktuellen Situation, in der es kein Problem ist, über so viele Jahre hinweg ein anderes Volk zu kontrollieren, weil wir nicht einmal verstehen, dass wir genau das tun. Ein solches Verständnis existiert nicht einmal mehr in den Köpfen der Schüler.[21]

Hier spiegelt das Bildungssystem, Ben-Amos zufolge, allgemeine Tendenzen innerhalb der Gesellschaft wider, nämlich die Normalisierung der abnormalen Realität, die Palästinenser*innen im Westjordanland zu kontrollieren. Und das sei, laut Ben-Amos, der Hauptgrund, weshalb die Säulen der israelischen Demokratie kurz vor der Zerstörung stehen. Der 7. Oktober und der Gaza-Krieg ändern diese Ausgangssituation nicht, weshalb das Problem bleiben wird, auch wenn die aktuelle Krise nachlassen sollte.

Die beeindruckenden Protestaktionen und -handlungen, die wir 2023 in Israel beobachten konnten, geben Hoffnung, dass demokratische Werte die antidemokratischen Tendenzen besiegen können. Zum ersten Mal seit langem sahen wir eine starke und aktive Opposition mit einer klaren Leitlinie, die auch nicht davor zurückschrak, einen Preis für ihren Kampf zu bezahlen. 39 Wochen lang, zwischen Januar und September 2023, gingen fast jede Woche ca. 5 % der Bevölkerung (500.000 Menschen) auf die Straße, um für ihre liberalen Werte einzutreten. Auch diese Menschen sind es, die Israel zu dem machen, was es ist – Arbeiter*innen, Lehrer*innen, Künstler*innen, Autor*innen und Dichter*innen, Wissenschaftler*innen, Anwält*innen, (Ex-)Politiker*innen, Personen aus dem Gebiet der Hochtechnologie und Reservesoldat*innen. Aber solange die Fragen nach dem Zusammenleben mit den Palästinenser*innen auf Grundlage von Gleichberechtigung und gegenseitigem Respekt und nach der Trennung von Religion und Staat nicht gelöst sind, bleiben die Gefahren für die Demokratie bestehen. Wenn Israelis die direkte Konfrontation mit diesen Fragen weiterhin vermeiden, werden die hier diskutierten Probleme und Spannungen lediglich auf einen anderen Zeitpunkt in der Zukunft verschoben.

Jenseits des Abgrunds

Der Staat Israel wurde vor über 75 Jahren in einer extremen Situation gegründet: zum einen nach dem Krieg von 1948 und zum anderen im Schatten des Holocausts; in den ersten Jahren des jüdischen Staates war jeder dritte Israeli ein Überlebender des Holocausts. Es war eine Patchwork-Gesellschaft, deren politisch gespaltene Regierung weitreichende Entscheidungen unter schwierigen Bedingungen treffen musste. Anstatt eine Verfassung zu schreiben, entschied man sich deshalb damals, die israelische Justiz zunächst auf einer Reihe von grundlegenden Interimsgesetzen aufzubauen – mit der klaren Absicht, später eine Verfassung zu installieren. Zwar haben diese Gesetze einen verfassungsmäßigen Status, stehen aber nicht unter dem gleichen Schutz wie eine Verfassung. Sie können mit einer einfachen Mehrheit im Parlament jederzeit verändert werden. Langfristig gesehen hat das Fehlen einer richtigen Verfassung den Gesetzgebern, wie in diesem Artikel beschrieben, in Konfliktsituationen immer wieder viel Raum gelassen, um kurzfristig orientierte politische Lösungen zu suchen, ohne die längerfristigen Konsequenzen in den Blick zu nehmen.[22]

Die Wurzeln der Krise Israels der letzten Jahre liegen in den Entscheidungen, die in den 1950er Jahren getroffen wurden, um die Menschen in der zerstreuten Diaspora in *eine* jüdische Gesellschaft formen zu können. Dennoch halfen die Notgesetze auch dabei, mit den wachsenden und eskalierenden Spannungen zu leben und sie gleichzeitig zu ignorieren, was eine Verfassung nicht so gut ermöglicht hätte. Die Krise, die wir momentan erleben, zeigt, wie gefährlich jene Entscheidungen von damals waren.

Der heftige Widerstand gegen die antidemokratische Koalition seitens so vieler Israelis seit dem Jahr 2023 ist beeindruckend und beweist das Engagement vieler Israelis für die Demokratie. Diese Initiativen bildeten auch die Grundlage für den beispiellosen zivilen Einsatz und das Engagement nach dem 7. Oktober, das das organisatorische Vakuum füllte, das die nicht funktionierende Regierung geschaffen hat. Doch selbst wenn die Zivilgesellschaft gewinnt, die Demonstranten sich durchsetzen und die zerstörerische

Regierung Netanjahus abgelöst wird, müssen sich die Bürger*innen Israels mit den eigentlichen Gründen befassen, die zu der beispiellosen Krise geführt haben, und nicht nur die Symptome bekämpfen. Ganz zentral wird es in diesem Zusammenhang sein, sich mit der fehlenden Verfassung stärker auseinanderzusetzen. Nur ein stabiles und schwer zu veränderndes Gesetzeswerk kann sowohl die Rechte der israelischen Bürger*innen als auch die der staatenlosen Palästinenser*innen im Westjordanland dauerhaft sichern. Es braucht einen Prozess der gründlichen Reflektion, aus dem sich eine neue Ordnung – eine stärkere und gerechtere Gesellschaft innerhalb einer lebendigen Demokratie – entwickeln kann.

Anmerkungen

1 Der Videoclip wurde in den Lesesälen im Neubau der Nationalbibliothek aufgenommen, der im Herbst 2023 eröffnet wurde, URL: https://www.youtube.com/watch?v=qdZNoNYWoVY [aufgerufen am 12.2.2024].

2 Am 28. Januar 2024 organisierten die Vorsitzenden der israelischen fundamentalistischen Rechtsparteien eine offizielle Konferenz in Jerusalem, auf der sie den Sieg über die Hamas feierten und dazu aufriefen, den Gazastreifen ethnisch zu säubern, um ihn dann mit Juden neu zu besiedeln. Smotrich und Ben-Gvir nahmen an dieser Veranstaltung teil.

3 Vgl. Steven Levitzky/Daniel Ziblatt: How Democracies Die. New York 2018; vgl. auch: Jan-Werner Müller: Was ist Populismus? Berlin 2016; Timothy Snyder: Über Tyrannei: Zwanzig Lektionen für den Widerstand. München 2017. Für diese Prozesse in Israel, siehe: Moshe Zimmermann: Niemals Frieden? Israel am Scheideweg, Berlin 2024.

4 Eine subjektive Chronik dieser Zeit aus der Perspektive eines Holocaustforschers bietet: Saul Friedländer: Blick in den Abgrund. Ein israelisches Tagebuch, München 2023.

5 Vgl. Anita Shapira: Land and Power. The Zionist Resort to Force, Stanford 1999.

6 Sabri Jirayis: The Arabs in Israel. New York 1976, S. 20.

7 Vgl. Adam Raz: Tewach Kafr Qasim. Biographia politit, Jerusalem 2018, S. 34–53.

8 Vgl. Raz 2018, S. 59–61.

9 Zum Sechstagekrieg und zur Begegnung zwischen den israelischen und palästinensischen Gesellschaften vgl. Tom Segev: 1967. Israels zweite Geburt, München 2007; Noam Zadoff: Geschichte Israels. Von der Staatsgründung bis zur Gegenwart, München 2023, S. 75–97.

10 Vgl. zum Thema der Gründung der israelischen Militärregierung im Westjordanland in 1967–68: Shabtai Teveth: Cursed Blessing. Story of Israel's Occupation of the West Bank, London 1970.

11 Zur »Status quo Vereinbarung« vom Juni 1947, siehe: Itamar Rabinovich/Jehuda Reinharz (Hg.): Israel in the Middle East. Documents and Readings on Society, Politics, and Foreign Relations, Pre-1948 to the Present, Lebanon 2008.

12 Noam Zadoff: From Mishmar Ha'emek to Elon Moreh: Moshe Shamir and the socialist roots of Gush Emunim, in: Modern Judaism 39, 2019/3, S. 326–346.

13 Zur israelischen Siedlerbewegung und ihrer Ideologie, vgl. Gershom Groenberg: The Accidental Empire: Israel and the Birth of the Settlements, 1967–1977, New York 2006; Idith Zertal/Akiva Eldar: Die Herren des Landes. Is-

rael und die Siedlerbewegung seit 1967, München 2007.

14 Simon Rabinovitch (Hg.): Defining Israel. The Jewish State, Democracy and the Law, Cincinnati 2018, S. 121–123. Siehe auch den Abschnitt, der sich diesem Gesetz widmet, in: Israel Studies 25, 2020/3, S. 130–266.

15 Für die Umfrage, vgl. URL: https://news.walla.co.il/item/3177175 [aufgerufen am 17. 5. 2024].

16 Der Dokumentarfilm von Maya Zinshtein »Forever Pure« (Israel 2016) handelt von dieser Episode in Israels Geschichte.

17 Breaking the Silence. Israelische Soldaten berichten von ihrem Einsatz in den besetzten Gebieten, Düsseldorf 2012.

18 Die Serie hatte vier Staffeln und wurde zwischen 2007 und 2013 ausgestrahlt. Vgl. Shiri Goren: Arab labor, Jewish humor: memory, identity, and creative resistance on Israeli prime-time television, Jewish Social Studies 25, 2020/2, S. 107–126.

19 Zu Kahane und seiner Ideologie, siehe: Shaul Magid: Meir Kahane. Public Life and Political Thought of an American Jewish Radical, Princeton 2021.

20 Smotrich sagte diese Worte auf einer Konferenz am 1. März 2023. Bei der gleichen Veranstaltung schlug er vor, das palästinensische Dorf Huwara »auszulöschen«. Für das Interview mit Smotrich, siehe URL: https://www.youtube.com/watch?v=MpcOpFGgMpA [aufgerufen am 17. 5. 2024]

21 Noa Limone: Latalmidim schemitgajsim lazawa'ein mussag ma hem 'ossim scham, in: Haaretz online, 8. 11. 22, URL: https://www.haaretz.co.il/family/2022-11-08/ty-article/highlight/00000184-51de-df5b-abff-5dde1d250000 [aufgerufen am 17. 5. 2024]. Zur Analyse von Ben-Amos, siehe: Avner Ben-Amos: Hakibusch bema'arechet hachinuch hajsraelit. Bejn hakara lehakchascha, in: Nimrod Tal/Eyal Nave (Hg.), Chinuch historj. Sirot wesikot, Bnei-Brak 2023, S. 230–260. Die Haltung gegenüber den besetzten Gebieten in den israelischen Mainstream-Medien und sozialen Medien ist kompliziert und widersprüchlich, da man die palästinensische Realität gleichzeitig normalisieren und verdrängen möchte. Vgl.: Elie Friedman/Dalia Gavriely-Nuri: Israeli Discourse and the West Bank. Dialectics of Normalization and Estrangement, New York 2018.

22 Zum Hintergrund zu den Grundgesetzen Israels, dem Obersten Gerichtshof und der Erosion von Israels Demokratie, vgl.: Adam Shinar u. a.: From Promise to Retrenchment. On the Changing Landscape of Israeli Constitutionalism, in: International Journal of Constitutional Law 18, 2020/3, S. 714–726.

Tarunabh Khaitan

Der schleichende Tod der indischen Verfassung: Wie Narendra Modi seine Macht festigt und den Rechtsstaat aushöhlt

Zu den größten politischen Herausforderungen des 21. Jahrhunderts gehört das Phänomen des demokratischen Rückschritts in etablierten Demokratien. Erosionstendenzen lassen sich weltweit und in unterschiedlichen politischen Landschaften beobachten.[1] Auch Indien, das häufig als die größte Demokratie der Welt bezeichnet wird, ist vor dieser Entwicklung nicht gefeit. Wenngleich es zu keinen augenscheinlichen Krisen wie Putsch-Versuchen durch das Militär, nationalen Notständen oder gar der formalen Aussetzung von Rechten kam, wurde das demokratische Grundgerüst Indiens unter der Führung von Premierminister Narendra Modi und seiner Partei, der Bharatiya Janata Party (BJP), in den vergangenen zehn Jahren erheblich destabilisiert. Zwei Mal gelang es der Modi-Partei, die absolute Mehrheit im Unterhaus zu gewinnen: 2014 und 2019. Der politische Spielraum scheint seit Kurzem ein wenig eingeschränkter, denn die *Modi wave*[2], die in den Jahren zuvor für erdrutschartige Siege gesorgt hatte, blieb bei den Parlamentswahlen im Frühjahr 2024 aus; um eine Regierung zu bilden, ist die BJP erstmals auf einen Koalitionspartner angewiesen. Festzuhalten bleibt dennoch: Die Partei, die das demokratische System seit einem Jahrzehnt systematisch aushöhlt, bleibt stärkste Kraft.

Einer der Kernaspekte dieser demokratischen Dekonsolidierung ist die Zurückdrängung der Rechenschaftspflicht der Exekutive, zu der die Regierung und die öffentliche Verwaltung gehören. In liberalen Demokratien wird die Exekutive in der Regel in dreifacher Weise zur Rechenschaft gezogen: auf vertikaler Ebene (gegenüber der Wählerschaft), auf horizontaler Ebene (gegenüber anderen staatlichen Institutionen wie der Justiz und der gesetzgebenden Opposition) und auf diagonaler Ebene (gegenüber der Zivilgesellschaft, zu der auch die Medien, akademische Einrichtungen und Nichtregierungsorganisationen gehören). Seit dem Amtsantritt Modis versucht die BJP, sich von diesen Rechenschaftsmechanismen zu lösen. Dafür soll die Macht der Institutionen im Verhältnis zur Exekutive verringert werden (*executive aggrandizment*), was unter anderem durch die zunehmende Verschmelzung von Partei und Staat – zum Beispiel durch das gezielte Installieren von Parteiloyalist*innen auf strategischen Schlüsselpositionen – gelingt.

Die Rechenschaftspflichten der Exekutive
Indem liberale demokratische Verfassungen Mechanismen zur Sicherstellung der Rechenschaftspflicht der Exekutive festschreiben, versuchen sie, der Untergrabung und Aushöhlung der Demokratie entgegenzuwirken. Damit soll eine Machtkonsolidierung der ausführenden Gewalt gegenüber der gesetzgebenden (Legislative) und rechtsprechenden Gewalt (Judikative) verhindert werden, die eine Gefahr für die demokratische Ordnung darstellen könnte. Im Gegensatz zu Autokratien oder Oligarchien beruhen Demokratien – vom polnisch-amerikanischen Politikwissenschaftler Adam Przeworski als »Systeme, in denen Parteien Wahlen verlieren«[3] bezeichnet – auf dem Grundsatz, dass die Macht für unterschiedliche Gruppen zugänglich bleiben muss.[4] Diese Zugänglichkeit ist nicht nur eine wesentliche Voraussetzung für die Legitimität der demokratischen Ordnung, sondern auch für ihre Stabilität. Eine Demokratie, die es versäumt, sich dem offenen Machtwettbewerb zu stellen, riskiert innere Unruhen und macht sich zum Ziel externer Bedrohungen.

Das zentrale Motiv, überhaupt Mechanismen für die Rechenschaftspflicht der Exekutive in einer Demokratie zu entwickeln, besteht darin, Herrschaftsmonopole zu verhindern. Die politische Exekutive spielt dabei eine besonders kritische Rolle, denn von ihr geht aufgrund ihrer spezifischen Machtposition die größte innere Bedrohung für die Demokratie aus. Über Schutzmechanismen möchten Demokratien ausschließen, dass die Regierenden künftigen Anwärter*innen den Weg zur Regierungsverantwortung dauerhaft versperren. Diese Mechanismen bauen auf folgenden Achsen auf:

Vertikale Rechenschaftspflicht (elektorale Rechenschaftspflicht)
Demokratien verlangen, dass die politische Exekutive ihre Legitimität durch regelmäßige Wahlen nachweist. Durch die so übertragene Regierungsverantwortung bleiben Parteien und Politiker*innen gegenüber der Wählerschaft und ihren Vertreter*innen rechenschaftspflichtig. Diese Form der Rechenschaftspflicht ist für parlamentarische Systeme von grundlegender Bedeutung, setzt sie doch voraus, dass sich die Exekutive das politische Vertrauen der Bevölkerung sowie der gewählten Legislative erarbeiten muss, um politisch handeln zu können. Herausforderungen können sich durch Wahlmani-

pulation, Wahlkreisschiebung, Wahlrechtsentzug und die Verwischung der Grenzen zwischen Staat und Partei ergeben: All diese Taktiken zielen darauf ab, die Position der Regierungspartei zu stärken.[5]

Horizontale Rechenschaftspflicht (institutionelle Rechenschaftspflicht)

Diese Dimension umfasst eine starke Kontrolle der Exekutive durch andere staatliche Einrichtungen wie die Legislative, die Judikative und verschiedene Verfassungsorgane (zum Beispiel durch den Rechnungshof, die Wahlkommission oder das Amt für Korruptionsbekämpfung). Über ihre jeweilige Art der Zusammensetzung – Wahl, Ernennung oder Auswahl – fungieren diese Stellen als Kontrollinstanzen der Exekutivmacht. Ihre Unabhängigkeit und Autorität sind notwendig, um ein Übergreifen der Exekutive zu verhindern und um auszuschließen, dass eine einzelne Entität die politische Landschaft dominiert.

Diagonale Rechenschaftspflicht (diskursive Rechenschaftspflicht)[6]

Die Exekutive ist auch gegenüber der Zivilgesellschaft rechenschaftspflichtig. Die Regierung muss sich für ihr Handeln und Entscheiden rechtfertigen – gegenüber der Bevölkerung, den Medien, der Wissenschaft, Nichtregierungsorganisationen (NROs) und anderen zivilen Vereinigungen. Die diskursive Rechenschaftspflicht wird beispielsweise durch die Einschränkung der Rede- und Versammlungsfreiheit bedroht. Öffentliche Kritik oder Widerspruch fordern die Regierenden dazu auf, ihr Regieren zu erklären und nachvollziehbar zu kommunizieren. Ist dies nicht mehr möglich, bricht die Achse der diagonalen Rechenschaftspflicht in sich zusammen.

Angriffe gegen die elektorale Rechenschaftspflicht: Wie Modi die Wahlen zu seinen Gunsten beeinflusst

Seit der Machtübernahme im Jahr 2014 hat Modis BJP erhebliche Anstrengungen unternommen, um der Wahllandschaft in Indien ein neues Gesicht zu geben, mit dem Ziel, die Vorherrschaft der Partei auf der politischen Bühne zu festigen. Indem sie die hinduistische Mehrheit des Landes zu stärken und gleichzeitig die muslimischen Gemeinschaften an den Rand zu drängen versuchte, nehmen sie Einfluss auf die demografische Zusammensetzung der Bevölkerung. Auf diese Weise sollen sowohl ideologische Zwecke erfüllt als auch strategische Wahlvorteile erzielt werden. Im Rahmen dieser langfristigen Strategie, die von der radikal-hinduistischen Organisation *Rashtriya Swayamsevak Sangh*[7], dem ideologischen Rückgrat der BJP, getragen wird, wird Hindu-Paaren zum Beispiel seit langem nahegelegt, mehr Kinder in die Welt zu setzen.[8] Unter dem umstrittenen Slogan »Love Jihad« werden Hindu-Männer ermutigt, muslimische Frauen zu heiraten, während umgekehrt von der Ehe zwischen muslimischen Männern und Hindu-Frauen abgeraten wird.[9]

Trotz der in der Verfassung verankerten Religionsfreiheit haben außerdem mehrere von der BJP regierte Bundesstaaten im Laufe der Jahre Anti-Konversionsgesetze erlassen. Diese erschweren es den Bürger*innen, in eine andere Religion zu konvertieren, was in einem mehrheitlich von Hindus bewohnten Land vor allem darauf abzielt, Minderheitenreligionen kleinzuhalten.[10]

Auch die Erweiterung der indischen Staatsbürgerschaftsgesetze zu Beginn von Modis zweiter Amtszeit, die den Ausschluss der Muslime von staatsbürgerlichen Bestimmungen vorsehen, offenbaren die unmissverständliche Absicht, die demografische Zusammensetzung zugunsten elektoraler Vorteile zu manipulieren. Mit der Gesetzeserweiterung sollte in erster Linie die Staatsbürgerschaft auf nicht-muslimische Migranten ohne Papiere im Bundesstaat Assam ausgeweitet werden. Gleichzeitig ermöglichte sie jedoch die Abschiebung von Millionen von Muslimen, die keinen Wohnsitz in Indien vor 1971 nachweisen konnten.[11] Das Gesetz, das 2019 monatelange Proteste und gewaltsame Unruhen ausgelöst hatte, erleichtert es religiösen Minderheiten aus Pakistan, Bangladesch und Afghanistan, die vor dem 31. Dezember 2014 nach Indien eingewandert sind, die indische Staatsbürgerschaft zu erwerben. Diese Möglichkeit steht Hindus, Sikhs, Buddhisten, Parsen, Christen und Jainas offen, nicht jedoch Muslimen.[12]

Ein weiteres Beispiel für die Untergrabung der elektoralen Rechenschaftspflicht war die Vorgehensweise der BJP im Zusammenhang mit der Finanzierung von Wahlkampagnen im Jahr 2017. Nachdem die BJP-Regierung, haftbar gemacht worden war, weil sie illegale Spenden aus dem Ausland angenommen hatte, erließ sie Gesetzesänderungen, die diese Finanzierungen legalisierten. Durch die Einführung von sogenannten Wahlanleihen, eines Wahlfinanzierungssystems, das unbegrenzte und anonyme Spenden von Privatpersonen und Unternehmen an politische Parteien ermöglichte, wurde jedoch die Transparenz der Parteienfinanzierung drastisch verringert und die BJP gleichzeitig in Form eines unverhältnismäßig hohen Anteils anonymer Spenden begünstigt.[13] Diese Strategie hat der BJP auch einen enormen finanziellen Vorteil verschafft. Die nicht erfolgte Kontrolle durch die Legislative und der Ausschluss der *Rajya Sabha* (Oberhaus) – der zweiten Kammer des indischen Parlaments neben der *Lok Sabha* (Unterhaus) – bei der Prüfung der Neuerungen lassen unschwer erkennen, dass der gesetzliche Rahmen gezielt manipuliert wurde, um sich die finanzielle Vorherrschaft zu sichern. Am 15. Februar 2024 erklärte jedoch ein aus fünf Richtern bestehendes Gremium des Obersten Gerichts von Indien das System der Wahlanleihen einstimmig für »verfassungswidrig« und stellte fest, dass anonyme Spenden von Unternehmen an politische Parteien gegen das Recht auf Information verstoßen. Das Oberste Gericht wies die Indische Staatsbank an, alle Einzelheiten zur Parteienfinanzierung mittels Wahlanleihen offenzulegen. Daraufhin wurden in einem erheblichen Ausmaß finanzielle Zuwendungen von Unternehmen an verschiedene politische Parteien aufgedeckt, die nach Einschätzung des Obersten Gerichts als Gegenleistung für Begünstigungen gewährt worden waren.[14]

Eine der wichtigsten Änderungsvorhaben am indischen Wahlsystem, die Premierminister Modi persönlich befürwortet und im Parteiprogramm der BJP für die Parlamentswahlen 2024 betont wurde, ist die Abhaltung parallel stattfindender Wahlen für das Unterhaus des indischen Parlaments und der gesetzgebenden Versammlungen auf Bundesstaatsebene.[15] Sollte das Vorhaben »Eine Nation, eine Wahl« tatsächlich umgesetzt werden, besteht die Gefahr, dass sich der Wahlvorteil der BJP konsolidiert und dass in der Folge die durch die Bundesstaaten vertretene legislative Autorität – nämlich die Exekutive zur Rechenschaft zu ziehen – beschnitten wird. Kritiker argumentieren, dass parallel stattfindende Wahlen die BJP unverhältnismäßig stark auf Kosten regionaler und kleinerer Parteien begünstigen würde, insbesondere aufgrund des Bekanntheitsgrads der Partei innerhalb des Landes und der populistischen Anziehungskraft Modis.[16]

Hinzu kommt die finanzielle Überlegenheit der BJP, die sie regelmäßig dafür nutzt, Einfluss auf die Politik der Bundesstaaten zu nehmen. Mit ihren enormen finanziellen Mitteln besticht die BJP immer wieder Politiker der Opposition, um bundesstaatliche Regierungen zu stürzen oder anstehende Wahlen auf bundesstaatlicher Ebene für sich zu entscheiden (»Operation Black Lotus«).[17] Jedes Misstrauensvotum auf Ebene der Bundesstaaten, das zu Neuwahlen führt, birgt somit das Risiko, dass die BJP ihre finanziellen Mittel einsetzt, um ihre Macht in den Bundesstaaten auszubauen und das Regime in Richtung eines Präsidialsystems zu verschieben (ein von ihr seit jeher angestrebtes ideologisches Ziel) – beziehungsweise dass sie versucht, sich einem solchen System so weit anzunähern, wie dies unter Berufung auf eine parlamentarische Demokratie möglich ist.

Aushöhlung der institutionellen Rechenschaftspflicht: Warum Opposition, Judikative und unabhängige Behörden an Macht einbüßen

Die BJP fokussiert sich seit der Machtübernahme der Partei im Jahr 2014 nicht nur auf die Umgestaltung der elektoralen Dynamik, sondern richtet sich auch aggressiv gegen die Sicherstellung der horizontalen beziehungsweise institutionellen Rechenschaftspflicht. Die Rolle der Opposition und die Wirksamkeit des Zweikammersystems wurde in den vergangenen Jahren systematisch geschmälert, so dass sich die Macht auf nur mehr eine Partei konzentriert und abweichende Meinungen kaum mehr Gehör finden.

Wie die Schwächung der Opposition aussehen kann, zeigte sich gleich zu Beginn von Modis erster Amtszeit, als die neue Regierung auf die Bestellung des Oppositionsführers im Unterhaus verzichtete. Der Oppositionsführer in der *Lok Sabha* vertritt die stärkste Oppositionspartei – vorausgesetzt diese kann mehr als 10% der Wählerstimmen verbuchen. Da bei den Parlamentswahlen im Jahr 2014 keine der Oppositionsparteien die nötigen 10% erreichte, ließ die Regierung den Posten des Oppositionsführers (bis heute) vakant – und beraubte die parlamentarische Opposition somit einer institutionellen Schlüsselposition und der damit verbundenen Privilegien.[18] Eine solche Taktik, die darauf abzielt, die Legitimität der Opposition zu untergraben, lässt sich Steven Levitsky und Daniel Ziblatt zufolge als musterhaftes und untrügliches Zeichen autoritären Verhaltens deuten.[19] In vielen parlamentarischen Systemen ist das Zweikammersystem ein effektiver Mechanismus zur Prüfung der Macht der politischen Exekutive.[20] Im Allgemeinen müssen beide Häuser des Parlaments einen Gesetzesentwurf genehmigen, damit er als Gesetz verabschiedet werden kann. In Indien jedoch können bestimmte Gesetzesentwürfe zur Regelung finanzieller Angelegenheiten nach Artikel 110 der Verfassung als »Finanzentwürfe« (»money bills«) verabschiedet werden. Sobald ein Gesetzesentwurf vom Sprecher des Unterhauses als *money bill* anerkannt wurde, ist keine Zustimmung des Oberhauses mehr erforderlich, um den Entwurf als Gesetz zu verabschieden.[21] Um die Prüfung durch das Oberhaus zu umgehen, in dem die BJP keine Mehrheit hatte, wurde beispielsweise der so genannte *Aadhaar Bill 2016* – ein Gesetzesentwurf zur Speicherung biometrischer und biografischer Daten der Bürger*innen – von der Regierungspartei kurzerhand als *money bill* eingestuft.[22] Die Bestimmungen des Entwurfs wichen zwar erheblich von den Voraussetzungen ab, die normalerweise für ein solches Finanzentwurfsverfahren erfüllt sein müssen, dennoch bestätigte das Oberste Gericht die Verfassungsmäßigkeit des Verfahrens. Die BJP-Regierung nutzte diesen Umweg mit beispielloser Regelmäßigkeit und hebelte damit gezielt die Prüfung durch das Oberhaus bei einigen umstrittenen Angelegenheiten aus.[23]

Die Machtbestrebungen der Modi-Regierung machen auch vor der Judikative und unabhängigen Behörden keinen Halt. Trotz ihrer grundsätzlichen Unabhängigkeit werden Institutionen wie der Oberste Gerichtshof, die indische Zentralbank oder verschiedene Aufsichtsbehörden dabei behindert, ihre politische Verantwortung wahrzunehmen und als Kontrollinstanzen zu agieren. So wurde beispielsweise nach einer langwierigen Anti-Korruptionsbewegung im Jahr 2013 unter der Führung der ein Jahr später abgewählten Partei *Indian National Congress* das so genannte *Lokpal*- und *Lokayuktas*-Gesetz verabschiedet. Ziel des Gesetzes war die Einrichtung einer unabhängigen Ombudsstelle (*Lokpal*) zur Bekämpfung von Bestechung. Trotz der prominenten Rolle der BJP bei der Forderung nach einem entsprechenden Gesetz – seinerzeit als Oppositionspartei – und trotz wiederholter Ermahnungen durch das Oberste Gericht versäumte es die Regierung Modis fast während ihrer kompletten ersten Amtsperiode (2014–2019), einen solchen Ombudsmann zu benennen.[24] Allein für die Bildung einer Findungskommission [25], auf deren Grundlage in den letzten Tagen der ersten Modi-Regierung doch noch eine Ernennung erfolgte, brauchte die Regierung mehr als vier Jahre. Nachdem es keinen offiziellen Oppositionsführer gab, sollte die Opposition im Auswahlkomitee durch einen Teilnehmer vertreten werden, der dem Komitee zwar beisitzen, aber nicht abstimmen durfte. Dieser lehnte die anmaßende Einladung verständlicherweise ab.[26] Auch das Oberste Gericht Indiens, das für seine weitreichende Rechtsprechung bekannt ist und als eines der mächtigsten Gerichte weltweit gilt, sah sich in seiner Funktion in Frage gestellt. Das Kollegialsystem, das zum Schutz der richterlichen Autonomie eingeführt worden war, geriet durch die Versuche der Exekutive, ihren Einfluss auf die Ernennung von Richtern zu verstärken, wiederholt unter Druck. Die Verfassungsänderung von 2014, mit der das Ernennungsverfahren überarbeitet werden sollte, wurde zwar vom Obersten Gericht abgelehnt, spiegelt jedoch die anhaltenden Spannungen zwischen Judikative und Exekutive wider. Der selektive Widerstand der Regierung gegen bestimmte Ernennungen sowie die Bestellung eines pensionierten Obersten Richters zum Gouverneur ließen Bedenken hinsichtlich der Unparteilichkeit und Unabhängigkeit der Judikative aufkommen. In einer aufsehenerregenden Pressekonferenz hochrangiger Richter des Obersten Gerichts im Jahr 2018 wurden diese Bedenken deutlich zum Ausdruck gebracht. Die Rede war von externen Einflüssen und politischer Befangenheit bei der Zuteilung von Fällen und der Besetzung von Richterstellen.

> Uns, den Richtern des Obersten Gerichts von Indien, wird vorgeworfen, dass wir unsere Unabhängigkeit und unsere institutionelle Integrität unter dem zunehmenden Eingriff der Exekutive aufgeben würden. Die Exekutive ist stets ungeduldig und duldet, soweit es ihr möglich ist, keinen Ungehorsam, auch nicht von Seiten der Justiz. Es wurde laufend versucht, die Obersten Richter wie Abteilungsleiter im Sekretariat zu behandeln. So viel zu unserer ›Unabhängigkeit und Vorrangstellung‹ als eigenständiges Staatsorgan.[27]

Ein weiteres Beispiel für Modis Absicht, das Oberste Gericht zu untergraben, liefert der *Chief Electoral Officer and Other Electoral Officers Act* aus dem Jahr 2023, der die Ernennung, die Befugnisse und die Amtszeit der Hauptwahlbeauftragten und anderer Wahlbeauftragter regelt. Das Gesetz sieht vor, die Kontrolle der Wahlkommission (*Election Commission*, EC), die laut Verfassung mit der »Aufsicht, Leitung und Kontrolle«[28] der Wahlen betraut ist, an die politische Exekutive abzugeben. Das neue Auswahlkomitee, das für die Ernennung des Obersten Wahlkommissars und der Wahlkommissare zuständig ist, setzt sich aus dem Premierminister, dem Oppositionsführer im Unterhaus (*Lok Sabha*) und einem nominierten Kabinettsminister zusammen. Diese Neuordnung hob ein Urteil des Obersten Gerichts auf, das eigentlich ein dreiköpfiges Auswahlkomitee vorsah, bestehend aus dem Obersten Richter, dem Premierminister und dem Oppositionsführer im *Lok Sabha*.[29]

Abbau der diskursiven Rechenschaftspflicht: Wie Wissenschaft, Medien und NGOs attackiert werden

Auch die Kanäle der diskursiven Rechenschaftspflicht, die für eine lebendige Demokratie unverzichtbar sind, wurden unter der Modi-Regierung stark angegriffen. Die Attacken richteten sich systematisch gegen Medien, Hochschulen und Nichtregierungsorganisationen (NGOs), also Instanzen, denen eine zentrale Rolle bei der Förderung eines informierten und kritischen öffentlichen Diskurses zukommt. Unter dem Deckmantel von Regulierungsreformen wurde zum Beispiel die Autonomie und Unabhängigkeit des indischen Hochschulwesens massiv bedroht. Exemplarisch steht dafür das Vorgehen gegen die *University Grants Commission* (UGC). Die UGC fördert und überwacht das Hochschulwesen und gewährt Universitäten Zuschüsse für Forschungs-, Lehr- und Infrastrukturzwecke.[30] Wenngleich die UGC nicht gänzlich unabhängig ist, genießt sie doch eine gewisse Autonomie. So gibt es beispielsweise für den Vorsitzenden eine feste Amtszeit und zur Ausübung ihrer Befugnisse ist die UGC in der Regel nicht auf die Erlaubnis der Landesregierung angewiesen.[31] Im Juni 2018 legte die Modi-Regierung den Entwurf für ein neues Gesetz vor, mit dem das gesamte Regelwerk des Hochschulwesens erneuert werden sollte.[32] Dem Gesetzesentwurf zufolge sollte die Regulierungsbehörde nur noch über eine begrenzte institutionelle Autonomie verfügen. Zwar wurde der Entwurf nach Protesten auf Eis gelegt, jedoch erließ die Regierung noch im selben Jahr eine Richtlinie für öffentliche Universitäten, wonach die Vorschriften des zentralen öffentlichen Dienstes nun auch für Universitätsangestellte gelten sollten. Dies bedeutete, dass es Akademiker*innen, die an öffentlichen Universitäten beschäftigt sind, genau wie Beamt*innen nicht erlaubt sein sollte, die Regierung oder deren Politik zu kritisieren. Nach heftigen Protesten, in denen die Maßnahme als Beschneidung der akademischen Freiheit angeprangert wurde, erklärte die Regierung, dass die Richtlinie nur empfehlenden Charakter habe und nicht verbindlich sei.[33]

Doch nicht nur die akademische Freiheit, sondern auch die Unabhängigkeit der Medien ist in Indien bedroht. Dass Regierungen und politische Parteien Journalist*innen drangsalieren, ist in Indien nichts Neues. Was sich jedoch unter dem Modi-Regime änderte, waren das Ausmaß, die Schwere und die Systematik der Maßnahmen.[34] Die BJP führt eine umfassende Liste indischer Journalist*innen, die in »Fürsprecher« und »Gegner« der Partei unterteilt ist.[35] Statt Journaliste*innen unter Berufung auf das oft missbräuchlich ausgelegte Verleumdungsgesetz zum Schweigen zu bringen, kamen noch viel boshaftere Gesetze aus der Kolonialzeit zur Anwendung, etwa das über Anstiftung zum Hochverrat.[36]

In einem System, in dem ein Strafprozess mehrere Jahre andauern kann, bis ein endgültiges Urteil gefällt ist, wird allein der Prozess zur Strafe. Nachdem die *Milli Gazette* Akte antimuslimischer Diskriminierung in einer Regierungsbehörde aufgedeckt hatte, wurde das Blatt im Rahmen eines Strafverfahrens so sehr schikaniert, dass es sich veranlasst sah, seine Auflage einzustellen.[37] Medienunternehmen wurden unter Druck gesetzt, damit sie sich von unbeugsamen Redakteur*innen trennten, was zum Teil auch gelang.[38] Einige resolute Medienvertreter*innen, darunter die Journalistin Gauri Lankesh, wurden von Mitgliedern von Schwesterorganisationen der *Sangh Parivaar* ermordet – den Hindutva-Organisationen, die vom Rashtriya Swayamsevak Sangh hervorgebracht wurden und ihm weiterhin angegliedert sind.[39]

Auch die Selbstzensur nahm zu. Zwei große Zeitungen hatten zunächst Artikel zu einem Bericht von *Reporter ohne Grenzen* veröffentlicht und dann wieder zurückgezogen. Darin war kritisiert worden, dass die indische Presse unter Premierminister Modi weniger frei sei.[40]

Die massive Einschüchterungstaktik Modis richtet sich jedoch nicht nur gegen die inländische Berichterstattung, sondern auch gegen ausländische Medienvertreter*innen. Kurz nach der Ausstrahlung der BBC-Dokumentation mit dem Titel »India: The Modi Question« im Februar 2023 durchsuchten indische Steuerfahnder die Büros des britischen Senders in Neu-Delhi und Mumbai. Die Regierung hatte zuvor versucht, die Ausstrahlung der Dokumentation zu verhindern, die sich kritisch mit der Behandlung der muslimischen Minderheit auseinandersetzte.

Das Vorgehen der Steuerbehörde wurde unverzüglich von Journalistengruppen und Oppositionsparteien verurteilt. Die gemeinnützige Journalistenorganisation *Editors Guild of India* erklärte, dass die Razzien eine Fortsetzung der Tendenz seien, »Presseorganisationen, die der Regierungspolitik oder dem Herrschaftsapparat kritisch gegenüberstehen, über staatliche Stellen einzuschüchtern und zu schikanieren«.[41] Gaurav Bhatia hingegen, Sprecher von Modis BPJ, beschuldigte die BCC, eine »Schattenagenda« gegen die Regierung zu verfolgen.[42]

Auch bestimmte Organisationen der Zivilgesellschaft wurden von der Modi-Regierung vehement unterdrückt. Tausenden von NGOs wurden die Lizenzen für finanzielle Mittel aus dem Ausland entzogen.[43] Einige NGOs hatten zwar tatsächlich gegen das Gesetz verstoßen, indem sie beispielsweise die Offenlegung ihrer Konten verweigerten.[44] Viele der Lizenzen wurden jedoch unter dem Vorwand einer vage formulierten Bestimmung entzogen. Die Maßnahmen der Regierung seien, so die undurchsichtige Formulierung, »im öffentlichen Interesse erforderlich«[45]. Viele der Organisationen, deren Arbeit auf diese Weise eingeschränkt wurde, hatten sich für Menschenrechte eingesetzt und die Regierung wiederholt aufgrund von Menschenrechtsverletzungen kritisiert. Zahlreiche NGOs wurden überfallen oder bedroht, darunter auch renommierte internationale Organisationen wie *Amnesty International* oder *Greenpeace*.[46]

Der Fall *Bhima Koregaon*, kurz BK, ist der grausame Höhepunkt dieser Unterdrückungskampagnen. Am 1. Januar 2018 versammelten sich Hunderttausende Dalits – die ehemals Unberührbaren Indiens – um den 200. Jahrestag der Schlacht von Koregaon zu begehen. Dabei wurden sie von einem mit Knüppeln und Eisenstangen bewaffneten Mob angegriffen, der safranfarbene Fahnen schwenkte (die Farben der BJP und der suprematistischen Hindutvata-Ideologie), Steine und Molotowcocktails warf und Gebäude in Brand setzte. In der Folge wurden 16 Menschenrechtsaktivisten verhaftet:

Anwälte, Journalist*innen, Professor*innen, Schriftsteller*innen. Die Mitglieder der so genannten BK-16-Gruppe wurden als maoistische Terroristen eingestuft. Ihnen wurde zur Last gelegt, Krieg gegen den indischen Staat zu führen, die Zerstörung der indischen Demokratie zu planen und ein Attentat auf Premierminister Modi verüben zu wollen. Obwohl es genügend Beweise für die Unschuld der Menschenrechtsaktivisten gibt, sind sie weiterhin in Haft. Sie alle hatten sich für Kastenlose, Angehörige der indigenen Bevölkerung und für die Rechte der Frauen eingesetzt und die Politik der hindunationalistischen Regierung kritisiert.⁴⁷ Ob sich ihre Lage nach den Parlamentswahlen 2024 und der damit einhergehenden Bildung einer Regierungskoalition ändert, bleibt abzuwarten.

Anmerkungen

Dieser Beitrag ist eine gekürzte, adaptierte und aktualisierte Version des ursprünglich in der Zeitschrift *Law & Ethics of Human Rights* veröffentlichten Artikels: *Killing a Constitution with a Thousand Cuts: Executive Aggrandizement and Party-state Fusion in India*, in: Law & Ethics of Human Rights, 2020/14, Berkeley, CA, S. 49–95.

1 Vgl. Mark A. Graber/Sanford Levinson/Mark Tushnet (Hg.): Constitutional Democracy in Crisis?, Oxford 2018.

2 Surjit S. Bhalla: There is a Modi wave, in: Indian Express, 12. 3. 2014, URL: https://indianexpress.com/article/opinion/columns/there-is-a-modi-wave/ [aufgerufen am 7. 6. 2024].

3 Vgl. Adam Przeworski: Democracy and the Market: Political and Economic Reforms in Eastern Europe and Latin America, Cambridge 1991, S. 10.

4 Vgl. Samuel Issacharoff/Richard H Pildes: Politics as Markets: Partisan Lockups of the Democratic Process, in: Stanford Law Review 1998/50(3), S. 643–717, hier: S. 643.

5 Vgl. Guillermo O'Donnell: Horizontal Accountability in New Democracies, in: Marc F. Plattner/Andreas Schedler/Larry Diamond (Hg.), The Self-Restraining State: Power and Accountability in New Democracies, London 1999, S. 29–52.

6 AJ Brown bezeichnet diese Dimension als *soziale* Dimension; vgl. AJ Brown: The Fourth, Integrity Branch of Government: Resolving a Contested Idea, in: Australian Political Studies Association, Juli 2018, URL: https://auspsa.org.au/wp-content/uploads/2020/09/Brown-A-J-2018-Fourth-Integrity-Branch-of-Government-APSA-Presidential-Paper.pdf [aufgerufen am 2. 5. 2024].

7 Die Rashtriya Swayamsevak Sangh ist eine politisch rechts einzuordnende, nationalistische und paramilitärische Freiwilligenorganisation in Indien.

8 Mohammad Ali: Produce More Children. RSS Tells Hindu Couples, in: The Hindu, 18. 10. 2016, URL: https://www.thehindu.com/news/national/other-states/Produce-more-children-RSS-tells-Hindu-couples/article14582028.ece [aufgerufen am 7. 5. 2024].

9 Vgl. »Hindu Outfit Plans ›beti bachao, bahu lao‹ campaign to counter Love Jihad«, in: Hindustan Times, 1. 12. 2017, URL: https://www.hindustantimes.com/lucknow/hindu-outfit-plans-beti-bachao-bahu-lao-campaign-to-counter-love-jihad/story-HVxTzT-8Vn8bAYmYNYVZysI.html [aufgerufen am 10. 5. 2024].

10 Tariq Ahmad/U. S. Global Legal Research Directorate Law Library Of Congress:

State Anti-conversion Laws in India, in: Library of Congress, URL: https://www.loc.gov/item/2018298841/ [aufgerufen am 10.5.2024].

11 Vgl. Mihika Poddar: The Citizenship (Amendment) Bill, 2016: International Law on Religion-Based Discrimination and Naturalisation Law, in: Indian Law Review 2018/2(1), S. 108–118.

12 Vgl. »CAA: India's new citizenship law explained«, in: BBC, 12.3.2024, URL: https://www.bbc.com/news/world-asia-india-50670393 [aufgerufen am 2.5.2024] und »Centre notifies implementation of Citizenship Amendment Act«, in: URL: https://timesofindia.indiatimes.com/india/centre-notifies-implementation-of-citizenship-amendment-act/articleshow/108398473.cms [aufgerufen am 2.5.2024].

13 Gautam Bhatia: The Electoral Bonds Scheme is a Threat to Democracy Hindustan Times, in: Hindustan Times, 18.3.2019, URL: www.hindustantimes.com/analysis/the-electoral-bonds-scheme-is-a-threat-to-democracy/story-PpSiDdUjIw5WNBUzDsSzxI.html?fbclid=IwAR3SrL9-N741ftcthrZBQ_XQBrHHbtzMsrZ7_C58FlQnbHwBJZzjJGpHO1k [aufgerufen am 5.6.2024].

14 Vgl. Supreme Court of India, URL: https://main.sci.gov.in/supremecourt/2017/27935/27935_2017_1_1501_50573_Judgement_15-Feb-2024.pdf [aufgerufen am 10.5.2024].

15 Vgl. Government of India, URL: https://onoe.gov.in/HLC-Report-en#flipbook-df_manual_book/1 [aufgerufen am 10.5.2024].

16 Vgl. Liz Mathew: Simultaneous Elections for Lok Sabha and Assembly: How Idea Came, What Implementation Will Mean, in: The Indian Express, 31.1.2018, URL: https://indianexpress.com/article/explained/holding-lok-sabha-and-assembly-polls-together-how-idea-came-what-implementation-will-mean-5045403/ [aufgerufen am 10.5.2024].

17 Vgl. »No Election in Surat: Is This ›Operation Black Lotus‹ Even before the Candidate Is Elected?«, in: The Wire, 24.4.2024, URL: https://thewire.in/politics/no-election-in-surat-is-this-operation-black-lotus-even-before-the-candidate-is-elected [aufgerufen am 10.5.2024].

18 Vgl. Sunii Prabhu: Declined: Speaker Rejects Congress Claim for Leader of Opposition, in: New Delhi Television Limited, 19.8.2014, URL: www.ndtv.com/india-news/declined-speaker-rejects-congress-claim-for-leader-of-opposition-650355 [aufgerufen am 10.5.2024].

19 Vgl. Steven Levitsky/Daniel Ziblatt: How Democracies Die: What History Reveals About Our Future, London 2018.

20 Vgl. Jeremy Waldron: Bicameralism and the Separation of Powers, in: Current Legal Problems 2012/65(1), S. 43–51.

21 Vgl. Artikel 110 der indischen Verfassung.

22 Vgl. Rahul Narayan/Apar Gupta: The Money Bill Cloud Persists Over the Aadhaar Act, in: Live Law, 13.10.2018, URL: www.livelaw.in/the-money-bill-cloud-persists-over-the-aadhaar-act/ [aufgerufen am 11.5.2024].

23 Vgl. Devyani Chhetri: As Justice Chandrachud Calls Aadhaar Law ›Unconstitutional‹, Government Increases Use of Controversial Short, in: Bloomberg Quint, 3.10.2018, URL: www.bloombergquint.com/law-and-policy/as-justice-chandrachud-calls-aadhaar-law-unconstitutional-government-increases-use-of-controversial-short-cut [aufgerufen am 10.5.2024].

24 Vgl. Krishnadas Rajagopal: Govt Stand on Lokpal Appointment is ›Wholly Unsatisfactory,‹ Says Supreme Court Hindu, in: The Hindu, 4.12.2021, URL: www.thehindu.com/news/national/govt-stand-on-lokpal-appointment-is-wholly-unsatisfactory-says-supreme-court/article24502495.ece [aufgerufen am 10.5.2024].

25 Vgl. Bharti Jain: Centre Announces 8-Member Search Committee For Lokpal, in: Times of India, URL: https://timesofindia.indiatimes.com/india/centre-announces-8-member-search-committee-for-lokpal/

articleshow/65985596.cms [aufgerufen am 10.5.2024].

26 Vgl. Mahesh Langa: Justice P. C. Ghose Appointed First Lokpal Hindu, in: The Hindu, 27.9.2018, URL: www.thehindu.com/news/national/justice-pc-ghose-appointed-first-lokpal/article26582874.ece.

27 Vgl. AK Aditya: Bonhomie Between Judiciary and Government Sounds the Death Knell to Democracy; Chelameswar J in Letter to CJI, in: Bar and Bench, 29.3.2018, URL: https://barandbench.com/bonhomie-between-judiciary-and-government-sounds-the-death-knell-to-democracy-chelameswar-j-in-letter-to-cji/.

28 Vgl. Supreme Court of India, URL: https://main.sci.gov.in/supremecourt/2015/1458/1458_2015_3_1501_42634_Judgement_02-Mar-2023.pdf [aufgerufen am 12.5.2024].

29 Vgl. Anil Swarup/Kartikey Singh: Appointing Election Commissioners: The government must not control the watchdog, in: The Indian Express, 31.8.2023, URL: https://indianexpress.com/article/opinion/columns/appointing-election-commissioners-the-government-must-not-control-the-watchdog-8917864/ [aufgerufen am 2.5.2024].

30 Vgl. University Grants Commission Act, Nr. 3/1956, S. 12.

31 Vgl. ebd., S. 6 und S. 20.

32 The Higher Education Commission of India Bill, 2018 (Entwurf zur Abschaffung des University Grants Commission Act, Nr. 3/1956).

33 Vgl. Shuriah Niazi: Ministry Backpedals on ›Gagging‹ Rules for Academics University World News, in: University World News, 26.10.2018, URL: www.universityworldnews.com/article.php?story=20181026124012244 [aufgerufen am 12.5.2024].

34 Vgl. Annie Gowen: In Modi's India, Journalists Face Bullying, Criminal Cases and Worse, in: Washington Post, 15.2.2018, URL: www.washingtonpost.com/world/asia_pacific/in-modis-india-journalists-face-bullying-criminal-cases-and-worse/2018/02/13/e8176b72-8695-42ab-abd5-d26aab830d3e_story.html?noredirect=on&utm_term=.83936cfbc268 [aufgerufen am 12.5.2024].

35 Vgl. Ishita Mishra: Pro-BJP or Anti-BJP: Inside the Modi-Shah Media Tracking »War Rooms«, in: The Wire, 11.8.2018, URL: https://thewire.in/politics/narendra-modi-amit-shah-bjp-india-media [aufgerufen am 12.5.2014].

36 Vgl. Niharika Banerjee: Centre ›Trying to Silence Media‹ Unconstitutionally: Chandrababu Naidu, in: New Delhi Television Limited, 7.3.2019, URL: www.ndtv.com/india-news/centre-trying-to-silence-media-unconstitutionally-chandrababu-naidu-2004199 [aufgerufen am 12.5.2024].

37 Vgl. Gaurav Sarkar: The Curious Case of ›The Milli Gazette‹, in: Newslaundry, 14.2.2019, URL: www.newslaundry.com/2019/02/14/the-curious-case-of-the-milli-gazette [aufgerufen am 12.5.2024].

38 Vgl. Raju Gopalakrishnan: Indian Journalists Say They Are Intimidated, Ostracised if They Criticise Modi and the BJP, in: Reuters UK, 27.4.2018, URL: https://www.reuters.com/article/world/indian-journalists-say-they-intimidated-ostracized-if-they-criticize-modi-and-t-idUSKBN1HX1EK/ [aufgerufen am 12.5.2024].

39 Vgl. Gauri Lankesh: Indian Journalist Shot Dead in Bangalore, in: BBC, 6.9.2017, URL: www.bbc.com/news/world-asia-india-41169817 [aufgerufen am 12.5.2024].

40 Vgl. »The India Freedom Report: Media Freedom and Freedom of Expression in 2017«, in: The Hoot, URL: http://asu.thehoot.org/public/uploads/filemanager/media/THE-INDIA-FREEDOM-REPORT-.pdf [aufgerufen am 13.5.2024].

41 Vgl. URL: https://editorsguild.in/statements-issued/ [aufgerufen am 2.5.2024].

42 Vgl. Mujib Mashal: Indian Tax Agents Raid BBC Offices After Airing of Documentary Critical of Modi, in: The New York Times, 14.2.2023, URL: https://www.nytimes.com/2023/02/14/world/asia/india-bbc-tax-raid.html [aufgerufen am 13.5.2024].

43 Vgl. Deya Bhattacharya: FCRA Licences of 20,000 NGOs Cancelled: Act Being Used as Weapon to Silence Organisations, in: First Post, 26.10.2018, URL: www.firstpost.com/india/fcra-licences-of-20000-ngos-cancelled-act-being-used-as-weapon-to-silence-organisations-3181560.html [aufgerufen am 13.5.2024].

44 Vgl. Trilochan Shastri: NGOs, Foreign Funds and a Trust Deficit, in: The Hindu, 9.4.2016, URL: www.thehindu.com/opinion/op-ed/ngos-foreign-funds-and-a-trust-deficit/article7364282.ece [aufgerufen am 13.5.2024].

45 Foreign Contributions Regulation Act, Nr. 42/2010, S. 14(1)(c).

46 Vgl. Amanat Khullar: FCRA and NGOs: What Lies behind the Government's Crackdown?, in: The Wire, 30.12.2016 URL: https://thewire.in/rights/fcra-ngos-lies-behind-governments-crackdown [aufgerufen am 13.5.2024].

47 Vgl. Alpa Shah: The Incarcerations. BK-16 and the Search for Democracy in India, New York 2024.

Pranish Desai

30 Jahre südafrikanische Demokratie: Konsolidierung inmitten der Vertrauenskrise

Im Mai 2024, genau dreißig Jahre nach der Vereidigung Nelson Mandelas als erster Präsident eines demokratischen, nicht rassistischen Südafrikas, verlor seine Partei, der Afrikanische Nationalkongress (ANC), zum ersten Mal ihre absolute Mehrheit in der Nationalversammlung. Der deutliche Stimmenverlust des ANC, der durch eine von ihm geführte Koalition an der Macht bleiben konnte, führte zwei Entwicklungstendenzen innerhalb der südafrikanischen Demokratie vor Augen: die Vertiefung des demokratischen Systems sowie den zunehmenden Vertrauensverlust in eben dieses System.

Dies scheint auf den ersten Blick widersprüchlich. Aber nur so lange, bis man einen genaueren Blick auf die aktuelle politische Situation des Landes wirft: Auf der einen Seite sehen wir eine einbrechende Wahlbeteiligung, ein zunehmendes Misstrauen gegenüber zentralen demokratischen Institutionen sowie eine größere Bereitschaft, populistische Parteien und Kandidat*innen zu unterstützen. Auf der anderen Seite beobachten wir umkämpftere, ergebnisoffenere Wahlen und eine langjährige Regierungspartei, die ihre Niederlage bei den diesjährigen Parlamentswahlen akzeptierte. Zudem gilt Südafrika noch immer als positives Beispiel dafür, wie man starke demokratische Institutionen in einer Gesellschaft aufbaut, die vom Erbe des Rassismus und der Gewalt gezeichnet ist.

Um die Demokratie in den kommenden Jahren zu konsolidieren, benötigt Südafrika eine proaktivere politische Führung, die systemische Reformen anstößt und akute Herausforderungen meistert, sowie Bürger*innen, die den Glauben an demokratische Politik und politische Partizipation zurückgewinnen. Außerdem muss das Land die richtigen Lehren aus den ersten dreißig Jahren seiner demokratischen Geschichte ziehen.

Ein historischer Erfolg für die Demokratie

Die Geschichte Südafrikas im 20. Jahrhundert prägt die Gegenwart des Landes noch heute. Von 1899 bis 1902 bekämpften sich Großbritannien und die Burenrepubliken im sogenannten Südafrikanischen Krieg beziehungsweise

Zweiten Burenkrieg. An den beiden Weltkriegen waren Südafrikaner*innen aller ethnischen Gruppen aktiv beteiligt. Das ganze Land war von Rassendiskriminierung geprägt, die sich sowohl auf staatlich sanktionierte Handlungen als auch auf eher organische, alltägliche Interaktionen der Bürger*innen erstreckte und der vor allem Angehörige der schwarzen südafrikanischen Mehrheit zum Opfer fielen. Als im Jahr 1948 die Nationale Partei (National Party) an die Macht kam, verfestigten sich Rassismus und Rassentrennung weiter und wurden zu unverhohlenen Zielen der südafrikanischen Regierung. Die National Party begann ein System aufzubauen, das später unter dem Begriff »Apartheid« bekannt wurde. Zu den wichtigsten Inspirationen der Nationalen Partei in Südafrika gehörten die faschistischen Bewegungen im Europa des frühen 20. Jahrhunderts, einschließlich Adolf Hitlers Nationalsozialismus.

Während sich ein Großteil der Nationen nach dem Zweiten Weltkrieg für die Einhaltung der Menschenrechte stark machte, verschlechterte sich die Lage in Südafrika. Die Apartheid-Regierung schränkte den Zugang der nichtweißen Südafrikaner*innen zu Bildung, Handel, Politik und Gesundheitswesen massiv ein.[1] Hinzu kamen alltägliche Demütigungen wie nach »Rassen« getrennte Toiletten, Strände und andere öffentliche und private Bereiche. Der Widerstand gegen die Apartheid war zwar sowohl innerhalb als auch außerhalb Südafrikas weit verbreitet, jedoch konnte die Nationale Partei fast ein halbes Jahrhundert lang regieren. Sie unterdrückte kritische Stimmen im Land, etablierte ein Wahlsystem, das die ländliche Basis der Partei unverhältnismäßig stark begünstigte, und nutzte die globalen Spannungen des Kalten Krieges zur Durchsetzung innenpolitischer Ziele.[2]

Die Freilassung Nelson Mandelas im Jahr 1990, des damals berühmtesten politischen Gefangenen der Welt, leitete eine Reihe tiefgreifender Veränderungen innerhalb der südafrikanischen Gesellschaft ein. Dazu gehörten die Aufhebung des Verbots seiner Partei, des Afrikanischen Nationalkongresses, und die Aufnahme von Gesprächen zwischen der Nationalen Partei und dem ANC. Nach jahrelangen Verhandlungen, die häufig durch Wellen staatlich verordneter Gewalt mit Tausenden von Toten unterbrochen wurden, fanden schließlich, am 27. April 1994, die ersten demokratischen Wahlen in Südafrika statt. Die Bilder, insbesondere die Luftaufnahmen, von Südafrikaner*innen, die vor der Stimmabgabe geduldig in langen Schlangen standen, um ihre hart erkämpften Rechte wahrzunehmen, sind heute Teil der weltweiten Ikonographie der Demokratie.

Wahlen in Südafrika im Jahr 1994: Die Menschen stehen Schlange, um ihre Stimme abzugeben, Foto: Denis Farrell/Associated Press

Demokratische Errungenschaften

Mandelas ANC stand nach dem überwältigenden Wahlsieg vor der Frage, wie sich Jahrzehnte der Unterdrückung überwinden ließen, um eine stabile, nicht-diskriminierende und nicht-rassistische Demokratie aufzubauen. In seiner Antrittsrede im Mai 1994 verkündete er die Vision seiner Regierung: »Nie, nie, und nie wieder darf es geschehen, dass dieses schöne Land die Unterdrückung des einen durch den anderen erfährt.«[3] Im Hinblick auf diese Vision waren die ersten 30 Jahre der südafrikanischen Demokratie ein klarer Erfolg. 1996 wurde das demokratische System in einer neuen Verfassung verankert, deren Präambel Mandelas Versprechen zum Amtsantritt aufgriff und kodifizierte. Neben einer soliden Verfassung erreichte das Land viele weitere Wegmarken, die als Indikatoren für eine dauerhaft demokratische Gesellschaft gelten und bis heute aufrechterhalten werden konnten: eine unabhängige Justiz, eine vertrauenswürdige Wahlbehörde, ein zugängliches Wahlsystem und eine freie Presse, die bereit ist, die Mächtigen zu kritisieren. Die formale Segregation in Schulen, Krankenhäusern, Parks und Verkehrssystemen wurde verboten.[4] Die politischen und institutionellen Veränderungen führten dazu, dass Südafrika bei vergleichenden Analysen demokratischer Freiheitsrechte häufig gut abschneidet.[5]

Dass die Wahlen in Südafrika zunehmend ergebnisoffener werden, kann ebenfalls als Anzeichen für eine sich konsolidierende Demokratie gewertet werden. Der ANC kann heute nicht mehr davon ausgehen, dass seine historische Rolle im Kampf gegen die Apartheid automatisch Mehrheiten garantiert. Bei den Kommunalwahlen 2016 verlor die Partei bereits ihre Mehrheiten in einigen Großstädten, darunter im wirtschaftlichen Zentrum Johannesburg und in der politischen Hauptstadt Pretoria. Acht Jahre später, bei den Parlamentswahlen 2024, verlor die Partei auch ihre landesweite Mehrheit – vor allem, weil sie in den drei größten Provinzen des Landes deutlich an Unterstützung einbüßte. Auf einem Kontinent, auf dem führende Politiker*innen und politische Parteien häufig nur widerwillig – oder bisweilen gar nicht – ihre Macht abgeben, ist es bemerkenswert, dass der ANC den Verlust seiner Mehrheit schnell akzeptierte und rasch ein Team zusammenstellte, um Koalitionsverhandlungen zu führen. Dies erinnert an Mandelas eigene Bereitschaft, im Jahr 1999 nach nur einer Amtszeit und trotz seiner überwältigenden Popularität vom Amt des Präsidenten zurückzutreten.

Auch in anderer Hinsicht hat Südafrika in den letzten dreißig Jahren bemerkenswerte Fortschritte gemacht. So hatten nach offiziellen Volkszählungsdaten 1996 nur 58 % der Haushalte Zugang zu Elektrizität, bis 2022 stieg dieser Anteil auf 94,7 %. Im gleichen Zeitraum erhöhte sich der Anteil offiziell gemeldeter Haushalte von 65,1 % auf 88,5 %. Der Anteil der Haushalte, die auf ihrem Grundstück Zugang zu Leitungswasser hatten, wuchs von 60,8 % auf 82,4 % an. In der westlichen Welt sind diese Dinge eine Selbstverständlichkeit, aber in Südafrika sind sie erst seit kurzem Realität und verbessern seitdem die Lebensqualität von Millionen von Menschen, insbesondere von schwarzen Südafrikaner*innen. Bemerkenswert an dieser Entwicklung ist, dass die relativen Zuwächse gelangen, obwohl sich die Gesamtzahl der Haushalte fast verdoppelte, von etwas mehr als 9 Millionen im Jahr 1996 auf 17,8 Millionen im Jahr 2022. Die Gesamtbevölkerung Südafrikas stieg von 40,6 Millionen im Jahr 1996 auf 62 Millionen im Jahr 2022.[6]

Eine Gesellschaft ringt mit ihrer Vergangenheit

Trotz dieser vielen Fortschritte macht Südafrika heute jedoch vor allem aus anderen Gründen Schlagzeilen: Korruption, Arbeitslosigkeit, Ungleichheit, Kriminalität und Armut heißen die Probleme, die die Nation beschäftigen. Jahrhunderte des Kolonialismus und Jahrzehnte der Apartheid haben ihre Spuren in der südafrikanischen Wirtschaft hinterlassen. Nach dem Gini-Koeffizienten der Weltbank, der wirtschaftliche Ungleichheit misst, gehört

Südafrika zu den Ländern mit den größten ökonomischen Disparitäten.[7] Die Arbeitslosigkeit ist in Südafrika so hoch wie sie Deutschland oder die USA zuletzt während der Weltwirtschaftskrise Ende der 1920er Jahre erlebte. Das offizielle Statistikamt des Landes schätzte die Arbeitslosenquote Ende 2023 auf 32,1 %. Die Folgen der Apartheid zeigen sich deutlich, wenn man die Zahlen genauer betrachtet. *Statistics South Africa* unterscheidet vier Bevölkerungsgruppen, die unterschiedlich stark von Arbeitslosigkeit betroffen sind: »white« (8,5 %), »Indian/Asian« (11,7 %), »coloured« (21,7 %), »black« (36,1 %). Doch damit nicht genug: Denn die offizielle Arbeitslosenquote beschönigt möglicherweise das Ausmaß des Problems. Erweitert man die Definition der Gesamtarbeitslosigkeit um diejenigen, die ihre offizielle Arbeitssuche aufgegeben haben und nicht mehr als Arbeitssuchende gemeldet sind, so steigt die Quote auf unfassbare 41,1 %. Das Problem der Jugendarbeitslosigkeit ist sogar noch gravierender: Die Arbeitslosenquote bei den 15- bis 34-Jährigen liegt nach der »engen« Definition bei 44,3 % und nach der »erweiterten« bei 55,6 %.[8]

Ein entscheidendes Problem, das die Bekämpfung der Arbeitslosigkeit erschwert, erwächst ebenfalls aus der Geschichte des Landes: die ungleiche Chancenverteilung im Bildungswesen. Während der Apartheid führte die Regierung ein als »Bantu-Bildung« bekanntes System ein, das nicht-weißen Schüler*innen absichtlich die Möglichkeiten vorenthielt, die ihre weißen Altersgenoss*innen hatten. Im Mittelpunkt dieses Systems stand die Vorstellung, dass schwarze Südafrikaner*innen »unwürdig« seien, Fächer wie Mathematik und Naturwissenschaften zu erlernen, und dass sie »besser geeignet« seien, als ungelernte Arbeitskräfte in den Minen und auf den Farmen der Weißen zu arbeiten. Obwohl das rassistische Bildungssystem der Apartheid-Ära nicht mehr existiert, sind die Bildungschancen noch immer ungleich verteilt. Insbesondere schwarze Südafrikaner*innen haben schlechtere Bildungs- und damit Aufstiegschancen als andere Bevölkerungsgruppen. Dies ist teilweise darauf zurückzuführen, dass sich auch die demokratische Regierung nach 1994 damit schwertat, die ungleiche Ressourcenverteilung rückgängig zu machen. Entsprechend ist das durchschnittliche Bildungsniveau in Südafrika nach wie vor besorgniserregend niedrig. Einem Bericht der *International Association for the Evaluation of Educational Achievement* aus dem Jahr 2023 zufolge können 81 % der Schulkinder im Alter von neun bis zehn Jahren nicht richtig lesen. Damit belegte das Land den letzten Platz unter den 43 untersuchten Ländern.[9]

Ein weiteres gravierendes Problem ist Kriminalität. Zwar ist Südafrika, was die Ausbrüche ziviler Unruhen seit 1994 betrifft, im afrikanischen Vergleich eher friedlich, der Alltag vieler Bürger*innen ist jedoch nach wie vor von Gewalt geprägt. Nach Angaben der Vereinten Nationen lag im Jahr 2021 die Rate der vorsätzlichen Tötungsdelikte in Südafrika bei 42 pro 100.000 Einwohner*innen. In Deutschland lag die Rate im selben Jahr bei einem Mord, in Indien bei drei, in Tansania bei vier, in Kenia bei fünf und in den Vereinigten Staaten bei sieben. Das Kriminalitätsproblem in Südafrika ist zwar weniger gravierend als noch 1994, als die Rate bei 60 Tötungsdelikten lag, aber die Situation ist schlimmer als im Jahr 2011 (30 Morde pro 100.000 Einwohner*innen).[10]

Selbstverschuldete Probleme
In vielerlei Hinsicht ist die Apartheid-Politik der *National Party* für die strukturellen Probleme Südafrikas in den Bereichen Wirtschaft, Bildung und Kriminalität verantwortlich. Allerdings muss der ANC-geführten Regierung die Hauptschuld für zwei andere, in jüngerer Zeit aufgetretene Missstände zugeschrieben werden: die weit verbreitete Korruption und die anhaltende Stromversorgungskrise. Es sind zwei der Hauptgründe, warum das Wirtschaftswachstum Südafrikas in den letzten fünfzehn Jahren hinter dem anderer Schwellen- und Entwicklungsländer zurückgeblieben ist.

Zwischen 2009 und 2018 – eine Phase, die als »state capture« bekannt ist – bestimmte das korrupte Zusammenspiel zwischen zahlreichen öffentlichen und privaten Interessen die südafrikanische Politik, wobei die größten Nutznießer*innen diejenigen waren, die enge Verbindungen zum damaligen Präsidenten, Jacob Zuma, pflegten. Einen Großteil seiner politischen Karriere verbrachte der charismatische Populist als Mitglied des ANC. Trotz unzähliger Korruptionsvorwürfe wurde Zuma 2007 und 2012 zum Parteivorsitzenden gewählt. Unter seiner Führung gewann der ANC bei den Parlamentswahlen 2009 und 2014 65 % beziehungsweise 62 % der Stimmen.

Seit Zumas Rücktritt im Jahr 2018 beschäftigen sich mehrere Untersuchungsausschüsse mit den Vorwürfen während seiner Regierungszeit. Die bisherigen Untersuchungsergebnisse deuten darauf hin, dass die Phase der »state capture« unter Zuma die südafrikanische Wirtschaft mehrere Milliarden Dollar kostete. Die Skandale führten aber vor allem auch dazu, dass das Vertrauen der Bevölkerung nicht nur in die staatliche Korruptionsbekämpfung, sondern in die Rechtsstaatlichkeit im Allgemeinen massiv sank. Während Zumas Amtszeit wurden die staatlichen Strafverfolgungs- und Steuereintreibungsbehörden ausgehöhlt, und es dauerte fast ein Jahrzehnt, bis diese Behörden auch nur einen Hauch an Glaubwürdigkeit zurückgewinnen konnten. Doch weder Zuma selbst noch einer seiner Mitarbeiter*innen konnten bisher wegen Korruption zur Rechenschaft gezogen werden. Dies erweckte bei vielen Südafrikaner*innen den Eindruck, dass für die Mächtigen und gut Vernetzten andere Regeln gelten als für einfache Bürger*innen.

Trotz der Vorwürfe gelang es Zuma, vor den Wahlen 2024 eine politische Partei zu gründen, die *uMkhonto weSizwe* (MK) (IsiZulu/isiXhosa: Der Speer der Nation) – ein Name, der sich auf die paramilitärische Organisation bezieht, die Mandela und der ANC zur Bekämpfung der Apartheid gegründet hatten. Zumas Vergangenheit und die Phase der »state capture« verhinderten nicht, dass die MK bei den Wahlen zur Nationalversammlung 15 % der Stimmen gewann und damit auf Anhieb zur drittgrößten Partei im südafrikanischen Parlament aufstieg. Somit trug nicht zuletzt die MK entscheidend dazu bei, dass der ANC seine Mehrheit verlor.

Die Korruption der vergangenen Jahrzehnte ist auch einer der Gründe, warum der ANC den zweiten Missstand nicht in den Griff bekommt: die Stromkrise. Aufgrund unzureichender Planungsmaßnahmen sah sich die südafrikanische Regierung bereits 2007 gezwungen, den Strom zeitweise abzuschalten, um die marode Infrastruktur zu entlasten. Die Mehrheit der Bevölkerung ging davon aus, dass diese angekündigten Unterbrechungen der Stromversorgung nur ein paar Monate andauern würden. Seit nunmehr fast zwei Jahrzehnten gehören sie jedoch zum südafrikanischen Alltag. Im Jahr 2023 erreichten die Stromausfälle mit mindestens 335 Tagen sogar ihren vorläufigen Höhepunkt.[11] Das Beispiel zeigt: Die Korruption und das Missmanagement der vergangenen Jahrzehnte erschweren es den öffentlichen Institutionen wie auch der Regierung, die Probleme des Landes effizient anzugehen. Nicht zuletzt aufgrund dieser selbstverschuldeten Unfähigkeit haben viele Menschen den Glauben in das politische System, in dem sie leben, verloren. Mehr noch: Viele Südafrikaner*innen fragen sich, ob das System selbst, die Demokratie, Teil des Problems ist.

Vertrauenskrise

Das vielleicht deutlichste Anzeichen dafür, dass das Vertrauen der Südafrikaner*innen in die Demokratie gesunken ist, ist der drastische Rückgang der Wahlbeteiligung in den letzten 25 Jahren. Während 1999, bei den zweiten demokratischen Wahlen in Südafrika, 89 % der registrierten Wähler*innen ihre Stimme abgaben, waren es 2024 nur noch 58 %. Zwischen 2004 und 2014 lag die Beteiligung stets um 75 %, 2019 waren es schon nur noch 66 %. In diesen Statistiken sind noch nicht jene Wähler*innen erfasst, die sich gar nicht erst zur Wahl registriert und sich somit vollständig vom demokratischen Prozess abgewendet haben. Nach einer Analyse des *International Institute for Democracy and Electoral Assistance* (IDEA) gaben 2024 weniger als vier von zehn Wahlberechtigten ihre Stimme ab.[12]

Am besorgniserregendsten ist vielleicht die Tatsache, dass ausgerechnet die Jugend Südafrikas besonders politikverdrossen ist. Zwar ist bei jüngeren Wähler*innen weltweit eine geringere Registrierungs- und Wahlbeteiligungsquote zu beobachten, in Südafrika ist der Trend jedoch besonders ausgeprägt. Der südafrikanischen Wahlkommission zufolge waren 2009 72 % der wahlberechtigten Bevölkerung registriert, während der entsprechende Wert für die 20- bis 29-Jährigen bei 56 % und für die 18- bis 19-Jährigen bei 32 % lag. Bis 2019 sank diese Quote auf 69 % insgesamt, auf 51 % bei den 20- bis 29-Jährigen und auf 18 % bei den 18- bis 19-Jährigen.[13] Für die südafrikanischen Wahlen 2024 liegen solche Statistiken aktuell noch nicht vor, allerdings ist mit einem weiteren Rückgang der Beteiligung zu rechnen.

Umfragen deuten darauf hin, dass diese Entwicklung auf die Unzufriedenheit der Bürger*innen zurückzuführen ist. Die Analysen des südafrikanischen *Human Sciences Research Council* (HSRC) zeigen, dass nur ein Viertel der Südafrikaner*innen mit dem Zustand der Demokratie zufrieden ist. Noch weniger blicken mit Optimismus auf den allgemeinen Entwicklungsstand des Landes und die Funktionsfähigkeit zentraler demokratischer Institutionen wie zum Beispiel des Nationalparlaments. Dieses Misstrauen ist vor allem bei jüngeren Bürger*innen verbreitet und erklärt, warum sich auch die Einstellung zum Wählen im Laufe der Zeit verändert hat. Laut HSRC-Umfrage ist sowohl der Anteil der Bürger*innen, die das Wählen als ihre Pflicht betrachten, als auch der Anteil der Bürger*innen, die der Meinung sind, dass ihre Stimme einen Unterschied macht, in den letzten zwei Jahrzehnten stark zurückgegangen. Während Mitte der 2000er Jahre mehr als 70 % der Befragten der Meinung waren, ihre Wahlentscheidung sei von Bedeutung, lag dieser Anteil im Jahr 2021 nur noch bei etwa der Hälfte.[14] Mitte der 2000er Jahre, als die HSRC begann, das elektorale Pflichtbewusstsein zu dokumentieren, sahen noch acht von zehn Südafrikanern das Wählen als verpflichtend an. 2021 sahen das nur noch etwa sechs von zehn Wahlberechtigten so. Das ist einer der Gründe, warum der ANC seit 1994 Millionen von Stimmen verlor. Die Nutznießerinnen dieser Verdrossenheit waren populistische Bewegungen, und nicht etwa die etablierten Oppositionsparteien, was auch der kürzliche Wahlerfolg der MK deutlich macht.

Diese Stimmungslage zeigt, worauf es in der kommenden Legislaturperiode ankommen wird: Südafrikas neue Koalitionsregierung steht vor der großen Herausforderung, das Vertrauen der Bürger*innen in die Demokratie wieder zu stärken. Denn nur auf Basis dieses Vertrauens lässt sich sicherstellen, dass die südafrikanische Demokratie dauerhaft Bestand hat.

Was ist zu tun?

Der Vertrauensverlust in die Institutionen und das System und die sich daraus ergebende Legitimationskrise sind kein rein südafrikanisches Phänomen. Vielmehr lässt sich die Unzufriedenheit mit der Demokratie sowohl in anderen afrikanischen Ländern als auch weltweit beobachten. Was das Problem in Südafrika jedoch besorgniserregender erscheinen lässt, ist die Tatsache, dass sich diese Unzufriedenheit im Vergleich zu anderen Ländern so schnell verfestigt hat. Die Forschungsorganisation *Afrobarometer*, die regelmäßig Bürger*innen unterschiedlicher afrikanischer Staaten befragt und auf diese Weise ein politisches Stimmungsbild liefert, stellte fest, dass es in Afrika zwischen 2011 und 2022 lediglich zwei andere Staaten gab, in denen die Zufriedenheit mit der Demokratie schneller gesunken ist als in Südafrika: Botswana und Mauritius.[15] Zum Vergleich: Zusammengenommen leben in diesen beiden Ländern vier Millionen Einwohner*innen. In Südafrika sind es 62 Millionen.

Um dem negativen Stimmungstrend entgegenzuwirken, muss Südafrikas neue Koalitionsregierung zahlreiche drängende Fragen beantworten. Sie muss die Kriminalitätsrate senken und mithilfe politischer Reformen Arbeitslosigkeit, Armut, Korruption und soziale Ungleichheit bekämpfen. Sie muss die Qualität des Bildungswesens verbessern und allen gleiche Bildungschancen gewähren. Sie muss die gesundheitliche Versorgung optimieren, die Müll- und Abwasserentsorgung sicherstellen und den Zugang zu Wasser und Strom garantieren.

Südafrika sollte auch über eine Reform des Wahlsystems nachdenken. Genau wie in Deutschland basiert das Wahlsystem in Südafrika auf dem Verhältniswahlrecht, das heißt auf der Idee, dass die Vertretung in einer politischen Versammlung mit dem Stimmenanteil korreliert, den eine Partei bei einer Wahl erhalten hat. Im Gegensatz zu Deutschland, wo das sogenannte personalisierte Verhältniswahlrecht eine Kombination aus direkt gewählten Wahlkreisvertretern und der Wahl einer Partei erlaubt, gibt es bei den südafrikanischen National- und Provinzwahlen aber nur das System der Parteilisten. Aufgrund dieses »nicht-personalisierten« Wahlsystems haben die Bürger*innen Südafrikas weniger Möglichkeiten, Amtsträger direkt zur Rechenschaft zu ziehen. Zudem ist dadurch die Beziehung zwischen Bevölkerung und Volksvertreter*innen, die das Kernstück jeder repräsentativen Demokratie ist, weniger stark ausgeprägt.

Zuletzt wird es für die Zukunft der südafrikanischen Demokratie und die Entwicklungsaussichten des Landes entscheidend sein, dass die südafrikanischen Bürger*innen eine noch aktivere Rolle bei der politischen Gestaltung ihres Landes einnehmen und die bestehenden Rechenschaftsmechanismen wie Wahlen aber auch zivilgesellschaftliches Engagement nutzen.

Wenn es den kommenden Regierungsvertreter*innen Südafrikas gelingt, die drängenden Herausforderungen des Landes zu bewältigen, die Lebenssituation der Menschen spürbar zu verbessern und das Vertrauen der Bürger*innen in die Demokratie zurückzugewinnen, kann Südafrika auch weiterhin ein Symbol der Hoffnung für die Demokratie bleiben. Gelingt dies nicht, könnte das Land ein weiteres abschreckendes Beispiel dafür liefern, was passiert, wenn Bürger*innen trotz starker demokratischer Institutionen den Glauben daran verlieren, dass ihre Stimme etwas zählt.

Anmerkungen

1 Vgl. Nelson Mandela: Court Transcript of statement from the Dock of Nelson Mandela, Pretoria Supreme Court, 20.4.1964, in: South African History Online, URL: https://www.sahistory.org.za/archive/court-transcript-statement-dock-nelson-mandela-pretoria-supreme-court-20-april-1964 [aufgerufen am 26.6.2024].

2 Vgl. Thula Simpson: History of South Africa 1902 to the Present. London 2022.

3 Nelson Mandela: Inauguration Speech as President of South Africa, 10.5.1994, in: South African Government Agency, 10.5.2018, URL: https://www.sanews.gov.za/south-africa/read-nelson-mandelas-inauguration-speech-president-sa [aufgerufen am 26.6.2024].

4 Vgl. Evan S. Lieberman: Until We Have Won Our Liberty: South Africa After Apartheid, Princeton 2022.

5 Vgl. Freedom in the World Dataset 2024, in: Freedom House, URL: https://freedomhouse.org/countries/freedom-world/scores [aufgerufen am 26.6.2024].

6 Vgl. Statistical Release. Census 2022, in: Statistics South Africa, 10.10.2023, URL: https://census.statssa.gov.za/assets/documents/2022/P03014_Census_2022_Statistical_Release.pdf [aufgerufen am 26.6.2024].

7 Vgl. Gini Index 2023, in: World Bank Group, URL: https://data.worldbank.org/indicator/SI.POV.GINI/?skipRedirection=true&view=map [aufgerufen am 26.6.2024].

8 Vgl. Quarterly Labour Force Survey: Quarter 4, 2023, in: Statistics South Africa, 20.2.1024, URL: https://www.statssa.gov.za/publications/P0211/P02114thQuarter2023.pdf [aufgerufen am 26.6.2024].

9 Vgl. Progress in International Reading Literacy Study 2021, in: South Africa International Association for the Evaluation of Educational Achievement, 16.5.2023, URL: https://www.up.ac.za/media/shared/164/ZP_Files/2023/piirls-2021_highlights-report.zp235559.pdf [aufgerufen am 26.6.2024].

10 Vgl. UN Office on Drugs and Crime's International Homicide Statistics database 2021 (per 100 000 people), in: World Bank Group, URL: https://data.worldbank.org/indicator/VC.IHR.PSRC.P5 [aufgerufen am 26.6.2024].

11 Vgl. Anna Geddes/Max Schmidt: Blackouts and Backsliding: Energy subsidies in South Africa 2023, in: International Institute for Sustainable Development, 9.4.2024, URL: https://www.iisd.org/publications/report/south-african-energy-subsidies [aufgerufen am 26.6.2024].

12 Vgl. Voter Turnout Database, in: International IDEA, URL: https://www.idea.int/data-tools/data/question-country?question_id=9188&country=207&database_theme=293 [aufgerufen am 26.6.2024].

13 Vgl. Voter registration statistics, in: Electoral Commission of South Africa, URL: https://www.elections.org.za/pw/StatsData/Voter-Registration-Statistics [aufgerufen am 26.6.2024].

14 Election Indicators Report 2021, in: Electoral Commission of South Africa/Human Sciences Research Council, URL: https://repository.hsrc.ac.za/bitstream/handle/20.500.11910/22639/9814088.pdf?sequence=1&isAllowed=y [aufgerufen am 26.6.2024].

15 Vgl. Afrobarometer: African Insights 2024, URL: https://www.afrobarometer.org/wp-content/uploads/2024/05/Afrobarometer_FlagshipReport2024_English.pdf, S. 15 [aufgerufen am 24.07.2024]. Ähnliche Informationen finden sich unter URL: https://www.afrobarometer.org/wp-content/uploads/2023/01/PP85-PAP20-Africans-want-more-democracy-but-leaders-arent-listening-Afrobarometer-Pan-Africa-Profile-17jan23.pdf [aufgerufen am 26.6.2024].

Claudia Zilla

Chiles Ringen um eine neue Verfassung

Das Jahr 2023 hatte in Chile besondere politische Symbolkraft – nicht ohne Ambivalenzen. Zum einen jährte sich der Militärputsch Augusto Pinochets (1915–2006) gegen die demokratische Regierung Salvador Allendes (1908–1973) zum 50. Mal. Zum anderen waren die beiden Prozesse, mit denen versucht worden war, die geltende Verfassung durch einen völlig neuen Text zu ersetzen, mit der Ablehnung auch des zweiten Entwurfs im Referendum endgültig gescheitert. Die Einleitung des Verfassungsprozesses war der institutionelle Ausweg aus der politischen Krise gewesen, die ihren sichtbarsten Ausdruck in den sozialen Unruhen vom Oktober 2019 gefunden hatte. Damit verbunden war die doppelte Zielsetzung, die institutionellen und ordnungspolitischen Überreste der Pinochet-Diktatur vollständig zu beseitigen und die Weichen für eine demokratische Vertiefung des Landes zu stellen.

Auch wenn in Chile letztlich kein neuer Verfassungstext verabschiedet werden konnte, sprechen mindestens drei Gründe für eine nähere Betrachtung der chilenischen Erfahrung: Erstens blieb der Verfassungsprozess zwar ergebnislos, aber nicht ohne Wirkung auf die chilenische Demokratie; zweitens kann er im nationalen und internationalen Vergleich in vielerlei Hinsicht als innovativ und einzigartig bezeichnet werden; und drittens schließlich offenbarte er viele Herausforderungen und Dilemmata von Demokratien, nicht nur der chilenischen.

Stabilität und Wohlstand (1990–2005)

Ein Systemvorteil der Demokratie gegenüber nicht-demokratischen politischen Regimen liegt in ihrer Offenheit und Flexibilität. Lern- und Anpassungsprozesse sind unter diesen Bedingungen wahrscheinlicher, Warnsignale sichtbarer, Kurskorrekturen eher möglich. Gleichzeitig erfordert Demokratie institutionelle Kontinuität und ein gewisses Maß an politischer Stabilität, um funktionsfähig zu bleiben. Diese Merkmale kennzeichnen die chilenische Demokratie im lateinamerikanischen Kontext seit ihrer Wiederherstellung durch die Präsidentschafts- und Kongresswahlen im Dezember 1989 bis heute. Die politisch-institutionelle Stabilität bildete einen günstigen Rahmen für die sozioökonomische Entwicklung des Landes. Hohe Wachstumsraten und sozialpolitische Maßnahmen führten zu einer Verringerung von Armut und sozialer Ungleichheit, was wiederum zur politischen Stabilität beitrug. Der wirtschaftliche Aufschwung und die schrittweisen Reformen der Regierung führten zu einer Verbesserung der sozialen Lage und gaben Anlass zu politischem Optimismus. Diese Entwicklung stützte sich auf einen breiten Grundkonsens der politischen Elite, die nach den Erfahrungen des demokratischen Zusammenbruchs konfliktscheu geworden war, und wurde von einer Mitte-Links-Parteienkoalition (*Concertación* beziehungsweise *Nueva Mayoría*) getragen, die zwischen 1990 und 2022 fünf der sieben Staatsoberhäupter stellte und damit 24 der 32 Jahre regierte.

Grundlage der chilenischen Demokratie ist nach wie vor ein Verfassungstext, der zwar 1980 unter autokratischen Verhältnissen entstand und von autoritärem Geist geprägt war, aber seit der politischen Transition zahlreiche demokratisierende Reformen erfahren hat. Erste Änderungen erfolgten bereits im Rahmen des verhandelten Übergangs zur Demokratie vor den Eröffnungswahlen. Weitere Verfassungsreformen wurden sukzessive durch den demokratisch gewählten Kongress eingeführt, wobei vor allem die Reformen unter Präsident Ricardo Lagos (2000–2006, *Concertación*) aus dem Jahr 2005 einen bedeutenden Demokratisierungsschub darstellten. Zwar konnten institutionelle »autoritäre Enklaven« wie die Senatoren auf Lebenszeit und die Rolle der Streitkräfte als »Garantinnen der Institutionalität« – also Vorrechte für bestimmte Akteure und Institutionen, die den pluralistischen politischen Wettbewerb einschränkten – abgebaut werden. Jedoch blieb immer noch eine Reihe von Aspekten in der Verfassung verankert, die weitere grundlegende Reformen behinderten. Dazu gehört die neoliberale Wirtschaftsordnung, in der der Staat auf eine subsidiäre Rolle[1] reduziert wird und der Markt auch in Bereichen wie sozialer Sicherung, Gesundheitswesen, Bildungswesen und sozialem Wohnungsbau als zentrale Instanz auftritt, die die verfügbaren Ressourcen zuweist. Damit verbunden ist ein stark individualkapitalistisches Verständnis von Rechten, das sich auf die bürgerliche und politische Dimension (und nicht auf die soziale, wirtschaftliche, ökologische oder kollektive Dimension) und vor allem auf die negativen Freiheitsrechte (im Sinne der Abwesenheit von Zwang) stützt. Darüber hinaus sah die Verfassung hohe Mehrheiten (*quorum supermayoritario*) vor, um bestimmte Arten von Gesetzen zu beschließen. Damit erhielt die politische Minderheit faktisch eine große Vetomacht. Gegen eine demokratische Mehrheit wirkte auch die Kompetenz des (aufgrund seiner Zusammensetzung eher konservativ ausgerichteten sowie autonom agierenden) Verfassungsgerichts, eine präventive und fakultative Kontrolle auszuüben und damit unliebsame Reforminitiativen, die im Kongress und in der Regierung auf Zustimmung stießen, mit der Begründung der Verfassungswidrigkeit zu vereiteln.[2]

Starre und Protest (2006–2019)

Elitenkonsens, ordnungspolitische Kontinuität und verfassungsrechtlich verankerte Reformhürden haben unter anderem die Resonanzfähigkeit der Politik auf gesellschaftliche Bedürfnisse und wachsende soziale Ansprüche zunehmend beeinträchtigt. Neben Repräsentationsdefiziten verstärkten die Verlangsamung des Wirtschaftswachstums sowie Korruptionsskandale der Regierungsparteien die Unzufriedenheit der Bevölkerung. Diese äußerte sich mit besonderer Deutlichkeit in zwei großen Protestaktionen von Jugendlichen und jungen Erwachsenen, die beide für das Recht auf Bildung und eine stärkere Rolle des Staates in diesem Bereich eintraten: die Mobilisierung der Schüler:innen im Jahr 2006 (*revolución pingüina*) sowie die Proteste der Studierenden im Jahr 2011.

Umfragedaten belegten die Verschärfung der vertikalen Konfliktlinie zwischen Regierenden und Regierten. Das Entwicklungsprogramm der Vereinten Nationen (UNDP) veröffentlichte 2015 eine – aus heutiger Sicht sehr aufschlussreiche – empirische Studie zu Chile mit dem Titel »Zeiten der Politisierung«. Sie zeigte Konsensbrüche und eine wachsende Divergenz zwischen politischen Eliten und der Bevölkerung bei der Bewertung verschiedener Themen: Immer mehr Phänomene wurden Gegenstand öffentlicher Debatten, Proteste wurden häufiger und massiver. Gleichzeitig wurden die Forderungen nach grundlegenderen und umfassenderen Veränderungen lauter und dringlicher. Eine große Mehrheit der Bevölkerung hielt laut dieser Studie substanzielle Reformen im Gesundheitswesen (79 %), im Bildungswesen (77 %) und in der Verfassung (67 %) für notwendig. Die neuen sozialen Bewegungen fanden jedoch nur schwer Anschluss an Akteure und Institutionen der politischen Repräsentation; Eliten, soziale Bewegungen, Bürger:innen misstrauten einander.[3]

Weitere politische Reformen unter der zweiten Präsidentschaft von Michelle Bachelet (2014–2018) im Rahmen der Mitte-links-Koalition, wie die des Wahlsystems und des Bildungssystems im Jahr 2015, konnten die strukturellen Probleme und die zunehmende Entfremdung zwischen Regierenden und Regierten nicht überwinden. Der Ruf nach einer neuen Verfassung wurde immer lauter. Wie im Wahlkampf versprochen, leitete Bachelet einen nationalen, partizipativen Verfassungsprozess mit deliberativem Charakter ein. Auf allen Ebenen des Staates fanden öffentliche Debatten unter breiter Beteiligung der Bürger:innen statt. Deren Ergebnisse wurden in einem Abschlussdokument[4] zusammengefasst, das zur Grundlage für einen Verfassungsentwurf wurde, der dem Kongress am 6. März 2018, wenige Tage vor der Amtsübergabe, vorgelegt wurde. Nach dem Machtwechsel wurde das Verfassungsprojekt allerdings nicht weiterverfolgt, da die nun regierenden Mitte-rechts-Parteien, die mit Sebastián Piñera (2018–2022) den Präsidenten stellten, gegen einen neuen Verfassungstext waren.

Im Oktober 2019 brach die Stabilität Chiles jedoch explosionsartig zusammen. Auslöser der sozialen Unruhen war eine geringfügige Fahrpreiserhöhung in der Metro von Santiago de Chile (um umgerechnet weniger als zehn Cent). Die Initiative zu den Protesten ging wiederum von Jugendlichen aus und weitete sich sowohl auf andere Themen als auch auf andere Bevölkerungsgruppen aus, so dass die Demonstrationen immer massiver und die vielfältigen Forderungen in dem Slogan »Es geht nicht um 30 Pesos, es geht um 30 Jahre« zusammengefasst wurden. Mit den 30 Jahren war die demokratische Phase nach der politischen Transition von 1989/90 gemeint. Die Kritik richtete sich gegen fortbestehende soziale Ungleichheiten, weit verbreitete Ausgrenzungserfahrungen, eine als abgeschottet wahrgenommene politische Klasse, einen Staat, der, statt soziale Verantwortung zu übernehmen und die Rechte der Bürger:innen zu garantieren, diese als Konsument:innen betrachtet und zugunsten wirtschaftlicher Interessen agiert.

Die überwiegend friedliche Mobilisierung, aber auch die gewalttätigen Ausschreitungen zeichneten ein erschütterndes Bild der gesellschaftlichen Verhältnisse in Chile. Das repressive Vorgehen der Polizei, die die Prinzipien der Notwendigkeit, der Verhältnismäßigkeit und des abgestuften Handelns erheblich missachtete und die Menschenrechte verletzte, offenbarte rechtsstaatliche Defizite. Nicht nur Unzufriedenheit, sondern auch Ressentiments und Wut brachen sich Bahn. Der Weckruf (*Chile despertó*) forderte die politische Elite heraus: Präsident Piñera reagierte zunächst mit einem die Eskalation fördernden Diskurs (»Wir befinden uns im Krieg gegen einen mächtigen Feind ...«), dann aber mit kurzfristigen Zugeständnissen, Kabinettsumbildungen und einer sozialen Agenda, die die mobilisierten Bürger:innen jedoch nicht zu beruhigen vermochte. Außerdem suchte er gemeinsam mit den Regierungs- und Oppositionsparteien nach einem verfassungsrechtlichen Ausweg aus der Krise. Die Proteste Ende 2019 erzeugten schließlich so hohen gesellschaftlichen Druck, dass sich die Parteien der bürgerlichen Regierungskoalition bereit erklärten, eine komplett neue Verfassung auszuarbeiten.[5]

Der erste Verfassungsprozess[6]

Am 15. November 2019 unterzeichneten zehn politische Parteien aus Regierung und Opposition (Evópoli, P. Comunes, PDC, PL, PPD, PR, PS, RD, RN, UDI) ein »Übereinkommen für den sozialen Frieden und die neue Verfassung«,[7] woraufhin ein Verfassungsprozess eingeleitet wurde. Dieser wurde begleitet durch eine technische Kommission (*Comisión Técnica Asesora del Proceso Constituyente*). Die vereinbarten Punkte wurden durch Kongressbeschlüsse und ein Dekret der Exekutive (Decreto Nr. 2.445 vom 27. Dezember 2019) rechtskräftig.

In einem sogenannten Eingangsreferendum (*plebiscito de entrada*) konnten die Wähler:innen darüber entscheiden, ob und wenn ja, durch welches Organ eine neue Verfassung erarbeitet werden sollte. Dieses hatte maximal zwölf Monate Zeit, sich dieser Aufgabe zu widmen – auf der Grundlage eines »weißen Blattes«, das heißt ohne Vorentwürfe. Der Text der neuen Verfassung, über den in einem Ausgangsreferendum (*plebiscito de salida*) mit Wahlpflicht abgestimmt werden sollte, musste lediglich vier Grundprinzipien respektieren: den republikanischen Charakter des chilenischen Staates, seine demokratische Ordnung, die rechtskräftigen und vollstreckbaren Gerichtsurteile sowie die von Chile ratifizierten und in Kraft getretenen internationalen Verträge. Das Verfassungsorgan musste seine Geschäftsordnung und die Verfassungsartikel mit einer Zweidrittelmehrheit seiner Mitglieder im Plenum verabschieden. Verschiedene Beteiligungsmechanismen ermöglichten eine breite Einbindung der Bürger:innen in den Verfassungsprozess.

Im Eingangsreferendum am 25. Oktober 2020 sprachen sich rund 78 % der Wähler:innen für eine neue Verfassung und deren Ausarbeitung durch einen vollständig neu gewählten Verfassungskonvent aus. Bei den Wahlen zu dieser außerordentlichen Institution am 14. und 15. Mai 2021 entschied sich eine große Mehrheit gegen die traditionellen politischen Parteien, die sie für die anhaltende soziale Ungerechtigkeit verantwortlich machten. Stattdessen sprachen sie vor allem unabhängigen Einzelpersonen oder Aktivist:innen zivilgesellschaftlicher Organisationen das Vertrauen aus, die über unabhängige Listen oder Parteilisten in den Verfassungskonvent einzogen. Dieser spiegelte wie keine andere Institution in der politischen Geschichte Chiles die Diversität der Gesellschaft wider: Er war je zur Hälfte mit Frauen und Männern besetzt, 17 der insgesamt 155 Mandate waren für zehn indigene Gemeinschaften reserviert.

Nach zwölfmonatiger Arbeit, mehr als 500 Kommissionssitzungen und 110 Plenarsitzungen wurde der Verfassungskonvent aufgelöst und der von ihm erarbeitete Vorschlag[8] für eine neue politische Verfassung zur Abstimmung gestellt. Das Resultat: Beim Ausgangsreferendum am 4. September 2022 lehnten rund 62 % der Wähler:innen den vom Verfassungskonvent im Juli verabschiedeten neuen Text ab. Der Versuch, die chilenische Demokratie durch einen Verfassungsprozess zu reformieren, scheiterte – zumindest vorerst.

Dieses Ergebnis ist auf mehrere Faktoren zurückzuführen. Während die Teilnahme am Eingangsreferendum und an der Wahl zum Verfassungskonvent freiwillig war, galt für das Ausgangsreferendum Wahlpflicht, da die neue Verfassung eine breite demokratische Legitimation erhalten sollte. Diese unterschiedliche Regelung führte zu einer unterschiedlichen Wahlbeteiligung (ca. 51, 43 bzw. 86 %) und Wählerschaft. Diejenigen, die dem Verfassungsprozess gleichgültig oder ablehnend gegenüberstanden und möglicherweise deshalb den ersten beiden Wahlgängen fernblieben, wurden erst am Ende des Prozesses zur Stimmabgabe gezwungen. Hochrechnungen lassen es plausibel erscheinen, dass der neue Verfassungstext angenommen worden wäre, wenn es keine Abstimmungspflicht gegeben hätte. Es gab aber nicht wenige Bürger:innen, die zwar eine neue Verfassung befürworteten, den vorgelegten Verfassungstext aber aus unterschiedlichen inhaltlichen Gründen ablehnten. Vage Formulierungen ließen viele Fragen offen – und weckten Ängste. Einigen gingen die Rechte, die den indigenen Gemeinschaften – anerkannt als Nationen in einem interkulturellen Staat mit Rechtspluralismus – nun zugestanden wurden, zu weit. Für andere war der Text zu liberal in der Abtreibungsfrage, für wieder andere zu protektionistisch in Bezug auf den Umweltschutz, der in diesem Ausmaß als Hemmschuh für die wirtschaftliche Entwicklung angesehen wurde. Auch die (unausgewogene) Ausgestaltung des institutionellen Systems wurde kritisiert. Mit der Abschaffung des Senats würde ein wichtiges Gegengewicht zur Abgeordnetenkammer im Kongress fehlen, und die Schaffung einer Kammer der Regionen, die Teil der Legislative, aber nicht des Kongresses wäre, würde den Dezentralisierungsbestrebungen zuwiderlaufen. Allerdings dürfte nur eine Minderheit den neuen Verfassungstext tatsächlich gelesen haben. Die meisten dürften sich ihre Meinung bereits während der Arbeit des Verfassungskonvents gebildet haben. Diese war geprägt von einer ungeschickten Kommunikationspolitik und von Skandalen, über die in den Medien intensiv berichtet wurde. Großes Aufsehen erregte beispielsweise der Fall eines Mitglieds des Verfassungskonvents (von der linken *Lista del Pueblo*), das im Wahlkampf behauptete, an Krebs erkrankt zu sein und deshalb das Gesundheitssystem aus eigener Erfahrung kritisieren zu können. Als die Lüge aufflog, musste das Mitglied sein Mandat niederlegen. Das schlechte Image des Konvents nährte den Glauben, dass dieser keinen guten Verfassungstext hervorbringen könne. Dazu trug auch eine wesentlich durch Vorstandsmitglieder beziehungsweise Eigentümer:innen chilenischer Großunternehmen finanzierte Kampagne zur Ablehnung des neuen Verfassungstextes (einschließlich massiver Fake News) bei, die sehr früh einsetzte. Schließlich war auch die Wahlabsicht entscheidend: Viele nutzten das Ausgangsreferendum als (kritische) Abstimmung über die Regierung von Gabriel Boric, der im März 2022 sein Amt angetreten hatte und den neuen Verfassungstext unterstützte. Der 1986 geborene links-progressive Präsident gehört zu einer neuen Generation von Politiker:innen, die aus der universitären Protestbewegung stammen, die die Pinochet-Diktatur – wenn überhaupt – nur in ihren letzten Jahren bewusst erlebt haben und eine Demokratisierung der chilenischen Demokratie verfolgen.[9]

Der zweite Verfassungsprozess

Nach dem Scheitern des ersten Verfassungsprozesses gab es in Chile interessanterweise einen noch breiteren Konsens darüber, dass das Land eine neue Verfassung brauchte. Der fehlgeschlagene Versuch hat zwar die nachhaltige Überwindung der Demokratiekrise verzögert. Daraus sollten aber wichtige Lehren gezogen werden, um den zweiten Anlauf zum Erfolg zu führen. Aus diesem Grund sind die politischen Parteien in den Mittelpunkt der zweiten Verfassungsdebatte gerückt. Seit den Parlamentswahlen im November 2021, die zeitgleich mit den Präsidentschaftswahlen stattfanden, dominieren konservative und rechte politische Kräfte den Kongress. Im Dezember 2022 einigten sich 14 Parteien und drei politische Bewegungen auf den »Kompromiss für Chile«,[10] der mit einer Verfassungsreform[11] den – im Vergleich zum Übereinkommen von 2019 – engeren Rahmen für den zweiten Verfassungsprozess festlegte. Er definierte einen »Minimalkonsens« von zwölf Grundprinzipien, die der neue Verfassungstext respektieren sollte. Dazu gehörten unter anderem der Charakter einer demokratischen Republik, das Prinzip der Volkssouveränität, der Einheitsstaat, die Anerkennung der indigenen Völker als Teil der chilenischen Nation, ein sozialer und demokratischer Rechtsstaat, der dem Prinzip der finanziellen Verantwortung unterliegt und die Entwicklung sozialer Rechte durch öffentliche und private Institutionen fördert, die Gewaltenteilung sowie die Bewahrung der nationalen Embleme.

Der Kompromiss sah auch die Schaffung von drei Organen vor, die in den Verfassungsprozess eingebunden werden sollten: Erstens ein direkt gewählter und geschlechterparitätisch zusammengesetzter Verfassungsrat (*Consejo Constitucional*), der nicht mehr wie im ersten Verfassungsprozess aus 155 Mitgliedern bestand, sondern nur noch aus 50. Zu seiner Wahl waren diesmal nur Parteilisten zugelassen, die allerdings auch unabhängige Kandidat:innen enthalten konnten. Außerdem wurde die für Beschlüsse erforderliche Mehrheit von zwei Dritteln auf drei Fünftel gesenkt. Um eine Überrepräsentation zu vermeiden, wurde die Anzahl der indigenen Mandate nicht mehr von vornherein festgelegt, sondern nach dem Anteil der bei der Wahl tatsächlich abgegebenen (indigenen) Stimmen bestimmt. Zweitens eine Technische Kommission (*Comisión Técnica*), die sich aus 24 vom Parlament gewählten Personen zusammensetzte. Sie hatte die Aufgabe, einen Vorentwurf zu erarbeiten, der als Grundlage für die Beratung und Ausarbeitung des neuen Verfassungstextes durch den Verfassungsrat dienen sollte. Drittens gab es ein Technisches Komitee für Zulässigkeit (*Comité Técnico de Adminisibilidad*), dessen 14 Mitglieder vom Parlament gewählt wurden. Dieser Ausschuss prüfte die Vereinbarkeit der von den verschiedenen Institutionen verabschiedeten Bestimmungen mit den zwölf Grundprinzipien des Kompromisses. Die Beteiligung der Zivilgesellschaft über verschiedene Mechanismen war nun zeitlich und institutionell enger geregelt als im ersten Verfassungsprozess. Schließlich war auch in diesem zweiten Anlauf ein für alle Wahlberechtigten verpflichtendes Referendum vorgesehen, um den Verfassungstext zu ratifizieren.

Im März 2023 konstituierte sich die Fachkommission, die zwar aus zwölf Männern und zwölf Frauen (davon 21 Jurist:innen) bestand, in ihrer Zusammensetzung aber weniger die Vielfalt der chilenischen Gesellschaft als vielmehr ihre politische und wirtschaftliche Elite widerspiegelte. Die Wahlen zum Verfassungsrat fanden am 7. Mai 2023 statt: Bei der verpflichtenden Wahl lag der Anteil der ungültigen und leeren Stimmen bei rund 22 %. Die 2019 gegründete rechtsradikale Republikanische Partei wurde mit rund 35 % der Stimmen klare Siegerin. Dieser Partei gehört José Antonio Kast an, der Präsidentschaftskandidat, der 2021 im ersten von zwei Wahlgängen noch vor Boric gelegen hatte. An zweiter Stelle folgte die Koalition der Regierungsparteien »Einheit für Chile« mit einem Stimmenanteil von rund 29 %. Die meisten traditionellen Mitte-rechts- und Mitte-links-Parteien, die bis zur Wahl von Gabriel Boric die wechselnden Regierungskoalitionen gebildet hatten, erlebten erneut eine Niederlage; erstere erreichten im Bündnis »Sicheres Chile« einen Stimmenanteil von rund 21 %, letztere im Bündnis »Alles für Chile« nur rund 9 % der Stimmen. Diese verfehlten damit den Einzug in den Verfassungsrat, wo die rechtsradikalen und konservativen Parteien eine deutliche Mehrheit der Mitglieder stellten.

Das hatte zur Folge, dass der von vielen als moderat bezeichnete Verfassungsentwurf der Fachkommission vom Verfassungsrat mit zahlreichen Änderungen versehen wurde. Gegenüber der geltenden »Pinochet-Verfassung« wurde zum Teil der Subsidiaritätsstaat gestärkt und einige Regelungen expliziter formuliert, so dass der politische Interpretations- und Handlungsspielraum eingeschränkt wurde.[12] Darüber hinaus wurde das Prinzip der Budgetverantwortung und der Angemessenheit bei der Vergabe öffentlicher Mittel eingeführt, eine Art »schwarze Null«, die sowohl der Staatsverschuldung als auch der sozialen Investition Schranken setzt. Obwohl eine Reihe von wirtschaftlichen, sozialen und kulturellen Rechten, darunter soziale Sicherung, Gesundheit, Bildung und angemessenes Wohnen, in den Text aufgenommen wurde, wurden aus menschenrechtlicher Sicht mehrere Bedenken geäußert.[13] Einige Beispiele: Bestimmte Themen, die üblicherweise durch Gesetze geregelt werden, wurden auf Verfassungsebene gehoben. Das Recht auf Abtreibung etwa, das derzeit nur in drei Fällen garantiert ist (Gefahr für das Leben der Frau; Embryo oder Fötus mit einer Erkrankung, die ein Leben außerhalb des Mutterleibs unmöglich macht; Schwangerschaft infolge einer Vergewaltigung), wäre möglicherweise durch die neuen Verfassungsartikel bedroht gewesen (»Das Gesetz schützt das Leben des Ungeborenen« und »Ein Kind ist jeder Mensch, der noch nicht 18 Jahre alt ist«).[14] Als problematisch konnten auch vage Formulierungen angesehen werden, wie zum Beispiel die neu aufgenommene Verpflichtung, »die republikanische Tradition zu ehren«[15]. Ein expliziter Bezug zu den territorialen, politischen und kulturellen Rechten indigener Völker fehlte. Auch in Bezug auf die lebenswichtige Ressource Wasser ging der Entwurf über die geltende Verfassung hinaus, da er nicht nur an der Privatisierungsregelung für Wasser festhielt, sondern auch den Wassermarkt in der Verfassung verankerte. Schließlich wäre auch die erforderliche parlamentarische Mehrheit für Verfassungsänderungen gegenüber dem geltenden geänderten Text erhöht worden.

Am 7. November 2023 stellte die 31-jährige Präsidentin des Verfassungsrates, Beatriz Hevia (Republikanische Partei), den Verfassungsentwurf vor,[16] den der Verfassungsrat am 30. Oktober 2023 mit 33 Ja-Stimmen (Republikanische Partei und Chile Vamos) und 17 Nein-Stimmen (Einheit für Chile) angenommen hatte und der in vielerlei Hinsicht konservativer war als die zu ersetzende Verfassung. Doch auch der zweite Verfassungsprozess scheiterte: Unter Wahlpflicht und bei einer Wahlbeteiligung von 84 % sprachen sich rund 56 % der Wähler:innen gegen den Verfassungsentwurf aus, ein Ergebnis, das bereits in zahlreichen Umfragen prognostiziert worden war.

Zurück zur ordentlichen Politik

Nach zwei Verfassungsprozessen und zwei per Referendum abgelehnten Entwürfen ist der konstitutionelle Moment, der mit den sozialen Unruhen im Oktober 2019 begann, endgültig vorbei. Auch Präsident Boric hat den Verfassungsprozess in Chile – für seine Amtszeit – für beendet erklärt. Im Laufe dieser zwei Verfassungsprozesse hat das Gefühl der Unsicherheit bei den Bürger:innen zugenommen, sowohl im Sinne von Ungewissheit als auch angesichts wachsender Kriminalität. Ein immer größerer Teil der Gesellschaft hat den Eindruck, dass der Verfassungsprozess wenig mit ihren Alltagsproblemen zu tun hat. Die Vertiefung der Demokratie bleibt für diese Bürger:innen ein abstraktes Projekt, wenn ihre Lebensbedingungen nicht unmittelbar und spürbar verbessert werden. Und ein Verfassungsprozess wird für sie zum Risiko, wenn sie erkennen, dass sie etwas zu verlieren haben. Ergebnisoffenheit ist ein Wesensmerkmal der Demokratie, aber auch ein Teil ihrer Ungewissheiten.

Und dennoch: Auch wenn Chile mit dem Versuch gescheitert ist, durch die Ausarbeitung eines Verfassungstextes einen neuen Gesellschaftsvertrag zu finden, ist zum einen hervorzuheben, dass beide Verfassungsprozesse in mehrfacher Hinsicht innovativ waren. Neben dem »doppelten Versuch« und der beschriebenen technischen Ausgestaltung der Verfahren und Organe ist auf die in der weltweiten Verfassungsgeschichte erstmalige geschlechterparitätische Zusammensetzung letzterer hinzuweisen. Zum anderen konnte die institutionelle Ordnung stets gewahrt und die politisch-rechtlichen Verfahren eingehalten werden. Demokratie und Rechtsstaatlichkeit haben sich in Chile also in turbulenten Zeiten behauptet, in denen die außerordentliche Politik des Verfassungsprozesses auf die ordentliche Politik traf. Diese ordentliche Politik sowie der in den letzten Jahren heftig kritisierte sogenannte Gradualismus, das heißt der gemäßigte und schrittweise Wandel durch kleinere Reformen, rückten erneut ins Zentrum.

Einmal mehr hat sich gezeigt, dass – nicht nur in Chile, sondern in Demokratien generell – ein negativer Konsens (gegen die alte Verfassung) nicht so leicht in einen positiven Konsens (für einen neuen Verfassungstext) umgewandelt werden kann. Auch wenn der Verfassungskonvent im ersten Verfassungsprozess die chilenische Gesellschaft getreuer abzubilden vermochte als der spätere Verfassungsrat, gelang es beiden nicht, die breite Mitte der Gesellschaft substanziell, das heißt inhaltlich zu repräsentieren. Im Verfassungskonvent des ersten Verfassungsprozesses dominierten die Unabhängigen und die sozialen Bewegungen des linken ideologischen Spektrums, im Verfassungsrat des zweiten Verfassungsprozesses hatte eine junge rechtsradikale Partei eine komfortable Mehrheit. Dementsprechend fiel der von ihnen jeweils erarbeitete Verfassungsentwurf aus, den die Bürger:innen bei Wahlpflicht im Referendum ablehnten.

Im ersten Anlauf verloren die Parteien das politische Repräsentationsmonopol, im zweiten zwängten sie den Verfassungsprozess in ein institutionelles Korsett. Die Lehren wurden *ad extremis* gezogen. Es gibt selten gute Politik ohne Parteien. Aber es gibt auch selten gute Politik nur mit Parteien – vor allem dann nicht, wenn diese sich, jenseits von Wahlergebnissen, nicht für die Forderungen breiter Teile der Gesellschaft öffnen. Offen bleiben die Fragen: Wie hätte der »richtige Verfassungstext« aussehen sollen, damit er von einer großen Mehrheit angenommen wird? Und, ganz generell: Inwieweit kann der »Wille des Volkes« zur Ausarbeitung einer neuen Verfassung aus einem einzigen Referendum in einer Situation sozialer Unruhen abgeleitet werden?[17]

Anmerkungen

1   Das staatliche Subsidiaritätsprinzip besagt, dass staatliche Institutionen als übergeordnete Instanzen nur dann bestimmte Aufgaben wahrnehmen oder regulierend eingreifen, wenn diese nicht durch untergeordnete Instanzen wie Individuen oder den Markt erfüllt werden können. Die Maxime lautet: So viel staatliche Intervention wie nötig, so wenig wie möglich.

2   Vgl. Claudia Zilla/Franziska F. N. Schreiber: Zum Verfassungsprozess in Chile. Das südamerikanische Land sucht nach einem neuen Gesellschaftsvertrag, in: SWP-Aktuell, 2020/23, S. 4, URL: https://www.swp-berlin.org/10.18449/2020A23/ [aufgerufen am 8. 1. 2024].

3   Vgl. PNUD: Desarrollo Humano en Chile 2015. Los tiempos de la politización, Santiago de Chile, 2015.

4   Abschlussdokument: Bases Ciudadanas del Proceso Constituyente para una Nueva Constitución.

5   Vgl. Zilla/Schreiber 2020, S. 2.

6   Teile der Beschreibung der beiden Verfassungsprozesse wurden bereits in einem anderen Beitrag der Autorin veröffentlicht: Claudia Zilla: Das Pendel schlägt zurück. Die zwei Verfassungsprozesse Chiles, in: Geschichte der Gegenwart, 10. 5. 2023, URL: https://geschichtedergegenwart.ch/das-pendel-schlaegt-zurueck-die-zwei-verfassungsprozesse-chiles/ [aufgerufen am 8. 1. 2024].

7   Acuerdo por la Paz Social y la Nueva Constitución, URL: https://reformaspoliticas.org/wp-content/uploads/2019/11/pdf-Acuerdo-por-la-Paz-Social-y-la-Nueva-constitucion.pdf [aufgerufen am 8. 1. 2024]. Lediglich die Kommunistische Partei und die Mitte-Links-Partei FREVS lehnten die Einigung ab.

8   Convención Constitucional: Propuesta Constitución Política de Chile, 4. 7. 2022, URL: https://upload.wikimedia.org/wikipedia/commons/5/5a/Propuesta_Constituci%C3%B3n_Pol%C3%ADtica_de_la_Rep%C3%BAblica_de_Chile_2022.pdf [aufgerufen am 8. 1. 2024].

9   Vgl. Claudia Zilla: Der Amtsabtritt von Gabriel Boric in Chile. Der Anfang einer ›Scharnierpräsidentschaft‹ inmitten eines Verfassungsprozesses, in: SWP Aktuell, 2022/18, URL: https://www.swp-berlin.org/10.18449/2022A18/ [aufgerufen am 8. 1. 2024].

10 Acuerdo por Chile, URL: https://obtienearchivo.bcn.cl/obtienearchivo?id=documentos/10221.1/87245/1/Acuerdo_Constitucional_Definitivo_2.0.pdf [aufgerufen am 8. 1. 2024].

11 Diario Oficial de la República de Chile, Ley Núm. 21.533, Modifica la Constitución Política de la República con el objeto de establecer un procedimiento para la elaboración y la aprobación de una nueva Constitución Política de la República, URL: https://www.diariooficial.interior.gob.cl/publicacio-

nes/2023/01/17/43453/01/2254640.pdf [aufgerufen am 8.1.2024].

12 Vgl. Claudia Heiss: Chiles Ringen um eine neue Verfassung, : APuZ, 2023/35–36, S. 4–10, hier: S. 10.

13 Observatorio Ciudadano: Análisis propuesta constitucional: una lectura desde los derechos humanos, 4.12.2023, URL: https://observatorio.cl/analisis-propuesta-constitucional-una-lectura-desde-los-derechos-humanos/ [aufgerufen am 8.1.2023].

14 Consejo Constitucional: Propuesta Constitución Política de la República de Chile, 7.5.2023, S. 14, hier: S. 11, URL: https://www.procesoconstitucional.cl/docs/Propuesta-Nueva-Constitucion.pdf [aufgerufen am 8.1.2023].

15 Consejo Constitucional: Propuesta Constitución Política de la República de Chile, 7.5.2023, S. 43, URL: https://www.procesoconstitucional.cl/docs/Propuesta-Nueva-Constitucion.pdf [aufgerufen am 8.1.2023].

16 Ebd. [aufgerufen am 8.1.2023].

17 Eine ähnliche Frage formulierte Alfredo Joignant im folgenden Zeitungsartikel: La Constitución del miedo: la pregunta por el fin del momento constituyente, in: El PAÍS, 30.10.2023, URL: https://elpais.com/chile/2023-10-30/la-constitucion-del-miedo-la-pregunta-por-el-fin-del-momento-constituyente.html [aufgerufen am 8.1.2023].

Alice Bota

Staatsfeind Medien: Wie Russland und Belarus unabhängigen Journalismus bekämpfen

Eine solide Diktatur wird nicht über Nacht geboren. Sie entsteht nach und nach. Schicht um Schicht, Schritt für Schritt.

Sie muss sich die Justiz untertan machen. Die Richter sprechen kein Recht; sie sind Vollstrecker des Unrechts. Der russische Oppositionelle Wladimir Kara-Mursa ist im April 2023 zu 25 Jahren Straflager unter verschärften Bedingungen verurteilt worden, weil er ein Gegner des Putin-Regimes ist und den russischen Krieg gegen die Ukraine verurteilt hatte. Oder, im März 2023, die Chefredakteurinnen und Journalistinnen eines Online-Mediums namens *Tut.by* in Belarus: Vier Frauen, insgesamt zu 44 Jahren Lagerhaft verurteilt. Natürlich sind sie unschuldig.[1]

Eine solide Diktatur muss die Miliz, die Polizei, zu ihren Komplizinnen machen. Brutalität schweißt zusammen. Wer dazugehören will, muss unter Beweis stellen, einen Menschen verletzen oder gar töten zu können. In Belarus haben Sondereinheiten wie die gefürchtete *Omon*, die bei Protesten für gewöhnlich hart durchgreifen, systematisch Frauen vergewaltigt. Sie haben friedlich Protestierende in den Tod geknüppelt wie den jungen Minsker Künstler Roman Bondarenko. Seinen gewaltsamen Tod haben Ärzte dokumentiert, sie haben die Lügen des Regimes auffliegen lassen.[2] Dennoch haben die Mörder nichts zu befürchten, denn in Belarus herrscht eine »Kultur der Straffreiheit«. Es ist wie bei der Mafia: Wer einmal den Weg der Brutalität eingeschlagen hat, kann ihn nicht so leicht wieder verlassen.

Ähnlich verhält es sich in Russland: Präsident Wladimir Putin zeichnete jene Soldaten aus, die für die russischen Kriegsverbrechen in Butscha verantwortlich sein sollen. Ein Zeichen, ja eine Ermutigung an alle anderen Soldaten. Die Gleichung ist einfach: Wer foltert und tötet, der hängt drin. Und wer drinhängt, der bleibt loyal.

Eine solide Diktatur muss die Furcht verankern. Sie muss Rituale der Angst entwerfen. Angst ist wichtig – ohne sie herrscht kein blinder Gehorsam. Vollends entfaltet sich die Angst, wenn sie von der Willkür begleitet wird: Grenzen dürfen nicht übertreten werden, aber niemand soll sich sicher sein, wo sie überhaupt verlaufen; was erlaubt ist und was bestraft wird. Es mag sein, dass es an einem Montag in Ordnung ist, Socken in weißrotweiß zu tragen, den Farben der belarussischen Opposition – drei Tage später aber nicht mehr.

Als in Belarus der Prozess gegen die Musikerin und Oppositionelle Maria Kolesnikowa begann, die seit Februar 2023 im Frauenstraflager Nummer 4 spurlos verschwunden ist, gingen ihre Familie und vermutlich auch Kolesnikowa davon aus, dass ihr zwei, vielleicht drei Jahre Haft drohen. Sie nahm das in Kauf. Es wäre schrecklich gewesen, aber der Preis schien ihr irgendwie erträglich. Doch je länger sich der Prozess gegen Kolesnikowa zog, desto zahlreicher wurden die Vorwürfe, desto stärker wuchs auch das Strafmaß an: Maria Kolesnikowa wurde schließlich zu elf Jahren Lagerhaft verurteilt.[3]

Nicht alle Menschen trifft die Höchststrafe – es ist nicht entscheidend, dass sie verurteilt werden, sondern dass sie verurteilt werden *könnten*. Härte, die von Willkür begleitet wird, potenziert die Angst, weil sie Gewissheiten zerstört, selbst in einem repressiven Leben.

Eine solide Diktatur muss freie Stimmen zum Schweigen bringen. Das heißt: Oppositionelle ausschalten. Sie als ausländische Agenten brandmarken, ihre Konten einfrieren, ihre Wohnungen durchsuchen, finanzielle Hilfe unterbinden, sie bei Nachbarinnen und Nachbarn denunzieren oder direkt festnehmen. Wer Familie hat, ist besonders verwundbar: Nichts trifft Eltern mehr als die Drohung, ihnen die Kinder zu entziehen.

Vor allem aber müssen in einer soliden Diktatur Zeugen zum Schweigen gebracht werden – und damit jene, die Zeugen zu Wort kommen lassen. Es müssen alle Ruhe geben, die berichten, dokumentieren, kurzum: Zeugnis ablegen über das Unrecht und die Grausamkeiten, die einst ein Grenzübertritt waren und nun zum Alltag geworden sind.

Natürlich: In einer Diktatur tritt niemand wegen journalistischer Recherchen zurück, und seien sie noch so skandalös. Die Enthüllungen über Putins Palast, der Milliarden gekostet haben dürfte, blieben folgenlos. Die investigativen Berichte über Putins Offshore-Firmen und Milliardenvermögen, die auf die Namen seiner Freunde laufen, blieben folgenlos. Die Berichte russischer Medien über russische Kriegsverbrechen in der Ukraine[4] blieben folgenlos, zumindest in Russland. Die Berichte über Lukaschenkos Todesschwadronen, die vor Jahrzehnten Oppositionspolitiker in Belarus umgebracht haben, mutmaßlich auf Lukaschenkos Auftrag, blieben folgenlos.[4]

Folgenlos, wirklich? Jedes Mal scheinen diese Enthüllungen wirkungslos zu verpuffen – aber das täuscht. Journalismus wirkt auch in Diktaturen, aber anders als in Demokratien.

Gefürchtet: Die Sondereinheiten von Omon, hier im Einsatz gegen Demonstrierende vor der belarussischen Staatsuniversität, Foto: picture alliance/dpa/TASS/Stringer

Der russische Investigativjournalist Roman Badanin, der mittlerweile in den USA lebt, erzählte mir in besseren Zeiten, als man sich noch in Ruhe in Moskau treffen konnte, dass die Investigativrecherchen seines Mediums *Projekt* nicht zu Rücktritten von Ministern oder Ministerinnen führten. Sie lieferten vielmehr belastendes Material für so genannte »rote Akten«, die es über fast jeden und jede in dem autokratischen System gebe. Denn so lange eine Diktatur lediglich eine Autokratie mit konkurrierenden Eliten ist, die sich gegenseitig ausspielen und zu diskreditieren suchen, gibt es noch Spielraum. Solche Recherchen sind da dankbare Munition.

Noch wichtiger aber ist die Öffentlichkeit, die Journalisten schaffen. Sie produzieren Aufnahmen, die um die Welt gehen: Ikonisch ist das Bild protestierender Frauen in Minsk, die sich schützend vor junge Männer stellen, als die schwarzmaskierten *Omon*-Einheiten diese mitnehmen wollen. Sie decken auf: Keine Recherchen dürfte Wladimir Putin mehr hassen als jene über seinen Reichtum, über sein Netz aus Komplizen und Geliebten. Sie dokumentieren. Heute reicht es, das Wort »Butscha« zu erwähnen – es bedarf keiner weiteren Erklärung. Augenblicklich tauchen vor dem inneren Auge die Bilder von Toten auf, deren Hände mit weißen Bändern auf dem Rücken zusammengebunden sind. Butscha ist zu einem Symbol geworden für die russischen Kriegsverbrechen und für die Grausamkeit und Gier der russischen Armee, und das ist in ganz besonderem Maße den Medien und ihren

Staatsfeind Medien | 177

Recherchen zu verdanken. Deshalb hassen Autokraten und Diktatoren Journalistinnen und Journalisten so sehr.

Alexander Lukaschenko würde sein Land am liebsten in eine Schallkammer verwandeln, aus der kein Laut herausdringt. Solange aber Journalistinnen und Journalisten den Mut aufbringen, eine internationale Öffentlichkeit zu erreichen, solange sie in der Welt gehört und gelesen werden, unterlaufen sie dieses Ziel. Sie bedrohen zwar keine Diktatoren, aber sie stören die herrschende Ordnung. Sie entziehen sich der Kontrolle, ja, selbst die gut eingeübten Rituale der Angst beirren sie nicht in ihrer Arbeit.

»Zerstörung des freien Wortes«

Ich erinnere mich an ein Gespräch mit einer belarussischen Kollegin namens Ljubou, einer jungen Frau in ihren 20ern, die nach der gefälschten Wahl 2020 in Belarus über die Proteste und die Gerichtsverfahren gegen Protestierende berichtet hatte. Sie wusste: Jederzeit könnte sie festgenommen werden, wie ihre Kolleginnen und mindestens zu einer administrativen Strafe von zwei Wochen Gefängnis verurteilt werden, womöglich auch mehr. Sie hatte sich darauf vorbereitet. Wenn sie ihre Wohnung verließ, trug sie zwei Unterhosen, weil sie wusste, dass sie nach der Festnahme vermutlich weder Wechselwäsche noch Hygieneartikel erhalten würde. Sie hatte eine Zahnbürste bei sich und auf ihren Arm hatte sie die Nummer ihres Anwalts geschrieben. Sie war nicht furchtlos: Sie hatte Angst vor einer Festnahme und vor dem, was sie im Gefängnis erwarten würde. Aber im Leben wäre sie nicht auf die Idee gekommen, mit ihrer Arbeit aufzuhören. Irgendwann wurde sie tatsächlich festgenommen und kam in das berüchtigte Okrestina-Gefängnis in Minsk. Sie saß fast zwei Wochen ein. Es war so fürchterlich wie sie es zuvor hundertfach gehört hatte: Kein Anwalt durfte zu ihr, die Vorwürfe, die gegen sie erhoben wurden, blieben unklar. 15 Frauen wurden in eine Zelle von zwölf Quadratmetern gequetscht, ausgestreckt auf dem nackten, kalten Boden zu schlafen war Luxus. Es gab keine Decken, keine Matratzen. Jede Nacht wurden sie zwei Mal von den Wächtern geweckt. Alles, was sie zuvor hundertfach von Opfern gehört, aber sich dann doch nicht recht vorstellen konnte, stellte sich als wahr heraus. Es hat sie nicht gebrochen. Heute lebt sie im Exil – und berichtet weiter.

In jeder Diktatur werden unabhängige Journalistinnen und Journalisten zu Feinden. Sie werden ausgewiesen, weggesperrt, getötet. Sie sind eine Zumutung. Viele haben von der russischen Journalistin Anna Politkowskaja gehört. Sie hat über den brutalen Feldzug des Kremls gegen Tschetschenien berichtet, wurde einmal vergiftet, überlebte und wurde schließlich an Putins Geburtstag im Jahr 2007 mit fünf Schüssen ermordet. Ihre Arbeit, aber auch der Mord an ihr, haben sie weltberühmt und unvergessen gemacht. Aber vermutlich hat kaum jemand von *Tut.by* gehört, einem belarussischen Online-Medium, für das auch die junge Journalistin Ljubou gearbeitet hat.

Die Geschichte von *Tut.by* erzählt geradezu prototypisch davon, wie rasend schnell sich eine Autokratie zu einer Diktatur radikalisieren kann. Auch vor 2020 gab es in Belarus lange Haftstrafen für Oppositionelle, gab es Repressionen und Angst. Aber es existierten eben auch noch die kleinen Nischen der Freiheit, in denen sich urbane Freigeister tummelten, fernab vom Zugriff des Staates. In diesen Nischen konnten Künstlerinnen und Künstler, Journalistinnen, IT-Experten, Autoren, Politologen und Soziologinnen arbeiten, Bücher und Artikel schreiben, Ausstellungen konzipieren und recherchieren. 2017 habe ich die Redaktion von *Tut.by* besucht in einem gläsernen Hochhaus, das ich in New York vermutet hätte oder in Warschau, ganz sicher aber nicht in Minsk. Ich hatte keine Vorstellungen davon, wie ein solches autokratisches System, Jahre zuvor von Condoleeza Rice als »die letzte echte Diktatur im Herzen Europas«[5] bezeichnet, aussehen würde. Und plötzlich saß ich mit dem jungen, sehr klugen Journalisten Artjom Schraibman in der Kantine zusammen und guckte mich nervös um, weil Schraibman und ich über alles, wirklich alles sprachen, auch über Lukaschenkos Fehler und die Aussicht auf einen Systemwechsel. Niemand kam und zerrte ihn weg. Ein Online-Medium wie *Tut.by* erschien mir damals wie ein Zukunftsversprechen.

Dann kam 2020. Eine von Lukaschenko unfassbar dreist gefälschte Wahl, friedliche Massenproteste, die größten in der Geschichte des unabhängigen Belarus, auf die der Staat mit unvorstellbarer Gewalt reagierte. Es liegen Berichte von Folter und Vergewaltigungen, von den staatlich organisierten Gräueln und Verbrechen gegen die Menschlichkeit vor. Plötzlich wurde aus einer Nischen-Autokratie binnen weniger Wochen eine Diktatur mit totalitärem Anspruch. In dieser Diktatur wird bestraft, wer auf dem Messenger-Dienst Telegram einer Nachbarschaftsgruppe angehört. In dieser Diktatur werden unabhängige Medien als extremistisch gebrandmarkt und jeder, der Artikel dieser Medien verbreitet, macht sich strafbar. In dieser Diktatur kann man heute für den Ausruf »Es lebe Belarus!« ein paar Jahre Lagerhaft bekommen.

In all dieser Zeit setzten Journalistinnen und Journalisten ihre Arbeit fort. Bis es nicht mehr ging. Heute sitzen mehr als 30 von ihnen im Gefängnis. Hunderte haben das Land verlassen. Im Frühjahr 2023 wurden die Chefredakteurin und die Direktorin von *Tut.by*, Marina Solotowa und Ljudmila Tschekina, zu zwölf Jahren Haft verurteilt. Längst gibt es keine unabhängigen Medien mehr in Belarus. Die belarussischen Fotografinnen, deren

Bilder von protestierenden Frauen ikonisch wurden, schlagen sich mittlerweile in Polen durch.

So schnell geht es. So schnell lassen sich politische Systeme umbauen, wird den Bürgerinnen und Bürgern die Luft zum Atmen abgeschnürt. Die Grundlagen dafür wurden schon viel früher geschaffen. Jederzeit kann aus einer Autokratie, die ein gewisses Maß an Dissens und Widerspruch hinnimmt, eine Diktatur werden. Wir können Russland live dabei zusehen.

Als ich 2015 Korrespondentin in Moskau wurde, habe ich mich dagegen gewehrt, die Presse in Russland als »gleichgeschaltet« zu bezeichnen. Sicher, die TV-Sender sind alle in der Hand des Kremls gewesen. Aber im Internet – *Meduza! Fontanka! Projekt! Waschnyje Istorii! Nowaja Gaseta! Sjem na Sjem! Tayga.info! Batka! Insider! Nowy Fokus! Doschd!* – so viele unabhängige Medien, die teils herausragende Arbeit gemacht haben. Natürlich haben nur wenige Russinnen und Russen sie gelesen und angeschaut, aber es gab sie. Bis jetzt. Diktaturen beobachten einander. Sie lernen voneinander. Eine belarussische Journalistin erklärte mir, dass manche Grausamkeit und manches Gesetz erst in Belarus ausprobiert wurde und dann in Russland zur Anwendung kam. Trocken bemerkte sie: »Es ist wie eine TV-Serie und in dieser Serie liegen wir einige Staffeln vor Russland.«

Im Frühjahr 2023 standen in Georgien Zigtausende vor dem Parlament auf dem Rustaveli Boulevard und protestierten. Sie schwenkten die EU-Fahnen selbst dann, als sie mit Pfefferspray und Wasserwerfern traktiert wurden. Sie wehrten sich dagegen, dass ihr Parlament ein »Gesetz über ausländische Agenten« verabschieden wollte, wie sie es aus Russland kannten: Medien und zivilgesellschaftliche Organisationen, die Geld aus dem Ausland erhalten, müssten sich dann mit dem Schlagwort »ausländischer Agent« versehen und allerlei Überprüfungen über sich ergehen lassen. Damals haben die Protestierenden gewonnen – nun gehen sie wieder auf die Straßen von Tbilissi und verteidigen ihre Freiheit, weil die Regierung ihr Vorhaben durchdrücken will. Uns mag dieser Kampf nicht wie eine große Sache erscheinen, eher wie eine etwas komplizierte juristische Formalie, aber es ist sehr viel mehr als das. Diese Menschen blicken nach Russland und nach Belarus und wissen nur zu gut: So fängt es an. Erst werden Journalisten und Autorinnen diffamiert, ihre Bücher mit einer Warnung versehen und erst ab 18 Jahren freigegeben und irgendwann gilt man als »unerwünschte Organisation«. So lang ist der Weg dahin mitunter gar nicht. Projekt, Waschnyje Istorii, Tayga.info, Meduza – sie sind in Russland blockiert oder als unerwünschte Organisation eingestuft. Wer mit ihnen Kontakt unterhält, wer auch nur mit ihnen spricht, macht sich strafbar.

Tut.by gibt es nicht mehr. Die Seite ist blockiert in Belarus, das Medium als extremistisch eingestuft. Also hat es sich umbenannt. Es heißt jetzt *Zerkalo.io*. Mehr als 60 Journalistinnen und Journalisten arbeiten für das Medium. Ich würde gern erzählen, wie die Frauen und Männer heißen, die sich nicht beirren lassen, aber das geht nicht: Sie schreiben anonym, es gibt kein Impressum, das sie listet. Sie selbst haben sich in Sicherheit zu bringen vermocht – ihre Familien aber nicht. Die sind noch immer in Belarus und der Wut sowie den Launen des Regimes ausgesetzt. Die Seite ist in Litauen registriert und über VPN in Belarus abrufbar. Denn mittlerweile gilt auch *Zerkalo.io* als extremistisch.[6]

Die Journalistinnen und Journalisten von *Tut.by* beziehungsweise *Zerkalo.io* arbeiten im Ausland, aber ihre Arbeit hat sich verändert. Alexandra Puschkina, die einzige öffentliche Stimme, die für zerkalo.io sprechen darf, erzählt, wie schwer es geworden ist, an Informationen zu kommen. Oft durchforsten die Journalistinnen und Journalisten soziale Medien. Sie lernen, zwischen den Zeilen zu lesen und zu erkennen, was ein Thema ist. Dann bitten sie einen Experten, einen Kommentar zu einem Thema zu posten, den sie dann verwenden. Sie rufen als normale Staatsbürgerinnen an, nicht als Journalisten. Sie zitieren anonyme Quellen, aber das untergräbt bei den Leserinnen und Lesern ihre Glaubwürdigkeit. Sie verlieren das Gefühl für ihr Land, für das Navigieren in einer Diktatur. Am schwierigsten sei es, dass selbst der Mensch als Informationsquelle entfalle. In Belarus würden nicht nur Medien zerstört, sondern auch das Individuum als Quelle, von der man etwas in Gesprächen erfährt. »Die Menschen haben sogar Angst, zu schreiben, dass das Leben teuer geworden ist.« Von »totaler Säuberung« spricht Puschkina, von einer »Zerstörung des freien Wortes«. Noch ein Problem plagt sie: Ihr Medium wird viel weniger gelesen als früher. 50 % ihrer Leserschaft sind nun im Ausland, in der Diaspora. Puschkina beobachtet, dass die Belarussinnen und Belarussen im Ausland sich für andere Themen interessieren. Zerkalo.io versucht, keine Nachrichten über die Diaspora zu bringen, nur über Themen in Belarus zu schreiben. Aber sie spüren: Sie verlieren das Publikum daheim.

Das ist das berufliche Elend. Dann gibt es noch das private, das damit einhergeht. Puschkina ist verhältnismäßig privilegiert – im Frühjahr 2023 hat sie in Polen eine Aufenthaltsgenehmigung für drei Jahre bewilligt bekommen. Aber es gibt ein Problem: Ihr Pass läuft 2025 ab. Dann hat sie keine Papiere mehr und ist wieder schutzlos. Sie ist nicht besonders besorgt – in dem Zeitempfinden einer Exilantin sind ein oder zwei Jahre eine großzügige Ewigkeit. Andere Kolleginnen und Kollegen kämpfen um Visa, die ihnen ein paar Monate garantieren. Die Ungewissheit zermürbt sie, auch die finanzielle: Ihr Online-Medium Zerkalo.io wird gefördert, aber meist nur für ein paar Monate oder ein halbes Jahr. Weiter voraus könne sie nicht planen. Das, sagt Puschkina, sei eine echte Belastung.

Demokratien müssen helfen – auch um sich selbst zu schützen

Gibt es eine Form der historischen Kontinuität? Stehen wir vor Umbrüchen, die Demokratien zu Diktaturen transformieren und sich in Kriegen entladen werden? Gibt es Ähnlichkeiten zwischen den Exilanten aus Russland und Belarus und denjenigen, die in den 30er Jahren aus Deutschland flohen, rastlos unter die kalifornische Sonne wanderten und sich nicht wie Davongekommene fühlten, sondern wie Bestrafte? Als »lebende Leichname« bezeichnete Hannah Arendt diese Exil-Lebewesen ohne Rechte und ohne Sicherheiten, Menschen in der »Weltlosigkeit«. In ihrem Text »We refugees« schrieb Arendt: »Wir haben unseren Beruf verloren und damit das Vertrauen eingebüßt, in dieser Welt irgendwie von Nutzen zu sein. Wir haben unsere Sprache verloren und mit ihr die Natürlichkeit unserer Reaktionen, die Einfachheit unserer Gebärden und den ungezwungenen Ausdruck unserer Gefühle.«[7]

Das Leben und Arbeiten im Exil ähnelt selbst heute noch, obwohl die Welt digitalisiert und vernetzt ist, dem Damals. Die Weltlosigkeit und die Rechtlosigkeit, die Menschen im Exil erleben, gelten auch heute noch. Fragen Sie eine belarussische Journalistin, ob sie ein humanitäres Visum für Deutschland bekommen kann. Fragen Sie sie, welche Voraussetzungen sie dafür erfüllen muss. Oder fragen Sie eine russische Journalistin, wie lange es dauert, um sich aus Russland herauszuretten.

Wir können nicht Lukaschenko aus dem Amt entheben, wir können nicht den russischen Angriffskrieg in der Ukraine beenden, wir können nicht einmal die im Exil lebenden Russinnen und Russen dazu bewegen, noch lauter, noch sichtbarer gegen diesen Krieg zu protestieren. Was wir aber tun können: das Leben im Exil erträglicher machen. Wir können dafür sorgen, dass für Journalistinnen und Journalisten aus Russland, Belarus, Ukraine, deren Biografien vorerst unter den Trümmern unserer heutigen, rohstoffbasierten Ostpolitik begraben liegen, das Arbeiten im Exil einfacher wird.

Dafür müssten zügig Visa und Aufenthaltsgenehmigungen ausgestellt werden, die länger gelten als ein paar Monate oder ein Jahr. Humanitäre Visa, die leichter als bisher zu beantragen sind – vor allem Journalistinnen und Journalisten aus Belarus müssen allein ihre Anträge stellen und sind vom

Willen der Konsulate abhängig. Es heißt, in Istanbul laufe es ganz gut, in Tbilissi nicht so – dass Schicksale durch Abwägungen und Stimmungen der Sachbearbeitenden entschieden werden, darf nicht sein. Wir können NGOs unterstützen, die Journalistinnen und Journalisten bei ihren Ausreisen und Fluchtplänen helfen. Finanzierungen für Medien zusagen, die im Ausland weiterberichten. Hilfe leisten für den Tag X, an dem die freie Presse wieder existieren kann und Journalisten, die im Ausland ausharren, nach Hause zurückkehren, dorthin, wo sie dringend gebraucht werden.

Denn nichts ist gewiss in diesen Zeiten, außer eines: Irgendwann wird dieser Tag kommen.

Anmerkungen

1 Vgl. »Gericht erklärt die TUT.BY und Zerkalo.io für extremistisch«, in: Voice of Belarus, URL: https://www.voiceofbelarus.org/de/belarus-nachrichten/gericht-erklaert-die-tut-by-und-zerkalo-io-fuer-extremistisch/ [aufgerufen am 25.4.2024].

2 Vgl. Jewgeni Schukow: Der Arzt, der über den Tod von Bondarenko berichtete, wurde strafrechtlich verfolgt, in: Deutsche Welle, 19.11.2020, URL: https://amp.dw.com/ru/v-belarusi-zaveli-delo-na-vracha-rasskazavshego-o-smerti-romana-bondarenko/a-55668321 [aufgerufen am 24.4.2024].

3 Vgl. Alice Bota: Wo ist Maria?, in: Zeit Online, 5.8.2023, URL: https://www.zeit.de/2023/33/maryja-kalesnikawa-belarus-opposition-gefaengnis-alexander-lukaschenko [aufgerufen am 24.4.2024].

4 Vgl. Daniel Gerny: Historischer Prozess in der Schweiz: Ein Mann aus Lukaschenkos Todesschwadron steht in St. Gallen vor Gericht, in: Neue Zürcher Zeitung, 30.8.2023, URL: https://www.nzz.ch/schweiz/lukaschenkos-scherge-will-in-der-schweiz-aussagen-ld.1745635 [aufgerufen am 24.4.2024].

5 Jill Dougherty: Rice: Russia's future linked to democracy, in: CNN International, 20.4.2005, URL: https://edition.cnn.com/2005/WORLD/europe/04/20/rice.dougherty/index.html [aufgerufen am 25.4.2024].

6 Vgl. »Gericht erklart die TUT.BY und Zerkalo.io fur extremistisch«, in: Voice of Belarus, URL: https://www.voiceofbelarus.org/de/belarus-nachrichten/gericht-erklaert-die-tut-by-und-zerkalo-io-fuer-extremistisch/ [aufgerufen am 25.4.2024].

7 Hannah Arendt: Wir Flüchtlinge, Stuttgart 2016, S. 10.

Jan-Werner Müller

Rechtspopulismus als Bauherr: Über fragile Demokratien, Autokratie und Architektur

Die westdeutsche Nachkriegszeit wurde von einer intensiven Debatte über »demokratische Architektur« begleitet. Politisch sollte Bonn nicht Weimar sein – ästhetisch aber durchaus: An Bauhaus und den *International Style* wollte man anknüpfen, um demokratische Gesinnung zu signalisieren. Damit einher ging eine möglichst deutliche antitotalitäre Absetzung vom Nationalsozialismus: Statt Monumentalität, oder gar Gigantomanie, wie bei der von Albert Speer (1905–1981) geplanten Hauptstadt Germania, sehr bewusste Bescheidenheit (mancher mag das Bonmot Helmut Schmidts (1918–1915) kennen, dass der Kanzlerbau in Bonn an eine »rheinische Sparkasse« gemahne); statt klassischem Stil und dem von den Nationalsozialisten propagierten »Wort aus Stein« ostentative Bekenntnisse zur architektonischen Moderne, die von manchen ihrer Verfechter kurzerhand mit Demokratie gleichgesetzt wurde. Der SPD-Politiker Adolf Arndt (1904–1974) fasste das Denken bündig in dem mittlerweile schon klassisch zu nennenden Aufsatz »Demokratie als Bauherr« zusammen. Darin betonte er, demokratische Architektur brauche vor allem »Durchlässigkeit« und »Zugänglichkeit« für das souveräne Volk – eine Maxime, die in der häufigen Verwendung von Glas ihren Ausdruck fand und aus der Bonner eine Art »gläserne«, dabei aber keineswegs fragile Republik machte.[1]

Seither ist viel passiert. Verhältnisse in heutigen fragilen Demokratien sind zwar nicht automatisch mit Weimarer Verhältnissen gleichzusetzen, aber gesichert geglaubte Errungenschaften – von Gewaltenteilung bis Minderheitenschutz in pluralistischen Gemeinwesen – werden sowohl ganz ungeniert hinterfragt als auch praktisch zerstört. In verschiedenen Teilen der Welt haben sich Regierungen fest etabliert, die man als rechtspopulistische Regime bezeichnen muss: Es handelt sich nicht einfach nur um rechte Parteien, die auf Zeit ihr Programm umsetzen, sondern die, wenn sie genug Macht haben, ganz bewusst Gesellschaften umformatieren, oder, um es mit dem Konzept des italienischen Marxisten Antonio Gramsci (1891–1937) zu bezeichnen, darauf abzielen, »kulturelle Hegemonie« dauerhaft zu etablieren. Zu diesen tendenziell autokratischen Umformatierungen gehört auch eine gezielte Baupolitik.

Denkmal von Friedrich Stoltze vor rekonstruierten Läden und »Bürgerhäusern« in der neuen Frankfurter Altstadt, 2021, Foto: Raimund Kutter/imageBROKER/Süddeutsche Zeitung Photo

In Deutschland ist diese Entwicklung nicht unbemerkt geblieben: Schon seit einigen Jahren hat sich eine sehr kontroverse Diskussion über Architektur und Rechtspopulismus entsponnen. Angestoßen von dem Architekturtheoretiker Stephan Trüby geht der Streit nicht zuletzt um die Frage, ob es so etwas wie *per se* rechtspopulistische Räume geben kann.[2] Umstritten ist zudem, ob historische Rekonstruktionen wie beispielsweise die »neue« Frankfurter Altstadt oder das Schloss in Berlin Mitte dem Rechtspopulismus kulturell bzw. politisch den Weg bereiten.

Es mag sein, dass, wie Trüby betont, nicht alle Verfechter von Rekonstruktionen Rechtspopulisten seien, aber alle Rechtspopulisten sich für Rekonstruktion einsetzten. Damit ist aber noch nicht die Frage beantwortet, worin genau der Zusammenhang zwischen gebauter Umwelt und spezifischen politischen Leitwerten besteht (eine Frage, die sich auch Intellektuellen stellt, die sich selbst als rechts deklarieren und als Reaktion auf Trüby und seine Mitstreiter nun meinen, ihrerseits »linke Räume« kritisieren zu müssen).[3]

In diesem Beitrag soll zunächst erläutert werden, was Rechtspopulismus eigentlich ist, nämlich eine ganz spezifische (und für die Demokratie stets gefährliche) Form von Anti-Pluralismus und nicht einfach, wie es gängige Klischees wollen, Elitenkritik aus konservativer Warte. Knapp gesagt: Populismus macht Demokratie als Ganzes fragiler und tendiert in Richtung Autokratie. Danach versuche ich zu zeigen, dass Rechtspopulisten an der Macht – so sie denn ausreichend Ressourcen und Zeit haben – in der Regel versuchen, ihr Verständnis des sogenannten »wahren Volkes« durch Architektur und Raumgestaltung auf Dauer festzuschreiben. Historische Rekonstruktionen – nostalgisch im Sinne von *Making Great Again*, aber gleichzeitig zutiefst ahistorisch – sind häufig Teil dieser Strategie. Letzteres soll mit Beispielen aus der Türkei, Ungarn und Indien veranschaulicht werden.

Was ist eigentlich Rechtspopulismus?

Nicht jeder, der, wie es oft so klischeehaft heißt, »Eliten kritisiert« oder »wütend« auf das sogenannte Establishment schimpft, ist automatisch ein für die Demokratie gefährlicher Populist. Es stimmt zwar, dass Populisten, wenn sie in der Opposition sind, Regierungen und meistens auch andere Parteien heftig kritisieren – was ja an sich nichts Verwerfliches ist. Vor allem aber tun sie noch etwas anderes: Sie behaupten, dass sie, und nur sie, das repräsentieren, was Populisten häufig als »die schweigende Mehrheit« oder auch als »das wahre Volk« bezeichnen. So redete beispielsweise Donald Trump seine Anhänger vor dem Aufstand in Washington am 6. Januar 2021 als »real people« an.

Dieser Anspruch auf eine Art Monopol der authentischen Volksvertretung mag auf den ersten Blick gar nicht so problematisch erscheinen: Es handelt sich zunächst um einen politischen Repräsentanten, der sich anderen gegenüber als überlegen darstellt. Dieser Anspruch hat jedoch zwei für die Demokratie gefährliche Konsequenzen. Erstens behaupten Populisten auch, alle anderen Mitwettbewerberinnen und -bewerber um die Macht seien grundsätzlich illegitim – und nicht einfach nur weniger repräsentativ. Es geht also nie nur um Unterschiede in Sachfragen oder um Dissens, was Werte angeht; Streit dieser Art ist schließlich völlig normal und idealerweise sogar produktiv in einer Demokratie. Vielmehr insinuieren Populisten immer sofort, dass die anderen Politikerinnen und Politiker fundamental schlechte und vor allem korrupte Charaktere wären. Sie machen die Auseinandersetzung also höchstpersönlich – und höchstmoralisch – wenn sie ihre Gegner als »Volksfeinde« oder »Volksverräter« bezeichnen. Was Trump beispielsweise über Hillary Clinton im Präsidentschaftswahlkampf 2016 verbreitete – von »corrupt« bis »crooked« – war zwar für die damaligen amerikanischen Verhältnisse extrem; eine Ausnahme war es aber nicht. Denn alle Populisten bedienen sich solcher moralischer Anschuldigungen.

Eine zweite und wohl weniger offensichtliche Konsequenz des moralischen Alleinvertretungsanspruchs besteht darin, dass Populisten zumindest suggerieren (viele sagen es aber auch ganz ungeniert), dass manche Bürgerinnen und Bürger nicht zum »Volke« gehören: Nämlich diejenigen, welche nicht in ihre symbolische Konstruktion des vermeintlich wahren Volkes passen (den Bürgerinnen und Bürgern, welche die Populisten kritisieren, kann allerdings auch immer gleich rundheraus die Volkszugehörigkeit abgesprochen werden). Ein weiteres Beispiel aus der jüngeren amerikanischen Zeitgeschichte mag diese Dynamik illustrieren: Donald Trump reagierte in seiner Zeit als Präsident der Vereinigen Staaten von Amerika zwischen 2017 und 2021 auf Kritiker an seiner Politik nicht etwa mit dem Verweis darauf, dass er schließlich gewählt sei und, einmal im Amt, die aus seiner Sicht richtigen politischen Maßnahmen treffe, so wie dies vielleicht jeder »normale« Politiker in einer Demokratie getan hätte. Vielmehr schoss er sehr häufig mit der Behauptung zurück, dass ein Kritiker oder eine Kritikerin schlicht »unamerikanisch« wäre. Politische Auseinandersetzung wird hier unmittelbar auf politische Zugehörigkeit reduziert.

Nicht jede sogenannte Elitenkritik sollte also mit Populismus gleichgesetzt werden. Bei Populismus geht es vielmehr immer darum, »andere« im Namen des Volkes auszuschließen. Das wird offensichtlich auf der Ebene der parteipolitischen Auseinandersetzung, wenn Populisten ihre Konkurrenz des Verrats am Volk oder der Korruption bezichtigen. Es ist weniger offensichtlich – aber bei weitem gefährlicher –, wenn sich der Ausschluss auf die Ebene der Bürgerinnen und Bürger bezieht. Denn dann trifft es häufig ohnehin auf irgendeine Weise politisch gefährdete Minderheiten, denen nicht nur die Volkszugehörigkeit abgesprochen wird, sondern die, ebenso wie die vermeintlich »korrupten Eliten«, auch als gefährlich für den »gesunden Volkskörper« dargestellt werden. Ein letztes Mal sei hier Trump bemüht: Im November 2023, bei einer Wahlkampfveranstaltung in Claremont (Kalifornien), bezeichnete er seine Gegner im Inneren des Landes explizit als »Ungeziefer« – und sprach ihnen damit jede Menschlichkeit ab.

Populismus ist eine Spielart von Anti-Pluralismus, aber keine substanzielle Ideologie; er legt politische Akteure nicht auf ganz bestimmte politische Maßnahmen fest, operiert aber immer mit der Suggestion eines homogenen Volkskörpers. Populisten reden sehr häufig davon, das Volk »vereinen« zu wollen. *De facto* ist aber gerade gesellschaftliche Spaltung ihr politisches Geschäftsmodell: Das vermeintlich wahre Volk wird gegen alle anderen in Stellung gebracht. Gleichzeitig muss allerdings das, was man als populistische Denkfigur bezeichnen könnte, mit konkreten Inhalten gefüllt werden. Dabei kann es sich um *grosso modo* linke Theorien handeln wie bei den venezolanischen Diktatoren Hugo Chávez (1954–2013) und Nicolás Maduro, oder eben auch rechte. In letzterem Fall ist der Rückgriff auf nationale und kulturelle, zum Teil aber auch ethnische Elemente heute gang und gäbe. Anders gesagt: Rechtspopulisten zeichnen sich dadurch aus, ihren Anhängerinnen und Anhängern sowie einer potenziellen Wählerschaft immer erst einmal zu erklären, wer eigentlich das sogenannte wahre Volk ist und wer und was dieses Volk repräsentiert. Hier kommen Architektur sowie Raumgestaltung ins Spiel.

Architektur als Populismusverstärkerin

Es wäre sicher falsch zu behaupten, aus manchen Bauten oder räumlichen Konstellationen ließe sich eins zu eins Rechtspopulismus ablesen. Tatsache ist aber, dass rechtspopulistische Regime stets versuchen, städtische wie rurale Landschaften getreu ihres Volksbegriffs umzugestalten. Man denke etwa an Recep Tayyip Erdoğan, der in der ganzen Türkei neue Moscheen bauen ließ; das eindrücklichste Beispiel ist wohl die große Çamlıca-Moschee in Istanbul, in der mehr als 60.000 Gläubige Platz finden. In diesem fast aus der ganzen Stadt sichtbaren Komplex befindet sich zudem ein Museum des Islam. Auch die Nutzer des neuen Flughafens nördlich von Istanbul werden bei Verlassen des Gebäudes von einer beeindruckenden Moschee empfangen. Um die Verherrlichung der osmanischen Vergangenheit ging es ebenso bei den Bauvorhaben, denen der Gezi-Park am zentralen Taksim-Platz in Istanbul weichen sollte und die 2013 zu massiven, letztlich brutal niedergeschlagenen Protesten führten. Und im Jahre 2020 wurde aus der Hagia Sophia, die seit 1935 nur noch als Museum fungiert hatte, wieder eine Moschee. Erdoğan behauptete, man habe das Gebäude aus den »Ketten der Gefangenschaft befreit«.[4] Die christliche Ikonographie in der byzantinischen Kirche, die nach dem Fall Konstantinopels 1453 zur Moschee geworden war, wurde mit weißen Tüchern verdeckt. Bezeichnenderweise betete Erdoğan am Tag vor den Präsidentschaftswahlen 2023 demonstrativ in der für das »wahre türkische Volk« zurückeroberten Moschee.

Wechsel des Schauplatzes: Ungarn, wo seit 2010 ununterbrochen der an Immobilien auch sehr interessierte Viktor Orbán, ein Pionier des Rechtspopulismus in Europa, an der Macht ist. Orbán hat seinen Regierungssitz inzwischen in ein altes Karmeliterkloster auf dem Burgberg in Buda verlegt. Auf dem Berg werden eine ganze Reihe von Bauten aus der Habsburgerzeit – bestens tourismustauglich – rekonstruiert, und damit ein vermeintlich Goldenes Zeitalter von Frieden und florierender Wirtschaft und Kunst verherrlicht, größtenteils ohne jegliche kritische Erläuterung historischer Zusammenhänge.

Der Platz um das Parlament in Pest wurde in den Zustand des Jahres 1944 zurückversetzt; das bedeutete unter anderem, dass ein unter dem Staatssozialismus errichtetes Denkmal für Lajos Kossuth (1802–1894), dem Anführer der ungarischen Unabhängigkeitsbewegung gegen Österreich in den Jahren 1848/49, der Rekonstruktion eines Kossuth-Denkmals aus den zwanziger Jahren weichen musste. Mehrere Monumente aus der Zwischenkriegszeit – inklusive solcher, die überholte Geschlechterklischees von muskulösen Männern und Frauen mit vermeintlich gebärfreudigen Hüften zeigen – wurden von zeitgenössischen Künstlern originalgetreu rekonstruiert. Die Markierung des Jahres 1944 als Zäsur ist kein Zufall. Mit dem Einmarsch der Deutschen, so wird suggeriert, wurde die authentische Nationalgeschichte unterbrochen; erst mit der vermeintlichen »Revolution an den Wahlurnen« im Jahr 2010, als Orbáns Fidesz-Partei zwei Drittel der Sitze im Parlament erringen konnte, hat sie wieder begonnen. Damit wird *en passant* die Rolle ungarischer Funktionsträger im Holocaust relativiert, wenn nicht gar ganz verschwiegen. Der Geschichtsrevisionismus in Orbáns Ungarn, drückt sich noch deutlicher in dem 2014 errichteten Denkmal auf dem Freiheitsplatz aus: Dort wird der Erzengel Gabriel, Symbolfigur Ungarns, hinterrücks von einem Adler aus der Luft angegriffen. Proteste gegen diese Art Geschichtsklitterung werden zwar bis heute geduldet – vor dem Denkmal haben Bürgerinnen und Bürger eine Art »Gegen-Monument« (auch »Lebendes Denkmal« genannt) mit vielen Texten zur historischen Aufklärung geschaffen – dies ändert aber wenig daran, dass die revisionistische Lesart landesweit von Staats wegen, beispielsweise in Schulbüchern, verbreitet wird.

Auch außerhalb Europas lassen sich Beispiele für Rechtspopulismus als Bauherr finden. Indiens Premier Narendra Modi, ein Meister der Selbstinszenierung, hat unter großem Medieninteresse 2020 Grundsteine für ein neues Parlamentsgebäude sowie den sogenannten Ram-Tempel in Ayodhya im Bundesstaat Uttar Pradesh gelegt.

Das neue Parlament wurde im Mai 2023 eingeweiht. Zwanzig Oppositionsparteien boykottierten die von Modi geleitete Zeremonie, die Oppositionsführer Rahul Gandhi als eine »Krönung« Modis kritisierte. Der enorm große, dreieckige Neubau ersetzte ein Gebäude aus der Kolonialzeit und war Teil einer umfassenden Umgestaltung des einst von den britischen Architekten Herbert Baker und Edwin Lutyens entworfenen Regierungsareals in Neu-Delhi. Gerechtfertigt wurde die Umgestaltung der sogenannten Central Vista allerdings mit einem dezidiert technokratischen Vokabular: Die Klimaanlagen würden nicht funktionieren, die Kanäle zwischen den Ministerien und dem India Gate seien verstopft, es gäbe nicht genug Parkplätze, die Straßen seien uneben.

Ganz falsch ist all dies nicht, und die Neubauten erscheinen – mit Ausnahme einer Statue des umstrittenen indischen Nationalisten Subhas Chandra

Bose (1897–1945) und der Umbenennung der Prachtstraße Rajpath in »Weg der Pflichten« – auch weniger ideologisch aufgeladen im Sinne des Hindu-Nationalismus (Hindutva) als man hätte erwarten können. Das hat seinen Grund aber wohl vor allem darin, dass das vermeintlich »wahre Volk« vor allem durch die Errichtung von Hindu-Tempeln evoziert wird. Man denke insbesondere an den oben erwähnten Tempelbau in Ayodhya im Bundesstaat Uttar Pradesh, das als Geburtsort des Gottes Ram gilt: Der höchst umstrittene Ram-Tempel wurde von Modi im Januar 2024 unter großem Aufwand eingeweiht und befindet sich an dem Ort, an dem 1992 die Babri-Moschee (einst errichtet im Jahre 1528) von radikalen Hindutva-Anhängern zerstört worden war; bei den folgenden Unruhen kamen damals 2000 Menschen ums Leben.[5]

Dem rechtspopulistischen Bauen in Indien liegt der Imperativ zugrunde, wonach Überreste des islamisch dominierten Mogulreichs (1526–1858) dem »wahren«, ursprünglichen, eben hinduistischen Indien weichen müssen. Und auch wenn die Kontexte ganz andere sind, ist diese antikoloniale Geste vergleichbar mit dem, was in Budapest und Istanbul passiert; hier ist es die Moderne (sei sie republikanisch im Sinne Atatürks oder staatssozialistisch nach sowjetischem Vorbild), welche als Form von ideologischem Kolonialismus codiert wird und zur Freilegung einer nationalen Authentizität abgetragen werden muss.

Symbolpolitik ist nie nur Symbolpolitik: In Indien setzt sich die von oben verordnete Hindutva auch in Gewalt gegen Muslime auf den Straßen um;[6] in Ungarn wird nicht nur mit Bauten und Schulbüchern signalisiert, wer wirklich dazugehört und wer nicht; es wird auch ganz konkret den gen Westen Ausgewanderten erschwert, an Wahlen teilzunehmen (für ungarisch-stämmige Bürgerinnen und Bürger Rumäniens und der Ukraine ist es hingegen ganz leicht).

Die Erwartungen von Populisten ans »Volk« beschränken sich nicht darauf, symbolische Botschaften passiv zu absorbieren – es soll auch aktiv mitmachen. Zwar handelt es sich bei rechtspopulistischen Regimen nicht um Wiedergänger des Totalitarismus des zwanzigsten Jahrhunderts – der Staat stellt keine totalen Ansprüche an sein Volk, es wird keine permanente Massenmobilisierung betrieben. Aber Momente, in denen sich das »wahre Volk« selbst aktiv erfahren kann, gibt es durchaus. Konkret wird diese Erfahrung etwa in großen Sportveranstaltungen inszeniert (die natürlich auch immer als völlig unpolitisch dargestellt werden können, und als über jeden Verdacht parteipolitischer Mobilisierung erhaben). Orbán und Erdoğan haben architektonisch ambitionierte Fußball-Arenen errichten lassen.[7] Unter Modi wurde das weltweit größte Cricketstadion renoviert und dann kurzerhand nach Modi benannt. Die Erfahrung und Emotionen, welche solche Orte ermöglichen sollen, sind historisch sicher nichts Neues: Goethe (1749–1832)

Rechtspopulismus als Bauherr | 191

bemerkte ob seines Besuches des Theaters in Verona im Jahr 1786: »Eigentlich ist so ein Amphitheater recht gemacht, dem Volk mit sich selbst zu imponieren, das Volk mit sich selbst zum Besten zu haben.«[8] Mit anderen Worten: Die Einzelnen sollen sich in gegenseitiger Anschauung als Teil des einen, wahren Volks erfahren. Die Architekten solcher Arenen werden dann bewusst oder unbewusst zu Produzenten des politischen Spektakels.

Zwei weitere Aspekte von Rechtspopulismus als Bauherr seien noch erwähnt: Zum einen demonstrieren prominente Bauten die Leistungsfähigkeit des Staates (und, etwas subtiler, eine Art Primat des politischen Willens, wenn diese Bauten sehr viel beeindruckender ausfallen als privat finanzierte). Hierin ähnelt die rechtspopulistische Baupolitik der von China, das bekanntlich mit Höchstgeschwindigkeit baut (auf den Kontrast mit den in dieser Hinsicht langsamen, wenn nicht gleich dysfunktionalen Demokratien muss dann gar nicht extra hingewiesen werden).

Zum anderen lassen sich aus Bauunternehmern, die von den Aufträgen profitieren, leicht regimegetreue Oligarchen machen[9] – und gleichzeitig eignen sich solche Unternehmen dann dazu, Steuergelder oder auch EU-Subventionen in Richtung von Getreuen der rechtspopulistischen Regierungen zu leiten (zumindest im Falle von Orbáns Ungarn ist dies ein sehr gut begründeter Verdacht[10]).

Unkritische Rekonstruktionen als Einfallstor für Populismus

Bauliche Rekonstruktionen sind nicht *per se* rechtspopulistisch. Wer würde beispielsweise behaupten, der Wiederaufbau des Schlosses in Mannheim hätte in irgendeiner Weise gefährliche »rechte Räume« geschaffen? Doch können sie eben als Teile rechtspopulistischer gesellschaftlicher Umformatierungen fungieren. Und auch dort, wo sich keine rechtspopulistischen Regime finden, können Rekonstruktion eine politisch problematische Rolle spielen.

In der Berliner Republik hat man sich bekanntlich städtebaulich der Idee einer »Kritischen Rekonstruktion« verschrieben. Doch kann man mit Recht fragen, ob es sich bei vielen entsprechende Bauprojekten – sei es in Berlin, in Potsdam (hier ist vor allem an die Garnisonskirche zu denken) oder auch in Frankfurt – nicht eher um dezidiert unkritische Rekonstruktionen handelt: Es fehlt an jeglicher Kontextualisierung, die »begehbaren Bilder« ermutigen im Zweifelsfalle das nostalgische Schwelgen in einer vermeintlich heilen Nationalgeschichte.[11] Unterstützt wird diese Tendenz europaweit von rechtspopulistischen Politikern wie dem Niederländer Thierry Baudet, Philosophen wie Roger Scruton und, nicht zuletzt, überaus aktiven Poli-Ästhetik-Unternehmern in den sozialen Medien, die »Tradition« und »Schönheit« einer modernen Ästhetik gegenüberstellen, die nicht nur als schlicht »hässlich«, sondern als »kosmopolitisch« und deshalb letztlich »wurzellos« verdammt wird. Es ist kein Zufall, dass etwa der strategische Vordenker des Regimes in Budapest, Balázs Orbán, begeistert seine Zustimmung zur Idee von »Architectural Revival« twittert – wobei der gleichnamige Account *Architectural Revival*, mit fast 150.000 Followern, nicht nur »harmlose« Bauten aus Ungarn präsentiert, sondern auch gegen die »wurzellose« Moderne und, noch vielsagender, die »degeneration of art« polemisiert.[12]

Es gibt eine problematische Verbindung zwischen Rekonstruktionen – auch wenn sie gar nicht von rechtspopulistischen Intellektuellen oder Politikern angestoßen wurden – und einer möglichen gesamtgesellschaftlichen Verschiebung: nicht nur nach rechts, sondern in eine deutlich undemokratische Richtung. Schon seit einigen Jahren konstatieren Politikwissenschaftlerinnen und -wissenschaftler Prozesse, die sich mit dem Begriff »Mainstreaming von Rechtsaußen« zusammenfassen lassen. Konkret heißt das: Rechtsradikale oder gar rechtsextreme Positionen werden salonfähig, weil Politikerinnen und Politiker, die stets als Mainstream galten, plötzlich bereit sind, mit Akteuren des rechten Rands zu kooperieren (oder gleich offiziell zu koalieren) – oder zumindest die Rhetorik von Rechtsaußen zu kopieren.[13]

Bauliche Rekonstruktionen bieten in diesem Zusammenhang eine Art Einfallstor oder Brücke, die es sich selbst als bürgerlich-mittig oder zumindest als konventionell konservativ wahrnehmenden Menschen ermöglichen, den Weg hin zu eindeutig rechtspopulistischen, wenn nicht gar gleich rechtsradikalen, Positionen zu finden. Um einen Aspekt aus der Auseinandersetzung um Stephan Trübys Thesen von den »Rechten Räumen« aufzugreifen: Nein, Fachwerk ist nicht gleichzusetzen mit Faschismus, aber eine Bildpolitik, die »das Schöne« und »Alt aussehende« zum neuen Ideal erhebt, kann eben auch der Vorstellung einer heilen Nationalgeschichte Vorschub leisten, welche dann wiederum die erst einmal ganz abstrakte Vorstellung eines »wahren Volkes« mit sehr spezifischem kulturellen, wenn nicht gleich ethnischem, Inhalt füllt.

Der Prozess des Mainstreaming rechter Positionen macht Demokratien fragiler. Es ist ein Prozess, der nicht unvermeidlich ist und von vielen Faktoren abhängt, die mit Architektur nicht direkt etwas zu tun haben. Aber es lässt sich durchaus von möglichen Wahlverwandtschaften sprechen. Wer über ästhetische Idealisierungen der Vergangenheit den Weg zum Rechtspopulismus findet, treibt auch die Destabilisierung unsere liberalen Demokratien voran – und darf in dieser Hinsicht kritisiert werden.

Anmerkungen

Einige der Argumente in diesem Essay wurden zuerst entwickelt in *Populism's Building Complex; or: Is there such a thing as Populist Architecture?*, in: Journal of Populism Studies, 31.8.2023, URL: https://www.jps.populismstudies.org/populisms-building-complex-or-is-there-such-a-thing-as-populist-architecture/ [aufgerufen am 15.4.2024]. Zudem ist ein Teil des Textes zuerst erschienen in: Merkur: Deutsche Zeitschrift für europäisches Denken, 2024/3 (898).

1 Vgl. Adolf Arndt: Demokratie als Bauherr, Berlin 1984; siehe auch Deborah Ascher Barnstone: The Transparent State. Architecture and Politics in postwar Germany, New York 2005.

2 Vgl. Stephan Trüby: Rechte Räume. Politische Essays und Gespräche, Basel 2021; sowie das Heft Rechte Räume: Bericht einer Europareise der Zeitschrift Arch+, 2019/235.

3 Vgl. Claus Wolfschlag: Linke Räume. Bau und Politik, Schnellroda 2023.

4 Vgl. Melis Konakçı: Electoral Consolidation Through Islamic Populism and Religious Grievance. The Case of Transformation of Hagia Sophia in Turkey, in: Lectio Socialis, 2023/7, S. 47–56, URL: https://doi.org/10.47478/lectio.1239602 [aufgerufen am 14.4.2024].

5 Vgl. Arne Perras: Im Tempel der Macht, in: Süddeutsche Zeitung, 19.1.2024, URL: https://www.sueddeutsche.de/politik/ayodhya-tempel-ram-modi-indien-1.6335797 [aufgerufen am 14.4.2024].

6 Die beste aktuelle Gesamtdarstellung bietet Christophe Jaffrelot: Modi's India: Hindu Nationalism and the Rise of Ethnic Democracy, Princeton 2021.

7 Die besten Analysen finden sich in David Goldblatt: The Age of Football. Soccer and the 21st Century, New York 2019.

8 Johann Wolfgang von Goethe: Italienische Reise (1816/1817), in: Christoph Michel (Hg.), Goethe. Italienische Reise, Frankfurt a. M. 1976, S. 55.

9 Vgl. David J. Lynch: Turkey went on a construction spree as its economy boomed, in: Washington Post, 25.9.2018, URL: https://www.washingtonpost.com/business/economy/turkeys-strongman-rule-imperils-gains-from-economic-boom/2018/09/25/e85d788c-b056-11e8-9a6a-565d92a3585d_story.html [aufgerufen am 15.4.2024].

10 Vgl. Bálint Magyar: The Post-Communist Mafia State, Budapest 2016.

11 Vgl. Florian Hartweck: Der Berliner Architekturstreit. Architektur, Stadtbau, Geschichte und Identität in der Berliner Republik 1989–1999, Berlin 2010.

12 Vgl. https://twitter.com/BalazsOrban_HU/status/1637388891182301184?cxt=HHwWgIC8oa6hlrktAAAA, veröffentlicht am 19.3.2023 [aufgerufen am 12.4.24]. Dieser Tweet wurde dann weitergeleitet von Architectural Revival. Der Tweet »Degeneration of Art« des Accounts findet sich hier: https://twitter.com/Arch_Revival_/status/1302389296343724032?lang=en, veröffentlicht am 6.9.2020, aufgerufen am 12.4.2024.

13 Vgl. Cas Mudde: The Far Right Today, Cambridge 2019.

Philipp Lorenz-Spreen

Digitalisierung und Demokratie: Der Einfluss sozialer Medien auf politisches Verhalten

»*I think the potential of what the Internet is going to do to society, both good and bad, is unimaginable.*«[1]

David Bowie, Interview mit BBC, 1999

Im Jahr 2023 nutzten vier Milliarden Menschen, die Hälfte der Weltbevölkerung, soziale Medien – vor allem die größten Plattformen: Facebook, YouTube, WhatsApp, Instagram, TikTok und WeChat. Das ist eine Zahl, die sich in den letzten zehn Jahren vervierfacht hat und wahrscheinlich auch in den kommenden Jahren weiter steigen wird. Damit verbunden ist eine durch Technologie getriebene Umwälzung des öffentlichen Diskurses, wie wir sie nie zuvor erlebt haben.

Die gesellschaftlichen und politischen Auswirkungen der sozialen Netzwerke sind unverkennbar: Ereignisse wie der Arabische Frühling[2] wurden durch soziale Medien katalysiert, weltweite Massenbewegungen wie *Fridays for Future* oder *#MeToo*[3] wären ohne soziale Medien nicht denkbar gewesen. Gleichzeitig beobachten wir, wie (rechts-)populistische Kräfte auf der ganzen Welt erfolgreich soziale Medien nutzen, um an die Macht zu kommen.[4] Hierzulande wird beispielsweise immer wieder darüber berichtet, wie erfolgreich die AfD und ihre Vertreter*innen ihre Online-Kanäle bespielen; was Reichweite und Likes betrifft, übertreffen sie andere Parteien. Auch radikale Bewegungen, die die Demokratie und ihre Institutionen direkt angegriffen haben, haben sich auf sozialen Medien geformt und koordiniert: Der Sturm auf das Kapitol in Washington D.C. am 6. Januar 2021 führte exemplarisch vor Augen, wie digitale in physische Gewalt umschlagen kann.

Das Interesse daran, wie sich Informationstechnologie auf unsere Kommunikation, Öffentlichkeit und auf politische Prozesse auswirkt, ist nicht neu. In den 1920er und 1930er Jahren wurden Kino und Radio zu kommunikationsstrategischen Instrumenten der politischen Machthaber.[5] Schon immer beschäftigte man sich mit dem Einfluss von Medien auf politisches Verhalten, wobei die mediale Wirkmacht in der multimedialen und vernetzten Welt von heute eine neue Dimension zu erreichen scheint. Der qualitative Unterschied im Vergleich zu früher: Heute haben wir es mit digitalen, interaktiven Informationssystemen zu tun, die sich von einer *one-to-many* zu einer *many-to-many* Kommunikation transformiert haben.

In den ersten Jahren der digitalen Revolution, also Ende der 90er und Anfang der 2000er Jahre, wurde diese Transformation im Silicon Valley als eine Art Befreiungstechnologie gefeiert, die die Informationsbeschaffung, -verbreitung und -produktion demokratisiert. Aber ist das heute, rund 20 Jahre nach der Gründung der größten Plattform Facebook, immer noch der Fall? Tragen soziale Medien tatsächlich zu einer Demokratisierung des politischen Diskurses bei? Oder sind soziale Medien mit ihrer großen Macht über Informationsflüsse und kommerzielle Interessen vielleicht sogar mit dem demokratischen Diskurs unvereinbar und eine Gefahr für liberale Demokratien auf der ganzen Welt?[6]

Kleine Ursache, große Wirkung

Beginnen wir mit einer persönlichen Frage: Wann haben Sie heute zuletzt ihr Smartphone in der Hand gehabt? Vielleicht kurz bevor Sie diesen Text zu lesen begonnen haben? Zum Nutzerverhalten gibt es kaum öffentlich verfügbare Zahlen. Umfragen in Europa deuten darauf hin, dass es sich auch bei Ihnen um etwa 80- bis 100-mal am Tag handeln könnte. Diese Zahl illustriert eine signifikante Veränderung in der Art und Weise, wie wir Informationen aufnehmen und teilen und wie wir miteinander kommunizieren. Diese Veränderung hat sich in den letzten zehn bis 15 Jahren vollzogen. Smartphones und das Web 2.0 haben die Informationsverbreitung über das Telefonieren und SMS hinaus erweitert. Heute ist im Grunde jedes Medienformat über das Smartphone verbreit- und konsumierbar. Zumindest in den wohlhabenderen Industrieländern ist ein Leben ohne die permanente Verfügbarkeit von Informationen unvorstellbar geworden. Am exponentiellen Anwachsen der Datenmenge weltweit ist abzulesen, wie rasant sich unser Umgang mit Information verändert hat.

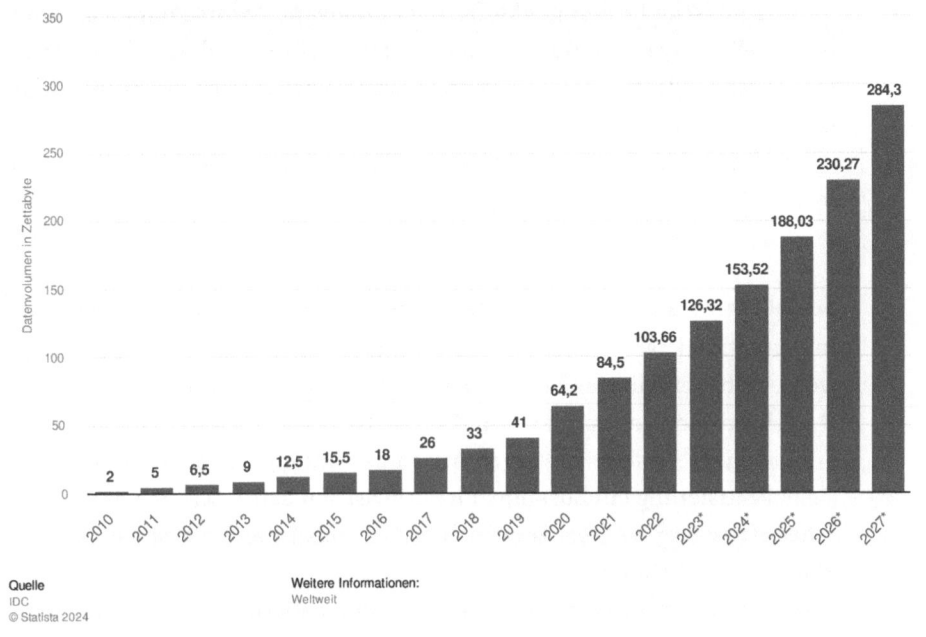

Volumen der jährlich generierten/replizierten digitalen Datenmenge weltweit von 2010 bis 2022 und Prognose bis 2027 (in Zettabyte)

Jahr	Datenvolumen in Zettabyte
2010	2
2011	5
2012	6,5
2013	9
2014	12,5
2015	15,5
2016	18
2017	26
2018	33
2019	41
2020	64,2
2021	84,5
2022	103,66
2023*	126,32
2024*	153,52
2025*	188,03
2026*	230,27
2027*	284,3

Quelle: IDC
© Statista 2024

Weitere Informationen: Weltweit

Volumen der Daten, die pro Jahr weltweit produziert, kopiert und konsumiert werden (in Zettabyte), Grafik: Statista 2024[7]

Nun könnte man zunächst davon ausgehen, dass diese Entwicklungen vor allem Einfluss auf unser Privatleben und Freizeitverhalten haben, dass es also als persönliches Problem angesehen werden könnte, derart viel Zeit im digitalen Raum zu verbringen. Aber indem wir die halbe Weltbevölkerung miteinander vernetzt haben, haben wir ein sehr komplexes System geschaffen, das über die individuelle Ebene hinausgeht und zwangsläufig Veränderungen für das Sozialverhalten und damit für Politik und Öffentlichkeit zur Folge hat. In solchen Systemen führen nämlich viele einzelne Elemente, also wir Menschen, durch ihre Verknüpfungen dazu, dass kleine Entscheidungen große Auswirkungen haben können.

Ein Beispiel dafür sind die sogenannten viralen Inhalte. Dabei führt eine Kettenreaktion, also das individuelle Weiterleiten von digitalen Informationen, zur großen Verbreitung eines Inhaltes. Aus der noch jungen Geschichte der sozialen Medien wissen wir, dass ganze soziale Bewegung durch solche Dynamiken möglich werden – die bereits erwähnte Protestbewegung, die

Digitalisierung und Demokratie | 197

wir heute unter dem Begriff ›Arabischer Frühling‹ kennen, belegt die Macht des digitalen Lauffeuers.

Der Arabische Frühling, *#MeToo* oder *Fridays for Future* können als komplexe, selbstorganisierende Systeme verstanden werden, die die Basis für demokratisierende Prozesse sein können, weil sie den Bürger*innen eine Informations- und Handlungsmacht zur Verfügung stellen, die sie insbesondere in autokratischen Staaten nicht haben. Allerdings kann diese Dynamik auch in anti-demokratische Richtungen gelenkt werden.

Social Media und politisches Verhalten: Was wissen wir wirklich?

In den letzten zehn Jahren erleben wir eine weltweite Autokratisierungswelle. Selbst etablierte liberale Demokratien wie die USA beschreiben laut Demokratie-Indices zum ersten Mal seit langer Zeit wieder eine negative Entwicklung.[8] Besteht im Gegensatz zu den anfänglichen Hoffnungen der Demokratisierung ein Zusammenhang zwischen dem Rückgang demokratischer Strukturen und der zur gleichen Zeit global stark angestiegenen Nutzung sozialer Medien?

Um sich einer Antwort auf diese Frage anzunähern, hat im Jahr 2021 ein internationales Forschungsteam, bestehend aus dem Max-Planck-Institut, der Hertie School und der University of Bristol rund 500 Studien analysiert, die sich mit dem Zusammenhang zwischen der Nutzung digitaler Medien – vor allem sozialer Medien, aber auch mit digitalen Auftritten traditioneller Medien – und politischen Verhaltensweisen beschäftigt.[9] Die in den Studien untersuchten Bevölkerungsgruppen sind auf der ganzen Welt verteilt, was die globale Relevanz und den politischen Einfluss der sozialen Netzwerke unterstreicht.[10]

Im Rahmen der Auswertungen wurden zehn besonders wichtige Indikatoren für demokratisches Verhalten und demokratische Einstellungen identifiziert, die eng in Verbindung zur Nutzung digitaler und dabei vor allem sozialer Medien stehen. Diese sind: Politische Beteiligung, Wissen, Vertrauen, Nachrichtendiversität, politische Meinungsäußerung, Hass, Polarisierung, Populismus, Soziale Netzwerkstruktur und Miss- oder Desinformation. Acht dieser Indikatoren wurden im Rahmen unserer Überblicksstudie weiter konkretisiert und in für liberale Demokratien förderliche beziehungsweise schädliche Indikatoren eingeteilt.[8] Die folgende Abbildung zeigt, wie oft ein bestimmter Indikator in den 500 ausgewerteten Studien gemessen wurde (Anzahl der Messpunkte) und ob der Nutzung sozialer Medien ein positiver (Grün), neutraler (Grau) oder negati-

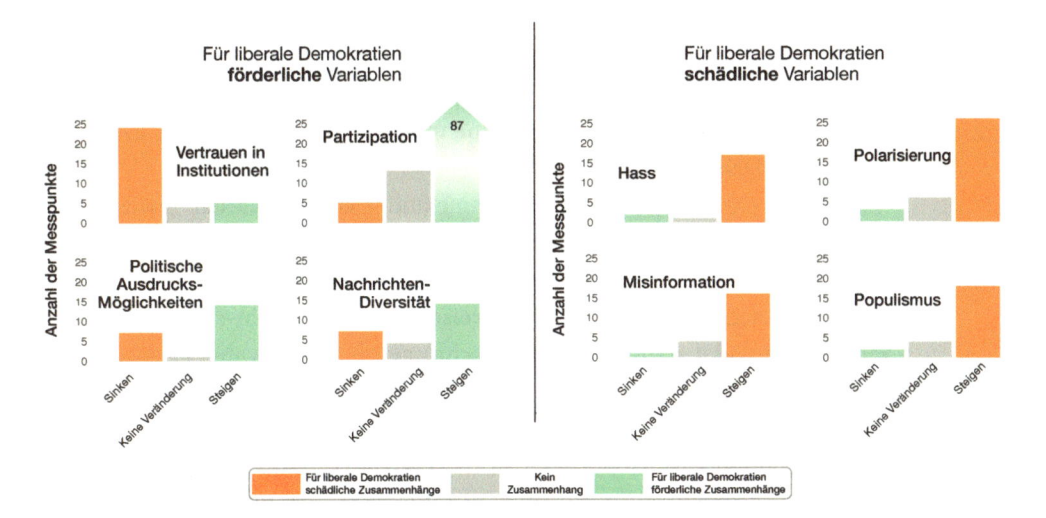

In welchem Maß trägt die Nutzung sozialer Medien zur Stärkung beziehungsweise Schwächung liberaler Demokratien bei? Adaptierte Grafik: Lorenz-Spreen u.a. 2023

ver (Orange) Effekt auf diesen Indikator und damit auf die Demokratie zugeschrieben wird.

Förderlich für das Funktionieren von liberalen Demokratien ist beispielsweise das Vertrauen in Institutionen und Medien.[11] Populisten wie Donald Trump führen vor Augen, wie spaltend es sich auf eine Gesellschaft auswirken kann, wenn das Rechtssystem, Oppositionsparteien oder Medienhäuser grundlegend in Zweifel gezogen werden. Der Aufstieg von Populisten[12] wie Trump kann mitunter auf einem propagierten und von bestimmten Bevölkerungsteilen empfundenen Vertrauensverlust gründen.[13]

Die Nutzung sozialer Medien scheint diesen Vertrauensverlust zu verstärken: Die Studienergebnisse deuten darauf hin, dass Menschen, die besonders aktiv auf sozialen Netzwerken sind, eher das Vertrauen in Medien und politische Institutionen verlieren. Zudem steigt bei diesen Menschen eher die Bereitschaft, populistische Einstellungen zu übernehmen und zu unterstützen.

Die Grafik führt außerdem vor Augen, dass die politische Partizipation in einer Vielzahl der Messungen eindeutig in einem positiven Zusammenhang mit der Nutzung sozialer Medien zu sehen ist.[14] Menschen, die häufiger digitale Medien nutzen als andere, sind politisch aktiver, beteiligen sich eher an Wahlen, nehmen eher an Protesten teil oder engagieren sich eher in der Lokalpolitik. Dies deutet darauf hin, dass soziale Medien eine mobilisierende Wirkung haben können. Dieser Anstieg politischer Beteiligung ist tendenziell zuträglich für Demokratien, weil erstens davon auszugehen ist, dass die Bürger*innen überhaupt die Möglichkeiten der Beteiligung haben und, zweitens, die Mediennutzer*innen eine realistische Chance sehen, auf den politischen Diskurs einzuwirken.

Der Wunsch nach politischer Teilnahme findet jedoch – wie der Sturm aufs Kapitol in Washington zeigt – nicht immer demokratiefördernden Ausdruck. Partizipation kann bedeuten, dass Menschen wählen gehen und sich anderweitig politisch engagieren, beispielsweise in Parteien, nicht-staatlichen Organisationen oder zivilen Zusammenschlüssen.[15] Sie kann aber genauso bedeuten, dass sich Menschen organisieren, um gegen das bestehende System vorzugehen.

Ähnlich ambivalent ist die Erkenntnis, dass die Nutzung digitaler Medien und Kanäle die politischen Ausdrucksmöglichkeiten erhöht. Was prinzipiell als eine demokratisierende Öffnung des politischen Diskurses wahrgenommen werden kann, bedeutet längst nicht, dass die Nutzer*innen digitaler Kanäle diese Kommunikationsfreiheit mit demokratieförderlichen Inhalten und Posts quittieren. Dies belegt der mit der Nutzung sozialer Medien in Verbindung stehende Anstieg digitaler Hassrede als einer anti-demokratischen und anti-liberalen Ausdrucksform, die digitale Debatten auf Augenhöhe zu übertönen droht.

Dass laut Messung die Nachrichtendiversität, also die Nutzung unterschiedlicher Nachrichtenquellen, durch die Nutzung sozialer Medien steigt, scheint ebenso eine wünschenswerte Entwicklung für Demokratien zu sein. Denn die Möglichkeit, unterschiedliche Nachrichten als Folge freier Berichterstattung zu konsumieren, ist ein Charakteristikum liberaler Demokratien, in denen sich die Bürger*innen selbstbestimmt und im Rahmen eines öffentlichen Diskurses eine Meinung bilden können. Die durch soziale Medien gestiegene Nutzung diverser Informationsquellen spricht zudem gegen die häufig diskutierte Nachrichten-Echokammer-Hypothese, der zufolge uns die Algorithmus-gesteuerten Medien vor allem mit den Informationen versorgen, die unsere bestehenden Meinungen und Einstellungen bestätigen.

Doch auch hier muss differenziert werden: Denn die Nutzung diverser Informationsquellen geht nicht zwangsläufig mit der Herausbildung eines differenzierten Meinungsbildes und einer demokratischen Debattenkultur einher. Stattdessen, und dies ist die Kehrseite digitaler Kommunikation, fördern soziale Netzwerke die Verbreitung von Hassreden, Desinformation, politisch-ideologischen Diffamierungen und populistischer Anklage. Die Exposition gegenüber gegensätzlichen Ansichten in sozialen Medien scheint somit nicht zur Überbrückung politischer oder ideologischer Gräben beizutragen. Im Gegenteil, die Konfrontation mit unterschiedlichen Sichtweisen scheint diese Gräben sogar noch zu vertiefen.[16]

Die Analyseergebnisse zeigen deutlich, dass eine intensive Nutzung digitaler Kanäle die politische Polarisierung verstärkt.[17] Dies liegt mitunter an den *sozialen* Echokammern, die die Social-Media-Plattformen eröffnen[18] und in denen sich Menschen vernetzen, die sich auf die eine oder andere Art ähnlich sind, zum Beispiel, weil sie politische oder ideologische Standpunkte teilen, die konträr zu den Prinzipien liberaler Demokratien stehen. Die so entstehenden Gruppen werden zu Resonanzräumen für politische Überzeugungen, in denen ein »Wir-Gefühl« entsteht, das sich potenziell in ein »Wir-gegen-sie-Gefühl« umwandeln kann: So zeigte sich beispielsweise während der Covid-19-Pandemie, dass die Nutzung sozialer Medien und die dort verbreiteten Desinformationen in direktem Zusammenhang mit einer zögerlichen Haltung gegenüber Impfungen stand, die sich nicht zuletzt in den sogenannten Querdenker-Demos äußerte.[19] In Ländern wie Österreich, Schweden und Australien konnte sogar ein Zusammenhang zwischen der verstärkten Nutzung sozialer Medien und der Online-Radikalisierung rechter Personen und Gruppen beobachtet werden. Und Studien aus Deutschland und Russland lieferten Belege dafür, dass digitale Medien die Häufigkeit von Verbrechen erhöhen, die durch ethnischen Hass motiviert sind.

Umgekehrt führten im Jahr 2016 Ausfälle der deutschen Facebook-Plattform, auf der insbesondere die AfD viele aktive Follower verzeichnet, zu einem Rückgang der Gewalt gegen Geflüchtete auf lokaler Ebene.[20] Der freiwillige oder erzwungene Verzicht auf digitale Medien scheint somit zu einer Verringerung der politischen Polarisierung und Radikalisierung zu führen. Mehr noch: Der Verzicht scheint, wie eine weitere Studie belegt, sogar das persönliche Wohlbefinden zu steigern.[21]

Technologie im Dienst der Demokratie

Digitale Medien, insbesondere soziale Medien, haben eine komplexe Beziehung zur Demokratie. Ihr Einfluss variiert weltweit: Während etablierte Demokratien in den USA oder Europa eher mit den negativen Effekten der digitalen Mediennutzung zu kämpfen haben, lassen sich in sich demokratisierenden Staaten, in denen sich Teile der Zivilbevölkerung gegen einen autoritären Staat positionieren, überwiegend positive Auswirkungen finden. Ob es sich hierbei um eine Schräglage in der Forschung oder um eine tatsächliche Beobachtung handelt, ist momentan noch unklar. Um klare Aussagen treffen zu können, muss zudem berücksichtigt werden, in welchem

Zustand sich die etablierten Medien und Institutionen befinden. Sind diese weitestgehend frei, wie in liberalen Demokratien, oder dienen sie mitunter sogar als Instrumente autoritärer Machthaberinnen und Machthaber? In autokratischen Systemen wie Russland und China werden soziale Medien staatlich kontrolliert und können zur Festigung politischer Macht beitragen.

Die analysierten Studienergebnisse machen deutlich, dass die gesellschaftlichen Auswirkungen sozialer Medien in Zukunft sorgfältiger geprüft, bewertet und reguliert werden müssen – und zwar nicht durch eine kleine Gruppe wohlhabender Einzelpersonen wie Elon Musk, sondern von Wähler*innen sowie von politischen Entscheidungsträger*innen. Dafür ist es notwendig, den Status quo zu verändern; statt kommerziell getriebener Plattformen braucht es Netzwerke, die ihre Funktionsweise im Hinblick auf ihren gesellschaftlichen Nutzen gestalten. Initiativen wie der *Digital Services Act* (DSA) der Europäischen Union sind Schritte in diese Richtung, weil sie dazu dienen, die Transparenz zu erhöhen und Forschungsprojekte zu fördern, die sich mit dem Einfluss digitaler Meiden auf unser politisches Verhalten beschäftigen. Der DSA zielt darauf ab, einen digitalen Raum zu schaffen, in dem die Grundrechte der Nutzer*innen geschützt und gleiche Wettbewerbsbedingungen für Unternehmen geschaffen werden sollen. Das umfasst unter anderem den Schutz vor illegalen Inhalten und Produkten wie auch den Kampf gegen Cybermobbing, Desinformation und Hassrede.[22]

Wie sich die Idee des sozialen Netzwerks in den Dienst der liberalen und deliberativen Demokratie stellen kann, zeigt beispielsweise die Open Source Plattform *Pol.is*. Sie vereinfacht den Zugang zu entscheidungsrelevanten Informationen und ermöglicht eine direkte und kollektive Entscheidungsfindung durch die Zivilbevölkerung. Auf welche Weise sich politische Partizipation mit der Open Source Lösung umsetzen lässt, führt der Inselstaat Taiwan vor Augen: Nachdem Anfang 2014 hunderte junger Aktivist*innen das Parlament Taiwans besetzten, um ihren Widerstand gegen ein potenzielles Handelsabkommen mit Peking zum Ausdruck zu bringen, vertagte die Regierung die Verhandlungen und richtete als Reaktion auf die Unzufriedenheit in der Bevölkerung die digitale Plattform *vTaiwan* (»virtuelles Taiwan«) ein. Die Plattform, die sich teilweise auf das Tool *Pol.is* stützt, wurde in der Folge von Bürger*innen sowie Vertreter*innen aus dem privaten und öffentlichen Sektor genutzt, um über politische Lösungs- und Entscheidungswege zu diskutieren. Obwohl die Regierung nicht verpflichtet ist, den Empfehlungen der *vTaiwan*-User zu folgen, münden die digital erarbeiteten Vorschläge häufig in konkreten Maßnahmen. Im Jahr 2015 trugen die Diskussionsergebnisse beispielsweise zur Regulierung des Fahrdienstes *Uber* bei, der die Existenz der Taxiunternehmen bedrohte. 2016 nutzten Hunderte von Bürger*innen die Plattform, um innerhalb weniger Wochen neue Vorschriften für den Online-Verkauf von Spirituosen auszuarbeiten, nachdem mehrjährige Diskussionen zwischen Unternehmen und zivilen Organisationen gescheitert waren.[23]

Das Beispiel macht deutlich, dass sich soziale Medien und Kooperationsplattformen durchaus mit dem Konzept eines liberalen und demokratischen Diskurses vereinbaren lassen. Der digitale Raum kann den Bürger*innen die Möglichkeit eröffnen, auf ihre Lebenswelt einzuwirken. Um dieses Potenzial zu nutzen, müssen jedoch gut durchdachte Weichen gestellt werden.

Anmerkungen

1 URL: https://www.goldradiouk.com/artists/david-bowie/predicts-future-of-internet-video-1999/ [aufgerufen am 2.3.2024].

2 Vgl. Philip N. Howard/Muzammil M. Hussain: The Upheavals in Egypt and Tunisia: The Role of Digital Media, in: Journal of Democracy, 2011/22(3), S. 35–48.

3 Vgl. Sarah J. Jackson u.a.: #HashtagActivism. Networks of race and gender justice, Cambridge, MA 2020, URL: https://direct.mit.edu/books/monograph/4597/HashtagActivismNetworks-of-Race-and-Gender-Justice [aufgerufen am 16.4.2024].

4 Vgl. Sven Engesser u.a.: Populism and social media. How politicians spread a fragmented ideology, in: Information, communication & society, 2017/20(8), S. 1109–1126.

5 Vgl. Maja Adena u.a.: Radio and the Rise of the Nazis in Prewar Germany, in: The Quarterly Journal of Economics, 2015/130(4), S. 1885–1939.

6 Vgl. Philipp Lorenz-Spreen u.a.: A systematic review of worldwide causal and correlational evidence on digital media and democracy, in: nature human behaviour, 2023/7(1), S. 74–101.

7 IDC/Statista: Volume of data/information created, captured, copied, and consumed worldwide from 2010 to 2020, with forecasts from 2021 to 2025 (in zettabytes) [Graph], URL: https://www.statista.com/statistics/871513/worldwide-data-created/ [aufgerufen am 16.2.2024].

8 Vgl. Anna Lührmann u.a.: State of the world 2018. Democracy facing global challenges, in: Democratization, 2019/26(6), S. 895–915.

9 Diese Untersuchung wurde zu gleichen Teilen von Lisa Oswald und mir geleitet und entstand in enger Zusammenarbeit mit Stephan Lewandowsky und Ralph Hertwig. Vgl. Lorenz-Spreen u.a. 2023, S. 74–101.

10 Die Analyse legte einen besonderen Fokus auf Studien, die nachweisbar kausale Zusammenhänge zwischen der Nutzung sozialer Medien und politischem Verhalten aufzeigen. Solche Studien sind deutlich aufwändiger als korrelative Messungen, daher konnten nur ein paar wenige in der Literatur gefunden werden. Kausale Zusammenhänge lassen sich durch bestimmte zeitliche Umstände in den Daten (natürliche Experimente) oder groß angelegte Feldexperimente nachweisen. Vgl. Joshua D. Angrist/Jörn-Steffen Pischke: The credibility revolution in empirical economics. How better research design is taking the con out of econometrics, in: Journal of economic perspectives, 2010/24(2), S. 3–30.

11 Vgl. Mark E. Warren: What Kinds of Trust Does a Democracy Need? Trust from

the Perspective of Democratic Theory, in: Sonja Zmerli u. a. (Hg.), Handbook on Political Trust, Cheltenham 2017, S. 33–52.

12 Vgl. Juan Carlos M. Serrano u. a.: The rise of Germany's AfD. A social media analysis, in: Proceedings of the 10th international conference on social media and society, New York 2019, S. 214–223. Fabian Zimmermann/Matthias Kohring: Mistrust, disinforming news, and vote choice. A panel survey on the origins and consequences of believing disinformation in the 2017 German parliamentary election, in: Political Communication, 2020/37(2), S. 215–237.

13 Vgl. Sora Park u. a.: Global mistrust in news. The impact of social media on trust, in: International Journal on Media Management, 2020/22(2), S. 83–96.

14 Vgl. Robert M. Bond u. a.: A 61-million-person experiment in social influence and political mobilization, in: Nature, 2012/489(7415), S. 295–298.

15 Vgl. Beate Kohler-Koch/Christine Quittkat: De-mystification of Participatory Democracy. EU-Governance and Civil Society, Oxford 2013.

16 Vgl. Christopher A. Bail u. a.: Exposure to opposing views on social media can increase political polarization, in: Proceedings of the National Academy of Sciences, 2018/115(37), S. 9216–9221.

17 Vgl. Silke Adam u. a.: Coalitions and counter-coalitions in online contestation. An analysis of the German and British climate change debate, in: New media & society, 2019/21(11–12), S. 2671–2690.

18 Vgl. Matteo Cinelli u. a.: The echo chamber effect on social media, in: Proceedings of the National Academy of Sciences, S. 2021/118(9).

19 Vgl. Sahil Loomba u. a.: Measuring the impact of COVID-19 vaccine misinformation on vaccination intent in the UK and USA, in: Nature human behaviour, 2021/5(3), S. 337–348.

20 Vgl. Karsten Müller/Carlo Schwarz: Fanning the flames of hate. Social media and hate crime, in: Journal of the European Economic Association, 2021/19(4), S. 2131–2167.

21 Vgl. Hunt Allcott u. a.: The welfare effects of social media, in: American Economic Review, 2020/110(3), S. 629–676.

22 Vgl. URL: https://commission.europa.eu/strategy-and-policy/priorities-2019-2024/europe-fit-digital-age/digital-services-act_de [aufgerufen am 28. 3. 2024].

23 Vgl. Carl Miller: How Taiwan's ›civic hackers‹ helped find a new way to run the country, in: The Guardian, 27. 9. 2020, URL: https://www.theguardian.com/world/2020/sep/27/taiwan-civic-hackers-polis-consensus-social-media-platform [aufgerufen am 28. 3. 2014] oder Audrey Tang: A Strong Democracy Is a Digital Democracy, 15. 10. 2019, URL: https://www.nytimes.com/2019/10/15/opinion/taiwan-digital-democracy.html [aufgerufen am 28. 3. 2024].

Felix Heidenreich

Creating Citizens – Wie entstehen demokratische Haltungen?

Die Frage, was Gesellschaften bedroht und was sie zusammenhält, ist bekanntlich so alt wie das Nachdenken über Politik selbst. Seit der Antike sind Reflexionen über soziale Ordnung durch die Angst vor Anomie einerseits oder Tyrannei andererseits motiviert. Auch der neuzeitliche politiktheoretische Diskurs ist von der Sorge um die Aufrechterhaltung der Ordnung getrieben, denn die Erfahrung des Bürgerkriegs ist tief ins kollektive Gedächtnis Europas eingeschrieben. Womöglich entsteht durch dieses Erkenntnisinteresse der Eindruck, Demokratien seien besonders fragile Gebilde. Empirisch jedoch sind auch und gerade autoritäre Regime instabil, weil immer Aufstände oder ein Putsch möglich sind.

Diese Einsicht sollte jedoch kein Anlass zur Entwarnung sein. Die Behauptung, die Krisenrhetorik gehöre zur Demokratie wesensmäßig dazu, die Rede vom möglichen Ende der liberalen Demokratie begleite alle Demokratien wie ein *basso continuo*, oder sie trage gar zur Vergrößerung eines Problems bei, das sie zu beschreiben vorgibt, klingt beruhigend, ist aber unplausibel. Es stimmt zwar: Immer schon ist auch von der Krise der Demokratie die Rede, aber die Empirie ist eindeutig. Seit der Mitte der 2010er Jahre hat sich die Lage in vielen Demokratien dergestalt verändert, dass die Rede von der fragilen Ordnung eine ganz neue Dringlichkeit gewinnt.

Sie ist nun nicht mehr nur ideenhistorischer Topos, sondern Problemanzeige akuter Gefährdungen. Neben der lange eher theoretischen Frage nach der Fragilität demokratischer Ordnung bekommen wir nämlich auch in etablierten Demokratien handfeste Anschauungsbeispiele vor Augen gestellt: Auch hier werden nun Parlamente gestürmt (zum Beispiel in Washington D. C. oder Brasília), höchste Gerichte verhöhnt oder untergraben, Repräsentanten des Staates bedroht und in manchen Fällen gar ermordet,[1] während antidemokratische Kräfte bei Wahlen immer neue Erfolge feiern. Die messbare Zunahme politischer Gewalt schlägt sich nicht nur in spektakulären Formen – wie dem Sturm auf das Kapitol am 6. Januar 2021 in Washington D. C. – nieder, sondern auch in vermeintlich unspektakulärer Form, als Vandalismus in Wahlkreisbüros, der mehr oder weniger deutlichen Bedrohung von Abgeordneten,[2] und (schwer quantifizierbar) auch rein atmosphärisch auf der Ebene der Kommunen, durch breitflächige Aggression gegenüber Behördenvertretern oder den Symbolen des Staates.

Aus dem breiten Spektrum an Erklärungsversuchen – wachsende Vermögensungleichheit, Perspektivlosigkeit der Mittelschichten, kulturelle Verunsicherung durch Globalisierung, Medienwandel etc. – soll im Folgenden ein Erklärungsansatz diskutiert werden, dessen Thematisierung oft als »gestrig« oder »konservativ« disqualifiziert wird. Dabei geht es um die Rolle von demokratischen *Haltungen* und *Gewohnheiten*, deren Ausprägung für ein ziviles Miteinander zwar notwendig ist, sich jedoch der politischen Einflussnahme mehr oder weniger zu entziehen scheint – oder traditionell einer vorstaatlichen, beispielsweise religiösen Primärsozialisation zugeschrieben wird.

Die »Demokratie als Regierungsform« basiert laut diesem Erklärungsansatz auf geteilten Wertvorstellungen, die man vielleicht unter die Formel »Demokratie als Lebensform« bringen könnte: auf geteilten Einstellungen und Gewohnheiten, die nicht durch Sanktionsandrohung zu erzwingen sind, sondern im Modus einer »Lebenswelt« unumstritten (weil unthematisiert) mitlaufen. Zum demokratischen Habitus gehört es beispielsweise, die politische Konkurrenz nicht als »Verräter«, illegitime Usurpatoren oder »Volksfeinde« zu schmähen.

Die Frage nach der möglichen Erosion dieser Haltungen drängt sich auf, wenn man gewisse antidemokratische Verhaltensweisen als Phänomene eines breiteren Trends interpretiert. Erstaunlich ist aus dieser Sicht nicht Donald Trump als Person, sondern der Trumpismus als politische Bewegung: Der Umstand, dass offenbar erhebliche Teile seiner Wählerschaft sein Verhalten angemessen, ja bewundernswert finden, und seine Inszenierung der Verrohung goutieren. Seine zahlreichen Strafverfahren haben ihm im Jahr 2023 und im Hinblick auf seine Präsidentschaftskandidatur im Herbst 2024 bei den eigenen Anhängern eher geholfen denn geschadet. Wenn es jedoch keine Einigung darüber gibt, ob systematisches Lügen, die Verhöhnung von Schwachen oder die offen ausgelebte Korruption »in Ordnung« sind oder nicht, wird die Verteidigung der Demokratie schwierig. Es geht dann gar nicht mehr um die Frage, welche Regeln des Zusammenlebens gewünscht sind, und ob entsprechende Vorschläge Mehrheiten finden, sondern ob regelförmiges Verhalten überhaupt als erstrebenswert betrachtet wird. In diesem Sinne inszeniert der Trumpismus die Normübertretung als Ausdruck radikaler Freiheit. Er lehnt einzelne Normen nicht nur ab, sondern heroisiert Rücksichtslosigkeit.

Im deutschen Sprachraum ist diese Frage nach den vorpolitischen Bedingungen demokratischer Politik nicht zu stellen, ohne das sogenannte »Böckenförde-Diktum« zu thematisieren. Der Verfassungsrechtler und Richter am Bundesverfassungsgericht Ernst-Wolfgang Böckenförde (1930–2019) formulierte: »Der freiheitliche, säkularisierte Staat lebt von Voraussetzungen, die er selbst nicht garantieren kann.«[3]

Diese Formel ist zu einer rhetorischen Trope geworden, die es erlaubt, Konsens über die Grundlagen der Demokratie zu simulieren. Dass es bei diesem Konsens oft um das Einverständnis über Unverstandenes handelt, wird schnell deutlich, wenn man die möglichen Lesarten systematisch unterscheidet. Was genau mit dieser Formel gemeint ist, bleibt oft vage, und man könnte vermuten, dass es gerade die Mehrdeutigkeit der Formel ist, die ihren Erfolg möglich gemacht hat.

Die Formel produziert aber nicht nur die Illusion eines Konsenses über die Grundlagen der Gesellschaft. Sie kann auch einen illusionären Dissens herbeiführen. Auch wenn es sich bei dieser Formel weniger um eine ausführliche Theorie der Demokratie handelt als vielmehr um eine Behauptung, wirkt die sentenzenhafte Zuspitzung zugleich wie ein sozialer Code, welcher vermeintlich die Zuordnung zu demokratietheoretischen – ja man ist fast versucht zu sagen: weltanschaulichen – Lagern erlaubt: Menschen, die davon überzeugt sind, ein freiheitlicher Staat brauche grundsätzlich geteilte Haltungen seiner Bürgerinnen und Bürger, um überhaupt funktionieren zu können, erscheinen dann wie Parteigänger einer »Leitkultur« und nostalgische Anhänger einer vormodernen »Homogenität«. Menschen, die dagegen davon ausgehen, dass ein freiheitlicher Staat diese gemeinsame und homogene Haltung nicht als existenzielle Vorbedingung benötigt, erscheinen als progressiv-liberale Verteidiger eines modernen Pluralismus.

Man kann das phrasenhafte Aufrufen des Böckenförde-Diktums demokratietheoretisch hohl finden, sollte daraus aber nicht den Schluss ziehen, die darin formulierte Frage stelle sich nicht oder habe sich mit dem Sieg eines säkularen Universalismus, also der Vorstellung, es gebe allgemeine moralische Standards, die unabhängig von kultureller Prägung oder Sozialisation plausibel sind, historisch erledigt. Im Gegenteil belegt ja nicht nur der Trumpismus, dass es Formen der demokratischen Regression gibt, die aus einer moralischen oder zivilisatorischen Regression resultieren. Und der Trumpismus wäre nicht das einzige Beispiel für eine solche sittliche Enthemmung. Wenn, wie nicht nur in Berlin geschehen, nach dem Angriff der Hamas auf Israel am 7. Oktober 2023, die Misshandlung, Ermordung, Entführung und Verstümmelung von Zivilisten, ja Kindern öffentlich bejubelt wird, stellt dies eine demokratiepolitische Herausforderung dar. Dass die Ermordung von Kindern ausnahmslos immer, in allen denkbaren Situationen und allen möglichen Welten zu verurteilen sei, glaubte man als globalen zivilisatorischen Mindeststandard voraussetzen zu können. Der Demokratiekrise vorausgelagert hätten wir es aus dieser Sicht mit einer Zivilisationskrise zu tun, einer Erosion vorstaatlicher Bedingungen, die für ein demokratisches Zusammenleben eigentlich unabdingbar sind. Aber ist dies eine plausible Interpretation aktueller Entwicklungen? Um auf diese Fragen zu antworten, lohnt es sich, das sogenannte Böckenförde-Diktum genauer zu betrachten.

Was sind die Voraussetzungen für Demokratie – und wer schafft sie?
Eine Rekonstruktion der Konjunkturzyklen, in denen Böckenfördes Formel zitiert oder kritisiert wurde, würde womöglich so etwas wie eine Fieberkurve der bundesrepublikanischen Demokratie abgeben: Immer dann, wenn sich Konflikte verschärfen, so darf man vermuten, wurden die geteilten, »vorstaatlichen Bedingungen« als Antidot gegen einen realen oder imaginierten Ordnungsschwund empfohlen. Dabei wurde die Formel jedoch sehr verschieden ausgelegt. Stark divergierende Lesarten lassen sich hier unterscheiden, die zudem vom zeithistorischen Kontext abhängen.[4] Sie werden besser erkennbar, wenn man die Formel zunächst in seine beiden Teilelemente untergliedert:

(1) Die Demokratie hat vorstaatliche Bedingungen.
(2) Der demokratische Staat kann diese Bedingungen nicht selbst garantieren.

Diese erste Teilthese klingt zunächst vollkommen banal, denn ausnahmslos alles außer dem grundlosen Grund des Absoluten hat, so lehrt die Theologie, irgendwelche Voraussetzungen. Für das Funktionieren eines demokratischen Rechtstaats ist nicht nur die Schwerkraft hilfreich; auch die Gesetze der Thermodynamik, das Vorhandensein von Wasser oder die Existenz einer Bevölkerung könnten als »Voraussetzungen« bezeichnet werden. Aber dies alles ist natürlich nicht gemeint. Aber was genau ist gemeint?

Eine erste Lesart würde auf die Notwendigkeit einer vorpolitischen Begründung von Menschenrechten und Demokratie verweisen, zum Beispiel durch Religionen und den durch sie vermittelten Lebens- und Verhaltensregeln. Der Satz wäre dann deutbar als Zurückweisung einer rein immanenten, postmetaphysischen Theorie der Moralität: Nicht allein die gegenseitige Verpflichtung von Bürgerinnen und Bürgern, nicht die souveräne Setzung des Menschen selbst, sondern eine vorpolitische Begründung wären demnach nötig, um zu erklären, auf welchem Grund die Demokratie »gebaut«

ist. Eine literarische Ausprägung dieser Position findet man paradigmatisch (und in verschiedenen Varianten) bei Fjodor Dostojewskij. Wenn Gott tot sei, sei alles erlaubt, so die in seinen Romanen, aber auch seinen politischen Schriften immer wieder formulierte These.[5]

In diesem ersten Sinne behandelt die Teilthese, Demokratien haben vorstaatliche Bedingungen, weniger die Funktionslogik von Demokratien, sondern die Möglichkeit einer postmetaphysischen Moralbegründung. Die Idee der Menschenwürde würde sich entsprechend zwar aus dem dem Judentum entlehnten Gedanken der Ebenbildlichkeit Gottes herleiten, dann jedoch als verweltlichtes Erbe Einfluss auf die menschlichen Verhaltensweisen ausüben.[6] Die Moderne wäre dann nicht – wie beispielsweise Hans Blumenberg wirkmächtig argumentierte[7] – auf sich selbst gebaut, sondern stünde in einer Art historischen Verbindung zu religiösen »Wurzeln«, von denen sie weiter abhängt, von denen sie nicht getrennt oder »abgeschnitten« werden sollte.

Diese erste Lesart hätte eine modernekritische Tendenz. Denn die Behauptung, die Institutionen der Moderne bedürften einer vorpolitischen »Grundlegung«, würde die große Errungenschaft der Moderne in Frage stellen: die Loslösung der Moral aus der Religion. Dass ausgerechnet der modernefeindliche Slawophile Dostojewskij als Verfechter dieser nostalgischen Sehnsucht nach transzendenten Quellen der Moral in den Sinn kommt, wäre dann ein Indiz für durchaus problematische Implikationen dieser These: Im schlimmsten Fall droht hier das Gespenst einer religiös »fundierten« Politik, eine »politische Theologie« oder theokratische Politik.[8]

Jürgen Habermas darf vielleicht als die prominenteste Stimme gelten, die diesem Bild der Moderne widerspricht und das Denkbild der »Wurzeln« zurückweist.[9] Der moderne Universalismus, die Idee eines transzendentalen Sittengesetzes, so Habermas, haben sich von möglichen historischen »Quellen« gelöst und bedürfen keiner weiteren, religiösen »Fundierung«. Sie mögen sich auch aus religiösen Traditionen speisen, aber sie hängen von diesen nicht mehr ab wie Pflanzen von ihren Wurzeln.[10] Auch wenn Gott tot ist, ist bei weitem nicht alles erlaubt.

Es ist, so hoffe ich, erkennbar geworden, dass dieser Strang der Debatte nur mittelbar von politischem Interesse ist. Unmittelbar politisch wird die Frage nach der Notwendigkeit vorstaatlicher Voraussetzungen für Demokratien erst, wenn man sie pragmatisch, lebensweltlich und ganz praktisch versteht: Wenn die Demokratie ein anspruchsvolles Spiel ist, bedarf sie kompetenter und regelkonform agierender Spielerinnen und Spieler.

Für Böckenförde selbst waren die »Voraussetzungen« noch stark religiös konnotiert, aber sie lassen sich, so scheint mir, auch ganz nüchtern und deskriptiv als Bedingungen beschreiben, die ein demokratisches Wechselspiel von Konkurrenz und Kooperation ermöglichen. Gemeint wären mit diesen Bedingungen Üblichkeiten, Gewohnheiten, die Affirmation von Regeln, die Bereitschaft, das Spiel der Demokratie »mitzuspielen«. Demokratische Verfahren sind nur dann durchführbar, wenn bei den Akteuren eine intrinsische Motivation vorliegt, sich auch an die Verfahrensregeln zu halten. Die Regelbefolgung im demokratischen Rechtsstaat – und dies ist ein rein empirisches Argument – kann jedoch nicht allein durch Sanktionsandrohung erzwungen werden: neben der extrinsischen Motivation bedarf es auch einer intrinsischen Motivation der Akteure, eines Gespürs für Fairness, einer *civilité*, einer Praxis der Anerkennung, oder deliberativer Mindeststandards. Es scheint schwer zu bestreiten, dass so etwas wie ein Meta-Konsens oder »overlapping consensus« (Rawls) nötig ist, damit Demokratie möglich wird. Woraus dieser Konsens besteht, aus geteilter »Kultur«, aus bloßen Normen oder auch Werten, entscheidet sich an der Ausdeutung der zweiten Teilthese des Böckenförde-Diktums: Der Staat kann die Bedingungen der Demokratie nicht selbst garantieren.

Diese zweite Teilthese wurde lange als liberale Zurückweisung eines entweder vormodernen (katholischen) oder aber tugendrepublikanischen Staatsverständnisses verstanden – und so war es ursprünglich auch gemeint. Der Staat selbst, so die These, kann den Lebensstil, die Haltungen, die Wertvorstellungen seiner Bürgerinnen und Bürger nicht erzwingen, nicht herbeiziehen, nicht aufnötigen. In diesem Sinne lässt sich die Annahme, der Staat könne die Haltung seiner Bürgerinnen und Bürgern nicht aktiv fördern, als genuin liberale These verstehen: Als Ablehnung nicht nur totalitärer Ordnungsvorstellungen, als Zurückweisung einer *ordo*-Nostalgie und als Absage an eine »Zivilreligion« rousseauscher Prägung. Der demokratische Rechtsstaat kann es nicht – und daher sollte er es auch auf keinen Fall versuchen, so darf man Böckenförde verstehen.[11] Dass der demokratische Rechtsstaat lediglich die Einhaltung von Normen, nicht aber die Bejahung von Werten herbeiführen kann, bedeutet aus dieser Perspektive eine Anerkennung des »Faktums des Pluralismus« (Rawls).[12]

Man könnte die Annahme, der Staat hätte keine Einflussmöglichkeit auf habituelles Verhalten, aber auch gegenstrebig lesen: Denn Böckenförde akzentuiert die Notwendigkeit geteilter Werte und spricht an der entscheidenden Stelle sogar von »Homogenität«. Es braucht also etwas, von dem homogenisierende Kraft ausgeht. Diese Lesart könnte man als »kommunitaristisch« bezeichnen: »Kommunitaristisch« und nicht »republikanisch« ist diese Lesart, insofern sie Sozialintegration gerade nicht durch den Einfluss der *res publica*, durch den Staat und das explizite Recht, sondern durch implizite Haltungen erhofft, wie sie in nicht-staatlichen Kontexten gelebt werden: Religionsgemeinschaften, zivilgesellschaftliche Körperschaften, lokale Communities und Vereine oder – in der Terminologie von John Rawls – »ethische Gemeinschaften« sollen jene unthematisierten Werthaltungen fördern, die Demokratie überhaupt erst möglich machen. So gelesen, widerspricht Böckenfördes These einem Liberalismus, der hofft, dass auch radikal nutzenmaximierende Menschen sich in einem Rechtsstaat allein aus Eigeninteresse rechtskonform verhalten werden, dass also auch ein »Volk von Teufeln« sich eine Rechtsordnung gibt und in diese einfügen würde.

Man kann aber auch davon überzeugt sein, dass demokratische Staaten durchaus Einfluss auf die vorstaatliche Haltung ihrer Bürgerinnen und Bürger haben können. Zum einen, weil selbst ausschließlich nutzenmaximierende Menschen erkennen, dass sie ihre Ziele leichter erreichen, wenn sie sich einem bestimmten Regel- und Verhaltenskodex fügen. Zum anderen durch die Förderung demokratischer Haltungen durch den Staat. In diesem Fall würde man auf die zivilreligiöse Kraft politischer Bildung oder demokratischer Sozialisierung hoffen. Nicht ausschließlich Familien oder zivilgesellschaftliche Organisationen würden aus dieser Sicht eine »bürgerliche Haltung« hervorbringen, sondern eben auch Schulen, staatliche Bibliotheken, staatliche Medien, das Militär oder andere staatliche Institutionen.

Soziales Vertrauen und demokratisches Miteinander

Es wurde bereits erwähnt: Heute dominiert eine distanzierte, ja skeptische Perspektivierung des Böckenförde-Diktums.[13] Die Formel selbst, aber auch ihre Popularität dienen meist nur als Indikator für eine Konstellation, in der ein nostalgischer Blick auf den »Werteverlust« artikuliert wird. Der Begriff der »Werte« ist heute durch fragwürdige Bündnisse wie die »Werteunion« kontaminiert. Wer heute von »gemeinsamen Werten« spricht, die eine Gesellschaft teilen muss, scheint nur ein weiteres Indiz für die bundesdeutsche Unfähigkeit zu liefern, in einer säkularen Gesellschaft des Wertepluralismus anzukommen. In diesem Sinne wird Böckenfördes Frage nach den vorpolitischen Bedingungen von Demokratie oft als »gestrig« dargestellt, ja als Ausdruck eines Weltbilds, dem zufolge die Religionsgemeinschaften (welche genau?) für die »Wertevermittlung« zuständig sind. In der kritischen Sicht auf das Böckenförde-Theorem schwingt bisweilen die Vermutung mit, es handele sich um eine bundesrepublikanische Besonderheit, sozusagen um ein intellektuelles Erbe der Adenauer-Republik.

Ein kurzer Seitenblick auf den US-amerikanischen Soziologen Robert Putnam und seine sehr viel nüchterner formulierte Theorie des Sozialkapitals reicht jedoch, um plausibel zu machen, dass die Annahme, es brauche demokratische Haltungen, keineswegs automatisch »nostalgisch«, »gestrig« oder »reaktionär« sein muss. Soziales Kapital entsteht Putnam zufolge durch gegenseitiges Vertrauen und ein Gemeinschaftsleben, in dem die Bürgerinnen und Bürger bereit sind, miteinander zu kooperieren. Auf diese Weise kommt es zu einer »normativen Integration«, also zu einem zivilen Zusammengehörigkeitsgefühl, das nicht durch äußere Faktoren wie Bestrafung oder Sanktionen erzeugt wird, sondern durch die Erfahrung, den Mitbürgerinnen und -bürgern vertrauen zu können. Soziales Kapital kann demnach als eine Art Bedingung für demokratisches Miteinander verstanden werden.

Ähnlich formuliert beispielsweise Axel Honneth in seinem Buch *Das Recht der Freiheit* als eine erste Prämisse, dass »die Reproduktion von Gesellschaften bis heute an die Bedingung einer gemeinsamen Orientierung an tragenden Idealen und Werten gebunden«[14] ist. Honneth greift hier auf Hegels Begriff der »Sittlichkeit« zurück: Anders als die explizite Normerfüllung besteht die Sittlichkeit in impliziten Zielbestimmungen und gefestigten Haltungen. Auch »ethisch oder religiös diversifizierte Gemeinwesen«, so Honneth weiter, kämen nicht umhin, einem Zwang zur »normativen Integration« zu entsprechen, um unter Bürgerinnen und Bürgern überhaupt das Bewusstsein zu wecken, dass sie kooperieren und die Welt gemeinschaftlich gestalten können.[15]

Mit Robert Putnam lässt sich das Maß der normativen Integration als Sozialkapital sogar empirisch messen.[16] Gesellschaften, in denen sich Menschen in geringerem Maße vertrauen, erweisen sich als weniger tolerant.[17] Seine Analysen einer sich ausbreitenden transaktionalen Haltung gegenüber den Mitbürgerinnen und Mitbürgern, scheinen im Rückblick prophetisch. Das Gespenst eines misstrauenden, alles und jeden nur nach dem eigenen Vorteil prüfenden, vollständig neoliberal instrumentalisierenden Subjekts hat in Donald Trump seine Inkarnation gefunden: Ausnahmslos alles kann und wird als Verhandlungsmasse für mögliche *deals* betrachtet.

Strittig dürfte indes sein, ob allein vorstaatliche Institutionen wie »ethische Gemeinschaften« Sozialkapital oder demokratiekompatible Haltungen hervorbringen – oder ob dies auch demokratische Staaten tun können. Aus einer explizit republikanischen Perspektive ließe sich auf jene Institutionen, Strukturen und Verfahren verweisen, die immer schon in der Geschichte der Demokratie die Aufgabe hatten, Bürgerinnen und Bürger mit »Zumutungen« zu konfrontieren – nicht um sie zu Untertanen zu machen, sondern im Gegenteil, um sie zu *citoyens* und *citoyennes* im starken Sinne zu erheben.[18] Zu solchen »Zumutungen« können Verfahren wie Wehr- und Bürgerdienste, Wahlpflicht oder die Rekrutierung für politische Ämter gehören. »Sittlichkeit« im Sinne Hegels würde dann nicht nur aus zivilgesellschaftlichen Strukturen »erwachsen«, sondern wäre auch als Resultat von staatlichen Mechanismen denkbar, die beispielsweise die Idee des Verfassungspatriotismus durchaus auch emotional und motivational aufladen. Eamonn Callan hat in einer ausführlichen historischen Studie gezeigt, dass die Versuche, »Bürgerinnen und Bürger zu erschaffen« (»*Creating Citizens*«) nicht an sich schon illiberal oder übergriffig sind, sondern durchaus zu den klassischen demokratischen Traditionen gehören.[19]

Eine solche Aussicht auf die staatliche Vermittlung eines zivilisatorischen Mindeststandards mag im deutschen Kontext zunächst fragwürdig erscheinen: Würden wir nicht erwarten, dass es die familiäre oder direkte soziale Umwelt ist, die – wie Habermas immer wieder betont – als »Lebenswelt« normative Ressourcen produziert und unser Verhalten prägt? Zudem zeigt sich in Ländern wie Frankreich beispielhaft, dass – in einem der am stärksten atheistisch geprägten Staaten der Welt – das Projekt *Creating Citizens* zwar einerseits Erfolge feiert, andererseits aber auch auf große Schwierigkeiten trifft. Hier tritt »die Republik« schon in der *école maternelle* als Erzieherin auf; gegen weltanschauliche und religiöse Partikularitäten werden die Normen eines säkularen Universalismus durchgesetzt, beginnend mit einer strengen Kleiderordnung an den Schulen, die »ostentative« religiöse Symbole verbietet.

Übernormativierung? Verrohung? Beides zugleich?

Die These, Prozesse der Entzivilisierung würden die notwendigen Voraussetzungen für demokratische Stabilität zunichtemachen, lässt sich – entsprechende Beispiele wurden einleitend genannt – leicht illustrieren. Aber paradoxerweise ließe sich auch das Gegenteil zeigen. Eine Tendenz zur Moralisierung von Politik, einer extremen Verfeinerung ethischer Ansprüche, eine Steigerung von Höflichkeits- und Korrektheitsansprüchen – all diese Prozesse, die das soziale Miteinander verbessern sollen und Teil eines *Creating Citizens* sind, stabilisieren das freiheitliche demokratische Zusammenleben nur dann, wenn sich bestimmte Bevölkerungsteile nicht davon ausgeschlossen fühlen. Ansonsten kann es zu Gegenreaktionen kommen – und entsprechend zu einer Schwächung der Demokratie. Derzeit scheinen Unternormativierung, beziehungsweise Verrohung, und Übernormativierung, beziehungsweise moralische Höchstansprüche, zur gleichen Zeit zu wachsen: Während das Tragen von Ledergürteln oder der Konsum von Kuhmilch aus Sicht mancher Tierschützerinnen und Tierschützer immer umfassendere moralische Rechtfertigungen nötig macht, billigen andere, dass Parlamente gestürmt, Staatsstreiche geplant oder volksverhetzende Parolen gegrölt werden. Extrem hohe ethische Ansprüche existieren neben extrem niedrigen.

Die Tatsache, dass die Gegenwartsgesellschaften in vielen Demokratien in diesem Sinne den Anschein eines Vexierbildes oder einer Kippfigur abgeben, die nur Extreme kennt, ließe sich ganz allgemein mit Formeln wie »Pluralismus« oder »Ausdifferenzierung« wegerklären. Doch das Problem liegt, so scheint mir, tiefer, nämlich in der Ambivalenz von Begriffen wie »Zivilisation«, die auch der Exklusion dienen können. Alle Formen des *Creating Citizens*, des »Zivilisierens«, kommunizieren zugleich mit, dass diejenigen, die die geforderten moralischen Positionen oder Haltungen nicht ausreichend inkarnieren, ausgeschlossen werden können.

Das gefährliche Wechselspiel zwischen Übernormativierung und Unternormativierung lässt sich in diesem Sinne auch als ein Kampf um Exklusion verstehen: Während die eine Seite immer höhere Standards setzt, immer mehr kommunikatives Geschick verlangt, unterläuft die andere Seite all diese Standards und bejubelt sich dafür. Der Trumpismus inszeniert sich entsprechend als Bewegung der »Ausgeschlossenen« oder »Vergessenen«, der »Nicht-Gesehenen«. Die eigene Enthemmung wird dann als Bejahung einer äußeren Zuschreibung inszeniert. Menschen, die in Schamanen-Kostümen verkleidet das Kapitol stürmten, scheinen zu sagen: »Ihr haltet uns für Barbaren? Dann sind wir eben Barbaren!«

Dass eine republikanische Vermittlung von demokratiekompatiblen Haltungen ein äußerst anspruchsvolles und stets prekäres Unterfangen bleibt, lässt sich in Frankreich gut beobachten. Gerade das französische Bildungssystem ist als Ort des *Creating Citizens* zugleich eine Inklusionsmaschine und eine Sphäre der Exklusion, ja im schlimmsten Fall der Demütigung: Wer den Normen nicht entspricht (aus welchen Gründen auch immer), erlebt die »feinen Unterschiede«, die Bourdieu so wirkmächtig als Mechanismen der kulturellen und sozialen Stigmatisierung thematisierte. Versuche des *Creating Citizens* mittels staatlicher Bildungsinstitutionen können sich in ihr Gegenteil verkehren, wenn die an Bildung gekoppelten Chancen nur für manche gelten. So sind erschreckenderweise öffentliche Bibliotheken, die auch in den oft sehr kleinen Kommunen der *France profonde* zu finden sind, seit vielen Jahren Ziel von Vandalismus und Brandstiftung. An ihnen entlädt sich der Frust gegenüber staatlichen Bildungsinstitutionen.

Ein demokratischer Rechtsstaat der kompensierend einzugreifen versucht, muss sich also der möglichen ambivalenten Effekte seiner Interventionen bewusst sein. Praktiken des *Creating Citizens* gelingen wohl dann am ehesten, wenn sie nicht als fremdbestimmte Pflicht empfunden werden, die »von oben« auf die Bürgerinnen und Bürger niedergeht, sondern als Ausdruck eines kollektiven Konsenses. Die Bürgerinnen und Bürger müssen sich einig sein, dass bestimmte zivile Pflichten sinnhaft hinsichtlich der gesellschaftlichen Funktionsfähigkeit sind.

Wichtig scheint dabei nicht nur, jede parteipolitische, weltanschauliche oder ideologische Instrumentalisierung zu vermeiden – *Citizens* sind eben keine Parteigänger –, sondern auch einem egalitären Anspruch zu genügen. Als Bürgerin und Bürger in einem starken Sinne angesprochen zu werden, bedeutet eben auch, dass von allen anderen Eigenschaften oder Identitäten abstrahiert wird: In dieser Rolle sind wir in einer Demokratie alle gleich – wenn auch nicht gleicher Meinung. Und das ist auch gut so. Denn dass republikanische Versuche, durch staatliche Maßnahmen demokratiekompatible Haltungen zu ermöglichen oder gar zu fördern, auch auf Widerspruch stoßen, kann als Zeichen für die Lebendigkeit der Demokratie und nicht als Zeichen von Schwäche gedeutet werden. Erst wenn sich dieser Widerspruch zur diffusen Staatsfeindlichkeit auswächst, zum gewalttätigen oder gewaltnahen Widerstand wird, erweist er sich als demokratiegefährdend. Dass wir jedoch in einer Demokratie um den richtigen Weg des *Creating Citizens* ringen, sollte nicht beunruhigen. Eine vollends nicht-fragile Demokratie kann und will man sich nicht vorstellen, sind es doch gerade ihre Offenheit, Anpassungsfähigkeit und Selbstkorrekturfähigkeit, die ihre Attraktivität ausmachen.

Anmerkungen

1 Im deutschen Sprachraum denke man an die Ermordung des Regierungspräsidenten Walter Lübcke im Jahr 2019; für Großbritannien war die Ermordung der Brexit-Gegnerin Jo Cox, einer Abgeordneten der Labour-Party im Jahr 2016, ein einschneidendes Ereignis.

2 Aus meiner Sicht sind es gerade diese oft unter der Aufmerksamkeitsschwelle der Öffentlichkeit sich abspielenden Prozesse, die beunruhigen sollten. Im September 2023 wurde beispielsweise die Landtagsabgeordnete Ayla Cataltepe in ihrem Wahlkreisbüro von AfD-Anhängern bedrängt. Die strafrechtliche Aufarbeitung steht aus. Im Jahr 2022 gab es in Deutschland insgesamt 443 Angriffe auf Parteigebäude oder Parteieinrichtungen. Am häufigsten waren Einrichtungen der Partei »Bündnis 90/DIE GRÜNEN« betroffen. Vgl. »Eskalation im Wahlkreisbüro«, in: FAZ, 12.9.2023, URL: https://www.faz.net/aktuell/politik/gruenen-politikerin-und-afd-anhaenger-geraten-offenbar-aneinander-19169134.html [aufgerufen am 5.4.2024].

3 Ernst-Wolfgang Böckenförde: Die Entstehung des Staates als Vorgang der Säkularisation, in: ders., Recht, Staat, Freiheit. Studien zur Rechtsphilosophie, Staatstheorie und

Verfassungsgeschichte, Frankfurt [1964] 1991, S. 92–114, hier: S. 112.

4 Vgl. hierzu auch die sehr erhellende Analyse bei: Hermann-Josef Große Kracht: Fünfzig Jahre Böckenförde-Theorem. Eine bundesrepublikanische Bekenntnisformel im Streit der Interpretationen, in: Hermann-Josef Große Kracht/Klaus Große Kracht (Hg.), Religion – Recht – Republik: Studien zu Ernst-Wolfgang Böckenförde, Paderborn 2014, S. 155–183.

5 Der Gedanke wird einerseits von Raskolnikow in »Verbrechen und Strafe« formuliert, andererseits in einer Variante von Iwan Karamasow in den »Brüdern Karamasow«.

6 Hans Joas Arbeit über die Sakralität der Person stellt in diesem Sinne einen Versuch dar, die modernen Errungenschaften von Menschenwürde und Rechtsgleichheit als Säkularisat, als verweltlichtes Erbe, vor allem christlicher Denkfiguren auszuweisen. Vgl. Hans Joas: Die Sakralität der Person. Eine neue Genealogie der Menschenrechte, Berlin 2011.

7 Vgl. Hans Blumenberg: Die Legitimität der Neuzeit, Frankfurt a. M. 1966 (danach erweiterte Neuauflagen).

8 In der antiwestlichen Propaganda Putins ist diese Denkfigur idealtypisch zu finden: »Gayropa« habe seine Wurzeln vergessen, sei gottlos, nihilistisch, amoralisch geworden – während in Russland der »rechte« (also im Wortsinn orthodoxe) Lebensstil bewahrt werde. Dass ausgerechnet Putin dem Westen moralische Verkommenheit vorwirft, entbehrt nicht einer gewissen Komik.

9 Zur Rolle von Denkbildern und Leitmetaphern in den entsprechenden Modernetheorien vgl. meinen Beitrag: Wurzeln, Quellen, Instrumente: Neue Debatten über Religion, Säkularisierung und die Moderne, in: Philosophische Rundschau, 2010/57, S. 299–321.

10 Vgl. Jürgen Habermas: Vorpolitische Grundlagen des demokratischen Rechtsstaates?, in: ders., Zwischen Naturalismus und Religion. Philosophische Aufsätze, Frankfurt a. M. 2005, S. 106–118, hier besonders: S. 107–109. Interessanterweise warnt Habermas in diesem Kontext davor, die Frage einer immanenten, säkularen Selbststabilisierung der Moderne »nicht vernunftkritisch auf die Spitze zu treiben, sondern undramatisch als eine offene empirische Frage zu behandeln« (S. 113).

11 In diesem Sinne lässt sich Böckenfördes Aussage auch als Teil einer innerkatholischen Auseinandersetzung verstehen, in deren Rahmen er schlicht für eine Aussöhnung mit dem modernen Rechtsstaat plädiert. So war sie auch im Kontext der Erscheinung im Umfeld von Carl Schmitt und Ernst Forsthoff gemeint; und zahlreiche spätere Äußerungen Böckenfördes belegen, dass gerade die Ablehnung republikanischer Vorstellungen von staatlich verordneter Bürgertugend die Hauptstoßrichtung darstellte. Vgl. hierzu die Darstellung bei Große Kracht 2014.

12 Mit dieser Formel ist schlicht gemeint, dass eigentlich alle modernen Gesellschaften von einem kulturellen und weltanschaulichen Pluralismus geprägt sind: Moderne Gesellschaft sind weder »kompakt«, noch »homogen«.

13 Vgl. zum Beispiel die Debatte zwischen Christoph Möllers, Hedwig Richter und Andreas Reckwitz, die am 9. 1. 2023 im Rahmen der Ringvorlesung »Auseinandersetzungen über und in liberale(n) Ordnungen: Zur Kritik und Zukunft des liberalen Skripts« an der FU Berlin stattfand. URL: https://www.youtube.com/watch?v=mwAPoYed6g [aufgerufen am 5.4.2024].

14 Axel Honneth: Das Recht der Freiheit, Berlin 2011, S. 18.

15 Ebd., S. 19.

16 Robert Putnam: Bowling Alone. The Collapse and Revival of American Community, New York 2000.

17 Ebd., S. 356 ff.

18 Zu dieser Denkfigur vgl. mein Buch: Demokratie als Zumutung. Für eine andere Bürgerlichkeit, Stuttgart 2022.

19 Eamonn Callan: Creating Citizens. Political Education and Liberal Democracy, Oxford 1997.

Mark Terkessidis

Diversität und Demokratie – Das politische Potential der Vielheit

Ich würde zu Beginn gern darauf eingehen, was der Begriff der ›Vielheit‹ eigentlich bedeuten soll. Das ist ja ein eher seltsamer, sperriger, philosophischer Begriff – und normalerweise würde man im Titel wohl etwas erwarten wie »Das politische Potential der *Vielfalt*«.

Ich verwende den Begriff ›Vielheit‹ jedoch ganz bewusst. Es geht dabei auch um das, was in der Soziologie in den 1980er Jahren als ›Pluralisierung‹ bezeichnet wurde. Pluralisierung umfasste die Folgen verschiedener gesellschaftlicher Prozesse: Freiheitsgewinne, die aus der sogenannten Kulturrevolution der 1960er Jahre entstanden waren; erweiterte Horizonte, die aus der medialen Abbildung weit entfernter Orte resultierten; aber auch die Erfahrungen, die aus den schnelleren Reiseverbindungen hervorgingen. Dazu kamen die kulturellen Möglichkeiten, die aus der Migration erwuchsen. Dadurch haben sich die Arten zu leben in den westlichen Metropolen maßgeblich verändert und vervielfacht. Meines Erachtens ist das eine Entwicklung, die zumindest in Deutschland stark unterschätzt wird, die aber gleichzeitig, was bestimmte Effekte betrifft, total überschätzt wird.

Die Auswirkungen von Vielheit: unter- und überschätzt

Unterschätzt wird diese Entwicklung vor allem im Hinblick auf die Effekte der Einwanderung: Heute bilden in allen Städten der sogenannten alten Bundesländer die Kinder mit Migrationshintergrund bei den Unter-Sechsjährigen die Mehrheit. In wirtschaftsstarken Metropolen wie Frankfurt oder Stuttgart sind es sogar 75 %, bei den 0- bis 17-Jährigen in München 60 %. Das ist ein dramatischer demographischer Wandel.

Da von ›Vielfalt‹ zu sprechen, kommt mir etwas verniedlichend vor. Sie kennen ja die Sprüche während der »interkulturellen Woche«: »Vielfalt, das ist das beste gegen Einfalt« oder ähnliches. Vielfalt erscheint dann immer als etwas Schönes. Oder als etwas, das uns – zumal kulturell – bereichert. Und so erscheint sie auch als etwas, das »wir« uns quasi aussuchen können. Aber wer soll dieses »wir« sein, das da bereichert wird? Offenbar gibt es ein

»wir«, das schon immer da war, und eine Vielfalt, die nicht so richtig dazugehört und begründungsbedürftig ist. Aber so ist die Welt einfach nicht mehr, wenn man sich schlicht die Statistiken ansieht. Wir leben hier in einer größeren Verwerfung, die mit der Idee einer liebenswerten und kulinarischen Vielfalt nicht mehr zusammengeht. Wenn die Mehrheit der Jugendlichen Migrationshintergrund hat, also mindestens einen Elternteil besitzt, der selbst noch in die Bundesrepublik eingewandert ist, dann wird das »Wir« des Nationalstaats fundamental redefiniert. Ich glaube, dass das immer noch nicht vollständig verstanden wird.

In der deutschen Nationalhymne ist eine der wichtigsten Vokabeln – noch vor ›Recht‹ und ›Freiheit‹ – ›Einigkeit‹. Deutschland ist ja erst spät zum Nationalstaat geworden und war sehr auf die Grundpfeiler von Homogenität und Einheit fixiert. Es sollte ein Territorium geben, eine Sprache, eine Kultur, eine Loyalität. Da waren selbst die Katholik:innen verdächtig, weil sie angeblich von Rom gesteuert wurden. Diese Einigkeit hat letztlich in keinem Nationalstaat wirklich funktioniert, aber angesichts der aktuellen Vielheit ist sie geradezu halluzinatorisch. In den 1990er Jahren gab es in den rechtsradikalen Zeitungen in Deutschland noch ausformulierte 100-Tage-Pläne, wie alle »Ausländer:innen« entfernt werden könnten. Diese Pläne erinnerten stark an nationalsozialistische Vorstellungen von der »Reinheit des Volkskörpers« und waren aus einer Position der Überlegenheit formuliert. Auch wenn die Thesen auf dem von *Correctiv* recherchierten Treffen von Potsdam Ende 2023 daran erinnern mögen, sind die Voraussetzungen heute doch andere. Rechte Populisten beschwören den »großen Bevölkerungsaustausch« und definieren sich dabei selbst als schützenswerte Minderheit.[1] In Deutschland sehen sie sich vor allem durch »nicht assimilierte Staatsbürger:innen« bedroht, deren Ansiedlung rückgängig gemacht werden soll. Das ist immer noch extrem im europäischen Vergleich, so dass sich etwa die französische *Rassemblement National* unter Marine Le Pen zuletzt deutlich distanzierte. Aber gegenüber den 1990ern ist der Unterschied dennoch erheblich.

Vielheit wird also unterschätzt, weil sie die Gesellschaft viel stärker verändert, als gewöhnlich gesehen wird – sie ist eine Tatsache. Ob sie auch »bereichert«, spielt dabei keine Rolle. Paradoxerweise wird Vielheit zur gleichen Zeit aber auch sehr stark überschätzt. Seit dem Beginn der – nennen wir es mal – »Masseneinwanderung«, also nach dem Bau der Mauer in den 1960er Jahren, ist die Pluralisierung durch Einwanderung meist als Problem oder Gefahr betrachtet worden. Das Thema Migration war jahrzehntelang beim Innenministerium angesiedelt, das per se die Bedrohungen für die »innere Sicherheit« bekämpft. Immer noch wird Vielheit von einem nicht unbeträchtlichen Teil der

Bevölkerung als Gefahr für gesellschaftlichen Zusammenhalt wahrgenommen. Angeblich fällt die Gesellschaft immer mehr auseinander. Die Bevölkerung könne sich nicht auf gemeinsame Werte einigen, heißt es, die Nation erzeuge keine Loyalität mehr. Die Menschen würden sich nicht mehr wiedererkennen. Es gibt also scheinbar keine Identifikation mehr, auf keiner Seite: Diese »Fremden« identifizieren sich ja sowieso nicht mit »unserer« Gesellschaft, und selbst kann man es auch nicht mehr, eben weil es zu viele »Fremde« gibt. Zwar sind solche Sichtweisen nicht mehr so wirkmächtig wie früher, aber sie haben immerhin dafür gesorgt, dass im Jahr 2010 einer der größten Bestseller der Nachkriegszeit »Deutschland schafft sich ab« geheißen hat.

Ethnische Unterschiede werden häufig als Gefahr gesehen. Nun ist es aber gar nicht so einfach mit den ethnischen Unterschieden, denn es gibt keine valide Theorie, die ethnische Zugehörigkeit und Verhalten in einen direkten Zusammenhang bringt. Für die Bundesrepublik hat die schon etwas zurückliegende Sinus-Milieus-Studie gezeigt, dass sich die Auffassungen von Werten innerhalb einer sogenannten ethnischen Gruppe stärker unterscheiden als zwischen diesen Gruppen. Menschen, die angeblich ethnisch zusammengehören, streiten sich also vergleichsweise oft über ihren Wertekosmos.[2]

Und dann kommt noch etwas hinzu, was der US-Forscher Elijah Anderson als *cosmopolitan canopy* (»kosmopolitanen Baldachin«) bezeichnet hat.[3] Im Alltagsleben macht man doch recht häufig die Erfahrung, dass es eine durchaus kommode Zivilität im Umgang gibt und dass die Leute Unterschiede nicht nur einfach quittieren, sondern mit höflichem Wohlwollen aufnehmen. Wir leben also tatsächlich mit einer gewissen Selbstverständlichkeit in dieser Vielheit.

Relevant ist auch, dass all die sogenannten ethnischen Unterschiede, die es heute in Deutschland gibt, nicht dazu beigetragen haben, dass die grundsätzliche Zustimmung zu den gesellschaftlichen Institutionen und zur Demokratie sinkt. Im Vergleich zur Weimarer Republik, in der die Gesellschaft in ethnischer Hinsicht deutlich homogener war, erscheint die Zustimmung zur Demokratie und den demokratischen Prozeduren heute weiterhin geradezu atemberaubend hoch. In diesem Sinne werden die Effekte von Vielheit also grundlegend überschätzt, weil wir sehen können, dass die Demokratie dadurch nicht geschwächt wird – auch wenn uns medial ständig etwas anderes suggeriert wird.

Natürlich gibt es alle möglichen politischen Gruppierungen, die die Demokratie in Frage stellen. Und natürlich zeigen die repräsentativen Untersuchungen über die Jahre ziemlich konstant, dass etwa 10–15 % der Bevölkerung ein fast geschlossenes rechtsradikales Weltbild aufweisen – was im Übrigen für ganz Europa gilt. Und natürlich gibt es Populismus, und natürlich kann der sich – und das zunehmend – virulent äußern. Das ändert aber nichts daran, dass es eine grundsätzliche Zustimmung zur Demokratie gibt, was wiederum nicht bedeutet, dass keine Gefahren für die Demokratie zu beobachten sind.

Wer kann eigentlich »Deutscher« sein?

Die Überschätzung der negativen Effekte von Vielheit hat auch etwas damit zu tun, wie in Deutschland bis zum Jahr 2000 die Mitgliedschaft zum Nationalstaat geregelt war. Der deutsche Staat hatte seit 1913 eine Staatsangehörigkeitsregelung, die als Grundlage »deutsches Blut« hatte: Die Biologie entschied, wer zur Nation gehörte und wer nicht. Das war eine extrem passive Regelung von Staatsangehörigkeit, weil die Mitgliedschaft einfach Schicksal war – Personen hatten »deutsches Blut« oder nicht. Niemand musste etwas dafür tun. Zugleich wurde vorausgesetzt, dass die biologische Zugehörigkeit die Zustimmung zur deutschen Nation automatisch mit sich bringt. Darauf nahm auch die krude nationalsozialistische Idee von »Demokratie« Bezug: Der wahre Volkswille sollte eben nicht vom Parlament, sondern durch eine Person verkörpert werden.

Die extrem exklusive Idee von Mitgliedschaft äußerte sich auch in den ersten Einbürgerungsrichtlinien der Bundesrepublik aus dem Jahr 1977.[4] Darin wurde formuliert, welchen Ersatz Bewerber:innen für das Fehlen von »deutschem Blut« beibringen mussten, und dieser Ersatz war eine möglichst umfangreiche, nahezu totalitär verstandene kulturelle Assimilation: Die »deutsche Kultur« musste bejaht werden und verlangt wurde eine Einordnung in die »deutschen Lebensverhältnisse«. Diese Faktoren wurden dann durch regelrechte Persönlichkeitsprüfungen festgestellt. »Bejahen« und »Einordnen« waren also die Voraussetzung dafür, Deutscher zu werden.

Somit wurde Deutsch-Sein (Bejahen, Einordnen) zugleich mit Wohlverhalten assoziiert. Wie diese Denkweise auch nach 2000 noch die allgemeinen Vorstellungen beherrschte, zeigte ein Profiling-Gutachten des LKA Baden-Württemberg aus dem Jahr 2007 über die damals noch unbekannten Täter:innen der Mordserie des Nationalsozialistischen Untergrunds (NSU). Darin war folgendes zu lesen: »Vor dem Hintergrund, dass die Tötung von Menschen in unserem Kulturraum mit einem hohen Tabu belegt ist, ist abzuleiten, dass der Täter hinsichtlich seines Verhaltenssystems weit außerhalb des hiesigen Normen- und Wertesystems verortet ist.«[5] Das war, zumal vor dem Hintergrund der deutschen Geschichte, eine absurde Bemerkung, und dennoch schien es den Verfasser:innen des Gutachtens offenbar logisch: Abweichendes Verhalten gibt es in Deutschland nicht, das muss aus dem Ausland kommen.

Die schicksalhafte, passive und ausschließliche Idee der Staatszugehörigkeit hatte und hat auch weiterhin zur Konsequenz, dass das Nichtdeutsche, Eingewanderte, von außen Kommende und damit auch die Vielheit der Gesellschaft potenziell immer als Problem und Bedrohung eingestuft wird. Seit den 1990er Jahren ist die Exklusivität des Staatsangehörigkeitsrechts allerdings zunehmend aufgelöst worden und seit 2000 gibt es eine neue Regelung: eine Regelung, die überhaupt so etwas möglich gemacht hat wie Deutsche nichtdeutscher Herkunft. Aber im politischen Denken leben wir oft noch in traditionellen Mustern, politisch haben wir meiner Meinung nach noch nicht verstanden, was diese Regelung eigentlich für das Gemeinwesen bedeutet.

In der alten Idee der nationalstaatlichen Mitgliedschaft war der Dissens gar nicht vorgesehen. Ich glaube, dass diese Idee auch die Behauptungen der Rechtsradikalen in den 1920er Jahren für viele Menschen so logisch erscheinen ließ: Wenn Deutsche Auffassungen vertraten, die diesen rechten Gruppierungen und Parteien nicht gefielen, dann fielen sie quasi aus dem Deutschsein heraus und waren entweder Juden oder wurden gesteuert vom globalen Judentum oder Moskau. Die institutionalisierte Passivität hat auch dafür gesorgt, dass es in Deutschland immer nur kleine Bewegungen rund um das Thema Bürgerrechte gab. Hierzulande wird gern für oder gegen die ganz großen Dinge protestiert: Kapitalismus, Friede, Umwelt, gegen Rechts, usw. – und das mit ganz hohen moralischen Ansprüchen. Aber bringen sie mal 5.000 Leute auf die Straße, um für ein Bürgerrecht zu demonstrieren – die doppelte Staatsangehörigkeit, die Rechte von Minderheiten, die »Ehe für alle« und Ähnliches. Wie wurde das hierzulande gern als »Homoehe« bezeichnete Projekt durchgesetzt? Zuerst kam das Verfassungsgericht, dann stimmte die Kanzlerin sogar dagegen: also sang- und klaglos. Wie anders war das in Frankreich, wo die damals amtierende Justizministerin Christine Taubira, die sich auch als antikoloniale Aktivistin verdient gemacht hatte, die »Ehe für alle« in ihren Reden in einen Zusammenhang der bürgerrechtlichen Weiterentwicklung der Institution Ehe durch die Republik gestellt hat.[6]

Ich glaube, dass es notwendig ist, angesichts der Vielheit der Gesellschaft zu einer aktiveren Interpretation der Staatsbürgerschaft zu kommen, die den Dissens als Motor für Veränderungen und auch für eine weitere Vertiefung der Bürgerrechte begreift. Es ist kein Zufall, dass Antidiskriminierungspolitik bei den jungen Leuten eine deutlich größere Rolle spielt als bei den Älteren, denn angesichts der Neuzusammensetzung und Unterschiedlichkeit der Bevölkerung, der im Jahr 2000 Rechnung getragen wurde, ist Gleichbehandlung ein Thema, das auf den Nägeln brennt.

Die Demokratie mit Leben füllen

Was hat die Demokratie eigentlich am meisten gestärkt seit dem Zweiten Weltkrieg? Zweifellos waren das starke Institutionen. Sicher stand am Beginn das Grundgesetz, aber es braucht auch starke Institutionen, um dieses Grundgesetz lebendig zu machen. Dieses Grundgesetz war ein Lernprozess für Deutschland. Bekanntlich ist es von Personen geschrieben worden, die gegen das Nazi-Regime waren und wenige Jahre vor ihrer Mitgliedschaft im Parlamentarischen Rat noch als »Volksverräter« gegolten hatten. Das Grundgesetz wurde dem deutschen Volk bewusst nicht zur Abstimmung vorgelegt, weil es nicht so unwahrscheinlich gewesen wäre, dass sich die Deutschen nach dem »tausendjährigen Reich« dagegen entschieden hätten. Es war also nicht einfach »unser« Grundgesetz, wie es heute in den Einwanderungsdebatten gerne heißt. Die Inhalte dieses Gesetzes mussten regelrecht gelernt werden – und das in starken Institutionen. Zugleich ist dieser Lernprozess aber auch von massiven Protesten in den 1960er, 70er und 80er Jahren vorangebracht worden, also eben von nicht-staatlichen und oft auch nicht-staatsförmigen Akteuren. Diese Akteure haben debattiert, sich organisiert, protestiert, Initiativen gegründet und experimentiert – in sehr vielen verschiedenen Bereichen.

Heute tun die Repräsentant:innen des deutschen Staates beispielsweise so, als hätte die Erinnerung an den Holocaust immer schon zur deutschen »Staatsräson« gehört. Allerdings war diese Erinnerung bis Ende der 1990er Jahre hart umstritten, und da erscheint es manchmal seltsam, dass die heutigen Anwält:innen der Staatsräson sich offenbar gar nicht mehr an die damalige Haltung ihrer eigenen Parteien oder Verbände erinnern. Aber auch was heute in den Bereichen Erziehung, Bildung, psychische und körperliche Gesundheit, Soziales, Sexualität oder Migration als selbstverständlich gilt, muss als Ergebnis von Kämpfen begriffen werden. Alle Veränderungen und neuen Räume wurden durch Proteste, Initiativen und kollektive Bemühungen errungen. Und genau das hat die Demokratie massiv gestärkt. Denn es hat dazu geführt, dass das Grundgesetz eine Realität bekommen hat. Die Kämpfe im demokratischen Spektrum waren für diese Realisierung im staatsbürgerlichen Sinne notwendig. Die teilnehmenden Personen wiederum haben viele wichtige Erfahrungen gemacht: Mit Selbstermächtigung, den politischen Prozeduren, mit der eigenen Wirksamkeit und mit der Veränderbarkeit der Situation. Die Kämpfe haben die Identifikation mit der Demokratie verstärkt. In der passiven Idee von Staatsangehörigkeit war das nicht vorgesehen.

Die heutige vielheitliche Bevölkerung ist meiner Beobachtung nach sehr selbstbewusst. Auch wegen der jahrzehntelangen neoliberalen Imprägnierung haben gerade die jungen Leute den Eindruck, dass sie frei und für ihr Leben selbst verantwortlich sind – ob das so ist, sei mal dahingestellt. Wer mit diesem Selbstbild lebt – und da komme ich nochmal auf Antidiskriminierung zurück – will keine strukturellen Hürden im Leben haben. Deshalb sind Sexismus und Rassismus in den vergangenen Jahren so große Themen geworden. Wenn ich schon im neoliberalen Hamsterrad laufen muss, dann will ich wenigstens nicht benachteiligt werden, weil ich Migrationshintergrund habe oder eine andere Hautfarbe, Frau bin oder homosexuell oder eine Transperson.

Ich bin überzeugt, dass diese selbstbewusste, vielheitliche Bevölkerung mit ihren unterschiedlichen Voraussetzungen, Hintergründen, Referenzrahmen und Perspektiven viel stärker an den Entscheidungsprozessen beteiligt werden muss. Die deutsche Arbeits- und Entscheidungskultur funktioniert traditionell *top-down* und der Planungsansatz staatlicher Stellen ist teilweise immer noch autoritär. Das war auch die Kritik der sogenannten Neuen Sozialen Bewegungen seit den 1970er Jahren. Und wäre es nicht sinnvoll gewesen, etwa beim Thema Atomenergie mehr auf die Protestierenden zu hören als auf die Expert:innen, die dann erst angesichts von Katastrophen ihre Grenzen erkannten?

Was aus der Geschichte der sozialen Bewegungen gelernt werden kann, ist die Tatsache, dass Miteinander-Sprechen nicht nur eine lästige Aufgabe ist, sondern sich im Ergebnis auszahlt. Da geht es nicht nur um Mit-Bestimmung oder von oben gesteuerte Partizipation. Alle, die schon mal an einem der berühmten »runden Tische« zu irgendeinem Thema gesessen haben, durften erleben, dass oft unklar ist, worum es genau geht, was das genaue Ziel des Redens ist, wie der Prozess genau aussehen soll und vor allem: was es eigentlich zu entscheiden gibt. Am Ende sind die Leute enttäuscht, weil sie das Gefühl bekommen, sie bringen sich ein, aber eigentlich ist längst beschlossen, was gemacht werden soll. Oder es wird später woanders beschlossen. In Berlin wurde 2021 darüber abgestimmt, ob die Wohnungsbaugesellschaft *Deutsche Wohnen* enteignet werden soll. Die Berliner Bevölkerung hat mit deutlicher Mehrheit »Ja« gesagt – und danach passierte nichts. Also wozu machen wir das dann alles?

Auch im Gesetzgebungsprozess ist die Beteiligung zunehmend ornamental. Ich war selbst eingeladen zu dem Kabinettsausschuss »Bekämpfung von Rechtsextremismus und Rassismus«. Ich wurde in einem ziemlich autoritären Ton aufgefordert, innerhalb von wenigen Tagen einen enormen Fragenkatalog auf ganz geringem Raum zu beantworten. Wenn ich das tun würde, so wurde mitgeteilt, dann würde ich Nachricht erhalten, ob ich auch noch persönlich vorsprechen dürfe. Keine Ahnung, welches Gremium entschieden hätte, welche Personen dabei gewesen wären. Ich habe dann klargemacht, dass ich nicht beim Ministerium angestellt bin – schließlich schien es völlig selbstverständlich, dass ich zur Verfügung stehe. Die Beteiligung an diesen

Prozessen ist also von der Ansprache her arrogant, aufgrund der kurzen Fristen überfordernd und letztlich intransparent. Wenig überraschend hat der *Nationale Normenkontrollrat* (NKR) festgestellt, dass Gesetze viel zu schnell durchgezogen werden – ohne sich die Zeit zu nehmen, die Entwürfe zusammen mit der informierten Zivilgesellschaft zu diskutieren und zu reflektieren.[7]

Kollaborieren und verhandeln

Ich spreche mich für einen stärkeren Begriff aus: Kollaboration, also Zusammenarbeit.[8] Denn es geht nicht nur um Teilhabe, sondern um Formen der Zusammenarbeit, die gut überlegt sein wollen. Wenn ich irgendein Gremium ins Leben rufe, dann muss klar sein, was Thema und Ziel sind, wie der Vorgang moderiert wird, wie lange es dauern soll, wie unterschiedliche Personen ihre Expertise einbringen sollen, wie die Dominanz von bildungsbürgerlichen Redeprofis eingeschränkt wird und was genau von diesem Gremium entschieden werden kann. Und anschließend müssen sich die staatlichen Stellen an diese Entscheidungen halten, denn sonst machen die teilnehmenden Personen eben keine Erfahrung von staatsbürgerlicher Wirksamkeit.

Bei der sogenannten Flüchtlingskrise 2015 haben wir erlebt, wie sich angesichts einer Notsituation durch das Engagement der Leute sehr schnell neue Formen der Zusammenarbeit entwickelt haben, zwischen staatlichen Institutionen, allen möglichen Organisationen und den Freiwilligen. Die Frage ist, was wir daraus gelernt haben. Nicht viel, würde ich sagen; das zeigt etwa ein Blick auf die derzeitige Bürokratie der Migration, deren Gemengelage zwischen autoritärem Anspruch und periodischer Überforderung für die Betroffenen zu einem Albtraum werden kann.

Kollaboration kann aber nicht nur wirksam sein, sie führt auch zu einer neuen Vertrautheit mit der Gesellschaft. Viele Leute erkennen dieser Tage das Umfeld nicht mehr wieder, in dem sie leben, und das hat keineswegs primär mit Migration zu tun. Die Zusammenarbeit bei gemeinsamen Themen hilft dabei, das eigene Umfeld wieder kennenzulernen, es sich anzueignen und den Zusammenhalt neu zu erfinden. Die kommunale Ebene spielt dabei eine entscheidende Rolle, weil die Prozesse dort unmittelbar erfahrbar sind. In diesem Sinne hat Benjamin Barber ein durchaus optimistisches Buch mit dem Titel *If mayors ruled the world* geschrieben, das interessanterweise nicht auf Deutsch übersetzt wurde.[9] Auf kommunaler Ebene lässt sich gut beobachten, wie angesichts von nicht selbst verursachten Krisen und knappen Mitteln pragmatisch daran gearbeitet wird, eine globale Gesellschaft im Kleinen zu gestalten. Die Bürgermeister:innen überschätzen die negativen Effekte von Vielheit nicht, nehmen aber gleichzeitig die Vielheit in ihren Wirkungen sehr ernst. Tatsächlich ist die Kommune heute kein geschlossener Container, in dem im abgegrenzten Stadtbereich Leute leben, die alle etwas mit dieser Stadt zu tun haben, sondern die Kommune stellt einen Knotenpunkt in einem Netzwerk transnationaler Verbindungen dar. Das heißt: Die kommunale Regierung muss damit kalkulieren, dass Ereignisse in Syrien oder der Türkei – Orte, die nur scheinbar weit weg sind – Effekte für die Stadtgesellschaft haben. Und sie muss sich fragen, wie sie auf diese Effekte reagiert.

Es ist klar, dass es dabei um einen Raum des Verhandelns geht. Die Tätigkeit des Verhandelns ist grundlegend für eine vielheitliche Gesellschaft. Homi K. Bhabha hat dargestellt, dass politische Positionen niemals einfach nur progressiv oder reaktionär sind, und dass die »Wahrheit« nicht einfach durch *negation* (Verneinung), sondern immer durch *negotiation* (Verhandlung) entsteht.[10] Bei diesen Verhandlungen geht es auch um die Zukunft unserer Institutionen, mit denen wir zunehmend die Erfahrung machen, dass sie nicht mehr so gut funktionieren wie früher: Erziehung, Bildung, Gesundheit, Recht, Verwaltung. Gerade die kollaborativen Prozesse im Rahmen der Vielheit der Gesellschaft können dazu beitragen, hier durch Verhandlung die notwendigen Veränderungen einzuleiten.

Deshalb bin ich im Übrigen auch dafür, dass in Schulen eine neue Kompetenz eingeführt wird, die ›Verhandlungskompetenz‹ heißt. In den Städten der alten Bundesrepublik ist eine Mehrheit der Kinder nichtdeutscher Herkunft, was einen transnationalen Raum mit vielen Bezügen öffnet. Wenn es in diesem Raum etwa um Erinnerung geht, dann sprechen wir über alle möglichen Formen von Erinnerung. Ich kann in jedem Klassenzimmer eine Weltkarte der Erinnerung zeichnen. Das bedeutet aber auch, dass ich in diesem Klassenzimmer die Vergangenheit nicht länger aus europäischer oder deutscher Perspektive erzählen kann, sondern auch die »verschwiegenen Anderen« zu Wort kommen lassen muss, von denen Stuart Hall einmal gesprochen hat.[11] Es ist etwas anderes, ob mein Großvater 1941 in Griechenland einmarschiert ist oder ob er damals in Griechenland lebte. Aber es geht dabei gar nicht nur um die die Gegenüberstellung von Täter:innen und Opfern, sondern darum, Geschichte möglichst lebensnah abzubilden. Das wäre auch ein historisches Abenteuer und eine kollaborative Forschungsaufgabe für die Kinder und Jugendlichen, die in Zukunft in diesem Deutschland oder Europa leben werden. Und hier sehe ich Lehrer:innen auch als Bestandteil dieser Kollaboration und nicht als diejenigen, die alles schon wissen. Angesichts der unterschiedlichen Perspektiven wird es auch Konflikte geben, und dafür braucht es die erwähnte Verhandlungskompetenz. In der Schule wird heute sehr viel präsentiert, und das können alle, aber: Können die Schüler:innen auch verhandeln?

Ich glaube, dass Verhandeln immer etwas bringt, was auch bedeutet, dass es nicht gut ist, wenn Gruppierungen außerhalb der institutionellen Prozesse bleiben. Ich war früher immer für den Laizismus, wie ihn die französische Republik verkörpert, aber mittlerweile weiß ich das deutsche System des Säkularismus durchaus zu schätzen. Weil der Staat die Religionsgemeinschaften unterstützt, gibt es einen permanenten Austausch, der zum Beispiel so etwas verhindert wie die extreme katholische Rechte oder islamistische Tendenzen in Frankreich. Noch vor Jahren wurde in Deutschland unentwegt vor der Organisation *Millî Görüş* gewarnt. Doch je mehr die Organisation Teil der säkularen und zivilgesellschaftlichen Prozesse wurde, desto transparenter wurde sie.

Allerdings darf eine solche Einbeziehung nicht dazu führen, dass der Staat die Zivilgesellschaft praktisch verstaatlicht. Ein Programm wie *Demokratie leben*, das die Initiativen gegen Extremismus ursprünglich unterstützen sollte, hat dafür gesorgt, dass die Initiativen plötzlich als konkurrierende Unternehmen auftraten, die dem Staat quasi Dienstleistungen anboten. Das ist aber überhaupt nicht die Idee von »freier Trägerschaft«, die den Staat ja gerade herausfordern soll, damit er sich lernend an die Lebenswirklichkeit anpassen kann.

Zudem wird in jüngster Vergangenheit der Protest mit harschen Worten und Taten bekämpft, etwa wenn die *Letzte Generation* mit Terrorismus in Verbindung gebracht wird. Offenbar gibt es immer noch die Auffassung, dass Staatsangehörige sich durch Wohlverhalten auszeichnen. Historisch stimmt das aber eben nicht. Es waren die Konflikte, die die Demokratie vorangebracht haben. Vielheit ist keine Gefahr für die Demokratie, sondern ihre Essenz.

Anmerkungen

Dieser Beitrag ist die bearbeitete Version des Vortrages, den der Autor am 23. März 2023 im Rahmen der Konferenz »Fragile Demokratien. 1923/1933/2023« am NS-Dokumentationszentrum München gehalten hat.

1 Vgl. Marcus Bensmann u.a.: Geheimplan gegen Deutschland, in: Correctiv, 10.1.2024, URL: https://correctiv.org/aktuelles/neue-rechte/2024/01/10/geheimplan-remigration-vertreibung-afd-rechtsextreme-november-treffen/ [aufgerufen am 27.3.2024].

2 Vgl. vhw-Migrantenmilieu-Survey 2018, 21.11.2018, URL: https://www.sinus-institut.de/media-center/studien/vhw-migrantenmilieu-survey-2018-menschen-mit-zuwanderungsgeschichte-in-deutschland [aufgerufen am 27.3.2024].

3 Vgl. Elijah Anderson: The Cosmopolitan Canopy. Race and Civility in Everyday Life, New York 2012.

4 Vgl. Einbürgerungsrichtlinien vom 15. Dezember 1977, in: Deutsches Ausländerrecht, München 1993, S. 167–181.

5 Abschlussbericht des ersten NSU-Untersuchungsausschusses, Bundestagsdrucksache (BT-Drs.) 17/14600, 22.8.2013, S. 829, URL: https://dserver.bundestag.de/btd/17/146/1714600.pdf [aufgerufen am 27.3.2024].

6 Vgl. Sophie Guerrier: Le discours de Christiane Taubira pour le mariage pour tous, in: Le Figaro, 27.3.2014, URL: https://www.lefigaro.fr/politique/le-scan/2014/03/27/25001-20140327ART-FIG00079-le-discours-de-christiane-taubira-pour-le-mariage-pour-tous.php# [aufgerufen am 27.3.2024].

7 Nationaler Normenkontrollrat (Hg.): Jahresbericht 2023. Weniger, einfacher, digitaler. Bürokratie abbauen. Deutschland zukunftsfähig machen, S. 25 ff., URL: https://www.normenkontrollrat.bund.de/Webs/NKR/SharedDocs/Pressemitteilungen/DE/2023/2023-11-20-nkr-jahresbericht-2023.html [aufgerufen am 27.3.2024].

8 Vgl. Mark Terkessidis: Kollaboration, Berlin 2015.

9 Vgl. Benjamin R. Barber: If Mayors Ruled the World. Dysfunctional Nations, Rising Cities, New Haven 2013.

10 Vgl. Homi K. Bhabha: The Location of Culture, London/New York 1994.

11 Vgl. Stuart Hall: Old and New Identities, Old and New Ethnicities, in: Anthony D. King (Hg.), Culture, Globalization and the World-System, Binghamton 1991, S. 41–68.

Astrid Séville

»Wehrhaft« und »resilient«?
Wie sich Demokratien verteidigen

»We must lengthen our time horizons, swallow hard, and make tough concessions. This does not mean abandoning the causes that matter to us. It means temporarily overlooking disagreements in order to find common moral ground.«

(Levitsky/Ziblatt)[1]

Wissenschaftliche und politische Akteure überlegen, wie die liberale Demokratie ihre vielfältigen Bedrohungen überstehen kann;[2] Stiftungen legen Veranstaltungsreihen auf, Institute und Denkfabriken entwickeln Programmlinien. Groß ist das Bewusstsein von der Fragilität der Demokratie. Zum einen steht sie in einem globalen Systemwettbewerb; sie ist nicht länger das Modell, das alle Länder dieser Welt anstreben, sie ist mitunter Angriffsziel kriegerischer Vernichtungsfantasien. Die westliche Modernisierungserzählung, die immer auch eine Erzählung demokratischen Fortschritts war, ist brüchig. Liberale Demokratien müssen heute ihre Leistungsfähigkeit im Vergleich zu Regimen unter Beweis stellen, in denen politische Beteiligung, Transparenz und Pressefreiheit ebenso wenig zählen wie Rechtsstaatlichkeit und Minderheitenschutz. Das Versprechen von Freiheit und Gleichheit, von Selbstregierung und Selbstentfaltung der Bürger zeigt nicht mehr genügend Wirkung. Demokratien müssen ihre Problemlösungskapazität unter Beweis stellen.

Zum anderen werden liberale Demokratien von innen herausgefordert. Die Umtriebe und Wahlerfolge insbesondere autoritärer, rechtspopulistischer und rechtsradikaler Parteien machen klar, dass es einen Konflikt um die liberaldemokratische Verfassung selbst gibt. Der Rechtspopulismus fungiert dabei als illiberal und autokratisch gesinnte Fundamentalopposition, welche die Institutionen und Verfahren der parlamentarischen Demokratie aushebeln will und Gewaltenteilung für ein verzichtbares Element hält.

Vor dieser doppelten Drohkulisse wird häufig dem politischen System eine tiefgreifende Krise attestiert. In den letzten Jahren diagnostizieren Sozialwissenschaftler Prozesse eines »democratic backsliding« und eine »dritte

Welle der Autokratisierung«; sie analysieren, »wie Demokratien sterben« und wie das »Ende der Demokratie« eingeläutet wird.[3] Andere bemerken ein Auseinanderfallen von Liberalismus und Demokratie.[4] All diesen Diagnosen ist die Beobachtung gemein, dass konsolidierte, liberale Demokratien nicht durch einen plötzlichen Putsch, durch eine autoritäre Spontanrevolte oder Revolution gestürzt, sondern schleichend durch politische Akteure im System ausgehöhlt werden. Institutionen werden von innen zersetzt. Daran schließen Überlegungen an, wie Demokratien einen solchen Prozess innerer Aushöhlung gar nicht erst zulassen, abwenden oder gar überleben können.

Dieser Beitrag nimmt jene Überlegungen zum Anlass, die – innere – Bedrohung der liberalen Demokratie durch den populistischen Autoritarismus zu skizzieren und danach zu fragen, wie sich heute darauf reagieren lässt, dass diese politische Bewegung im Namen eines »wahren Volks« Rechtsstaatlichkeit und Gewaltenteilung in Frage stellt sowie autoritäre Strukturen und Führungspersönlichkeiten befürwortet. Immer wieder geht es in den Debatten um einen richtigen Umgang mit dieser Entwicklung und um notwendige gesellschaftliche und individuelle Voraussetzungen der liberalen Demokratie. Die Verteidigung der liberalen Demokratie ist wohl auf große, gesellschaftliche Bündnisse angewiesen, die sie gleichzeitig vor Herausforderungen stellen.

Die Bedrohung von innen: Populistischer Autoritarismus

In ihrem Bestseller *How Democracies Die* aus dem Jahr 2018 benennen Steven Levitsky und Daniel Ziblatt mehrere Indikatoren, an denen man ein autoritäres Verhalten politischer Akteure erkennen könne.[5] Eines davon ist das Motiv einer Delegitimierung des (politischen) Gegners. Während Demokratie vom politischen Wettbewerb zehrt und parlamentarische Demokratie der Willensbildung durch – konkurrierende, aber gleichgestellte – Parteien bedarf, wollen autoritäre Kräfte die Macht ergreifen, um diese gegen politische Mitbewerber, gegen die Opposition und Protestbewegungen einzusetzen. Das politische Gegenüber ist ihnen kein legitimer Konkurrent um Macht, sondern ein gegebenenfalls mit Gewalt zu bekämpfender Feind. Auch um Angriffe auf den politischen Gegner zu rechtfertigen, thematisieren autoritäre Kräfte in der Opposition eine vermeintlich erlittene Unterdrückung. Aus der Erzählung eines institutionalisierten Betrugs wird das Versprechen einer vermeintlich notwendigen Vorwärtsverteidigung abgeleitet. Der angebliche »Volkswille«, den Populisten zu vertreten vorgeben, wird zum Referenzpunkt einer autoritären Agenda der Selbstermächtigung. Mit einem solchen falschen, zu einfachen und wohlfeilen Verständnis von Demokratie – oder wie es Ernst Fraenkel (1898–1975) formuliert hat: mit einem solchen »Vulgärdemokratismus«[6] – wird die Demokratie von innen attackiert. Hierin liegt die Gefahr: Die sich als »echte« Demokraten gerierenden Kräfte sind es, mit denen sich ein politischer Umgang als heikel erweist.

Um den heutigen populistischen Autoritarismus einordnen zu können, hilft ein Blick auf die spezifische Mobilisierungskraft des Populismus. Wenngleich sich gerade der Rechtspopulismus bei näherem Hinsehen fast allerorts als verkappter Rechtsradikalismus entpuppt, hat sich doch ein Verständnis von Populismus als einem eigenständigen Phänomen durchgesetzt, das in Anlehnung an Cas Mudde und Jan-Werner Müller zwei Merkmale besonders hervorhebt: eine Gegenüberstellung von Volk und Establishment und ein antipluralistisches Konzept des Volkes.[7] Der stets bemühte Volkswillen wird demzufolge nicht prozessual, das heißt als Ergebnis politischer Willensbildungs- und Entscheidungsverfahren gedacht, sondern *a priori*, also von vornherein, reklamiert. Im populistischen Diskurs wird dem Establishment abgesprochen, politisch integer zu sein und die Wähler repräsentieren zu können. Dabei wird das Volk als eine organische, moralisch integre und im autoritären Rechtspopulismus ethnisch homogene Einheit imaginiert.

Nun schrieb der Philosoph Ernesto Laclau (1935–2014) gegen die weitverbreitete Interpretation des Populismus als »Pathologie« der Demokratie an.[8] Zwar interpretierte auch er Populismus als Antagonismus des Underdogs gegen das Establishment, doch stellte dies für ihn kein spezifisches Problem von Demokratien dar; es sei auch kein Effekt spezifischer Strukturen wie etwa eines dysfunktionalen Parteienwettbewerbs. Stattdessen argumentierte Laclau, dass Populismus eine »Diskurslogik« sei: Populistische Diskurse verbänden unterschiedliche Forderungen in einer politischen »Äquivalenzkette«.[9] Das klingt abstrakt, meint aber vor allem eines: Populistische Diskurse schaffen Gemeinsamkeiten und damit eine politische Allianz durch Spaltungen und Attacken auf ein Gegenüber. Sie nutzen Abgrenzungen und führen so Menschen, die an sich erst einmal keine homogene Wählerschaft oder Anhängerschaft bilden, zusammen. Wo Demokraten den (gesellschaftlichen) Zusammenhalt immerfort beschwören, nutzt der populistische Diskurs eine »antagonistische«, das heißt spaltende, konfliktbeschwörende Logik, um politische Verbindungen zu schaffen.

So trivial diese Deutung anmuten mag, macht sie doch schon auf theoretischer Ebene stark, dass Anhänger oder Wähler einer populistischen Bewegung unterschiedliche Motive, mal mehr, mal weniger nachvollziehbare Gründe oder Affekte haben können. Sie können radikale Ideologen sein, ressentimentgeladene Mitläufer oder schlicht Nihilisten, die unbeobachtet in der Wahlkabine ihre bürgerliche Fassade fallen lassen. Wähler können ökonomische Deprivation oder anderweitige Unsicherheiten in ihrem Leben erfahren haben, sie können sich Sorgen um die Zukunft machen, aber auch von Identitätsfragen umgetrieben werden oder reaktionäre gesellschaftspolitische, insbesondere geschlechterpolitische Vorstellungen hegen.[10] Manche glauben wiederum, eine postdemokratische »Aushöhlung«[11] abzuwehren, wenn sie jene autoritären, populistischen Parteien wählen. Andere wiederum haben eine schlichtweg rassistische, nationalistische Gesinnung.

Populistische Kräfte politisieren nun jene diversen Erfahrungen und Ideen durch ihre Narration, Einbettung und Sinngebung. Die starke Abgrenzung gegen Gegner – gegen den Staat, angeblich »links-grün versiffte Eliten«, den Kapitalismus, die Brüsseler Bürokratie, aber auch gegen Migranten oder Muslime – versammelt unterschiedliche, mitunter widersprüchliche Forderungen in einem politischen Projekt und unter starken, vereinfachenden Etiketten. Mobilisiert wird, indem eine Front eröffnet und an gängige Muster der Kritik an der parlamentarisch-repräsentativen Demokratie angeknüpft wird, etwa an die Vorstellung, dass Parteien ihren eigenen Vorteil verfolgten, Kompromisse faul oder Volksentscheide legitimer seien. Schließlich lässt sich festhalten, dass die Logik und das Ziel eines jeden Populismus eine Entdifferenzierung und eine Aufteilung der sozialen und politischen Welt in Gut und Böse sind. Dagegen müssen sich Demokraten zur Wehr setzen.

Streitfähigkeit: Die Bedeutung der demokratischen Debatte

Aber was kann dem entgegengesetzt werden? Zunächst lassen sich formale Verfahrensregeln heranziehen und institutionelle Schranken wie *checks and balances*, Gewaltenteilung und Kontrolle mit den Mitteln der Rechtsprechung nutzen. Die Wehrhaftigkeit der Demokratie ist eine Frage ihrer rechtsstaatlichen Absicherung und damit auch von strafrechtlicher Verfolgung.[12] So verwundert es nicht, dass in der deutschen Debatte Rechtswissenschaftler zunehmend darüber nachdenken, welche Konsequenzen im Falle einer »Machtübernahme« der AfD drohten und welche rechtlichen Hürden erhöht werden müssten.[13]

Darüber hinaus findet sich aber nicht zuletzt bei Ziblatt und Levitsky das Argument, dass Demokratie angewiesen sei auf ein »appropiate behaviour«, »a set of shared beliefs and practices« und »procedural values«.[14] Man erkenne die Leitplanken der (amerikanischen) Demokratie im Moment ihres Bröckelns: »mutual tolerance and institutional forbearance«.[15] Wie sichert man also Konventionen, wie fördert man Toleranz und Nachsicht? Wie sorgt man dafür, dass sich politische Akteure an Spielregeln halten und Institutionen nicht aushöhlen, sobald sie Ämter innehaben? Auch Debatten um eine Sicherung der informellen Leitplanken politischer Praxis und damit Diskussionen um soziomoralische Ressourcen, kulturelle Grundlagen, Konventionen und fundierende Werte der Demokratie haben derzeit Konjunktur. Das demokratische System ist auf Kooperationswillen und auf den Glauben an seine Legitimität durch die Bürger angewiesen: Verfahren bedürfen Anerkennung, Entschlüsse müssen befolgt, Gegner toleriert werden. Damit erfährt die Einsicht von Ernst-Wolfgang Böckenförde (1930–2019) eine Wiederauflage, dass die Robustheit der Demokratie von Voraussetzungen abhängt, die die liberale Demokratie selbst nur begrenzt institutionell herstellen und garantieren kann, ohne ihre Liberalität aufs Spiel zu setzen.[16] Dies ist als das sogenannte Böckenförde-Diktum bekannt.

Ideengeschichtlich sind Fragen nach sozialen und moralischen Kontextbedingungen der Demokratie nichts Neues. Seit jeher denken Philosophen und Theoretiker darüber nach, ob bestimmte Tugenden oder Formen von Zivilität für die Stärke eines politischen Regimes von Bedeutung sind. In der Antike galt dieser Zusammenhang als unumstößlich.[17] Auch Niccolò Machiavelli (1469–1527) hat, um ein Beispiel aus der frühen Neuzeit zu nennen, darüber nachgedacht, wie Herrschaft stabilisiert werden könne und formulierte eine Korrelation zwischen sittlicher Verfasstheit einer Bürgerschaft und ihrer Regierungsform.[18] Anders und mit politiksoziologischem Blick auf die Demokratie in Amerika schrieb wiederum Alexis de Tocqueville (1805–1859) im 19. Jahrhundert, dass man die Sitten (»mores«) des Landes daraufhin prüfen müsse, inwiefern sie demokratische Normen im kollektiven Bewusstsein der Gesellschaft verankerten.[19] Wenn Menschen politische Normen verinnerlichen würden, fungiere das als ein Bollwerk für demokratische Institutionen. Dies gelte für Akteure eines Systems wie auch für Wähler, die ihre Erwartungen entsprechend ausrichten. Schließlich untersucht die politische Kulturforschung seit Jahrzehnten, welche Werte der Demokratie zu- oder abträglich sind.[20]

Es überrascht also nicht, dass auch heute politische Akteure oft darauf pochen, dass man die »weichen«, soziomoralischen und kulturellen Vorbedingungen der Demokratie fördern und festigen müsse. Dazu bedürfe es, so der Tenor, zivilgesellschaftlicher Programme der Demokratieförderung und eines Ausbaus politischer Bildung. Die »Zivilgesellschaft«, die »Bürger« werden zum Objekt politischer Anrufungen; jeder Einzelne müsse sich bestenfalls engagieren. Entsprechend mahnte etwa Bundespräsident Frank-Walter Steinmeier im Jahr 2020, die wehrhaften Institutionen der liberalen Demokratie bedürften ihrerseits einer wehrhaften Zivilgesellschaft. Die Gesellschaft müsse ihre Stimme erheben und dürfe in Anbetracht von Enthemmung und Verrohung nicht schweigen: »Wir müssen Zivilität verteidigen, Anstand und

Vernunft zurückgewinnen.«[21] Staat und Gesellschaft werden hier als komplementäre Sphären begriffen, die beide auf ihre Weise »wehrhaft« sein müssen. Steinmeiers Appell ist ein Beispiel aus einer Vielzahl solcher Verlautbarungen; in vielen Reden des politischen Personals in Staatsämtern werden Bürger aufgefordert, Haltung, Courage und Anstand zu zeigen. Etwas ist dabei bemerkenswert: Politische Akteure machen nicht länger nur auf soziomoralische Voraussetzungen liberaler Demokratie aufmerksam. Ihnen ist klar, dass staatliche Institutionen oder Amtsträger zwar an eine Tugendhaftigkeit der Bürger appellieren, diese aber nicht einfach mittels Macht erzwingen oder sichern können. Und so ergänzen politische Akteure nun ihre Appelle durch Hinweise auf spezielle Normen und Erwartungen. »Anstand« und »Vernunft« werden bisweilen durch eine fast schon Habermas'sche Wendung des oben genannten Böckenförde-Diktums reformuliert.[22]

Die liberaldemokratische Ausweicherzählung der Gegenwart lautet also: Gerade weil der sich als liberaldemokratisch begreifende Staat die Tugendhaftigkeit seiner Bürger nicht autoritativ verlangen kann, gerade weil er Komplexität in seine Institutionen einbaut und Pluralismus bejaht, ist er auf die prinzipielle Gesprächsbereitschaft und das (wohlwollende) Gespräch unter Demokraten als Modus des Politischen angewiesen. Liberaldemokratisch gesinnte Bürger sollen die Überlebensfähigkeit der Demokratie sicherstellen, indem sie die Norm der Diskutierfreude befolgen, dem Ideal des bürgerlichen Diskurses anhängen und dazu Modelle politisch-privater Streitgespräche erproben. Immer wieder, nicht nur in politischen Reden, ist zu vernehmen: »Demokratie braucht eine lebendige Streitkultur und einen offenen Austausch über die politischen und weltanschaulichen Lager hinweg. Nur dadurch können die in Demokratien gemeinsamen Maßstäbe für eine gelungene Politik gefunden werden.«[23] Oder, wie Heiko Maas formulierte: »Unsere Streitkultur ist ein Fundament unserer Demokratie.«[24] Es gelte für jeden, streiten zu lernen, sich Auseinandersetzungen zu stellen, zu diskutieren, um Demokratie performativ zu verteidigen.

Gegen die Bedrohung der Demokratie von innen wird also ein demokratisch-deliberatives Miteinander stark gemacht, das sein feindliches Gegenüber in gesprächsunwilligen, autoritären Populisten findet, denn diese setzen ja auf Entdifferenzierung, Manichäismus und Kampfansagen.[25] Alte, klassische Tugendanforderungen werden durch Anrufungen deliberativer Raffinesse ergänzt. Damit bekommen intellektuelle und rhetorische Ressourcen eine politische Funktion. Die politisch reklamierte Fähigkeit zur Debatte sowie modische Schlagwörter wie »Ambiguitätstoleranz«[26] treten das Erbe alteuropäischer Sittlichkeitserwartungen an.

Resiliente Demokratie, resiliente Bürger

Zu Jahresbeginn 2024 formierten sich in zahlreichen deutschen Städten Demonstrationen als Reaktion auf das Bekanntwerden eines Treffens rechtsnationalistischer Kräfte in Potsdam, bei dem ein Staatsstreich sowie die Vertreibung von Bürgern mit migrantischen Wurzeln erörtert worden waren. Bisweilen reihten sich auch Politiker in diese Demonstrationen ein und lobten das »starke Zeichen« (Olaf Scholz) aus der Mitte der Gesellschaft. Zugleich appellierten sie an Bürger, ihrer Verantwortung als Wähler gerecht zu werden.[27] Doch ist bei aller demonstrierten Einigkeit zu bedenken, dass Amtsträger keine Zaungäste gesellschaftlicher Auseinandersetzungen sind – Politik muss Konflikte bearbeiten und Problemlösungen anbieten, denn auch dadurch werden jene politischen Kräfte eingedämmt, gegen die hier demonstriert wurde.

Schließlich ist auch aufschlussreich, inwiefern die Idee politischer Wehrhaftigkeit zunehmend auf die Gesellschaft und die einzelnen Bürger, auf soziale Praktiken und die Sphäre der Lebenswelt übertragen wird. Diese Ausdehnung zeigt sich auch in einer begrifflichen Verschiebung: Immer wieder ist nun von einer notwendigen »Resilienz« der Demokratie die Rede.[28] Aber was meint dieser in Mode gekommene Resilienzbegriff?

Resilienz bedeutet eben mehr als robuste Institutionen; der Begriff zielt ursprünglich auf Technologien des Selbst angesichts von Krisen. Eine jede Person muss demnach eine Widerstandsfähigkeit aufbauen, die keine Veränderung der Verhältnisse ersehnt, sondern sich im Gegebenen zu stabilisieren und zu behaupten lernt. In der Psychologie meint Resilienz folglich einen »Prozess, sich angesichts von Widrigkeiten, Traumata, Tragödien, Bedrohungen oder signifikanten Stressquellen gut anzupassen«.[29] In Bereichen wie etwa der Materialkunde zielt Resilienz auf die Fähigkeit, Schäden zuvorzukommen, diese auszuhalten oder sich davon zu erholen.[30] Resilienz hebt also darauf ab, ein Funktionieren trotz Widrigkeiten und Herausforderungen zu betonen – der Begriff wirkt normativ anspruchsloser sowie weicher als die Semantik von »Wehrhaftigkeit«, die das kämpferische Element demokratischer Selbstverteidigung hervorhebt.[31] Resilienz als Leitvokabel unterstreicht ein weniger utopisches, denn pragmatisches Ringen um die Überlebensfähigkeit der Demokratie.

Ob nun die Demonstrationen loser, bunter Bündnisse zu Beginn des Jahres 2024 einen politischen Stabilisierungsfaktor bilden können, sei noch dahingestellt. Wichtig ist, dass vielen Bürgern deutlich wurde, dass es heute um die Verteidigung der liberalen Demokratie und letztlich um eine offensive Artikulation ihrer eigenen politischen Ideale, Ziele und Wertvorstellungen geht, so unterschiedlich oder schwer benennbar diese für viele der

Beteiligten auch sein mögen. Zwar kann die Heterogenität jener Bündnisse einer dauerhaften Organisation politischer Empörung im Wege stehen, gerade wenn Strukturen fehlen.[32] Und doch ist gerade jene Heterogenität und Vielheit produktiv. Denn es bedarf breiter Allianzen, um die Idee einer angeblich unterdrückten Mehrheit, für die der populistische Autoritarismus zu sprechen behauptet, unglaubwürdig werden zu lassen. So wie die Gefolgschaft autoritär gesinnter Populisten als eine aufzusprengende Allianz zu begreifen ist, so muss auch ein großes Bündnis unterschiedlicher, eventuell spannungsreicher Kräfte zur demokratischen Verteidigung gebildet werden. »Coalitions of the like-minded are important, but they are not enough to defend democracy«, betonen Levitsky und Ziblatt. Mehr noch: Solche Bündnisse müssten verschiedene Lager zusammenbringen und dabei Differenzen und Konflikte überwinden, schließlich gelte es doch, die Demokratie zu verteidigen: »The most effective coalitions are those that bring together groups with dissimilar – even opposing – views on many issues. They are not built among friends but among adversaries.«[33] Umso wichtiger ist es, dass jene Mobilisierung durch andere, etwa wirtschaftliche Akteure gestützt wird, denn, so schrieben die beiden Harvard-Forscher weiter: »When major businesses join progressive boycotts, they often succeed.«[34]

Aber kann ein Bündnis Erfolg haben, ohne seinerseits auf Entdifferenzierung zu setzen? Inwiefern brauchen Antipopulismus und Antiautoritarismus ihrerseits ein gewisses Maß an Polarisierung? Es scheint bezeichnend, dass 2024 »gegen rechts« demonstriert wird und die Bedeutung eines modernitätsoffenen Konservatismus für die Stabilisierung der Demokratie vernachlässigt wird.[35] Just konservative Parteien erweisen sich – auch in historischer Rückschau – als Kräfte, auf die es in der Einhegung des populistischen Autoritarismus ankommt. Nicht zuletzt ist in Deutschland der politische Diskurs im Auge zu behalten: Ging es in den letzten Jahren in Reden, Programmen und Publikationen wiederholt darum, Bürger anzulernen, die politische Ordnung auch im Privaten, in Vereinen, auf Familienfeiern usw. zu verteidigen und geeignete Formen zu finden, »mit Rechten [zu] reden«,[36] so fallen in jüngster Zeit und angesichts der sichtbaren Radikalisierung der AfD eine größere Abgrenzung, Robustheit und Unnachgiebigkeit in der Auseinandersetzung auf.[37] Vehementer denn je wird über ein Parteiverbot, über politische Ausschlüsse oder sogar eine mögliche Verwirkung von Grundrechten diskutiert. Somit stellt sich die Herausforderung einer juristischen Handhabung bei gleichzeitig gebotener politischer Bearbeitung in aller Schärfe. Motivisch verkürzt: Das Loblied der Streitkultur bekommt schiefe Töne; womöglich kann man mit – radikalen, nationalistischen, autoritären und rassistischen – Rechten doch nicht mehr reden, sondern muss sie politisch bekämpfen.

Anmerkungen

1 Steven Levitsky/Daniel Ziblatt: How Democracies Die. New York 2018, S. 219.
2 Vgl. etwa Wolfgang Merkel/Anna Lührmann: Resilience of Democracies. Responses to illiberal and authoritarian challenges, in: Democratization, 2021/5, S. 869–884; Steven Levitsky/Lucan A. Way: Competitive Authoritarianism. Hybrid Regimes after the Cold War, Cambridge, MA 2010; Kurt Weyland: Democracy's Resilience to Populism's Threat. Countering Global Alarmism, Cambridge, MA 2024.
3 Vgl. Fabio Wolkenstein: What is democratic backsliding?, in: Constellations, 2023/3, S. 261–275; Jan Zielonka: Counter-revolution. Liberal Europe in retreat, Oxford 2018; Anna Lührmann/Staffan I. Lindberg: A third wave of autocratization is here. What is new about it?, Democratization, 2019/7, S. 1095–1113; Levitsky/Ziblatt 2018; David Runciman: How democracy ends, London 2019.
4 Vgl. Yasha Mounk: The people vs. democracy. Why our freedom is in danger and how to save it, Cambridge, MA 2018.
5 Levitsky/Ziblatt 2018, S. 23 f.
6 Vgl. Ernst Fraenkel: Demokratie und Pluralismus, in: Alexander von Brünneck/Hubertus Buchstein/Gerhard Göhler (Hg.), Ernst Fraenkel. Gesammelte Werke, Band 5, Baden-Baden 2007, S. 289.
7 Cas Mudde: The populist Zeitgeist, in: Government and Opposition, 2004/4, S. 542–563; Jan-Werner Müller: What is Populism?, Philadelphia 2016.
8 Ernesto Laclau: On populist reason, London 2005.
9 Laclau 2005.
10 Vgl. dazu zwei Lesarten: Pippa Norris/Ronald Inglehart: Cultural backlash, Cambridge, MA 2018; Daniel Rodrik: Populism and the economics of globalization, in: Journal of International Business Policy, 2018/1, S. 12–33.
11 Vgl. Wilhelm Heitmeyer: Autoritäre Versuchungen. Signaturen der Bedrohung 1, Berlin 2018, S. 27.
12 Vgl. Karl Loewenstein: Militant Democracy and Fundamental Rights, in: The American Political Science Review, 1937/3, S. 417–432.
13 Vgl. Jelena von Achenbach/Maximilian Steinbeis: Warum die Machtübernahme durch die AfD schon früher beginnen könnte, als viele glauben, in: VerfBlog, 1.12.2023, URL: https://verfassungsblog.de/warum-die-machtubernahme-durch-die-afd-schon-fruher-beginnen-konnte-als-viele-glauben/ [aufgerufen am 9.2.2024]; vgl. auch Stephan Klenner: Wie man Karlsruhe vor der AfD schützt. Ein Kommentar, in: FAZ.net, 5.2.2014, URL: https://www.faz.net/aktuell/politik/inland/bundesverfassungsgericht-wie-man-karlsruhe-vor-der-afd-schuetzt-19492807.html [aufgerufen am 9.2.2024].
14 Levitsky/Ziblatt 2018, S. 213.
15 Levitsky/Ziblatt 2018, S. 212.
16 Vgl. Ernst-Wolfgang Böckenförde: Der säkularisierte Staat. Sein Charakter, seine Rechtfertigung und seine Probleme im 21. Jahrhundert, in: Themenband 86 der Carl Friedrich von Siemens Stiftung, München 2007.
17 Am anschaulichsten: Aristoteles: Politik, München 1973.
18 Niccolò Machiavelli: Discorsi. Gedanken über Politik und Staatsführung, Stuttgart 1977; Niccolò Machiavelli: Politische Schriften, Frankfurt a. M. 1990.
19 Alexis de Tocqueville: Über die Demokratie in Amerika, Stuttgart 1985.
20 Vgl. beispielhaft Ronald Inglehart/Christian Welzel: Modernization, Cultural Change and Democracy, New York/Cambridge 2005.
21 Vgl. Frank-Walter Steinmeier auf der Diskussionsveranstaltung »Gemeinsam gegen Hass und Gewalt – Kommunalpoli-

tiker nicht allein lassen!« am 20.3.2020 in Zwickau, URL: https://www.bundespraesident.de/SharedDocs/Reden/DE/Frank-Walter-Steinmeier/Reden/2020/03/200310-Zwickau-Kommunalpolitiker.html;jsessionid=1F035DF08EC1EC6813437F5B969F68E6.2_cid504 [aufgerufen am 9.2.2024].

22 Astrid Séville: Pastorale Agonalität. Die bundespräsidiale Demokratiepolitik Frank-Walter Steinmeiers, in: VerfBlog, 5.9.2022, URL: https://verfassungsblog.de/pastorale-agonalitat/ [aufgerufen am 9.2.2024]; Astrid Séville/Julian Müller: Politische Redeweisen, Tübingen 2024.

23 Vgl. Romy Jaster/David Lanius: Die Wahrheit schafft sich ab. Wie Fake News Politik machen, Ditzingen 2019, S. 103.

24 Heiko Maas: Aufstehen statt wegducken – Eine Strategie gegen Rechts. München 2017, S. 57.

25 Vgl. Séville/Müller 2024.

26 Vgl. Wolfgang Streitbörger: Ambiguitätstoleranz. Lernen, mit Mehrdeutigkeit zu leben, in: Deutschlandfunk, 30.12.2019, URL: https://www.deutschlandfunkkultur.de/ambiguitaetstoleranz-lernen-mit-mehrdeutigkeit-zu-leben-100.html [aufgerufen am 9.2.2024].

27 Vgl. Sigmar Gabriel im Gespräch mit Sandra Maischberger, in: »maischberger« (ARD), 9.1.2024, URL: https://www.ardmediathek.de/video/maischberger/sigmar-gabriel-ueber-den-terror-und-krieg-in-nahost-und-der-ukraine/das-erste/Y3JpZDovL2Rhc2Vyc3RlLmRlL21lbnNjaGVuIGJlaSBtYWlzY2hiZXJnZXIvOTJjNzcoZWItZmQ1NyooOTFjLWE5ZTct-OGI4ZjA2OTEzNjc1 [aufgerufen am 9.2.2024].

28 Vgl. Matthias Weiß/Silja Hartmann/Martin Högl: Resilienz als Trendkonzept. Über die Diffusion von Resilienz in Gesellschaft und Wissenschaft, in: Maria Karidi/Martin Schneider/Rebecca Gutwald (Hg.), Resilienz: Interdisziplinäre Perspektiven zu Wandel und Transformation, Wiesbaden 2018, S. 13–32.

29 American Psychological Association: The Road to Resilience, zit. nach: Merkel/Lührmann 2021, S. 871, übers. AS.

30 Merkel/Lührmann 2021, S. 871.

31 Vgl. auch Merkel/Lührmann 2021, S. 872.

32 Vgl. Jo Freeman: The Tyranny of Structurelessness, in: Women's Studies Quarterly, 2013/3–4, S. 231–246.

33 Levitsky/Ziblatt 2018, S. 218.

34 Ebd., S. 219.

35 Vgl. Daniel Ziblatt: Conservative Parties and the Birth of Democracy, Cambridge, MA 2017; Thomas Biebricher: Mitte/Rechts. Die internationale Krise des Konservatismus, Berlin 2023.

36 Per Leo/Maximilian Steinbeis/Daniel-Pascal Zorn: Mit Rechten reden. Ein Leitfaden, Stuttgart 2017.

37 Bemerkenswert ist hier die Position des Diskursethikers, vgl. Jürgen Habermas: Interview. Für eine demokratische Polarisierung. Wie man dem Rechtspopulismus den Boden entzieht. Analysen und Alternativen, in: Blätter, 2016/11, S. 35–42.

Jonas Schaible

Wenn Demokratie zu verglühen droht

Es gibt vielleicht kein besseres Sinnbild dafür, wie Klimakrise und Demokratie zusammenhängen, als die Fotos, die New York im Juni 2023 zeigen. Man sieht die Freiheitsstatue, von Qualm umgeben, der Himmel in einem postapokalyptischen Orangegrau. In Kanada standen die Wälder in Flammen, über das ganze Jahr verbrannte eine Fläche halb so groß wie Deutschland. Der Rauch zog immer wieder auch bis an die US-Ostküste. Chicago hatte auf einmal die schlechteste Luftqualität aller Städte weltweit. In New York wurden an den Bahnhöfen FFP2-Masken verteilt.

Wenn in den vergangenen Jahren über das Klima und die Demokratie geredet wurde, dann zumeist über Klimaschutz als Gefahr für die Demokratie. Es ging darum, ob Klimaschützer*innen über Gebühr Freiheiten einzuschränken planen. Klimaschutz wurde als Bedrohung für die Freiheit wahrgenommen. Das ist nicht nur falsch, das Gegenteil ist wahr: Die Klimakrise bedroht

Smog und Qualm über New York, Juni 2023, Foto: picture alliance/REUTERS/Shannon Stapleton

die Freiheit. Sie droht, ohnehin schon fragile Demokratien zu zerstören. Sie verstärkt bestehende Risiken für Demokratien und schafft ganz neue. Deshalb ist Klimaschutz in Wahrheit ein Freiheitsprojekt.

Unsere Lebenswelt wurde für ein Klima geschaffen, das es nicht mehr gibt

Wenn man verstehen will, wieso und wie genau Physik und Politik, wie Klima und Demokratie zusammenhängen, kann man zuerst auf einen schauen, der gewarnt hat. Abdelwanees Ashoor, Ingenieur von der Omar Al-Mukhtar University im libyschen Baida, hat gewarnt vor dem, was in der Nacht vom 10. auf den 11. September 2023 in der Küstenstadt Derna passierte. Das Sturmtief Daniel hatte zuvor schon heftigen Regen auf den Balkan gebracht, große Teile Griechenlands waren bereits überflutet. Dann zog der Sturm nach Süden weiter, über das Mittelmeer, das zu diesem Zeitpunkt zwei bis drei Grad heißer war als üblich. Die lybische Stadt Derna liegt an einem *Wadi*, einer Art Flussbett, das sich zum Mittelmeer öffnet. Zwei Dämme sollten die Stadt schützen. Dämme, die Risse hatten.

Ashoor hat darauf hingewiesen. Die Bevölkerung sei »extrem bedroht durch Flutrisiken«, hatte er in einem Aufsatz im Jahr 2022 geschrieben.[1] Niemand hat auf ihn gehört. Starkregen ging nieder, die Fluten trafen auf die Dämme. Beide brachen. Das Wasser flutete die Stadt, riss Häuser mit sich und Menschen ins Meer. Es sind wohl mehr als 10.000 Menschen ums Leben gekommen. Viele Leichname werden vermutlich nie mehr gefunden und identifiziert werden. Ein paar Tage danach sagte Ashoor der *New York Times*: »Wir stehen unter Schock. Wir können nicht verarbeiten, was uns passiert ist.«[2]

Was da passiert ist, hat das *World Weather Attribution Netzwerk* untersucht. Dieses Netzwerk berechnet, einfach gesagt, wie wahrscheinlich ein Extremwetterereignis durch die Klimakrise verursacht oder verstärkt wurde. Was in Libyen geschehen war, schreiben die Forscher*innen, sei in seiner Größe »weit außerhalb von zuvor aufgezeichneten Ereignissen«.[3] Ein so extremes Ereignis sei in einem Klima wie dem unseren »bis zu 50 mal wahrscheinlicher und bis zu 50 % intensiver«, verglichen mit einem kühleren Klima. Wäre die Erde nicht bereits 1,1 bis 1,2 Grad heißer als vor der Industrialisierung, hätte es höchstwahrscheinlich nicht so stark geregnet, und schon gar nicht so viel geregnet.[4] Auch wenn die Dämme instand gewesen wären, hätte es nur eine kleine Chance gegeben, dass sie halten. Aber eine Mischung aus Gründen verhinderte die bessere Vorbereitung: Korruption, ein Bürgerkrieg, der die Menschen beschäftigte, und die übliche Sorglosigkeit gegenüber extrem unwahrscheinlichen Ereignissen.

In anderen Fällen werden es andere Gründe sein, aber sehr oft wird es irgendwelche Gründe geben. Infrastruktur ist selten perfekt gewartet, fast nie ohne Fehler, auch in reichen, stabileren Gesellschaften. Und oft genug würde auch eine bessere Überprüfung nicht helfen, weil in der neuen, heißen Welt Kräfte wirken, die alles Bekannte übersteigen. Es ist jenes Zusammenspiel aus Krisenschocks und Systemen, die nicht für die neuen Herausforderungen gemacht sind, was die Gefahr durch die Klimakrise ausmacht.

Die Menschheit hat fast 12.000 Jahre hinter sich, die klimatisch ungemein stabil waren. Natürlich gab es Klimaveränderungen, und sie hatten Folgen. Aber die Temperatur schwankte nicht allzu sehr. Das Klima bewegte sich in einem relativ engen Korridor. Viel mehr Ruhe und Stabilität hat so ein Planet nicht zu bieten.[5]

In der Bibel heißt es: »Gott sprach: Macht euch die Erde untertan.«[6] Man müsste mindestens ergänzen: Die Natur erlaubte es dem Menschen, sie untertan zu machen.

Diese knapp 12.000 Jahre, das sogenannte Holozän, umfassen jede bekannte menschliche Hochkultur. Jede Schrift, die wir kennen, auch wenn wir sie nicht entziffern können, stammt aus dieser Zeit. Wir sind gerade dabei, den Klimakorridor des Holozäns zu verlassen. Das vergangene Jahr 2023 war ziemlich sicher das heißeste der letzten 100.000 Jahre.[7] Wir entfernen uns in einem schwindelerregenden Tempo von jener Welt, in die sich die Menschheit hineingelebt hat. Seit dem Jahr 1900 hat sich die CO_2-Konzentration viel schneller erhöht als in 56 Millionen Jahren vorher.[8] Die Hälfte der Treibhausgase, die die gesamte Menschheit ausgestoßen hat, kam in diesem verhältnismäßig kurzen Zeitraum dazu.

Alles, was Menschen geschaffen haben, wurde also in einem Klima und für ein Klima geschaffen, das es nicht mehr gibt. Alle Bewässerungssysteme, alle Stromnetze, alle Bahngleise, alle Dämme wie in Derna. Seit den 1990er Jahren hat sich die Zahl der Ausfälle von Atomkraftwerken aufgrund von Extremwetter weltweit vervielfacht.[9] In Kalifornien ist im Juni 2022 ein Zug entgleist, weil sich die Gleise zuvor in der Hitze verformt hatten.[10] Im russischen Norilsk sackt der Boden ab, weil der Permafrost taut.[11] Und was für Dämme und Gleise gilt, das gilt auch für Wirtschaftssysteme, Rechtssysteme, politische Systeme. Auch sie sind von dieser Welt, genauer: von einer Welt, die es nicht mehr gibt. Das Klima ist überall, es lässt nichts unberührt, und wenn es kippt, bringt es Systeme aus dem Gleichgewicht. Besonders gefährdet sind Systeme, die besonders fragil sind – wie liberale Demokratien.

Jedes Zehntelgrad setzt die Demokratie weiter unter Druck

Dass Demokratien zerbrechlich sind, kann nicht überraschen. Demokratie bringt Freiheit, aber sie bedeutet immer Kompromisse, verwehrt stets allen den ganzen Sieg. Sie erfordert, die anderen auszuhalten. Sie muss eingeübt werden, und sie kann sehr viel leichter zerstört als geschaffen werden. Ein klassisches Kriterium dafür, dass eine Demokratie aus dem Gröbsten raus ist, liegt darin, ob friedliche Machtwechsel funktionieren.[12] Man will sehen, ob sich die Ordnung im heikelsten Moment bewährt. Es dauert also Jahre, bis man sich halbwegs sicher sein kann, ob das System stabil ist. Umgekehrt braucht es manchmal kaum mehr als acht Stunden, um eine Demokratie zu zerstören, wie etwa im Jahr 1973 am 11. September, als das Militär gegen Chiles gewählten Präsidenten Salvador Allende (1908–1973) putschte.

Die Demokratie ist immer brüchig und seit einer Weile ist sie in einer ernsthaften Krise. Seit einigen Jahren wächst die Zahl der Staaten, die ganz oder teilweise aus der Riege der konsolidierten Demokratien herausfallen, oder in denen zumindest die Qualität der Demokratie massiv abnimmt. Die dritte Welle der Demokratisierung nach dem Zusammenbruch des Ostblocks ist längst gebrochen. Eine neue Welle der Autokratisierung läuft über die Welt.[13]

Und nun werden die Rahmenbedingungen auch noch härter, chaotischer, komplizierter. Bis die globalen Emissionen netto bei Null angekommen sind, wird es heißer werden. Die Frage ist nicht, ob das geschieht, sondern wie lange es dauert, also wie viel härter, chaotischer, komplizierter es wird. Laut Pariser Klimaabkommen sind maximal 1,5 Grad globaler Erwärmung bis Ende des Jahrhunderts das Ziel. Derzeit ist die Welt eher auf Kurs: 2,7 Grad. Es ist alles andere als ausgeschlossen, dass es noch mehr werden. Grundsätzlich gilt: Jedes Zehntelgrad mehr erhöht die Spannung.

Die Folgen der Erderwärmung auf ökonomische und politische, auf Ernährungs- und auf Wertesysteme, lassen sich auf drei Ebenen unterscheiden: Auf der ersten Ebene werden uns Extremwetterereignisse, also Hitzewellen, Dürren, Stürme, Starkregen und Überschwemmungen, noch häufiger, heftiger, intensiver treffen, mit weniger Zeit zur Regeneration. All das ist unausweichlich. Im Jahr 2023 gab es in Arizona 31 Tage am Stück, an denen es mehr als 43 Grad hatte. Kakteen kippten in der Hitze um. Weltweit führten Flüsse zu wenig Wasser, darunter der Mississippi, der Amazonas und der Zubringer des Panama-Kanals. Meerwasser schob sich ins Landesinnere und bedrohte das Grundwasser in New Orleans. Barcelona bereitet sich darauf vor, Trinkwasser per Schiff zu importieren.[14]

Auf der zweiten Ebene wirkt sich das vielfältig auf unsere Gesellschaften aus. Es drohen beispielsweise die Unterbrechung von Lieferketten, Wirtschaftskrisen sowie Wasserknappheit, wenn Gletscher als größte Wasserspeicher verschwinden und Flüsse zu wenig Wasser führen. Es drohen Hungersnöte, wenn Ernten ausfallen, wegen Hitze, Dürre, Starkregen. Der Weltklimarat IPCC (Intergovernmental Panel on Climate Change) errechnet 20 bis 180 Millionen zusätzliche Unterernährte wegen des Klimas allein bis 2050, räumt aber ein, dass die verwendeten Modelle nur langfristige Klimaveränderungen einberechnen können, keine Schocks durch Extremwetter – die sicher auch kommen. Die Energieversorgung kann leiden. Große Migrationsbewegungen sind zu erwarten, weil Migration schon immer die wichtigste Anpassungsstrategie war. Auch das ist alles mehr oder weniger unausweichlich.

Auf der dritten, der politischen Ebene ist natürlich nichts vollständig vorhersehbar. Und doch kann man auf der Grundlage von historischer und politikwissenschaftlicher Forschung gut begründete Vermutungen für mögliche Folgen anstellen. Es ist wahrscheinlich, dass das Beschriebene zu Revolten führen kann, zu politischer Notstandsregierung, zur Machtgewinnung autoritärer Parteien, zur Militarisierung, zur Verhärmung von Gesellschaften, zu nationalistischer Abschottung, zu Apartheidsgesellschaften, zu Krieg oder Bürgerkrieg.

In den Jahren 2015/16, die in Deutschland bis heute mit dem Begriff »Flüchtlingskrise« verbunden werden, weil die Debatte über Migration für Monate die Politik beherrschte, waren nach Angaben des UN-Flüchtlingshilfswerks weltweit rund 60 Millionen Menschen auf der Flucht. Ende 2023 waren es rund 108 Millionen – und wieder beherrschte die Diskussion die deutsche Politik. Und in der Zukunft? Die Weltbank schätzt, dass allein aus Klimagründen in den nächsten dreißig Jahren 200 Millionen Menschen vertrieben und innerhalb ihrer Länder auf der Flucht sein könnten. Prognosen von *Think Tanks* reichen bis zu 1,2 Milliarden Flüchtlingen bis 2050.

Ganz sicher spielte vor allem die Abwehr von Wandel und gesellschaftlicher Modernisierung eine entscheidende Rolle, wann immer Demokratien unter Druck gerieten. So war es etwa schon in den Jahrzehnten nach dem US-Bürgerkrieg, den Jahren des Terrors gegen Schwarze Menschen. So war es auch während des Zusammenbruchs vieler europäischer Demokratien in den Zwischenkriegsjahren, als Antimodernismus und Antipluralismus neben Antisemitismus und Antikommunismus rechtsautoritäre Bewegungen nährten.

So ist es auch während der aktuellen Welle der Autokratisierung: Die Welt veränderte sich vor allem in den vergangenen dreißig Jahren rasant. People of Color, Frauen, queere Personen und andere Gruppen bekamen Rechte, Sichtbarkeit, rückten in Machtpositionen. Die Pluralisierung der Gesellschaften beschleunigte sich, und autoritäre Kräfte nutzen das Unbehagen in bestimmten Bevölkerungsteilen für Angriffe auf die Demokratie.

Die Klimakrise selbst ist in gewisser Hinsicht die ultimative Modernisierung, weil sie die Welt, wie wir sie kannten, umfassend vernichtet. Sie zerstört Erwartungen. Sie macht Gewohnheiten, die immer harmlos waren, zerstörerisch, und damit Lebensentwürfe, die bisher normal waren, rechtfertigungsbedürftig. Sie bedroht die Lebensmodelle von Nomaden in Kenia genauso wie von Weinbauern in Spanien und Farmern in den USA und zerstört damit regionale Wirtschaften ebenso wie Identitäten. Sie entwertet Expertise und Eigentum.

Wann immer so etwas passiert, ist Abwehr, ist Trotz, ist Reaktanz, ist aggressive Selbstbehauptung durch Angriffe auf andere sehr wahrscheinlich. Das Potenzial für einen nationalistischen, autoritären *backlash* ist groß, und es wird mit jedem Zehntelgrad größer. Wir wissen aus der Geschichte, dass Klimaveränderungen und ihre Folgen Gesellschaften heftig zusetzen können. Vom Alten Ägypten über die Maya bis nach Angkor Wat – der Machtverlust einiger der zu ihrer Zeit wichtigsten Kulturen lassen sich mit Klimaveränderung in Zusammenhang bringen.[15]

Es geht nicht darum, zu behaupten, ihr Niedergang läge allein am Klima oder es habe auch nur immer die wichtigste Rolle gespielt. Das wäre reduktionistisch, deterministisch, unwissenschaftlich. Aber die Möglichkeiten, historische Klimadaten kleinräumig zu rekonstruieren, sind recht neu, und so führten fehlende Daten und eine allgemeine Blindheit gegenüber Naturkräften zu einer weitgehend klimalosen Geschichtsschreibung. Man hatte sich daran gewöhnt, dass die Natur unter der Kontrolle des Menschen steht. Damit aber ist es vorbei, das ist das dialektische Gegenstück zur neolithischen Revolution. Die Kontrolle der Natur schlägt um in Kontrollverlust. Je bewusster uns das ist, je genauer wir hinschauen und je mehr Daten wir haben, desto mehr erkennt man Klimaeinflüsse in der Geschichte menschlicher Gesellschaften.

Wer das Klima schützt, schützt die Demokratie

Zum Risiko, dass Demokratien zusammenbrechen oder zerrieben werden – ebenso wie zu den alten, bekannten, aber dadurch nicht weniger bedrohlichen Risiken, die von einem instabilen Klima verstärkt werden – kommen ganz neue hinzu. Auch in formal noch liberalen Staaten drohen extreme Einschränkungen – wenn das Wasser knapp wird, das Essen, wenn der Notstand herrscht und damit der autoritäre Maßnahmenstaat wahrscheinlicher wird. Und so schrill politisch verordnete Veränderungen als Verbote von Teilen der Bevölkerung denunziert werden, so selbstverständlich werden Verbote im Krisenfall. Dann wird der Wasserverbrauch eingeschränkt, in Barcelona, in Kalifornien, in Monterrey, in Santiago de Chile. Dann werden neue Häuser nicht mehr genehmigt, wie in mehreren Gemeinden im Département Var in Südfrankreich, oder nur unter hohen Auflagen, wie im Großraum Phoenix. Dann wird der Schiffsverkehr durch den Panamakanal reduziert, egal, welche Kosten das für die Weltwirtschaft hat.[16] Und das sind nur erste Vorboten.

Das ist die neue, die spezifische Bedrohung der Demokratie in der Klimakrise. Sie wird dadurch verstärkt, dass Politik und Verwaltung schon in ruhigen Zeiten viel weniger gleichzeitig verarbeiten können, als man angesichts ihrer Größe meinen sollte. Wer mit Menschen spricht, die im Staat Verantwortung tragen, der hört immer wieder: Man könne fast jede Krise lösen, aber nicht mehrere gleichzeitig. Man komme so schon fast nicht zum Planen, man komme zu so vielem nicht, weil man vom aktuellen Aufreger eingenommen ist. Jede weitere Krise frisst Zeit und Gedanken und Ressourcen.

Demokratien sind bewusst langsam. Sie teilen Gewalten und funktionieren durch *checks and balances*, um durchdacht zu agieren und um zu verhindern, dass sich Machtbestrebungen ungehindert Bahn brechen. Wenn die Klimakrise nun Schockereignisse in größerer Intensität und stetig kürzeren Abständen erzeugt, beschränken die gewollt langsamen Entscheidungsprozesse innerhalb demokratischer Systeme die Möglichkeit, Politik außerhalb von akuter Krisenbewältigung zu betreiben. Wie viel Freiheit hat ein Bürgermeister im Ahrtal, der sein zerstörtes Dorf wieder aufbauen muss? Wie viel Freiheit hat die Stadtverwaltung im griechischen Volos, das im September 2023 gleich zweimal geflutet wurde? Wie viel Freiheit hat die Regierung von Madagaskar, wo jahrelange Dürre eine Hungernot hat entstehen lassen?

Niemand kann vorhersagen, ab welchem Punkt es endgültig kritisch wird, ab welcher Erhitzung der Druck zu groß. Es ist eben nicht so, dass irgendwann die Apokalypse hereinbricht. Was auf die Menschheit zukommt, ist ein Leben in einer komplett neuen Ära, das sich aber phasenweise noch wie das Leben zuvor anfühlen wird. Nur dass die Schocks zahlreicher, intensiver und anhaltender werden. Dass die Spannung wächst und wächst, bis erst hier, dann da, dann dort Systeme zerspringen.

Kippen erst einmal genug Systeme, kann es schnell gehen. Revolutionen kommen in Wellen. Die Demokratisierung kam in Wellen und der Zusammenbruch der Demokratie, die Ausbreitung des Autoritarismus kommt ebenfalls in Wellen. Imitation ist ein mächtiger Faktor der Geschichte. Außer nackter Hoffnung oder blinder Verdrängung spricht wenig dafür, dass liberale Demokratien in einer deutlich mehr als zwei Grad erhitzten Welt auf Dauer überleben. Die einzige Chance, das Schlimmste zu verhindern, ist daher Klimaschutz. So schnell wie irgendwie möglich, weil nichts so rar ist wie Zeit. Das ist eine der zentralen Eigenarten der Klimakrise, die sie so einzigartig macht. Die Moleküle reichern sich an. Die Aufgabe wächst mit jedem Tag, an dem zu wenig getan wird. Alles, was heute nicht getan wird, muss morgen zusätzlich getan werden. Das heißt auch, dass die Aufgabe realistisch betrachtet irgendwann nicht mehr zu schaffen ist, weil Emissionsreduktion reale Veränderung bedeutet: Maschinen müssen ausgetauscht, Windräder gebaut, Solaranlagen montiert, Stromnetze verlegt, Batterien gefertigt, Moore vernässt werden. Dafür braucht es Rohstoffe, Vorprodukte, Handwerker*innen.

Deshalb wäre es falsch, sich zurückzulehnen und sich darauf zu verlassen, dass schon das Richtige herauskommen wird, wenn man die Gemeinschaft der freien und gleichen Bürger*innen in einer Demokratie einfach machen lässt. Denn das passiert bisher nicht – und zwar über alle möglichen Länder, Kulturen, Demokratieformen und Regierungskonstellationen hinweg nicht. Man muss in dieser Zeit also offensichtlich anders über Demokratie nachdenken. Denn wenn es stimmt, dass liberale Demokratien grundsätzlich in ihrer Existenz bedroht sind, wenn die Erderhitzung nicht gebremst wird, dann wird Klimaschutz zu angewandtem Demokratieschutz. Dann muss man Klimaschutz auf einmal so betrachten wie Gewaltenteilung, freie Wahlen, Versammlungsfreiheit und Rechtsstaatlichkeit: nicht einfach als Ergebnis von Demokratie, sondern als notwendige Voraussetzung für sie. Damit wiederum gilt: Klimaschutz kann nicht mehr verhandelbar sein. In Demokratien muss zwar eigentlich alles verhandelbar sein, weil es keinen äußeren Maßstab für das Gute und Richtige gibt – das gilt aber nicht für die Grundlagen der Demokratie selbst. Die dürfen, die müssen verteidigt werden in einer »wehrhaften Demokratie«. Auch, wenn das natürlich bedeutet, dass die politischen Spielräume für eine Weile enger werden. Das ist keine schöne Analyse. Aber die Abwehr existenzieller Gefahren für die Freiheit ist selten schön.

Das Gute ist: So unerhört, wie es zunächst scheinen mag, ist diese Überlegung gar nicht. Demokratie ist viel wandelbarer, als ihr selbst ihre Anhänger oft unterstellen. Sie ist vielfältig in der Form, und sie muss es sein. Das folgt aus der Lücke zwischen ihrer Idee, der politischen Selbstbestimmung freier und gleicher Bürger*innen, und der Notwendigkeit, diese Idee in ein konkretes Regierungssystem zu überführen.

Die Abwehr von existenziellen Gefahren ist auch immer schon Teil von Demokratie, die »wehrhafte Demokratie« ist als Konzept etabliert, man muss es jetzt eben weiten, die Demokratie anpassen an neue, andersartige Bedrohungen. Und wenn das politische Spielräume etwas einschränkt, kann auch das kein prinzipielles Argument dagegen sein. So etwas kommt auch sonst immer wieder vor. Beispiele wären die deutsche Schuldenbremse oder die Verantwortung unabhängiger Zentralbanken für die folgenreiche Geldpolitik.

Es ist also möglich, es ist aber auch nötig, die verbreitete Theorie von Demokratie zu überdenken – und es ist auch nötig, sich dabei von einem Verständnis zu lösen, in dem es allein um Mehrheiten geht. In der Klimapolitik führte dieses Denken zum Mantra: Man müsse eben einfach Mehrheiten dafür gewinnen. Am besten für jede einzelne Maßnahme zu jedem Zeitpunkt. Ein Maßstab, den man sonst aus guten Gründen nie anlegt. In den vergangenen Jahren hat sich dieser Ansatz als kontraproduktiv erwiesen, und das nicht nur, weil es zu langsam vorangeht.

Demokratie braucht immer auch Streit um Mehrheiten. Weder kann noch darf man ihn vermeiden. Sie ist aber auch nicht nur das. Sie ist auch Minderheitenschutz, Selbstschutz, sie ist komplexer, weil das, was sie leisten und sein muss, komplexer ist. Vollständig und allein auf den Meinungsstreit zu setzen, ohne an die neue Realität angepasste Formen des Parteienwettbewerbs, führten zuletzt erkennbar zu Problemen. Weil Klimaschutz so lang verschleppt wurde und deshalb nicht mehr viel Raum für Abwarten und Experimente ist, ähneln sich klimapolitische Programme – das aber versuchten Parteien eher zu verschleiern. Logischerweise, denn Parteienwettstreit funktioniert üblicherweise über Abgrenzung. Es kann parteitaktisch attraktiv sein, so zu tun, als habe man ein ganz anderes Angebot als Windräder, Photovoltaik, mehr Stromleitungen und -speicher, Wärmepumpen und Fernwärme, E-Autos, die Bahn, weniger Tierhaltung. Man gerät dann allerdings schnell auf argumentativ dünnes Eis. Das wiederum verführt dazu, umso aggressiver auf Kritik zu reagieren, Medien und politische Wettbewerber zu diffamieren, es mit der Wahrheit nicht so genau zu nehmen: Wenn etwa in einem Positionspapier des Bildungsministeriums von Bettina Stark-Watzinger (FDP) steht »Fusionsenergie ist bezahlbar«, obwohl noch völlig unklar ist, ob es überhaupt jemals irgendwo einen Kernfusionsreaktor geben wird[17]; oder wenn der CDU-Energiepolitiker Jens Spahn die Bundesregierung für das Abschalten der letzten drei Atomkraftwerke kritisieren will und deshalb von einem »Kohlewinter« spricht, obwohl die Kohleverstromung so niedrig war wie seit Jahrzehnten nicht.

Darin liegt eine letzte große Gefahr: dass die Abgrenzungslust Dynamiken entfesseln könnte, die Demokratien schaden. So ist zu beobachten, dass sich politische Debatten seit einer Weile eher entfernen von ambitioniertem Klimaschutz – und zugleich von fairem politischem Wettbewerb. Technische Fortschritte, die es in Sachen Klima gibt, gehen einher mit politischen Rückschritten. Ganz ausschließen lässt sich dieses Risiko nie. Aber minimieren ließe es sich, indem man strukturelle Lösungen sucht.

Mögliche Maßnahmen reichen von symbolisch aufgeladenen wie einer Emissionsbremse in der Verfassung bis zu unscheinbaren wie dem Kapazitätsaufbau in der Verwaltung. Sie reichen von der Neuorganisation von Ministerien – braucht es nicht Behörden für Klimaanpassung? – bis zu den Aufgaben von Zentralbanken, die Geldflüsse mitsteuern und das Geld künftig dahin lenken könnten, wo es dem Klima hilft, nicht schadet. Es spricht viel dafür, dass hinreichender Klimaschutz nur so zu schaffen ist.

Erstens sind Institutionen leichter zu verändern als Mehrheiten, Normen oder Gewohnheiten von Massen. Zweitens ist der politische Rahmen ohnehin der wohl größte Hebel, um in kurzer Zeit wirklich etwas zu verändern. Drittens dürften viele wirkungsvolle institutionelle Anpassungen nicht übermäßig kontrovers sein, weil sie nicht unmittelbar auf das Leben der Menschen wirken. Viertens spricht die Tatsache, dass es in allen Staaten derzeit noch zu langsam vorangeht, dafür, über grundlegende Strukturfragen nachzudenken. Fünftens bleibt Klimaschutz eine Daueraufgabe über Jahrzehnte. Er kann nur gelingen, wenn er institutionell verstetigt wird, gegen Rückschläge abgesichert.

Bislang ist die Klimakrise nur eine demokratietheoretische Zumutung – sie macht neues Denken nötig. Jetzt gilt es, zu verhindern, dass sie dauerhaft zu einer Zumutung für die Demokratie wird. Das ist eine große Aufgabe. Aber niemand hat gesagt, dass es leicht wird.

Anmerkungen

1 Zit. nach: Aaron Boxerman/James Glanz: Dire Warnings About Libya Dams Went Unheeded, in: The New York Times, 16.9.2023, URL: https://www.nytimes.com/2023/09/16/world/middleeast/libya-dams-warnings.html [aufgerufen am 26.1.2024].
2 Ebd.
3 World Weather Attribution, 19.9.2023, URL: https://www.worldweatherattribution.org/interplay-of-climate-change-exacerbated-rainfall-exposure-and-vulnerability-led-to-widespread-impacts-in-the-mediterranean-region/ [aufgerufen am 26.1.2024].
4 Vgl. Intergovernmental Panel on Climate Change: Climate Change 2023. Synthesis Report, URL: https://www.ipcc.ch/report/ar6/syr/downloads/report/IPCC_AR6_SYR_FullVolume.pdf [aufgerufen am 26.1.2024].
5 Vgl. Jean-Robert Petit (u.a.): Climate and atmospheric history of the past 420.000 years from the Vostok ice core, Antarctica, in: Nature, 1999/399, S. 429–436.
6 Die Bibel, Buch Genesis 1,28.
7 Vgl. Copernicus Programm der Europäischen Union, URL: https://climate.copernicus.eu/copernicus-2023-hottest-year-record [aufgerufen am 26.1.2024].
8 Vgl. Intergovernmental Panel on Climate Change: Sixth Assessment Report, URL: https://report.ipcc.ch/ar6/wg1/IPCC_AR6_WGI_FullReport.pdf [aufgerufen am 26.1.2024].
9 Vgl. Ali Ahmad: Increase in frequency of nuclear power outages due to changing climate, in: Nature Energy, 6/2021, S. 755–762.
10 Vgl. Felicia Alvarez: Track Temperatures of 140 degrees led to Bay Area train derailment, officials say, in: Los Angeles Times, 23.6.2023, URL: https://www.latimes.com/california/story/2022-06-23/140-degree-railroad-tracks-led-to-bay-area-train-derailment [aufgerufen am 18.4.2024].

11 Vgl. Thomas Nilsen: Norilsk starts cooling the ground to preserve buildings on thawing permafrost, in: Arctic Business Journal, 25.10.2021, URL: https://www.arctictoday.com/norilsk-starts-cooling-the-ground-to-preserve-buildings-on-thawing-permafrost/ [aufgerufen am 18.4.2024].
12 David Beetham: Conditions for democratic consolidation, Review of African Political Economy, 1994, S. 157–172.
13 Vgl. V-Dem Institute: Democracy Report 2023. Defiance in the Face of Autocratization, URL: https://www.v-dem.net/documents/29/V-dem_democracyreport2023_lowres.pdf [aufgerufen am 26.1.2024].
14 Vgl. Julia Macher: Eine Stadt sitzt auf dem Trockenen, in: Zeit Online, 1.1.2024, URL: https://www.zeit.de/politik/ausland/2023-12/spanien-barcelona-wassermangel-trockenheit [aufgerufen am 18.4.2024].
15 Vgl. Brian Fagan/Nadia Durrani: Climate Chaos. Lessons on Survival from Our Ancestors, New York 2021; Justin Marozzi: Islamische Imperien. Die Geschichte einer Zivilisation in fünfzehn Städten, Berlin 2020.
16 Vgl. »A dry Panama Canal shows how climate change will scramble globalization«, in: Washington Post, 25.1.2024, URL: https://www.washingtonpost.com/opinions/2024/01/25/panama-canal-climate-change-drought [aufgerufen am 26.1.2024].
17 Vgl. Bundesministerium für Bildung und Forschung: Positionspapier Fusionsforschung. Auf dem Weg zur Energieversorgung von morgen, 6/2023, URL: https://www.bmbf.de/SharedDocs/Publikationen/de/bmbf/7/775804_Positionspapier_Fusionsforschung.html [aufgerufen am 18.4.2024].

Autorinnen und Autoren

Çiğdem Akyol studierte Osteuropäische Geschichte und Völkerrecht in Köln, mit Stationen in Russland. Nach dem Besuch der Berliner Journalisten-Schule war sie Redakteurin bei der taz, für die sie unter anderem aus der Ukraine und dem Libanon berichtete. Anschließend war sie Korrespondentin für die österreichische Nachrichtenagentur APA in Istanbul. Als Journalistin schreibt sie regelmäßig unter anderem für ZEIT Online, die FAZ und die NZZ. Von ihr erschienen sind zudem die Monographien *Erdoğan. Die Biografie* (2016) und *Die gespaltene Republik. Die Türkei von Atatürk bis Erdoğan* (2023).

Ruth Ben-Ghiat ist Professorin für Geschichte und *Italian Studies* an der New York University. Sie publiziert über Faschismus, Autoritarismus, Propaganda und Demokratieschutz. Im Nachrichtensender MSNBC tritt sie als Meinungskolumnistin auf. Sie berät Film- und Fernsehproduktionen sowie zivilgesellschaftliche Organisationen, die sich für den Demokratieschutz einsetzen. Sie ist Herausgeberin von *Lucid,* einem Newsletter über die Bedrohungen der Demokratie in den USA und weltweit, und Autorin zahlreicher Essays und Monografien. Zuletzt erschien *Strongmen: Mussolini to the present* (2021).

Alice Bota ist außenpolitische Redakteurin der Wochenzeitung DIE ZEIT. Sie studierte Politikwissenschaft und Neuere Deutsche Literatur in Kiel, Poznán (Polen), Berlin und Potsdam und absolvierte Stipendienaufenthalte in den USA, Russland und Polen. Sie leitete mehrere Jahre das ZEIT-Büro in Moskau und ist als Osteuropa-Expertin für den postsowjetischen Raum zuständig. Für ihre journalistische Arbeit erhielt sie zahlreiche Auszeichnungen. Zu ihren Buchpublikationen zählen unter anderem *Wir Neuen Deutschen* (2012, mit Khuê Pham und Özlem Topçu), *Testfall Ukraine* (2015) und *Die Frauen von Belarus. Von Revolution, Mut und dem Drang nach Freiheit* (2021).

Pranish Desai ist unabhängiger Politik-Analyst aus Johannesburg, Südafrika, sowie Doktorand der Politikwissenschaften am Massachusetts Institute of Technology (MIT). Zuvor war er leitender Datenanalyst bei der Forschungsorganisation *Good Governance Africa*. Im Rahmen seiner Forschung beschäftigt er sich mit den politischen und systemischen Voraussetzungen für Demokratien, insbesondere mit Wahlsystemen, Wählerverhalten sowie elektoraler Rechenschaftspflicht. Zudem untersucht er die politische Geschichte Südafrikas im 20. Jahrhundert sowie ihren Einfluss auf die gegenwärtige politische Situation des Landes.

Felix Heidenreich ist außerplanmäßiger Professor und wissenschaftlicher Koordinator am *Internationalen Zentrum für Kultur- und Technikforschung (IZKT)* der Universität Stuttgart. Er studierte Philosophie und Politikwissenschaften in Heidelberg, Paris und Berlin. 2005 wurde er mit einer Dissertation über Hans Blumenberg in Heidelberg promoviert. Er forscht zur Politischen Theorie, Nachhaltigkeit und Demokratie, Kulturphilosophie und Kulturpolitik. Er ist *chercheur associé* am CEVIPOF in Paris. Zuletzt ist von ihm erschienen: *Demokratie als Zumutung – für eine andere Bürgerlichkeit* (2022), *Demokratie und Nachhaltigkeit - eine politische Theorie* (2023) und *Die Zukunft der Demokratie: Wie Hoffnung politisch wird* (2023).

Denis Heuring ist Literaturwissenschaftler und Romanist. Er unterrichtete französische und spanische Literaturwissenschaften an der Ludwig-Maximilians-Universität München, wo er 2018 mit der Dissertation *Verdrängen und Erinnern im Theater. Bürgerkrieg und Diktatur im spanischen Drama nach 1975* promoviert wurde. Als wissenschaftlicher Mitarbeiter des NS-Dokumentationszentrums München realisiert er interdisziplinäre Publikations- und Veranstaltungsprojekte. Seine Expertise liegt in den Bereichen transnationale Erinnerungskultur, Literaturtheorie und Medienethik.

Mark Jones ist Assistant Professor für Globalgeschichte am University College Dublin. Zuvor war er Research Fellow an der Freien Universität Berlin und Junior Professor an der Ruhr-Universität Bochum. Sein Forschungsschwerpunkt liegt auf dem Zusammenhang zwischen Gewalt und politischer Kultur in Deutschland im 20. Jahrhundert. Zu seinen Publikationen gehören *Am Anfang war Gewalt. Die deutsche Revolution 1918/19 und der Beginn der Weimarer Republik* (2017) und *1923. Ein deutsches Trauma* (2022).

Élise Julien ist Romanistin und Dozentin für *Sciences Politiques* an der Universität Lille. Sie ist Mitglied des Forschungszentrums *IRHiS* (*Institut de Recherches Historiques du Septentrion*) sowie von zahlreichen wissenschaftlichen Beiräten. Sie forscht zu deutsch-französischen Beziehungen, zum Einfluss von Weltkriegen und anderen Konflikten auf die französische und die deutsche Gesellschaft sowie zu deren Umgang mit der Vergangenheit. Auf Deutsch veröffentlichte sie unter anderem folgende Titel: *Deutschland und Frankreich 1870–1918. Verfeindung und Verflechtung* (zusammen mit Mareike König, 2020) und *Der Erste Weltkrieg* (Reihe: *Kontroversen um die Geschichte*, 2014).

Tarun Khaitan ist Professor für öffentliches Recht an der LSE Law School in London und Honorarprofessor an der Melbourne Law School. Zuvor war er Forschungsleiter am Bonavero Institute of Human Rights (Oxford), Professor für öffentliches Recht und Rechtstheorie (Oxford), Prodekan (Juristische Fakultät, Oxford) und Gastprofessor für Recht (Chicago, Harvard und NYU Law Schools). Seine Forschungsarbeiten wurden mehrfach von einflussreichen Gerichten zitiert, darunter vom indischen Supreme Court, dem kanadischen Supreme Court, dem Europäischen Gerichtshof für Menschenrechte oder dem israelischen Supreme Court. Zuletzt erschien von ihm: *Constitutional Resilience in South Asia* (2023, mit Swati Jhaveri und Dinesha Samararatne).

Philipp Lorenz-Spreen studierte Physik mit dem Schwerpunkt komplexe Systeme an der Ludwig-Maximilians-Universität München und der TU Berlin, wo er in theoretischer Physik promoviert wurde. Er publiziert in renommierten Fachzeitschriften wie PNAS, Nature Communications, Nature Human Behaviour oder Physical Review Letters. Aktuell forscht er am Max-Planck-Institut für Bildungsforschung in Berlin zum selbstorganisierten Online-Diskurs und dessen Auswirkungen auf Demokratien weltweit.

Jan-Werner Müller ist Professor für Sozialwissenschaften und Politik an der Princeton University in New Jersey. Zu seinen Forschungsschwerpunkten gehören Demokratietheorie und die Geschichte des modernen politischen Denkens. Zu seinen Veröffentlichungen gehören *Constitutional Patriotism* (2007), *Contesting Democracy: Political Ideas in Twentieth-Century Europe* (2011) und *What is Populism?* (2016), das in mehr als 20 Sprachen übersetzt wurde. 2019 erschien das Buch *Furcht und Freiheit: Für einen anderen Liberalismus*, das mit dem Bayerischen Buchpreis ausgezeichnet wurde; 2021 folgte die Monografie *Democracy Rules*.

Heike Paul ist Professorin für Amerikanistik/American Studies an der Friedrich-Alexander-Universität Erlangen-Nürnberg und Direktorin der Bayerischen Amerika-Akademie in München. Forschungs- und Lehraufenthalte führten sie unter anderem an die Harvard University, ans Dartmouth College und an das Thomas Mann-Haus, L.A. 2018 wurde ihr der Gottfried Wilhelm Leibniz-Preis verliehen. Seit 2019 ist sie ordentliches Mitglied der Bayerischen Akademie der Wissenschaften. Zu Ihren Veröffentlichungen zählen *The Myths That Made America* (2014), *Critical Terms in Futures Studies* (Hg., 2019) und *Amerikanischer Staatsbürgersentimentalismus* (2021).

Paul-Moritz Rabe ist Historiker mit Schwerpunkten NS-Geschichte, Stadtgeschichte und Public History. Er studierte Geschichte und Germanistik an der Ludwig-Maximilians-Universität München und war dort zwischen 2012 und 2016 wissenschaftlicher Mitarbeiter am Lehrstuhl für Zeitgeschichte. Seine Dissertation *Die Stadt und das Geld. Haushalt und Herrschaft im Nationalsozialismus* (2017) wurde mit mehreren Forschungspreisen ausgezeichnet. Er ist seit 2017 am NS-Dokumentationszentrum München tätig, wo er die Bereiche Forschung und Publikationen sowie den entstehenden Erinnerungsort Neuaubing leitet. Zuletzt erschien das von ihm herausgegebene Buch *Jan Bazuin. Tagebuch eines Zwangsarbeiters* (2022, illustriert von Barbara Yelin).

Jonas Schaible ist Journalist und Redakteur im SPIEGEL-Hauptstadtbüro. Er studierte Politikwissenschaft und Medienwissenschaft in Tübingen und Berlin und absolvierte seine journalistische Ausbildung an der Henri-Nannen-Schule in Hamburg. Seit 2018 schreibt er regelmäßig über Klimapolitik und Klimaschutzbewegung. 2020 wurde er für seinen Essay *Wer von Ökodiktatur spricht, hat das Problem nicht verstanden* mit dem »Deutschen Reporterpreis« ausgezeichnet. Zuletzt erschien von ihm *Demokratie im Feuer. Warum wir die Freiheit nur bewahren, wenn wir das Klima retten – und umgekehrt* (2023).

Martin Schulze Wessel ist Professor für die Geschichte Ost- und Südosteuropas an der Ludwig-Maximilians-Universität München sowie Mitglied der Bayerischen Akademie der Wissenschaften. Von 2012 bis 2016 war er Vorsitzender des Verbandes der Historiker und Historikerinnen Deutschlands. Seine Lehr- und Forschungsschwerpunkte liegen in der Geschichte Russlands und der Sowjetunion, der Ukraine, Polens, Tschechiens und der Slowakei sowie den transnationalen Beziehungen zwischen Ost-, Mittel- und Westeuropa. Zuletzt erschien von ihm *Der Fluch des Imperiums. Die Ukraine, Polen und der Irrweg in der russischen Geschichte* (2023), das unter anderem für den deutschen Sachbuchpreis nominiert wurde.

Astrid Séville ist Politikwissenschaftlerin und lehrte unter anderem an der Ludwig-Maximilians-Universität München, wo sie 2015 promoviert wurde, an der Universität Wien und der Technischen Universität München. Seit 2023 ist sie Professorin für Politische Theorie am Institut für Politikwissenschaften der Leuphana Universität Lüneburg. Sie forscht unter anderem zu Populismus, Repräsentation, demokratischer Opposition und Kommunikation. Zuletzt ist von ihr erschienen: *Politische Redeweisen. Ein Essay* (2024).

Ronen Steinke ist Redakteur und rechtspolitischer Korrespondent der Süddeutschen Zeitung. Er studierte Jura und Kriminologie in Hamburg und Tokio und wurde im Völkerrecht promoviert. Er arbeitete in Anwaltskanzleien, einem Jugendgefängnis und beim UN-Jugoslawientribunal in Den Haag. Seine 2013 veröffentlichte Biografie über Fritz Bauer wurde mit „Der Staat gegen Fritz Bauer" preisgekrönt verfilmt und in zahlreiche Sprachen übersetzt. Zu seinen jüngsten Veröffentlichungen zählen: *Vor dem Gesetz sind nicht alle gleich. Die neue Klassenjustiz* (2022), *Verfassungsschutz. Wie der Geheimdienst Politik macht* (2023) und *Jura not alone. 12 Ermutigungen, die Welt mit den Mitteln des Rechts zu verändern* (2024, mit Nora Markard).

Mark Terkessidis ist freier Autor und Migrationsforscher. Er studierte Psychologie in Köln und wurde in Mainz im Fach Pädagogik promoviert. Seine Beiträge zu Themen wie Jugend- und Populärkultur, Migration, Rassismus und Postkolonialismus erschienen unter anderem in der ZEIT, der Süddeutschen Zeitung, der taz, dem Tagesspiegel sowie im WDR, Radio Bremen und DeutschlandFunk. Zu seinen Buchveröffentlichungen zählen unter anderem *Interkultur* (2010), *Kollaboration* (2015), *Nach der Flucht. Neue Ideen für die Einwanderungsgesellschaft* (2017), *Wessen Erinnerung zählt? Koloniale Vergangenheit und Rassismus heute* (2019), *Das postkoloniale Klassenzimmer* (2021) und *Die postkoloniale Stadt lesen. Historische Erkundungen in Friedrichshain-Kreuzberg* (2022, gemeinsam mit Natalie Bayer).

Michael Wildt machte eine Lehre zum Buchhändler und studierte später Geschichte, Soziologie und Theologie an der Universität Hamburg, wo er 1991 promoviert wurde. Nach beruflichen Stationen an der Universität Hannover, der Forschungsstelle für die Geschichte des Nationalsozialismus in Hamburg und dem Hamburger Institut für Sozialforschung war er von 2009 bis 2022 Professor für Deutsche Geschichte des 20. Jahrhunderts mit Schwerpunkt im Nationalsozialismus an der Humboldt-Universität zu Berlin. Zuletzt von ihm erschienen sind: *Volk, Volksgemeinschaft, AfD* (2017), *Die Ambivalenz des Volkes. Der Nationalsozialismus als Gesellschaftsgeschichte (2019)* und *Zerborstene Zeit. Deutsche Geschichte 1918 bis 1945* (2022), das unter anderem mit dem Preis des Historischen Kollegs München ausgezeichnet wurde.

Mirjam Zadoff ist Direktorin des NS-Dokumentationszentrums München, Mitglied der Bayerischen Akademie der Wissenschaften und Lehrbeauftragte an der Technischen Universität München und der Ludwig-Maximilians-Universität München. Bis 2019 war sie Inhaberin des Alvin H. Rosenfeld Chair und Professorin für Geschichte an der Indiana University Bloomington. Sie hatte Gastprofessuren und -fellowships unter anderem an der ETH Zürich, UC Berkeley, am Zentrum für Literaturforschung Berlin und an der Universität Augsburg inne. Zuletzt von ihr erschienen ist unter anderem: *Gewalt und Gedächtnis. Globale Erinnerung im 21. Jahrhundert* (2023).

Noam Zadoff ist Assistenzprofessor am Institut für Zeitgeschichte der Universität Innsbruck. Er lehrt, forscht und publiziert unter anderem zur Ideen- und Kulturgeschichte des Staates Israel und der Geschichte des Zionismus. Zu seinen Veröffentlichungen gehören *Von Berlin nach Jerusalem und Zurück. Gershom Scholem zwischen Israel und Deutschland* (2020) und *Geschichte Israels. Von der Staatsgründung bis zur Gegenwart* (2020).

Claudia Zilla ist Politikwissenschaftlerin mit dem regionalen Schwerpunkt Lateinamerika. Sie studierte Politikwissenschaft, Soziologie und Psychologie an der Universität Heidelberg, wo sie auch promoviert wurde. Seit 2005 arbeitet sie an der Stiftung Wissenschaft und Politik (SWP) in Berlin, von 2012 bis 2019 als Leiterin der Forschungsgruppe Amerika, seit 2019 als Senior Fellow. Ihre Forschungsschwerpunkte sind Demokratie und Entwicklung, die Außenpolitik lateinamerikanischer Staaten und ihre Beziehungen zu Deutschland beziehungsweise der EU sowie feministische Außen- und Entwicklungspolitik.

Benjamin Zeeb ist Historiker und Experte im Bereich Desinformation und Propaganda. Als Gründer des Think Tanks *Project for Democractic Union* und der gemeinnützigen Organisation *Alliance4Europe*, setzt er sich für die Stärkung der demokratischen Zivilgesellschaft in Europa ein. Er gehört zu den Organisatoren des *Cambridge Roundtable on European Order*, der sich als Übung in angewandten Geschichtswissenschaften versteht. Als Journalist publiziert er zur europäischen Politik. Gemeinsam mit Brendan Simms ist er Co-Autor von *Europa am Abgrund. Plädoyer für die vereinigten Staaten von Europa* (2016).